SCHÄFFER
POESCHEL

Hannes Hinnen/Paul Krummenacher

Großgruppen-Interventionen

Konflikte klären –
Veränderungen anstoßen –
Betroffene einbeziehen

2012
Schäffer-Poeschel Verlag Stuttgart

Reihe Systemisches Management

Gedruckt auf chlorfrei gebleichtem, säurefreiem und alterungsbeständigem Papier

Bibliografische Information der Deutschen Nationalbibliothek
Die Deutsche Nationalbibliothek verzeichnet diese Publikation in der Deutschen
Nationalbibliografie; detaillierte bibliografische Daten sind im Internet
über http://dnb.d-nb.de abrufbar.

ISBN 978-3-7910-3162-0

Dieses Werk einschließlich aller seiner Teile ist urheberrechtlich geschützt.
Jede Verwertung außerhalb der engen Grenzen des Urheberrechtsgesetzes ist
ohne Zustimmung des Verlages unzulässig und strafbar. Das gilt insbesondere
für Vervielfältigungen, Übersetzungen, Mikroverfilmungen und die Einspeicherung
und Verarbeitung in elektronischen Systemen.

© 2012 Schäffer-Poeschel Verlag für Wirtschaft · Steuern · Recht GmbH
www.schaeffer-poeschel.de
info@schaeffer-poeschel.de

Lektorat: Sabine Burkhardt, München
Cartoons: Pfuschi – www.pfuschi-cartoon.ch
Einbandgestaltung: Dietrich Ebert, Reutlingen
Satz: typopoint GbR, Ostfildern
Druck und Bindung: CPI – Ebner & Spiegel, Ulm

Printed in Germany
September 2012

Schäffer-Poeschel Verlag Stuttgart
Ein Tochterunternehmen der Verlagsgruppe Handelsblatt

Inhalt

Prolog VIII
Dank X
Zu diesem Buch XI

Teil A: Staunen
1. Großgruppen-Interventionen sind Ausnahmezustände. 1
2. Die gleichzeitige Auseinandersetzung Vieler öffnet neue Tore . . . 3
3. Ohne Systemspitze geht nichts – oder die Systemspitze geht 7
4. Bei der gemeinsam gekochten Suppe sucht keiner das Haar darin 10
5. Die Großgruppe zwingt zur Selbstreflexion. 13
6. Eine breite Lösungsvielfalt ist der Nährboden für gemeinsam entwickelte Konsense 16
7. Die Freiheit, eine Meinung zu haben, ermöglicht die Freiheit, die eigene Meinung weiterzuentwickeln. 19
8. Zum Glück braucht es Krisen. 21
9. Die Vision ist kaum zu verhindern. 27
10. Die Großgruppenprozesse bringen die Dinge auf den Punkt. . . . 30
11. Große Gruppen stellen sich auch komplexen Konflikten 32
12. Von den vielen Ichs zum verantwortungsbewussten Wir 35

Teil B: Wissen
1. Einführung 39
2. Mediation und Großgruppenarbeit haben eine gemeinsame Entwicklungsgeschichte. 40
   2.1. Die Wurzeln der Großgruppenarbeit in der Organisationsentwicklung. 40
   2.2. Paradigmenwechsel 42
   2.3. Impulse für die Organisationsentwicklung 44
   2.4. Über die Verwandtschaft von Mediation und Großgruppenverfahren. 45
   2.5. Konfliktklärung mit großen Gruppen: Die Großgruppenmediation. 48
3. Partizipation. 53
   3.1. Partizipation als Konsequenz gesellschaftlicher Veränderungen . 53
   3.2. Partizipation heißt nicht Basisdemokratie. 54
   3.3. Die Bandbreite von Partizipation 58
4. Die Weisheit der Vielen 62
5. Konsense statt Kompromiss 65
6. Würdigung von Emotionalität und Sinnlichkeit 68

Teil C: Machen
1. Einführung 73
2. Der Werkzeugkasten 74
   2.1. Zukunftskonferenz 75
   2.2. Realtime Strategic Change 86
   2.3. Open Space Technology 98
   2.4. World Café 108
   2.5. AI Summit – Die AI-Konferenz 118
   2.6. Soziometrische Aufstellungen 125
   2.7. Kreative Interventionen 130
3. Anwendungsbereiche und Fragestellungen 135
   3.1. Grundlegende Modelle für Entwicklungsprozesse 135
   3.2. Zukunftsorientierung 138
   3.3. Strategieentwicklung 140
   3.4. Kulturentwicklung 141
   3.5. Strukturentwicklung 142
4. Prozessarchitektur 144
   4.1. Einblick in die Klassiker 144
   4.2. Der Gesamtprozess – wie wir ihn planen 150
   4.3. Worauf es besonders ankommt 159
   4.4. Beispiele für längere Großgruppenprozesse 161
5. Veranstaltungsdesign 164
   5.1. Bedeutung der Struktur 164
   5.2. Bedeutung der Choreografie 166
   5.3. Die Raumgestaltung und andere logistische Hürden 167
   5.4. Veranstaltungsdesigns nach Anzahl der Teilnehmenden 168
   5.5. Verdichtungen und Priorisierungen 171
   5.6. Shuttle-Versionen 176
6. Repräsentanz und Rollen 182
   6.1. Die verschiedenen Rollen in der Vorbereitung 182
   6.2. Die Zusammensetzung der Teilnehmerschaft 186
   6.3. Kunden und Lieferanten 190
   6.4. Experten 191

Teil D: Standhalten
1. Einführung 193
2. Grenzen 193
3. Demut 200
4. Vertrauen 202

Anhang
Modelldrehbücher
1. Zukunftskonferenzen 207
2. RTSC-Konferenz 213

3. Appreciative Inquiry 227
4. Open Space 229
5. World Café 232
6. Spezialfälle 237

Literatur 242
Stichwortverzeichnis 245
Autoren 253

Prolog

Großgruppen-Interventionen sind für uns mehr als angewandte Methoden. Sie sind die Folge unserer Haltung als Organisationsentwickler, Prozessberater und -begleiter wie auch als Mediatoren. Wir haben uns – mit unseren unterschiedlichen beruflichen Hintergründen – bei den Schweizerischen Bundesbahnen kennen gelernt. Der eine in der Funktion als Leiter der Management- und Organisationsentwicklungsabteilung, der andere als freiberuflicher Organisationsberater. Der eine geprägt von der Auseinandersetzung mit den Großgruppenmethoden und ihren Protagonisten in den USA (Marvin Weisbord, Harrison Owen, Kathleen Dannemiller usw.), der andere geprägt von den Großgruppenmethoden und ihren Protagonisten in Deutschland (Matthias zur Bonsen, Ingrid Ebeling usw.). Der eine als Auftraggeber, der andere als Auftragnehmer. Das war 1998. Im Jahr 2000 haben wir dann gemeinsam mit Hanna Hinnen das Beratungsunternehmen frischer wind – AG für Organisationsentwicklungen gegründet.

Relativ einfache Bekenntnisse haben uns zusammengebracht und bilden die Basis unserer beruflichen Ausrichtung:
- der Glaube an die lernende Organisation,
- die Überzeugung, dass in lebensfähigen Organisationen die Lösungen vorhanden sind und nur geweckt und aufgedeckt werden müssen, die Erkenntnis, dass externe Organisationsberater besser nicht beraten, sondern die Organisation begleiten, vernetzen und unterstützen,
- die Erfahrung, dass Leute, die in eine Entscheidungsfindung einbezogen werden, sich mit den Entscheidungen eher identifizieren,
- das Wissen, dass die Nachhaltigkeit steigt, je mehr Menschen mit ihrem unterschiedlichen Wissens- und Erfahrungsschatz gleichzeitig in einen Prozess einbezogen werden,
- die Hoffnung, dass mediative und partizipative Prozesse langfristig autoritäres Führungsverhalten ablösen.

Wesentlich weitergebracht haben uns die Ausbildungen im Bereich der Wirtschafts- und Umweltmediation. Auf der einen Seite waren wir bereits erfahren in der Großgruppenarbeit, auf der anderen Seite wollten wir auch Mediatoren werden. Wir gingen von der Annahme aus, dass es sich um zwei unterschiedliche Berufsbilder und Tätigkeitsfelder handelt, hier Großgruppenarbeit – dort Mediation. Doch dann entdeckten wir, dass dieses Entweder-oder nicht praktisch ist. Wir begannen die Ideologien, Verfahrensweisen und Methoden miteinander zu verschmelzen. Zuerst sahen wir uns als Pioniere, als Erfinder der Großgruppenmediation. Heute sehen wir dies etwas gelassener. Eigentlich machen wir nichts anderes, als mediative Verfahren ins Großgruppenformat zu integrieren. Etwas, das wir rein intuitiv schon vor der Mediationsausbildung gemacht haben.

Nach zwölf Jahren sind wir Hunderte von Großgruppen-Interventionen weiter – und etwas klüger. Wir sind zwar in unseren Haltungen und Bekenntnissen weitgehend bestätigt worden – aber auch an Grenzen gestoßen und hie und da über Grenzen hinaus gestolpert. Herausgefordert von den unterschiedlichsten Aufgabenstellungen mussten wir bestehende Methoden modifizieren, weiterentwickeln und kombinieren sowie neue methodische Ansätze erfinden. Zwischen diesen Buchdeckeln sind nun unsere Erfahrungen und Erkenntnisse hineingepackt. Es ist ein Bericht, geprägt von dem, was wir in dieser Zeit zusammen mit unseren Kollegen und Kolleginnen in unserem beruflichen Alltag erlebt haben und in Seminaren und Workshops auch gelehrt haben.

Dank

Dieses Buch ist gespickt mit Erfahrungen, die wir in Hunderten von Großgruppen-Interventionen gemeinsam mit unseren Geschäftspartnerinnen von frischer wind, Hanna Hinnen, Inger Schjold, Britta von Wurstemberger und Petra Neff, geplant, durchgeführt und reflektiert haben. Ihnen gilt unser besonderer Dank.

Heinz Pfister, oder eben Pfuschi, hat einige unserer Großgruppen-Interventionen als Instant-Cartoonist visualisierend begleitet. Darum lag es uns auch nahe, ihn um einschlägige Cartoons für unser Buch zu bitten. Danke Pfuschi.

Viele Projekte konnten wir mit unseren Kollegen und Kolleginnen in Deutschland und Österreich zusammen durchführen. Mit Iris Brünjes, Burkard Bösterling und vielen anderen treffen wir uns jeden Sommer in unserer »Expertenwerkstatt« und wälzen heiße Großgruppenthemen, vor allem Grenzerfahrungen in der Großgruppen-Intervention. Diese Werkstatt ist nebst dem Lernforum in Oberursl eine wichtige Quelle fortwährender Inspiration. Auch all diesen Kollegen und Kolleginnen gebührt unser Dank.

Unser Dank geht aber auch an alle die Auftraggeber und Auftraggeberinnen, die den Mut und das Vertrauen aufgebracht haben, mit ihren Mitarbeiterinnen und Mitarbeitern Neuland zu betreten. Ohne sie wäre dieses Buch ein dünnes Büchlein Theorie.

Dann gilt unser Dank auch unseren Familien. Sie haben uns in unseren Ups und Downs in allen diesen »großen Kisten« im besten Sinne begleitet.

Regensberg/Binningen, Juni 2012
Hannes Hinnen und Paul Krummenacher

Zu diesem Buch

Dieses Buch ist eine Kommode mit vier Schubladen.

In die oberste Schublade »Staunen« haben wir all das hineingepackt, worüber wir uns immer wieder und immer noch wundern. Es sind einerseits Umstände, denen wir in Entwicklungs- und Klärungsprozessen im Großgruppenformat laufend begegnen: Wir haben sie nicht erfunden, sie haben sich so ergeben und gehören zu den Eigenarten und Besonderheiten von Großgruppen-Interventionen. Andererseits sind es natürlich auch Thesen, welche die Wirkungsweisen von Großgruppen-Interventionen beschreiben und in ihrer Gesamtheit die Erfolgsfaktoren darstellen. Wir beschreiben, was passiert, können aber nicht immer erklären, warum es passiert.

In der zweiten Schublade »Wissen« befinden sich die verschiedensten Theorien im Kontext mit Organisationsentwicklung (OE), Mediation, Großgruppenmethoden und Prozessarbeit. Wir setzen uns in diesem Teil mit den Protagonisten auseinander, deren Erkenntnisse unsere Arbeit geprägt haben und denen wir auch dankbar sind. Sie haben uns gelehrt, Gesamtzusammenhänge zu begreifen und unterschiedliche Einsichten und wissenschaftliche Ansätze miteinander zu vernetzen.

Die Schublade »Machen« ist die Werkzeugschublade. Hier stellen wir das Handwerk und die Instrumente der Entwicklungs- und Klärungsprozesse im Großgruppenformat vor. Wir beschreiben die Methoden, die Anwendungsbereiche, die Möglichkeiten der Prozessarchitektur, bewährte Veranstaltungsdesigns und beantworten Fragen nach der Repräsentanz und den Rollen.

Die Schublade »Standhalten« schließlich, ist unsere wertvollste Schublade. Hier geht es um die Anerkennung der Grenzen, um die Haltung des Prozessbegleiters, der Prozessbegleiterin und um die Bedeutung des Vertrauens zwischen Prozessbegleitung, Systemspitze und Teilnehmenden. Wir sind davon überzeugt, dass die Beachtung dieser Themen zwingende Voraussetzungen für erfolgreiche Großgruppen-Interventionen sind.

> Die beigelegte DVD zeigt in einem kurzen Film den Ablauf einer typischen Zukunftskonferenz im öffentlichen Bereich. Schritt für Schritt wird ersichtlich, wie eine Kommune Schlüsselthemen und Leitsätze für eine gemeinsame Zukunft entwickelt. Dank dem klaren, didaktischen Aufbau wird der Film schon seit geraumer Zeit in der Lehre und in Akquisitonsgesprächen eingesetzt.

Teil A: Staunen

1. Großgruppen-Interventionen sind Ausnahmezustände

Obwohl Großgruppen-Interventionen schon seit mehr als zwanzig Jahren praktiziert werden: in den meisten Systemen sind sie nach wie vor die große Ausnahme.

Was immer die Gründe für einen Großgruppenprozess sind, ein Aspekt ist immer gleich: Die Tatsache, dass so viele Leute eines Systems gleichzeitig in einen Entwicklungsprozess einbezogen werden, dass alle gleichzeitig im gleichen Raum an einer bestimmten Fragestellung arbeiten sollen, löst etwas aus. Meistens ist es eine Mischung aus Ängsten, Vorfreude, Misstrauen, Erwartungen, Hoffnungen und Befürchtungen. Und genau diese Mischung stützt den Ausnahmezustand, der eine angespannte Wachheit bewirkt, die es zu nutzen gilt. Dieser »Vorprozess«, den wir in Teil C ausführlich erläutern werden (vgl. Seite 88 ff.), fördert die Gerüchteküche in einer Organisation, was der Bereitschaft zur Auseinandersetzung dient und bereits ein nützlicher Teil der Auseinandersetzung selbst ist.

Ein wesentlicher Aspekt im Vorprozess einer Großgruppen-Intervention ist die Einbeziehung von Systemexponenten. Wir nennen diese Vorbereitungsgruppe ganz bewusst »Spurgruppe«. Ihre Aufgabe ist in erster Linie das Vorspuren, also die Unterstützung der Prozessbegleitung im Vorfeld der Großgruppen-Intervention. Die Mitglieder der Spurgruppe setzen sich mit dem Auftrag der Projektleitung und der Definition der Ziele auseinander. In dieser Phase lernen wir als Prozessbegleiter das System mit seinen Subsystemen und Eigenheiten besser kennen. Wir erfahren etwas über das Umfeld und den Kontext, in dem wir agieren. Gut ist, wenn die Zusammensetzung der Spurgruppe alle in den Prozess involvierten Bereiche und Hierarchieebenen abbildet, auch wenn es je nach Organisation auch einmal zwanzig oder mehr Mitglieder in der Spurgruppe sind. Diese Mitglieder der Spurgruppe sind wichtige Multiplikatoren zur Intensivierung des Ausnahmezustands. Sie erzählen den anderen, was geplant ist. Vor allem, wenn die Spurgruppe nicht aus lauter Freundinnen und Freunden des Auftraggebers besteht, sondern auch bekannte Kritiker des Systems und Querdenker umfasst, und dies im System bekannt wird, ist die Wirkung enorm. Der Aufwand der Spurgruppe ist gemessen daran gering. In der Regel sind zwei bis drei Sitzungen von jeweils zwei bis drei Stunden ausreichend.

Daneben verstärken selbstverständlich die rein sachlichen Gründe, die zu einem Großgruppenprozess führen, den Ausnahmezustand. Ein System kommt nicht einfach so auf die Idee, einen partizipativen Prozess mit so vielen Beteiligten anzuschieben. Es braucht dazu interne und/oder externe Anstöße. Leidensdruck und Unzufriedenheit sind wesentliche Sponsoren für die Bereitschaft zu einem Veränderungs- oder Klärungsprozess.

Dies gilt auch, wenn zu Beginn eines Prozesses Leidensdruck und Unzufriedenheit in der Regel nur von Teilen eines Systems erlebt werden. Hier einige Beispiele, die den beschriebenen Ausnahmezustand im Vorprozess veranschaulichen:

Beispiel 1:
In einem größeren regionalen Medienunternehmen, in dem unter anderem eine Tageszeitung erscheint, litten die im Anzeigenverkauf tätigen Mitarbeiterinnen und Mitarbeiter unter der Ignoranz und Dominanz der Redaktion. Der Wunsch nach Klärung der Schnittstellen und nach dem Entwickeln von Regeln der Zusammenarbeit stieß bei den Redaktionsverantwortlichen auf null Interesse. »Wir haben kein Problem und wenn ihr eines habt, dann ist es eures«, lautete der Grundtenor auf der Redaktionsseite. Wäre dafür eine Arbeitsgruppe eingesetzt worden, hätte dies wohl kaum zu großen Irritationen geführt. Die Entscheidung der Unternehmensleitung aber, einen mehrstufigen partizipativen Prozess aufzugleisen, an welchem alle Betroffenen teilnehmen mussten, führte zu Verunsicherung in allen involvierten Bereichen: Der Ausnahmezustand war manifest.

Beispiel 2:
Eine schweizerische kommunale Behörde mit einer neu gewählten Gemeindepräsidentin (vergleichbar mit dem Amt der Bürgermeisterin) bezog die Bevölkerung in einen Entwicklungsprozess ein, weil eine große Unzufriedenheit innerhalb der Bevölkerung bekannt war und die neue Behörde diese Unzufriedenheit aufnehmen und Zeichen für eine aktive Veränderung setzen wollte. Der Umstand, dass nun endlich einmal in großem Rahmen und unter breiter Beteiligung an der Entwicklung der Gemeinde mitgewirkt werden konnte, wurde als große Ausnahme und als wichtiger Schritt empfunden – noch bevor überhaupt Ergebnisse sichtbar waren.

Beispiel 3:
Eine österreichische Regionalbank war an und für sich erfolgreich unterwegs, doch das Arbeitsklima verschlechterte sich zunehmend und die Fluktuation bei den Führungspersonen stieg stetig. Eine professionell durchgeführte Mitarbeiterzufriedenheitsstudie zeigte beängstigende Werte – vor allem, was die zweite und dritte Führungsebene betraf. Ein Ergebnis, das die Direktion besonders zum Handeln motivierte, war der Umstand, dass die Bank zwar über klare Werte (normative Werte, Führungsgrundsätze etc.) verfügte, diese aber in der Beurteilung der Mitarbeitenden nicht gelebt wurden. Dass diese Bank nun alle Hierarchieebenen und Bereiche zu einer dreitägigen Veranstaltung, die ausschließlich diesen Gesichtspunkt thematisierte, einlud, war für alle Eingeladenen außergewöhnlich.

Beispiel 4:
Eine mittelgroße Stadt, in deren Stadtverwaltung – vom Steuersekretär bis zum Friedhofgärtner – rund 150 Mitarbeitende beschäftigt sind, bekommt einen neuen Verwaltungsdirektor. Um einen schnellen Wandel einzuleiten, will dieser alle Mitarbeitenden in einen partizipativen Entwicklungsprozess mit einbeziehen. Die Großgruppenveranstaltung dient als Kick-off für einen breiten und mehrstufigen OE-Prozess. Allein die Tatsache, dass an einem Wochentag praktisch alle Mitarbeitenden (außer einer kleinen Notfallgruppe) an einem Workshop teilnahmen, war schon ein starkes Signal für den bevorstehenden Wandel, mit Innen- aber auch mit Außenwirkung.

Beispiel 5:
Die Leitung der katholischen Landeskirche eines Schweizer Kantons möchte im Zusammenhang mit einem Jubiläum die rund hundert Pfarreien in einem pfarreifokussierten Entwicklungsprozess unterstützen und aufzeigen, dass in einem von Rom und der Bistumsleitung definierten Rahmen immer noch viele Freiräume für individuelle Entwicklungen der Pfarreien vorhanden sind. Mit 350 Vertreterinnen und Vertretern der Pfarreien wird im Rahmen einer Veranstaltung im Großgruppenformat ein Prozess gestartet, der über 60 Interventionen mit großen Gruppen in den Pfarreien auslöst.

Großgruppen-Interventionen sind immer Ausnahmezustände. Schon im Vorfeld tauen die meisten Systeme unausweichlich auf, was eine der besten Voraussetzungen für den Prozess danach bildet.

2. Die gleichzeitige Auseinandersetzung Vieler öffnet neue Tore

»Ich musste vieles überdenken und sehe gewisse Dinge jetzt anders.«, »Damit hätte ich nie gerechnet!«, »Genial, was die gemeinsamen Schlüsse sind!«, »Wir haben neue Erkenntnisse gewonnen, welche zum Durchbruch verhalfen!« Nicht jede Großgruppenkonferenz endet mit solchen Aussagen. Aber sie sind absolut typisch zum Schluss einer Konferenz. Das Staunen über das Funktionieren der Großgruppen teilen wir mit den meisten Teilnehmenden. Wir haben die Erfahrung gemacht, dass, wenn auch die Ergebnisse der Konferenz nicht berauschend sind, trotzdem eine hohe Zufriedenheit mit dem Großgruppenprozess vorhanden ist. Diese entsteht dadurch, dass die Teilnehmenden ihre eigenen Positionen einmal in einem höchst anregenden Setting mit vielen ihnen unbekannten Meinungen und Haltungen in Austausch bringen und trotzdem höchst zielfokussiert arbeiten konnten. Voraussetzung ist natürlich, dass der Gesamtprozess sauber geführt wird, die direkt Betroffenen im Saal sind und die Veranstaltung professionell moderiert wird. Auch wenn faktisch gar nicht viel passiert, gehen plötzlich neue Tore auf.

Im Hintergrund steht die Feststellung, dass das Ganze mehr ist als die Summe seiner Teile. Die gleichzeitige Anwesenheit aller Anspruchsgruppen und die konsequente Mischung dieser Anspruchsgruppen in der Erarbeitung der Inhalte bewirken, dass dieses Ganze entstehen kann und zu neuen Lösungen führt, die für alle überraschend sind. Die große Mehrheit der im Prozess involvierten Personen erlebt, dass sich neue Tore öffnen, die vorher nicht gesehen worden sind. Manchmal lagen die Lösungen auch schon da, sind von Einzelnen als solche erkannt worden, waren aber nicht anschlussfähig an die Lösungssuche anderer Anspruchsgruppen.

Wie kommt es dazu? Um diese Frage zu beantworten, lohnt es sich zuerst eine zweite Frage zu stellen: Wie macht man denn das sonst, wenn man zu einem bestimmten Vorhaben die Meinungen der unterschiedlichsten Anspruchsgruppen einholen will? Im Wirtschaftsbereich werden üblicherweise Top-down, also der Hierarchieleiter entlang von oben nach unten, aus allen Bereichen und Abteilungen Rückmeldungen eingeholt, vom Projektleiter zusammengefasst und zu einem Gesamtbild aggregiert. Damit haben wir aber nur die verschiedensten Teile zusammengetragen, die dann von einer einzigen Person zur Summe gemacht werden. Auch die sonst verbreiteten Vorgehensarten weisen diesen Mangel auf.

In Soundingboards, Echogruppen oder Ähnlichem ist es sehr oft so, dass beispielsweise pro Bereich ein Vertreter in diese Gruppe berufen wird. Diese Personen haben das Selbstverständnis, ihren Bereich vertreten zu müssen. Das heißt, auch wenn sie kreativ an gemeinsamen Lösungen mitdenken, fallen sie immer wieder in die Bereichsmeinungen zurück.

Analoges können wir im öffentlichen Bereich feststellen. Hier sind es oft Bevölkerungsbefragungen, Zielgruppenbefragungen oder die in der Schweiz üblichen »Vernehmlassungen« (vgl. auch Seite 10), welche eingesetzt werden, um Bedürfnisse abzuholen.

Mit diesen Instrumenten werden zwar viele, oft auch wertvolle Informationen eingeholt. Diese Instrumente zementieren aber gleichzeitig eine bestehende Anspruchskultur: *Ich* werde gefragt, *ich* antworte, *ich* erwarte entsprechend auch, dass *meine* Antwort berücksichtigt wird und überprüfe entsprechend das Ergebnis dahingehend, ob *meine* Antworten darin enthalten sind. Der Dialog findet zwischen Projektleitung bzw. Behörde und mir als Individuum statt (oder eben mir, der ich die Meinung meiner Abteilung einbringen muss).

Die Großgruppe tickt ganz anders. In der Großgruppe werden diese Grenzen durch die gezielte Durchmischung verwischt.

Beispiel:
In einer Großstadt wird ein pulsierendes Stadtviertel durch ein altes Eisenbahnviadukt geteilt. In den hohen Steinbogen des Viadukts hatte sich Kleinge-

2. Die gleichzeitige Auseinandersetzung Vieler öffnet neue Tore

werbe und eine vielfältige Nischenkultur niedergelassen. Auf der einen Seite des Viadukts lag das alte Arbeiterviertel mit einer äußerst gemischten Bevölkerungsstruktur, auf der anderen Seite entwickelte sich eine neue Kulturmeile mit neuen attraktiven Wohnungen und vielen neuen Arbeitsplätzen im tertiären Bereich. Als nun die Bahn gezwungen war, das Viadukt aus baulichen Gründen zu erneuern, entstand die Chance, die Bogen neu zu nutzen. Die Kündigung der bestehenden Mietverträge hatte einige Unruhen im Viertel ausgelöst. Zusammen mit der Bahn und der Stadt loteten wir in einem Vorprozess den Handlungsraum für einen partizipativen Prozess aus. Es sollten unter Einbeziehung breiter Bevölkerungskreise die wichtigsten Kriterien für einen architektonischen Wettbewerb formuliert werden. Zu Beginn des Entwicklungsprozesses fand eine Großgruppenkonferenz mit rund hundert Personen statt, in welcher Kriterien formuliert und dem anstehenden Wettbewerb zugrunde gelegt wurden. Im Rahmen dieser Veranstaltung waren alle unterschiedlichen Anspruchsgruppen (Gewerbe, Anwohner, Stadtentwickler, Bahn, Tiefbau, Sozialdienste) in der Teilnehmerrolle und hatten die Gelegenheit ihre Perspektiven auf gleicher Augenhöhe einzubringen. Zu Beginn der Konferenz standen eine Überfülle an Erwartungen im Raum. In den darauf folgenden Prozessschritten saßen die Anspruchsgruppen konsequent in immer wieder wechselnden gemischten Gruppen. Die verschiedenen Perspektiven begannen sich gegenseitig zu durchmischen. Wo vorher darüber gestritten wurde, ob die Bahn eine Rendite erzielen dürfe, entstand im Raum plötzlich das Bild einer sektorenbezogenen Rendite. Statt Rendite Ja oder Nein, war nun klar, dass in dem Teil, der dem Hauptverkehrsstrom zugewandt ist, die Rendite hoch sein konnte und im hinteren Teil, der auch weniger attraktiv war für ein Laufpublikum, sehr wohl gemeinnützige Nutzungen denkbar waren. Viele kleine weitere Lösungsansätze zu Auf- und Abgängen usw. sind so entstanden.

»Das ganze System in einem Raum« ist zu einem Schlüsselbegriff für die Großgruppenarbeit geworden. Marvin Weisbord, dessen Ansatz wir in Teil B und C ausführlich darstellen werden, hat in diesem Zusammenhang davon gesprochen, dass »der ganze Elefant« im Raum sein müsse. Im Wesentlichen geht es dabei um zwei Elemente: Das für die Bearbeitung der Fragestellung erforderliche Wissen als solches und die Möglichkeit, dieses Wissen zu entfalten und zu nutzen. Hierin liegen die zwei Schlüsselfaktoren für eine erfolgreiche Großgruppenarbeit.

Zum ersten Schlüsselfaktor, dem erforderlichen *Wissen*, gehört das Wissen aller Hierarchiestufen und aller betroffenen Bereiche. Das Umfeld (Kunden, Lieferanten) gehört dazu, aber auch das Wissen auf der zeitlichen Achse, die Geschichte und die mögliche Zukunft des Systems. Dieses Wissen kommt manchmal über Keynotes, Inputs, Filme, Expertisen und Umfragen in den Raum, immer aber in Verbindung mit dem Wissen aller anwesenden Betroffenen des Systems – gleichzeitig, im gleichen Raum. Dabei ist es unwesentlich, ob alle sich dieses Wissen aneignen. Laien können nicht zu Poly-Experten werden. Wesentlich ist, dass dieses Wissen sich vernetzt, dass es zum *Austausch* kommt. Das ist der zweite Schlüsselfaktor.

Möglich wird die Vernetzung des Wissens durch die besondere Art der Kommunikation in der Großgruppe, wie sie von Ruth Seliger in ihrer Einführung in die Großgruppenarbeit sehr gut auf den Punkt gebracht wird (2008). Durch diese spezielle Kommunikation, die nur dann passiert, wenn alle gleichzeitig im gleichen Raum sind. Die Großgruppe ist ein kommunikativer Ausnahmezustand. Sie ermöglicht der Organisation eine neue Art der Kommunikation, mit der sie sich erforschen, verstehen und verändern kann. Neu ist der Rahmen (alle befinden sich im selben Raum, Bildung von Achtergruppen), neu ist die Dichte (wechselnde Sitzgruppen), neu ist auch die Herangehensweise (Lösungen statt Probleme, Ressourcen statt Defizite) und neu sind schließlich die Rollen (gemeinsames Erforschen und Management- und Experteninformation, alle Hierarchiestufen lernen). Die Großgruppe ist so das Mittel gegen »Kommunikationsarthritis«, wie Seliger treffend feststellt (2008).

Es ist für uns immer wieder erstaunlich, wie eine Großgruppe mit Komplexität umgeht. Weisbord hat darauf hingewiesen, dass es im Prozessverlauf immer wieder zu den Momenten kommt, in denen die Leute merken, wie zahlreich die Aspekte sind und wie vielfältig die Meinungen dazu, so dass sie in einer heilsamen Konfusion schließlich dazu übergehen, sich auf das Wesentliche zu fokussieren. Sie können Komplexität bearbeiten, auf ein bearbeitbares Niveau reduzieren. Genauso erstaunlich ist aber, dass der Anti-Vereinfachungsreflex genauso in den Genen der Großgruppe steckt. Die Großgruppe reagiert allergisch auf Vereinfachungen, egal wer die Quelle dieser Vereinfachung ist: die Leitung, externe Betrachtungen oder sie selber.

Vor allem in Konflikten merken wir, dass die gleichzeitige Auseinandersetzung Vieler neue Tore öffnet. Gerade hier ist der Anti-Vereinfachungsreflex ausgeprägt. Wenn wir in einem Konflikt hundert Teilnehmende haben, haben wir ebenso viele Perspektiven auf den Konflikt. Dies entschleunigt die Konfliktdynamik und setzt Energie frei für neue Lösungen.

Beispiel:
In einer kleinen Gemeinde am Rhein war ein Projekt für altersgerechte Wohnungen zur Überraschung der Exekutive, der vorbereitenden Genossenschaft und vieler aus der ganzen Umgebung in einer Abstimmung abgestürzt. Wir erhielten daraufhin den Auftrag, alle Interessensgruppen, Gewinner und Verlierer, für die Lancierung eines neuen Projektes einzubinden. Da gab es welche, die wollten ein uraltes und zerfallendes Schulhaus retten. Die einen taten dies aus nostalgischen Gründen, die meisten aber fanden, dass es sich doch zumindest lohne zu prüfen, was denn das kosten würde. Sie paarten sich nämlich mit denjenigen, die das Wohnungsprojekt architektonisch verunglückt fanden. Diese waren zwar nicht für den Erhalt des Schulhauses, wohl aber für die Weiterführung des »Spirits«, den das alte Gebäude dort ausstrahlte. Die Großgruppenkonferenz dauerte eineinhalb Tage. Gemeinsam wurde ausgelotet, was von

niemandem gewollt oder was im Gegensatz dazu von allen gewollt wurde. Über mehrere Prozessschritte hinweg entstand so ein klares Bild, welches die Parameter für das neue Projekt sein mussten. Einzig der Finanzierungsaspekt blieb kontrovers: Inwieweit durfte/musste sich die öffentliche Hand beteiligen. Die Klärung dieser Frage wurde von der Großgruppenkonferenz einer Arbeitsgruppe übertragen. Drei Monate später wurden die gemeinsam festgelegten Parameter konkretisiert und verschiedene Finanzierungsmodelle vorgestellt und der Bevölkerung zur Entscheidung vorgelegt. Die Gemeinde hatte sich im Dialog zu einem gemeinsamen Projekt zusammengerauft.

Wenn Viele zusammen um eine gemeinsame Lösung ringen, sind es praktisch nie Kompromisse, die danach zum Zuge kommen. Fast immer sind es neue Lösungen. Lösungen, die vorher niemand gekannt hat.

3. Ohne Systemspitze geht nichts – oder die Systemspitze geht

Unter »Systemspitze« verstehen wir diejenige Person, die im angesagten Prozess die Führungsrolle innehat. Dies kann, wenn ein gesamtes Unternehmen involviert ist, der CEO sein, wenn es um eine Bereichsentwicklung geht, der Bereichsleiter oder bei einer Abteilung der zuständige Abteilungsleiter.

Unserer Erfahrung nach gelingen Großgruppen-Interventionen nur dann, wenn die Systemspitze in die Auftragserteilung involviert ist und das Briefing durch die Systemspitze erfolgt. Ohne ein entsprechend persönliches Contracting mit der Systemspitze sollte keine Intervention durchgeführt werden. Zu diesem Contracting gehören neben dem Briefing die Rollen- und Methodenklärung sowie Honoraransätze und Aufwandschätzungen.

Das saubere Contracting ist nur eine Facette – der Zusammenarbeit mit der Systemspitze kommt darüber hinaus noch weit mehr Bedeutung zu. Obwohl diese gegenüber einer Vielzahl von Führungskräften und Mitarbeitenden meistens nur eine Einzelperson darstellt, ist ihre Wirkung enorm. Wenn die Mehrheit der Leute nicht glaubt, dass der Chef oder die Chefin hinter dem Entwicklungs- oder Klärungsprozess steht, kommt keine wirkliche Veränderungsenergie auf oder sie entweicht bei einem entsprechenden Vorfall schlagartig. Ist die Systemspitze aber bereit, sich in einen Prozess hineinzugeben, untersteht steht auch sie einer starken Sog- und Druckwirkung. Auf der einen Seite beeinflusst also die Systemspitze den Prozess, anderseits prägt der Prozess auch das Verhalten der Systemspitze.

Beispiel 1:
Der Leiter einer Konzerndivision mit rund 12.000 Mitarbeitenden lud seine 250 Topmanager zu einer zweitägigen Konferenz im Großgruppenformat. Am

ersten Tag ging es um die Situationsanalyse, die Stärken und Schwächen der Führung und die Auseinandersetzung mit den Umfeldfaktoren. Für den anderen Tag war ein Input durch den Divisionsleiter geplant sowie die Entwicklung von Vision und strategischen Stoßrichtungen. Um etwa 23 Uhr kam ein Anruf des Divisionsleiters. Er könne seine vorbereitete Rede am anderen Morgen nicht wie beabsichtigt halten. Sie passe nicht mehr zu seinen Erkenntnissen aus dem heutigen Prozessverlauf. Ob wir nicht in seinem Hotelzimmer vorbeikommen könnten, um ihm in der Neufassung seines Inputs behilflich zu sein. Wir wechselten temporär aus unserer Prozessbegleiterrolle zur Coach-Funktion. Als dann am nächsten Morgen der Divisionsleiter seine Zukunftsskizzen präsentierte, staunten seine Leute über seine persönliche Entwicklung und die bis anhin unbekannte Nähe zur Führungs-Crew.

Ein anderes, gegenteiliges Beispiel, das die Bedeutung der Systemspitze unterstreicht:

Beispiel 2:
250 unterschiedliche Expertinnen und Experten aus den unterschiedlichsten Bildungsbereichen, von Studierenden bis zu Hochschulprofessoren, von Volksschulpädagogen bis zu Vertretungen von Elternvereinigungen, von Bildungspolitikern bis zu Schulleitern wurden durch den kantonalen Bildungsminister zur Entwicklung einer neuen Bildungsvision eingeladen. Zu Beginn der Großgruppenkonferenz begrüßte der Minister die Teilnehmenden und verabschiedete sich gleich wieder. Er müsse an eine wichtige Parteisitzung, aber er komme zum Ende der Konferenz wieder. Die Konferenz dauerte zwei Tage und immer wieder hörten wir, wie schlecht es sei, dass der Bildungsminister dies oder jenes nicht mitbekomme. Die Energie war eher flau und Ergebnisse mehr oder weniger durchschnittlich. Als er zum Schluss der Konferenz wieder auftauchte und die Ergebnisse zusammenfassen wollte, war allen klar: Nichts begriffen, das geht in die Hose.

Manchmal gibt es keine Systemspitze und es muss eine solche, vielleicht auch nur temporär, erfunden werden, wie es zum Beispiel bei einem Fusionsprozess von sieben Gemeinden notwendig wurde. Die Funktion der temporären Systemspitze übernahm in diesem Prozess der Gemeindepräsident der kleinsten Gemeinde, der im Voraus klarstellte, dass er auf keinen Fall für ein Amt in der neuen Großgemeinde kandidieren werde.
 Wir haben gelernt, dass es wichtig ist, dass die Systemspitze an einer Großgruppen-Intervention teilnimmt. Aber nicht als Beobachter, sondern als beteiligter Teilnehmer, der ebenfalls in den sich wechselnden Gruppen sitzt und mitdiskutiert. So tritt die Hierarchie in den Hintergrund und hat nur dann eine spezielle Funktion, wenn es um einen Input bezüglich der Rahmenbedingungen geht.

In einer Großgruppen-Intervention mit allen Mitarbeitenden entsteht oft eine hohe Erwartung an die Systemspitze. Nicht alle Verantwortlichen sind diesem Druck von unten gewachsen und manche lassen sich auf einen solchen Prozess nur zögerlich ein.

Beispiel:
In einer regionalen Sozialbehörde war es expliziter Wunsch der Personalkommission, einen Entwicklungsprozess im Großgruppenformat anzustoßen. Die zuständige Abteilungsleiterin gab dem Drängen nach und bewilligte das Projekt. Im ersten Teil der Veranstaltung ging noch alles einigermaßen gut, im zweiten Teil, als es um die Bearbeitung von konkreten Entwicklungsthemen ging, konnte die Abteilungsleiterin mit dem Druck, den sie persönlich nahm, nicht mehr umgehen und verließ den Raum. Nach einer kurzen Pause mit ein paar Thai-Chi-Übungen wurden die verbleibenden Teilnehmer von der Prozessbegleitung gefragt, ob sie trotz Abwesenheit der Abteilungsleiterin weiter machen wollten. Sie wollten und konkretisierten die Aktions- und Handlungsfelder. Nach ungefähr zwei Stunden kam die Abteilungsleiterin wieder in den Raum – ohne Entschuldigung, ohne Rechtfertigung. Sie setzte sich wieder in eine Arbeitsgruppe und blieb dann bis zum Schluss der Veranstaltung. Ein paar Tage später reichte sie ihre Kündigung ein.

Ein Großgruppenprozess verlangt nach einer Führung, die zwar Orientierung gibt, sich aber partizipativ verhält; die Impulse einbringt, aber auch solche aufnimmt. Vor allem aber verlangt er, dass die Führung präsent ist. Ohne Systemspitze geht nichts, aber es kann auch dazu kommen, dass eine Systemspitze erkennt, dass sie falsch am Platz ist und geht.

4. Bei der gemeinsam gekochten Suppe sucht keiner das Haar darin

Verordnete Veränderungen erzeugen Widerstand. Führungskräfte und Projektleiter werden von diesen Widerständen oft regelrecht überrascht. Sie haben mit Akribie alle Seiten eines Veränderungsvorhabens ausgeleuchtet und gehen davon aus, nichts außer Acht gelassen zu haben. Wenn es an die Umsetzung geht, kommen die Barrieren und Blockaden.

Dieses Phänomen lässt sich gut anhand einer traditionell erarbeiteten Leitbildentwicklung illustrieren. Eine kleine Arbeitsgruppe entwickelt einen Leitbildentwurf. Gemeinsam folgen sie einem internen Prozess, sie diskutieren und debattieren bis sie ein für sie stimmiges Ergebnis erarbeitet haben. Dann wird dieser Entwurf veröffentlicht und was geschieht? Das Publikum sucht zuerst einmal das Haar in der Suppe. In der Schweiz bezeichnen wir obiges Prozedere als »Vernehmlassung«, was nur ungenau mit »Anhörung« übersetzt werden kann. Es ist mehr, es bezeichnet die Mitsprache nach einem vorliegenden Entwurf oder einer Vorentscheidung. Wenn das Publikum anfänglich in die Leitbildentwicklung einbezogen wird und erst dann eine Arbeitsgruppe aus dem so gemeinsam produzierten Input einen Leitbildentwurf entwickelt, wird nicht mehr das Haar in der Suppe gesucht, sondern geprüft, ob der Input eingearbeitet wurde.

Viele Führungskräfte, Projektleiter und Expertenkommissionen gehen aber einen anderen Weg, obwohl sie um die möglichen Blockaden wissen. Sie versuchen mit unterschiedlichen Strategien vorzubeugen, etwa in dem versucht wird, das Veränderungsvorhaben besser zu verkaufen (Kommunikations-Strategie), schnell durchzuziehen (Übertölpelungs-Strategie) oder es mit einer aufwändigen Analyse so zu gestalten, dass das Vorhaben »unangreifbar« wird (Bollwerk-Strategie). Alle diese Wege enden – im Widerstand. Die Betroffenen finden immer wichtige Punkte, die nicht berücksichtigt worden sind – das berühmte Haar in der Suppe eben.

Manchmal ist »das Haar« gar so dick, dass die Entscheidungsträger richtigerweise ihre Entscheidung überarbeiten müssen. Angst vor Gesichtsverlust auf Seiten der Entscheidungsträger, der Projektleiter, oder Festhalten am bereits kommunizierten Vorhaben verlängern den Widerstand. Schlussendlich kann der Widerstand oft nur dank Weisungsmacht überwunden werden.

Was passiert hier? Aus der Perspektive der Betroffenen gibt es dafür einfache Antworten. Die von einer Entscheidung Betroffenen sind mit dem Vorgehen nicht einverstanden. Ihnen wurden schon zu viele Veränderungen angekündigt, aus denen dann doch nichts geworden ist. Sie werden vom Veränderungsvorhaben überrascht, sie brauchen Zeit, um sich damit auseinanderzusetzen. Sie brauchen Zeit, um für sich, für ihr Team, für ihre Abteilung herauszufinden, inwieweit das Vorhaben ihre Arbeit betrifft und ob sie den verlangten Neuerungen gerecht werden können. Der Widerstand gibt ihnen diese Zeit.

4. Bei der gemeinsam gekochten Suppe sucht keiner das Haar darin

Ein wichtiger Teil des Widerstands ist somit gar nicht inhaltlicher, sondern prozeduraler Natur. Großgruppen-Interventionen nehmen beides auf. Inhaltlich können sich die Betroffenen mit ihrem Wissen in das Veränderungsvorhaben einschreiben – bereits beim Kochen und nicht erst wenn es ums Auslöffeln der Suppe geht. Die frühe Einbeziehung ermöglicht es den Betroffenen, sich mit allen Aspekten eines Veränderungsvorhabens auseinanderzusetzen und sich damit laufend mehr zu identifizieren.

Was heißt früh? Es gibt keinen fixen, klar benennbaren Zeitpunkt. Als »Weisheit der Vielen« (ein Begriff von James Surowiecki, auf den wir in Teil B genauer eingehen werden, vgl. S. 62), kann die Großgruppe den Auftakt eines großen Veränderungsprozesses bilden. Verschiedene Großgruppenverfahren sind so konzipiert, dass komplette strategische Veränderungen in der Großgruppe selber durchgeführt werden. Real-Time-Strategic-Change (RTSC) beispielsweise trägt dieses Versprechen im Namen. Das Verfahren ist in seiner ursprünglichen Form so aufgebaut, dass in einem mehrtägigen Prozess tagsüber in der Großgruppe die wichtigsten Entscheidungen vorbereitet werden und abends das Management auf dieser Basis die Entscheidungen *real time* fällt (siehe auch die ausführlichen Erläuterungen zu RTSC in Teil B und Teil C). Diese Entscheidungen dienen der Großgruppe am nächsten Tag als Basis für die nächsten Schritte. Aus inhaltlicher Sicht macht es also durchaus Sinn, die Betroffenen in einer Phase einzubeziehen, in der das Veränderungsvorhaben geplant wird.

Bei vielen Vorhaben ist das aus taktischen, aus Konkurrenzgründen nicht möglich oder es gibt Rahmenbedingungen, die aus unterschiedlichen Gründen nicht veränderbar sind. Zudem ist es unserer Erfahrung nach auch schlicht Fakt, dass Vieles bereits gegeben ist, wenn externe Spezialisten für die Begleitung des Veränderungsprozesses angefragt werden. Häufig macht dann eine Großgruppenkonferenz erst Sinn, wenn ein Entwurf vorliegt oder wenn es sogar bereits um die Umsetzung geht.

Auch dann kann die Partizipation richtig sein. Wir haben die Erfahrung gemacht, dass eine zu frühe Einbeziehung nicht als richtig empfunden würde. Es wird erwartet, dass die Führung Führung zeigt, dass die Verantwortlichen die Ausrichtung des Unternehmens oder der Organisation definieren und aufzeigen, was für den aktuellen und künftigen Erfolg erforderlich ist. Die Betroffenen erwarten einen Rahmen, erwarten, dass die Führung ihre Aufgabe macht.

Die Kunst, das Können, besteht daher darin, abzuwägen, was für den Beteiligungsprozess bereits als gegeben vorausgesetzt werden muss und was noch flexibel ist, wo sich die Betroffenen inhaltlich einschreiben können, wo sie mitwürzen, mitkochen können. In der Auftragsklärung loten wir den Handlungsspielraum für den Beteiligungsprozess aus.

In der Praxis wird der partizipative Prozess meist dann angesetzt, wenn inhaltlich ein »stabiler Entwurf« des Veränderungsvorhabens besteht, wenn die wichtigsten Ingredienzien einer Suppe und das Grundrezept bekannt sind.

Es entspricht unserer Erfahrung, dass rund 80 % der rein sachlichen Inhalte bei guter Projektarbeit stabil im Voraus definiert werden können und dass die Großgruppe dieses Wissen ergänzt. Die meisten Betroffenen wollen nicht direkt mitbestimmen, sie wollen ihren Beitrag leisten. Sie wollen ihr lokales Wissen einbringen. Sie wollen auch »naiv« fragen dürfen. Auch sie sind in ständigem Kontakt mit den inneren und äußeren Wirklichkeiten der Unternehmung und wollen sicherstellen, dass dieses Wissen berücksichtigt ist. Sie wollen prozedurale Gerechtigkeit. Sie haben ihre »lokalen« Theorien über Sackgassen und Möglichkeiten – und diese sind notabene häufig auch gar nicht sachlicher Natur sondern betreffen genauso Fragen der Zusammenarbeit und der Betriebskultur.

All diese Aspekte von Partizipation sind möglich, auch wenn der Rahmen schon klar gegeben ist. Prozessbegleiter sind jedoch gut beraten, sorgfältig zu klären, wie stabil der Entwurf ist. Wenn während der Großgruppenkonferenz das ganze System im Raum ist, werden die Schwachstellen unbarmherzig aufgezeigt. Wenn ein Veränderungsvorhaben nicht sorgfältig geplant ist, könnte es vor der Großgruppe Schiffbruch erleiden. Es braucht dann eine sehr starke Führung, die sich vor 150, 200 oder mehr Personen hinstellt und Fehler eingestehen kann, ohne eine große Irritation zu hinterlassen.

Selbstredend macht es am anderen Ende des Spektrums keinen Sinn einen partizipativen Prozess zu starten, wenn praktisch kein Spielraum besteht, wenn die Betroffenen sich nicht mehr einbringen können. Wir erleben es immer wieder, dass es nur darum geht, den Betroffenen auf eine attraktive Form beizubringen, dass die Suppe, die sie da vorgesetzt bekommen, gut schmecke. Abgesehen davon, dass dies unethisch ist, bringt es auch nichts: Große Gruppen reagieren sehr sensibel und sehr direkt auf Manipulationsversuche.

Der Handlungsspielraum ist also das A und O – oder, um bei unserer Analogie zu bleiben: Er ist zugleich Rezept und wichtigste Zutat der Suppe. Wenn beides stimmt, kann es losgehen. Die Großgruppenkonferenz wird zur Küche, mit den richtigen Töpfen, um die Suppe zu kochen. Wenn die Teilnehmenden in die Großgruppenkonferenz kommen, merken sie nach anfänglicher Skepsis, dass sie wirklich mitkochen können. Die einzelnen Schritte der Konferenz werden zu den Schritten im Rezept, die gemeinsam erörtert und ausgelotet werden. Das gemeinsame Kochen macht Spaß und es wird eine gemeinsame Suppe daraus, zu der die Teilnehmenden stehen können. Auch wenn jemand Zwiebeln nicht sonderlich toll findet, versteht er doch, dass halt die richtige Würze damit in die Suppe kommt. Dafür haben die anderen endlich verstanden, dass frische Kräuter erst ganz zum Schluss darunter gemischt werden dürfen. Die Teilnehmenden sind stolz auf ihre gemeinsame Suppe.

Beispiel:
Nach dem dritten Wechsel der Unternehmensleitung eines Eisenbahnlogistikers und dem damit einhergehenden erneuten Wechsel der Unternehmens-

strategie, galt es, Vertrauen in die neue Führung und in die neue Strategie aufzubauen und ein Committment für den langen Weg der Neuausrichtung zu gewinnen. Der Prozess sollte die 500 Führungskräfte aller Stufen, Bereiche und Sprachregionen stärken. Im Vordergrund stand zunächst, die neue Strategie zu vermitteln und die Umsetzung einzuleiten. Die Unternehmensleitung hatte zuvor mit Hilfe externer Experten die bisherige Strategie geprüft und den neuen Anforderungen angepasst. Da es sich neben der Diskussion der technischen Anforderungen vor allem auch um eine vertrauensbildende Maßnahme handelte, wurde entschieden, die Konferenzen mit allen 500 Führungskräften durchzuführen. Wichtig war zunächst, die Leute an das Thema heranführen und sie für die Dringlichkeit des erneuten Strategiewechsels zu sensibilisieren. Aufgezeigt werden sollte dabei auch, dass die verschiedenen Wechsel das ganze Unternehmen in eine Schieflage gebracht hatten. Dem neuen CEO kam zugute, dass er, bevor er zum CEO ernannt wurde, als Projektleiter eine als katastrophal empfundene Zusammenarbeit mit einem anderen Anbieter aufgelöst hatte. Er genoss deswegen eine große Glaubwürdigkeit. Nach der Sensibilisierung musste die neue Strategie erklärt und verstanden werden.

In diesem Beispiel bestand das »Mitkochen« darin, sich in der neuen Küche mit den eigenen Werkzeugen zurecht zu finden, und auch darin zu sehen, welche neuen Rezepte es gibt. Wie sollten denn nun die vorhandenen Instrumente angewendet werden? Was musste allenfalls angepasst oder ersetzt werden und was brauchte es sonst noch, damit die Umsetzung gelingen würde?

Um also bei der Suppen-Metapher zu bleiben: Mitkochen heißt gemeinsam kochen. Das Rezept wird oft durch dafür ausgebildete Leute erstellt. Es macht aber Spaß, wenn man merkt, dass die eigene Kochkunst gefragt ist und erst die Kochkunst macht aus Rezepten ein gutes Essen.

5. Die Großgruppe zwingt zur Selbstreflexion

In den 1950er-Jahren entwickelten die amerikanischen Sozialpsychologen Joseph Luft und Harry Ingham ein Modell, in welchem sie die Wahrnehmung in vier Quadranten unterteilten und das sie – nach dem Akronym ihrer beiden Vornamen – »Johari-Fenster« nannten (Luft/Ingham 1955 und 1971). Das Johari-Fenster, längst ein Klassiker der Sozialpsychologie, sollte vor allem den sogenannten »blinden Fleck« im Selbstbild eines Menschen, aber auch im Selbstbild einer Gruppe bewusst machen: Das, was andere sehen, was einem selber aber unbewusst ist. Luft und Ingham, die mit diesem Modell spätere gruppendynamische Ansätze stark beeinflusst haben, gingen davon aus, dass durch zunehmende Transparenz über die eigene Person weniger Aufwand für die Wahrung von »Geheimnissen« betrieben werden muss, während sich

Abb. 1: Eigene Interpretation des Johari-Fensters nach Joseph Luft und Harry Ingham

gleichzeitig die eigene Freiheit und der eigene Handlungsspielraum in der Öffentlichkeit vergrößern (vgl. Abbildung 1).

Auch Organisationen, Gremien, Abteilungen, Bereiche, Bewegungen, Parteien usw. haben ihre »blinden Flecken« und ihre spezifischen Geheimhaltungsstrategien. Im Zusammenhang mit Großgruppenprozessen haben wir oft erlebt, dass diese blinden Flecken und die Geheimnisse nach und nach verringert werden konnten. Menschen sind immer wieder in ihrer partikularen Welt gefangen. Die eigenen Interessen und Positionen oder die der eigenen Abteilung, des eigenen Viertels stehen im Vordergrund. Dafür wird auch gestritten. Die möglichen Anwohner eines künftigen Alterszentrums vor ihrer Haustüre setzen sich für eine weitaus bessere Lage am anderen Ende der Stadt ein. Die künftigen Nachbarn eines möglichen geologisches Tiefenlagers für radioaktive Abfälle sehen zwar ein, dass es mit oder ohne Ausstieg aus der Atomstromproduktion ein sicheres Lager für den in den letzten 40 Jahren produzierten radioaktiven Müll geben muss, aber bitte nicht hier und nicht jetzt. Die Mitarbeiterinnen und Mitarbeiter der Kreditmanagementabteilung einer Bank möchten ihrer Aufgabe und ihrem Auftrag gerecht werden und möglichst abschätzbare Risiken im Bankgeschäft eingehen. Während die Mitarbeiterinnen und Mitarbeiter der vertriebsorientierten Bankbereiche ihrem Auftrag entsprechend Umsätze generieren wollen.

Wir staunen immer wieder, wie durch die konsequente Vernetzung dieser Positionen in dauernd wechselnden Sitzgruppen die blinden Flecken kleiner werden, wie zunehmend Transparenz geschaffen wird und das Fenster des »öffentlichen Bereichs« sich öffnet.

Die größten Treiber solcher Entwicklungen sind schlichte Einsicht, gesunder Menschenverstand und das Verständnis von Vielheit und Andersartigkeit. In dem auf DVD beigelegtem Mitschnitt zur Zukunftskonferenz im schweizerischen Horw, eine Gemeinde in der Nähe von Luzern, bringt es eine junge Frau auf den Punkt: »Es gab viele neue Ideen und Sichtweisen, die ich nun überdenken und neu betrachten werde«.

Diese Selbstreflexion erfasst auch Rechthaber und Schreihälse. Bei Betriebs- oder Gemeindeversammlungen sind sie bekannt, als diejenigen die lauthals ihre Meinung vertreten und um sich blickend Zustimmung erheischen. Ein paar nickende Köpfe reichen bereits aus, um diese Personen in ihren Annahmen zu bestärken. Auch in der Großgruppe versuchen sie sich durchzusetzen. Auch hier gelingt es ihnen manchmal, ihren Kritikpunkt prominent auf eine Karte zu bringen und damit auf die Pinnwand der gesammelten Kritikpunkte. Wir haben aber auch erlebt, wie ein älterer Mann nach einer solchen Sequenz still und fassungslos vor den Ergebnissen stand: Von den über hundert Teilnehmern, hatte nur eine Person seinen Kritikpunkt priorisiert: er selber.

Genau dieser Effekt, vielleicht etwas weniger dramatisch, findet häufig und nicht nur bei Einzelpersonen, sondern ebenfalls bei Gruppen statt. Und so schwinden blinde Flecken dank Auseinandersetzung mit den eigenen Positionen im Kontext mit den Anderen.

In mehr oder weniger geschlossenen Gesellschaften ist der Umgang der Leute mit- und untereinander oft von eingespielten Verhaltensnormen und Mustern geprägt. Oft werden Tabus gewahrt und es entstehen heilige Kühe. Mangelnde Offenheit und Ehrlichkeit, das Nichtaustragen von Konflikten, die Übersteuerung der Prozesse durch hierarchische Hintergründe und viele andere, meist nicht ausgesprochene Untugenden sind Kultur prägende Aspekte. Großgruppenveranstaltungen können Plattformen für das Aufdecken und die Transformation solcher Umstände sein. In einem Großgruppenprozess kann, wie das oben angeführte Beispiel zeigt, auch Benchmark stattfinden. Einzelne Personen erkennen, dass das, was ihnen besonders wichtig ist, und von dem sie glauben, dass andere Personen dies auch so sehen, eine Täuschung ist. Sich in der Großgruppe erleben, ist Plattform zur Selbstreflexion von sich im Vergleich zu den anderen, aber auch von sich im Vergleich zu den Subsystemen sowie dem gesamten System. Kündigungen nach Entwicklungsprozessen im Großgruppenformat als konkrete Handlung nach erfolgter, vielleicht auch ernüchternder Selbstreflexion, sind nicht selten. Im Kündigungsschreiben finden sich dann Sätze wie »Während der Strategiekonferenz ist mir bewusst geworden, dass meine Zukunft und die Zukunft des Unternehmens nicht mehr zusammenpassen«. Selbstverständlich geschieht – und zwar öfters – genau das Gegenteil: Zwischen Person und Personen, aber auch zwischen Personen und dem System entwickelt sich eine neue oder erneuerte Identifikation. Man spricht dann von »Wir-Gefühl«, von Konsens.

Die Auseinandersetzung mit Andersdenkenden schärft auch die eigene Argumentation. In der Langsamkeit der Großgruppenveranstaltung und dem steten Wechsel der Gruppenzusammensetzung lernt das Individuum genauso wie eine Interessengruppe sich so einzubringen, dass infolge Verständnis für die eigene Angelegenheit und nicht Passivität oder gar Widerstand entsteht. Und weil nicht nur Einzelne verstanden werden wollen, sondern alle in eine Thematik Involvierten, wächst die gegenseitige Akzeptanz von Vielheit und Andersartigkeit.

6. Eine breite Lösungsvielfalt ist der Nährboden für gemeinsam entwickelte Konsense

Der Königsweg in der Mediation liegt darin, von den Positionen der Einzelnen zu deren Bedürfnissen und Interessen vorzudringen, um auf dieser breiteren Basis neue Lösungsoptionen zu entwickeln. Während in der Mediation dieser Weg ganz bewusst gegangen wird, in dem die einzelnen Konfliktparteien gezielt darin unterstützt werden, ihre Bedürfnisse und Interessen so zu formulieren, dass sie anschlussfähig werden für eine größere Palette an Lösungsoptionen, passiert das in der Großgruppe selbstorganisiert.

Mehr Leute haben in einem gemeinsamen Prozess mehr Ideen. Die Großgruppenkonferenz bietet dank der Entschleunigung über die einzelnen Prozessschritte, dank der Strukturierung und der immer wieder neuen Vernetzung, vielen Leuten die Möglichkeit, ihre Ideen einzubringen, zu modifizieren, neue Ideen aufzunehmen, weiterzuentwickeln und wieder einzubringen. Großgruppenprozesse sind eigentlich sehr redundant. Wenn beispielsweise jemand der Überzeugung ist, dass es sinnvoll ist, sich auf ein gemeinsames Messsystem zu einigen, so bringt er vielleicht in der ersten Runde ein, dass es eine Schwäche der Organisation sei, dass sie über kein wirkliches Controlling verfüge. Damit kommt er aber nicht durch, da die anderen Teilnehmenden ein Mehr an Datenfriedenhöfen befürchten. Im Modul »Hoffnung und Erwartungen« formuliert er seine Idee neu: Sein Kärtchen »Besseres Verständnis dafür, wo wir gewinnen und wo wir verlieren« erhält einige Punkte. Im sogenannten »Visionsschritt«, der unter dem Motto steht »So tun als ob«, wird diese Idee bereits von einigen Gruppen aufgenommen. Es werden Bilder davon entworfen, wie die Arbeitsprozesse laufend an die Bedürfnisse des Marktes angepasst werden. Wenn es dann darum geht, die wichtigsten Themen festzulegen, rangiert das Thema »neues schlankes Messsystem« unter den priorisierten wichtigen Themen. Man muss sich folgendes immer wieder vergegenwärtigen: Wenn 120 Personen in 15 Gruppen à acht Personen über sechs bis acht Prozessschritte an einer gemeinsamen Zielsetzung arbeiten, ist der Ideenpool überwältigend. Die permanente Fokussierung auf das, was in jedem Schritt das Wichtigste ist, zwingt im Gegenzug die Teilnehmenden dazu, ihre Ideen mehrheitstauglich zu machen.

Dieser große Raum für Kreativität steigert zum einen die Quantität, zum anderen aber auch die Qualität. Erstaunlicherweise kommen die besten Hinweise oft von jenen Teilnehmenden, welche von der Problematik oder vom Konflikt weniger betroffen sind, da sie spielerischer konstruktive Beiträge leisten können. Querdenkend helfen sie den direkt Betroffenen, neue Wege auszuprobieren.

Wir sprechen in diesem Zusammenhang von Konsens im Plural. »Konsense« sind neue Lösungen jenseits des Kompromisses, sind die künftige gemeinsame Basis.

Im Großgruppenkontext entsteht offenbar ein organischer und sinnstiftender Weg, vom Aufdecken und Vernetzen von Positionen und Interessen über das Austauschen von gemeinsamen Zukunftsvorstellungen bis zum Feststellen und Bearbeiten von Handlungsfeldern. Die auf diesem natürlichen Weg aufgedeckten Divergenzen machen die Integration nachhaltiger Konvergenzen möglich.

Beispiel:
Eine größere Stadt hatte einen hohen Bedarf nach besserer Kontrolle der diversen Neubau-, Umbau- und Renovierungskosten der eigenen Liegenschaften. Es war zwar allen Beteiligten klar, dass in diesem Bereich eine stärkere Kostenkontrolle unabdingbar sei, alle fürchteten jedoch den damit drohenden Papiertiger und einen Verlust an Flexibilität. Das Hochbaudepartement ließ deshalb unter der Federführung der Immobilienbewirtschaftung alle wesentlichen Schritte im Großgruppenformat und unter Beteiligung sämtlicher Departemente entwickeln. Auch in diesem Beispiel wurde von einem kompetenten Kernteam ein Rahmengerüst für ein »Verfahrenshandbuch« erarbeitet. Es wurde aber hinsichtlich der ersten Großgruppenkonferenz nur als grobes Kriterienraster ausgebaut, so dass auf der ersten Konferenz genügend Raum war, um all die bisher gemachten Erfahrungen und die neuen Ideen aus allen Departementen mit in den Dialogprozess einzubeziehen. Unter der Aufsicht des Kernteams waren es hiernach freiwillige Arbeitsgruppen, welche bestimmte Themen weiterverfolgten. Damit war auch gewährleistet, dass fast in allen Themen diejenigen, die ein ganz bestimmtes Thema für wichtig hielten, daran auch weiter arbeiten konnten – zum Teil mit noch durchaus kontroversen Vorstellungen. Die Aussicht, mit den Resultaten in einigen Monaten wieder vor die Großgruppe treten zu müssen, von der die Arbeitsgruppe quasi auch das Mandat erhalten hatte, zwang sie aber, die unterschiedlichsten Bedürfnisse zu berücksichtigen. Auf Grund der Erkenntnisse der Großgruppe konnten neue Lösungen entwickelt werden. Die Großgruppe fand sich im präsentierten Resultat wieder und war bereit, dafür Abstriche an ihren alten Positionen vorzunehmen.

Immer wieder steht die Großgruppe unter Verdacht, zu kompromissorientiert, zu mainstream-orientiert und damit kreativitätstötend zu sein. Das Gegenteil ist aber oft der Fall. Die Lösungsvielfalt steigt in der Großgruppe beträchtlich.

Beispiel:
Für die Lancierung eines Projekts »Migrationsmuseum« wurden zahlreiche Experten und Expertinnen aus unterschiedlichsten Bereichen eingeladen: Historiker, Architekten, Journalisten, Ausstellungsmacher, Museumsverwalter, Kulturpolitiker, Kulturverwalter usw. Das Problem bei einer solchen Häufung von Experten ist oft, dass die Veranstalter, die Gastgeber also, den einzelnen Expertisen genügend Platz einräumen wollen. »Man kann ja nicht den X einladen, ohne dass der ein zwanzigminütiges Referat halten darf«. Das führt in der Regel zu einer Reihe mehr oder weniger interessanter und ziemlich zeitintensiver Statements, die erratisch nebeneinander stehen bleiben. Auch hier ist es weit hilfreicher, das Know-how dieser Leute in den direkten Austausch zu bringen. Da wir im vorliegenden Fall nur gerade 24 Personen waren, haben wir sechs Vierergruppen gebildet, welche in vier Schritten und in wechselnder Zusammensetzung gemeinsam wichtige Ansätze zur Lancierung und Ausrichtung des Museums erarbeitet haben. Die Gockelei hielt sich dadurch stark in Grenzen, die vielen unterschiedlichen Ansätze befruchteten sich gegenseitig und es gelang, ein hochspannendes Projekt zu entwickeln.

Wir legen gerade in Systemen, welche stark durch Expertentum und/oder Einzelkämpfertum geprägt sind (Universitäten, Hochschulen, Verband der Naturwissenschaften, Krankenhäuser, viele Sparten im Informatikbereich) großen Wert auf intensiven, direkten Austausch und reduzieren die plenaren Präsentationen auf das notwendige Minimum. Das wird auch von den Beteiligten als extrem hilfreich empfunden. Auf diese Weise werden neue, gemeinsame und auch bessere Lösungen gefunden.

Das funktioniert nur dann nicht, wenn eine große Bipolarität strukturbildend ist und dieser Umstand nicht genügend berücksichtigt wird. Es funktioniert also nicht, wenn ein System geprägt ist durch zwei Pole und man bei fast allem entweder dafür oder dagegen ist. In einer Großgruppen-Intervention mit der katholischen Kirche haben sich beispielsweise über alle Prozessschritte immer wieder zwei Lager abgezeichnet: Die Traditionalisten und die Fortschrittlichen. Die größten Schwächen, die größten Stärken, die größten Hoffnungen: Immer waren es zwei widersprüchliche Statements, die jeweils an der Spitze der priorisierten Listen standen. Es war den Parteien offenbar nicht möglich, sich zwischen den Polen auf eine gemeinsame Basis zu einigen oder besser noch: über die beiden Pole hinaus gemeinsame neue Ziele anzugehen. Hier lag der Fehler im Konferenz-Design: Die offensichtliche Polarität wurde nicht direkt angesprochen, sie wurde nicht als Krise in der Konferenz thematisiert.

7. Die Freiheit, eine Meinung zu haben, ermöglicht die Freiheit, die eigene Meinung weiterzuentwickeln

Am Ende eines Zukunftsentwicklungsprozesses in einer Kleinstadt plädierte ein Exponent der rechtspopulistischen Partei für seine Erkenntnisse, die er aus dem Entwicklungsprozess für sich selbst gezogen hatte. Nach seinem persönlichen Plädoyer fasste ein Exponent der Sozialdemokratischen Partei seine Erkenntnisse aus dem Prozess zusammen. Offensichtlich hatte er, beschäftigt mit seinen eigenen Überlegungen, seinem Vorredner nicht zugehört. Seine Ausführungen waren ziemlich deckungsgleich. Die rund 150 Teilnehmenden der Ergebniskonferenz stellten die Kongruenz jedoch sofort fest und quittierten die Stellungnahmen der beiden stadtbekannten Politgrößen mit befreiendem Gelächter und mit Applaus.

Was hier plakativ zum Ausdruck kommt, geschieht in einem Großgruppenprozess häufig und in unterschiedlichster Art. Da werden Grundsätze und Postulate über den Haufen geworfen, die zuvor in Granit gemeißelt schienen.

Beispiel:
In einem Schulentwicklungsprozess in einer ländlichen Umgebung zeichnete sich klar der Wunsch nach einem Mittagstisch für die Schüler ab – eine Forderung, die von den bürgerlichen Parteien in dieser Kommune stets und heftig bekämpft wurde. Dass dann der Mittagstisch kurz nach dem Entwicklungsprozess in Selbstorganisation einiger Eltern umgesetzt wurde, war auch dank des Engagements bürgerlicher Behördenvertreter möglich.

Warum ist es möglich, dass in einem Großgruppenprozess starre Positionen aufgeweicht und aus gegnerischen Interessenvertretern kooperierende Verbündete werden? Vermutlich liegt es an der Kombination von verschiedenen Besonderheiten der klassischen Großgruppenkonferenz. Der Wechsel der Gruppenzusammensetzungen von Arbeitsschritt zu Arbeitsschritt in der Regel in Achter-Stuhlkreisen ohne Tische forciert das Aufeinander-Hören, das Voneinander-Lernen und das Sich-untereinander-Vernetzen. Aussagen wie »Die Gegner sind ja eigentlich gar nicht so schlimm« hören wir in Konfliktsituationen häufig. In einem Zeitungsverlag ging es um die Klärung der Schnittstellen zwischen Redaktion und Anzeigenverkauf, zwischen Anzeigenverkauf und Produktion und zwischen Produktion und Redaktion. Am Ende der Veranstaltung stellte ein Manager des Anzeigenverkaufs lakonisch fest: »Ich habe in diesem Prozess gelernt, dass Redakteure zwar manchmal arrogant wirken, aber durchaus auch Menschen sind.«

In einer gemischten Achtergruppe kann es zwar durchaus passieren, dass zwei Exponenten in der Unterschiedlichkeit ihrer Meinungen und Interessen verbal entgleisen und aufeinander losgehen. Die restliche Gruppe nimmt jedoch sofort ihre Verantwortung wahr und vermittelt, relativiert oder ergänzt die beiden Streithähne. In der gesamten Zeit, in der wir uns nun mit Großgruppenprozessen beschäftigen, ist es weniger als fünf Male vorgekommen, dass Eskalationen zu Blockaden in den Achtergruppen oder zum Weggang von einzelnen Leuten geführt haben. Da weder die Systemspitze noch die Prozessbegleitung eingreift und Inhaltsverantwortung übernimmt, funktioniert die Selbstorganisation in den einzelnen Gruppen bestens. Die Verantwortung wird nicht nur von der Gruppe, sondern von den einzelnen Teilnehmenden wahrgenommen. In dieser Verantwortung ist es wie selbstverständlich, dass man die eigene Meinung einbringen darf, den anderen aber auch die Freiheit gibt, ihre Meinung einzubringen. Und weil es sich bei Großgruppenkonferenzen um entschleunigte Prozesse handelt, darf und kann man die eigene, vorgefasste Meinung ändern oder mindestens weiterentwickeln.

In der Schweiz kennen wir in den kleineren Kommunen die Gemeindeversammlungen. Da wird über Jahresbudgets und Jahresrechnungen, aber auch über grundsätzliche gemeinderelevante Dinge entschieden. Was in Städten an die Behörden, Parlamente und die Urnenabstimmungen delegiert ist, wird hier im Plenum der Stimmberechtigten verhandelt und bestimmt. Zu den Schattenseiten dieses basisdemokratischen Systems gehört die Trennung von

Gewinnern und Verlierern und der damit auch verbundene mögliche Gesichtsverlust einzelner Protagonisten auf der Verliererseite, aber auch die egozentrischen Spielchen der Platzhirsche. Diese Plenumskrankheit, wonach diejenigen, die viel sagen, nicht immer diejenigen sind, die auch etwas zu sagen haben, und diejenigen, die nichts sagen, vielleicht zu denjenigen gehören, die etwas zu sagen hätten, gleicht in unterschiedlicher Gradierung einem Zerrspiegel im politischen Entscheidungsfindungsprozess. In einem strukturierten und moderierten Prozess im methodisch gesicherten Großgruppenformat werden die Platzhirsche durch das Aufbrechen der Plenumsdiskussionen und Kleingruppengespräche domestiziert. Hinzukommt, dass in einer Großgruppenkonferenz zwar oft gewichtet und priorisiert, aber nicht offen abgestimmt wird, so kann der Einzelne seine Meinung ohne öffentlichen Gesichtsverlust verändern und entwickeln.

Was wir über die Schattenseiten der schweizerischen direkten Demokratie geschrieben haben, gilt auch für hierarchisch geführte Unternehmen und Organisationen. Großgruppenprozesse sind die Additionen von Kleingruppendiskussionen und unterscheiden sich wesentlich von Informationsveranstaltungen, in denen der Vorsitzende am Schluss zu Bemerkungen und Anregungen aus dem Plenum aufruft. Um es auf den Punkt zu bringen: in einer Großgruppenkonferenz werden Meinungen nicht zelebriert sondern entwickelt.

8. Zum Glück braucht es Krisen

Der Umgang mit Krisen in einer Großgruppenveranstaltung ist eine der großen Herausforderungen. Die Einsamkeit der Prozessbegleitung, Zweifel über den eigenen Anteil an der Krise, die Ängste vor Blockaden und Eskalation, vor Worst-Case-Szenarien rauben auch gestandenen Prozessbegleiterinnen und Prozessbegleitern manchmal den Schlaf. Und doch: Es gibt die Krisen und sie sind wichtig. Sie sind Ausdruck der in einem Veränderungs-prozess notwendigen Turbofaktoren wie Leidensdruck, Infragestellung des Systems, überhöhte Erwartungshaltung usw. Konsequenterweise sind deshalb Krisen zuzulassen, anzusprechen und zu zelebrieren.

Auch das klingt nach einer Provokation. Nach unserer Erfahrung gehören aber diejenigen Prozesse zu den wirkungsvollsten, in welchen es in der Großgruppen-Intervention zu einer Krise kam. Wenn immer es gelingt und möglich ist, zelebrieren wir deshalb Krisen. Wir streichen heraus, dass sie da sind, wenn sie Gefahr laufen, zu schnell wieder unter den Tisch gewischt zu werden.

Das Zulassen von Krisen liegt auch in der Anlage der Großgruppenmethoden. In der Großgruppen-Intervention passiert die Veränderung vor den Augen aller. Und Veränderung hat immer etwas Schmerzvolles. Marvin Weisbord und Sandra Janoff haben in diesem Kontext in ihrer Beschreibung der Future Search Conference, die wir in den nachfolgenden Kapiteln noch ausführlich vorstellen werden, zwei sehr eindrückliche Metaphern verwendet (Weisbord/Janoff 2001).

Zum einen ist dies das Bild der »Vier-Zimmer-Wohnung« nach Claes Jansen, dem zufolge wir, um ins »Zimmer der Erneuerung« zu kommen, zuerst das »Zimmer der Leugnung« und das »Zimmer der Konfusion« durchqueren müssen (vgl. Abbildung 2).

Die zweite Metapher ist die der »Achterbahn«, nach welcher wir in einer Zukunftskonferenz – nach einem mehr oder weniger sanften Einstieg – mit der Zunahme der Daten im Raum in eine Krise stürzen, aus der wir uns langsam wieder hocharbeiten, mit dem Visionsschritt ein emotionales »Überschießen« haben, um dann auf einer pragmatischen, hoffnungsvollen und geklärten Ebene aus der Großgruppe herauszugehen (vgl. Abbildung 3).

Im Konferenzdesign versuchen wir diese Krise planerisch vorwegzunehmen. Ein »guter Zeitpunkt« für die Krise ist der erste Abend. Es ist prozessunterstützend, wenn die Leute in der Konfusion aus dem ersten Tag gehen. Beim

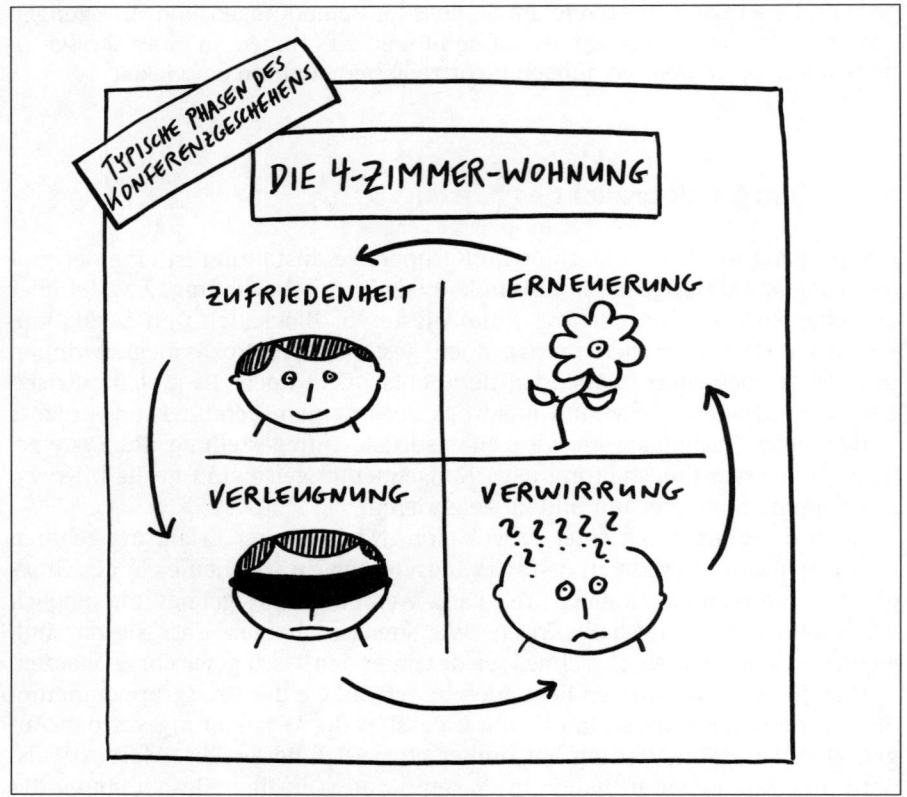

Abb. 2: Die »Vier-Zimmer-Wohnung« nach Claes Jansen (Quelle: Weisbord/Janoff 2001, S. 56)

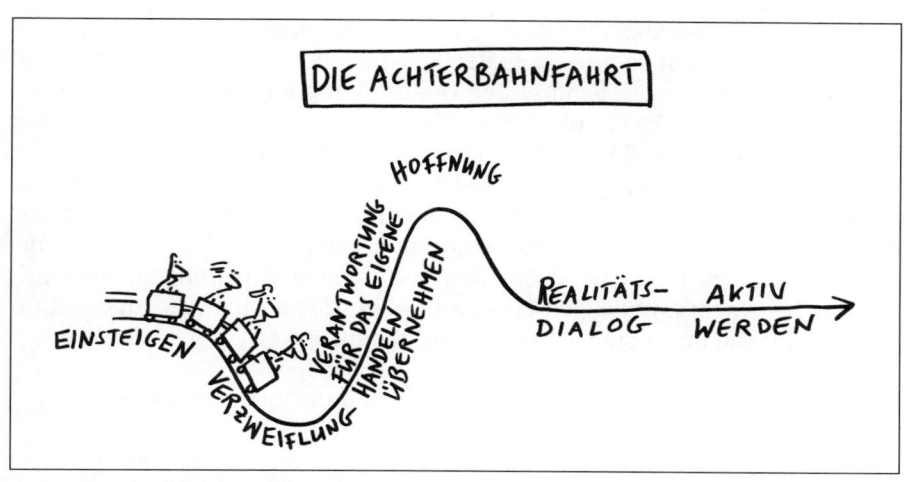

Abb. 3: Die »Achterbahnfahrt« (Quelle: Weisbord/Janoff 2001, S. 110)

Real Time Strategic Change passiert dies zum Ende der Sensibilisierungsphase (vgl. Seite 89 ff.), bei der Zukunftskonferenz nach der Sammlung der externen Trends (vgl. Seite 78 ff.). Von Weisbord und Janoff haben wir gelernt, ganz bewusst damit zu arbeiten, dass die Leute, mental noch im »Zimmer der Konfusion«, ins gemeinsame Abendessen gehen. Wieso kommt aber gerade an dieser Stelle des Prozessverlaufs oftmals die Krise? Die Teilnehmenden haben zu diesem Zeitpunkt über verschiedene Prozessschritte und in immer wieder wechselnden Zusammensetzungen erfahren, dass die Fragestellung, das Thema, ihre Organisation weit komplexer ist, als sie sich dies gedacht haben. Sie haben erfahren, dass es die schnelle und einfache Lösung nicht gibt. Sie haben gelernt, dass die Antworten, die sie bisher hatten, nicht ausreichen, und sie haben noch keine neue Antwort. Mehr noch, sie merken, dass sie die Antworten nur zusammen mit den anderen finden können. In diesem Zustand entlassen wir die Leute gerne in den Abend.

Vor einigen Jahren haben wir die beiden Metaphern zum Beginn der Veranstaltungen gezeigt und den Teilnehmenden damit eine Erklärungshilfe gegeben, wenn sie gemerkt haben, dass die Krise kommt oder schon da ist. Einzelne Teilnehmende haben dann oft humorvoll darauf hingewiesen, wenn die Krise da war, was ihr eine gewisse Leichtigkeit gegeben hat: Wir müssen da durch und viele von uns gehen da durch. Im Verlauf der Jahre sind wir davon abgekommen, den Krisenprozess als solchen zu thematisieren: Er ist den meisten eh bewusst. Auch hier funktioniert die »Weisheit der Vielen«. Kommt hinzu, dass die Krise eben nicht immer über diesen Prozess kommt und dann die Metaphern nicht stimmen, bis hin zur wenig förderlichen Diskussion, ob der Begleiter jetzt recht gehabt hat oder nicht. Die Krise kommt eben nicht immer schön am selben Ort und sie kommt nicht immer als Teil des inhaltlichen Hauptprozesses.

Selbstredend lässt sich die Krise nicht einfach so planen. Manchmal kommt sie früher, manchmal kommt sie später. Selten, aber umso anspruchsvoller ist sie, wenn sie erst gegen Schluss der Veranstaltung kommt. Das ist zumeist dann der Fall, wenn die Führung schwach ist oder wenn die Basis der Führung die Umsetzung des im Entwicklungsprozess Erarbeiteten nicht zutraut.

Es gibt auch andere Momente, welche die Krise provozieren: Wenn das gesamte Wissen in den Raum kommt, kommen auch viele der sonst mehr oder weniger bewusst und im Hintergrund laufenden Geschichten zum Vorschein. Zwistigkeiten, alte Machtkämpfe zwischen Abteilungen, Ressentiments – bei einem zweitägigen Prozess tauchen sie alle auf. Alte, dysfunktionale Verhaltensmuster sind schlagartig im Raum.

Einige Krisenmuster sind typisch und begegnen uns immer wieder:

Die Krise ist schon knüppeldick und muss nur noch angestupst werden.
Eine Firma litt nach einem großen Reorganisationsprojekt am »Silo-Effekt«: Die einzelnen Bereiche hatten sich binnen-optimiert. Ein großer Wechsel in der Führungs-Crew hat dies zusätzlich gefördert. Die neuen Führungskräfte sahen es als ihre vordringliche Aufgabe, die Organisation ihres Bereichs neu aufzubauen. So war es nicht erstaunlich, dass in der Vorbereitung der Großgruppenkonferenz die verlorengegangene Zusammenarbeit zwischen den Bereichen zum Hauptthema wurde. Diese Krise war so knüppeldick und allgegenwärtig, dass in der Konferenz niemand für die Thematik sensibilisiert werden musste. In diesem Fall konnte der CEO die Krise zu Beginn der Konferenz direkt ansprechen, und mit einem wertschätzenden Interview (Appreciative Inquiry, vgl. auch den Abschnitt zur AI-Konferenz in Teil C, Seite 118 ff.) konnte das System direkt auf die Suche nach den Trümmern der funktionierenden Zusammenarbeit gehen, um darauf gemeinsam neue Formen der Zusammenarbeit zu entwickeln.

Die Krise wird nur von einem Teil des Systems gesehen.
Bei einer Zeitung fanden wir die Situation vor, dass der Verlag unter den Vor-

gaben und Arbeitsweisen der Redaktion litt. Die Redaktion selber aber sah keine Probleme. In diesem Fall musste in der Sensibilisierungsphase über mehrere Schritte herausgearbeitet und bewusst gemacht werden, dass die Redaktion mittelfristig sehr wohl ein Problem haben würde, wenn sie weiterhin die Probleme des Verlags nicht beachtet. Erst auf der Ebene der gemeinsamen Krisensicht, konnte die Zukunft geplant werden.

Die klassische Krise
Die IT-Abteilung einer Großbank musste sich aufgrund neuer rechtlicher Rahmenbedingungen komplett neu organisieren. Die Neuorganisation verlangte von den Mitarbeitenden und Vorgesetzten ein hohes Maß an Veränderungsbereitschaft, da sie gewisse Aufgaben entweder neu, anders oder gar nicht mehr machen mussten. In der Vorbereitungsphase hat uns eine Spurgruppe (rund zehn Vertreter und Vertreterinnen des Gesamtsystems) den uneinheitlich wahrgenommenen Auftritt der Führung gespiegelt. Hier hatten wir die klassische Situation, dass die Führung selber noch nicht aus dem »Zimmer der Leugnung« getreten war und damit diese Tür für die Mitarbeitenden blockierte. Über den Vorprozess hat die Führung schließlich zu einem gemeinsamen Auftritt, zu einer gemeinsamen Haltung und zu einem gemeinsamen Vorgehen gefunden. Die Aussicht, zwei Tage lang ihre Top-down-Vorgaben durch 120 Mitarbeitende kritisch prüfen zu lassen, hat sie zudem gezwungen, einheitlich, überlegt und klar zu kommunizieren. Das wiederum führte dazu, dass in der Großgruppe die Leute auf sich selbst zurückgeworfen wurden: Die bisherige Haltung, »Zuerst sollen mal die anderen«, hatte keinen Platz mehr. Die Vorgaben waren nun klar und die »Anderen« befanden sich gleichzeitig im gleichen Raum. Zögerliche und Ungeduldige, solche, die den Schritt schon gemacht hatten, und solche, die noch vieles geklärt haben wollten, saßen in den gleichen Arbeitsgruppen und mussten gemeinsam Lösungen finden. Am ersten Abend der Veranstaltung stand die Krise entsprechend dick im Raum: So kommen wir nicht weiter, aber niemand anders als wir, die hier Anwesenden, können die Lösung finden. Die Krise war nötig und es war wichtig, dass für die Großgruppenkonferenz zwei Tage zur Verfügung standen, damit die Krise Platz hatte. Flankiert wurde die Großgruppenkonferenz durch eine Intervention eines Playback-Theaters (siehe auch Teil C, Seite 131). Das Playback-Theater spiegelte die Krise und half, ihr am ersten Abend die Schwere zu nehmen. Der zweite Tag war dann geprägt durch eigenverantwortliches und lösungsorientiertes Verhalten.

Die Krise als Verteidigungsmöglichkeit
An einer renommierten Technischen Hochschule war entschieden worden, dass verschieden Fakultäten, die zum Teil unterschiedliche Kulturen hatten, zu einem großen Bereich zusammengeführt werden sollten. In der ersten Phase der Konferenz, in der ein Rückblick auf die bisherigen Phasen der Reorganisation Thema war, saßen viele im »Zimmer der Leugnung«: »Hier wird

schon nichts passieren, oder aber wir können alles hier und heute über den Haufen schmeißen«. Die Teilnehmerschaft zeichnete eine eher kritische Vision der Zusammenarbeit – machte den Schritt aber trotzdem mit. Genauer gesagt, sie hat einfach mitgespielt – ohne Herz und ohne Überzeugung. Erst als bis zum Abend klar wurde, dass der Zug tatsächlich in die angekündigte Richtung fuhr, und als am nächsten Morgen klar wurde, dass es kein Zurück mehr gab, erst dann brach bei einigen die Krise aus. Nun wurde argumentiert, dass der Prozess schlecht laufe, dass das so nicht gehe. Einige verlangten den Abbruch der Konferenz oder eine vertiefte Analyse. Die Stimmung war sehr aufgeheizt. Nach einer kurzen Unterbrechung der Konferenz trat die Hochschulleitung vor die Anwesenden, zeigte noch einmal klipp und klar, dass die Fusion beschlossene Sache war, dass aber all die Befürchtungen im Raum ernst genommen wurden, und dass es nun sie, die Teilnehmer waren, die das »Wie« der Umsetzung entsprechend prägen konnten. Da wir die Stimmung dank der Spurgruppe recht gut einschätzen konnten, wagten wir es die Großgruppe direkt zu fragen, ob wir so nun weiterfahren können. Es war die überragende Mehrheit, die das konnte. Der Prozess kam wieder ins Laufen.

Die Krise infolge mangelnder Ehrlichkeit
Als Prozessbegleiter haben wir auch die Rolle, dem System ab und zu einen Spiegel vorzuhalten, was eher selten vorkommt. Das System reflektiert sich in der Regel selber ganz gut. In einem Fall, war es aber so, dass wir im Verlauf der Großgruppenkonferenz merkten, dass eine auffällige Zurückhaltung herrschte. Wir haben dies der Großgruppe gespiegelt. Jemand hat dann das Wort ergriffen und davon gesprochen, dass hier in diesem Raum gelogen wird. Herausgestellt hat sich dann bald, dass die Systemspitze im Voraus den Teilnehmenden befohlen hatte, dass über einen bestimmten Fall – die Basis sprach von einem »Mobbing-Fall« – nicht gesprochen und dieser nicht thematisiert werden dürfe. Wir verfügten nach diesem Eklat eine Pause und sprachen mit der Systemspitze, die nach der Pause dann das Verbot zurücknahm. Wir fügten einen ungeplanten Arbeitsschritt ein, indem wir die Achtergruppen beauftragten, jede für sich die Frage zu beantworten: »Wir hatten ein Problem, was können wir daraus lernen?« Die Gruppen schrieben ihre Erkenntnisse auf das Flipchartblatt und präsentierten diese. Anschließend quittierte die Systemspitze die Meinungen in einem positiven Sinn. Mit einer Stunde Rückstand ging dann der Prozess wie geplant weiter.

Die Krise im Voraus
Sechs kleinere protestantische Kirchengemeinden hatten beschlossen, einen gemeinsamen Entwicklungsprozess zu initiieren mit dem Ziel nach Fusions- oder mindestens Kooperationsmöglichkeiten zu suchen. Aber eigentlich hatten es nicht die Kirchengemeinden beschlossen, sondern nur die Kirchenvorstände. Schon bei der ersten Sitzung mit der Spurgruppe gab es, wenn auch noch verhalten, kritische Nebengeräusche. Je näher die Großgruppenkonfe-

renz kam, desto mehr versuchten einzelne inhaltliche oder geografische Gruppierungen den Prozess zu sabotieren. Die Pastoren fühlten sich übergangen und Vertretungen kleiner Gemeinden fürchteten sich vor Autonomieverlust. Der Prozess benötigte einen Vorprozess.

Dieses Phänomen erleben wir oft dann, wenn der Leidensdruck ungleich verteilt ist und einzelne Personen oder Gruppierungen der Überzeugung sind, dass eigentlich keine Veränderungen angesagt sind.

Die Krise danach
In einer Berufsschule war die Leitung extrem umstritten. Sie ließ sich, mit dem Rücken zur Wand, darauf ein, eine Zukunftskonferenz durchzuführen, um sich gemeinsam mit dem Lehrergremium über die Zukunft zu einigen. Alle Schritte konnten ruhig durchgeführt werden und zeigten viel Neues auf – und doch wollte keine Stimmung aufkommen. Ganz zum Schluss wurde klar, dass niemand der aktuellen Führung zutraute, diese Veränderungen auch durchzuführen. Die schiere Evidenz des Reformbedarfs, die über die Großgruppenkonferenz sichtbar geworden war, führte dazu, dass der Rektor der Schule ein halbes Jahr später zurücktrat.

9. Die Vision ist kaum zu verhindern

Eine der herausragenden Figuren im Bereich der Konfliktbearbeitung und -klärung ist der Mathematiker, Soziologe und Politologe Johan Galtung. Galtung, 1930 in Oslo geboren, gründete 1959 das erste universitär verankerte Friedensforschungsinstitut Europas (Peace Research Institute Oslo PRIO). 1987 wurde der Norweger mit dem Right Livelihood Award geehrt, 1993 erhielt er den Gandhi-Preis. Vor allem seine Transcend-Methodik hat unsere Arbeit sehr geprägt. Im Rahmen einer Mediationsweiterbildung vor einigen Jahren präsentierte er ein simples Modell des Lösungsweges in einem Konflikt, der vom Feld der »destruktiven Vergangenheit« zum Feld der »konstruktiven Zukunft« führt (vgl. Abbildung 4). Natürlich sind auch Ausflüge ins Feld der »konstruktiven Vergangenheit« oder ins Feld der »destruktiven Zukunft« je nach Situation möglich und dienlich, sie sind aber nicht eigentlich entscheidend.

Wenn wir dieses Modell auf Klärungsprozesse im Großgruppenformat übertragen, heißt dies, dass in einer Veranstaltung zuerst einmal Raum für negative und destruktive Ereignisse und Erlebnisse geboten werden muss. In der Methodik der Großgruppen-Interventionen erfolgt das strukturiert in im Voraus definierten Arbeitsschritten. Mögliche Fragestellungen können lauten
- Was bedauern wir, was stinkt uns?
- Was sind die Flops, die wir erlebt haben?
- Was gehört auf die Schattenseite unserer Tätigkeit?
- Was sind die Schwächen unserer Organisation?

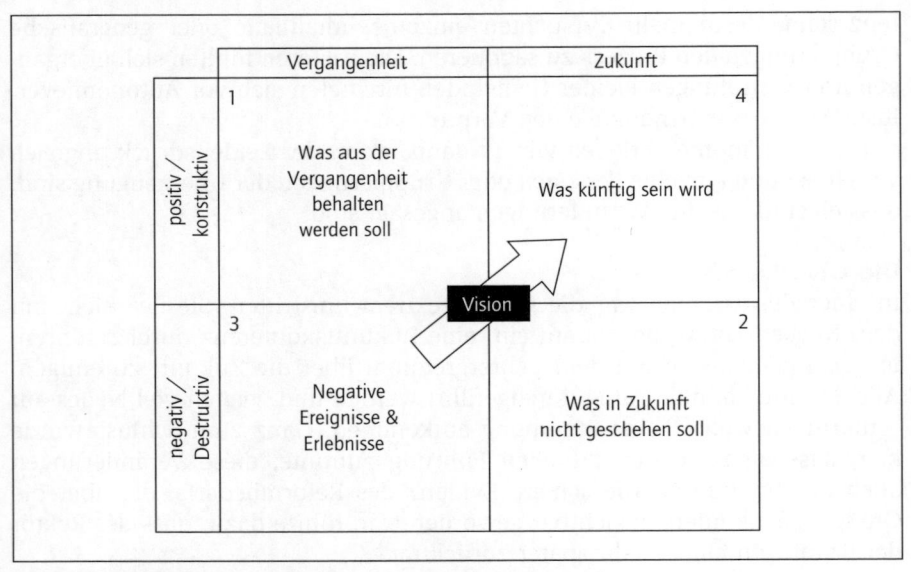

	Vergangenheit	Zukunft
positiv / konstruktiv	1 Was aus der Vergangenheit behalten werden soll	4 Was künftig sein wird
negativ / Destruktiv	3 Negative Ereignisse & Erlebnisse	2 Was in Zukunft nicht geschehen soll

Abb. 4: Das Transcend-Modell nach Johan Galtung (eigene Darstellung)

Die Teilnehmenden sammeln dann in ihren Gruppen die negativen Dinge und schreiben diese auf ein Flipchart. Anschließend einigt sich jede Gruppe auf maximal vier, fünf Statements, welche auf breite Karten geschrieben, vorgestellt, an der Pinnwand gruppiert und mit Punkten priorisiert werden. Oft genügt es, diese gewichtete Hitliste der negativen Dinge an der Wand hängen zu lassen, ohne dass diese durch die Prozessbegleitung, die Systemspitze oder die Teilnehmenden weiter diskutiert oder direkt bearbeitet wird. Ohne dieses »strukturierte Kotzen« sind die Teilnehmenden nicht bereit, über eine gemeinsame Zukunft zu diskutieren – oder aber sie gleiten bei der Zukunftsentwicklung immer wieder ins Feld der destruktiven Vergangenheit. In der Interpretation von Johan Galtung würde dies heißen, ein Klärungsprozess beginnt bei der Betrachtung des Negativen – oder anders formuliert, es braucht für die sogenannte »Kropfleerung« geeignete »Kotzkübel«, die dann auch wieder auf die Seite gestellt werden können.

Wenn nun das Feld der destruktiven Vergangenheit aufgedeckt ist, kann auch noch das Feld der konstruktiven Vergangenheit offen gelegt werden – mögliche Fragestellungen dazu sind:
- Worauf sind wir stolz, was freut uns?
- Was sind die Tops, die wir erlebt haben?
- Was gehört auf die Sonnenseite unserer Tätigkeit?
- Was sind die Stärken unserer Organisation?

Nun kann der Übergang zum konstruktiven Feld der Zukunft vorbereitet werden. Wir tun dies in unseren Großgruppendesigns mit dem bereits mehrmals erwähntem »Visionsschritt«. Konkret heißt dies, dass die Teilnehmenden sich Gedanken über eine positive Zukunft machen und sich ideale Zukunftsvorstellungen erarbeiten. Methodisch kann das auf unterschiedliche Art und Weise erfolgen. Je nach System und Organisation darf man den Begriff »Vision« nicht anwenden, sondern umschreibt diesen mit der Frage »Wie ist es, wenn es gut ist?« Manchmal driften die Teilnehmenden in utopische oder gar illusionistische Sphären ab, was aber Sinn macht, wenn die nachfolgenden Arbeitsschritte, oder das eigentliche Bearbeiten des Feldes der konstruktiven Zukunft, einen hohen Sachbezug haben. Wir erleben den Visionsschritt oft als eine Art Befreiung und Erleichterung zugleich. Nach all den Schritten der Analyse suchen die Teilnehmenden selbständig und aktiv dieses Bild der konstruktiven Zukunft!

Beispiel:
Vor einigen Jahren begleiteten wir im Auftrag der Stadt Zürich einen Konfliktklärungsprozess, in dem es um die Zusammenarbeit des städtischen Sozialdepartements mit den institutionellen unabhängigen Anbietern von sozialen Dienstleistungen und auch um deren Finanzierung ging. Kurz gesagt: Die Stadt wollte definierte Kriterien für die Leistungserbringung als Grundlage der Finanzierung einführen und die Anbieter wollten ihre Autonomie und Methodenfreiheit nicht verlieren. Als Zeitfenster hatten wir nur einen Tag zur Verfügung – und zwar morgens ab 9.00 Uhr bis abends 17.00 Uhr. Damals noch weniger erfahren in solchen Klärungsprozessen verzichteten wir auf einen eigentlichen Visionsschritt und gingen vom Feld der destruktiven Vergangenheit direkt ins Feld der konstruktiven Zukunft, indem wir die Teilnehmenden sich in »Kundengruppen« setzen ließen und die Frage stellten, welches sind aus den gewählten Gesichtspunkten heraus die Erwartungen und Wünsche an das soziale System der Stadt Zürich? Verwundert sahen wir zu, wie die 18 Achtergruppen diesen konkreten Arbeitsschritt zu einem Visionsschritt umfunktionierten. Es blieb uns nichts anderes übrig, als anschließend an diesen Arbeitsschritt einen Konkretisierungsschritt einzubauen.

Warum ist dieser Visionsschritt so wichtig? Er dient primär der grundsätzlichen Orientierung und zwar auf einer relativ hohen Flughöhe. Meistens geht es nicht einmal um die konkreten Inhalte, sondern um das Ausrichten der Stakeholder in eine gleiche Richtung. Nicht die Maßnahmen stehen im Vordergrund, sondern eine erste Einigung in Richtung eines möglichen Konsenses. Oft ist in einem partizipativen Großgruppenprozess die Definition einer gemeinsamen Vision das erste gemeinsame positive Erlebnis, das dem Zukunftsglauben Kraft für die weiteren Schritte verleiht.
   In diesem Sinne ist das Entwickeln einer gemeinsamen Vision aus dem System heraus die Brücke von der negativen Vergangenheit zur positiven Zukunftsgestaltung und wir staunen immer wieder, dass dem so ist.

10. Großgruppenprozesse bringen die Dinge auf den Punkt

Viele Großgruppenveranstaltungen sind auch Klärungsprozesse. Man orientiert sich an dem, was die meisten Teilnehmenden wollen. Und genau dieser Klärungsprozess kann ewige Grundsatzdiskussionen beenden und Blockaden überwinden. Dass unwichtig erscheinende Dinge zu einem späteren Zeitpunkt wichtig werden können, gehört zum Prozess, aber im Moment zählt das Wichtige und der Konsens darüber, was zurzeit wichtig ist. Die Trennung zwischen Wesentlichem und Unwichtigem ermöglicht eine Orientierung, die als Basis für Weiterentwicklungen dienen kann.

Die grundlegende Mechanik: zuerst sammeln, dann Transparenz herstellen und schließlich gewichten. Diese Reihenfolge ist typisch für viele Großgruppenprozesse. Unterschiedlich sind die Formen und Verfahren, die dabei zum Einsatz kommen. Die Palette reicht von Punkte kleben, Electronic-Voting, Handabstimmungen bis zu soziometrischen Aufstellungen im Raum (vgl. auch Teil C).

Priorisierungen sind zwar immer nur Momentaufnahmen im Verlauf eines gesamten Prozesses. Was einmal als »wichtig« beurteilt wird, kann zwei, drei Prozessschritte später als »unwichtig« taxiert werden. Das Priorisieren sorgt aber für Orientierung und eine Annäherung der unterschiedlichsten Meinungen und Ansichtsweisen.

Beispiel:
In einem Entwicklungsprozess in einer Kleinstadt, in dem es unter anderem auch darum ging, wie mit Industriebrachen am Rande der Stadt umgegangen

werden soll, tauchte im Visionsschritt die Idee eines Baggersees auf. Die Ideen wurden mit Klebepunkten priorisiert und der Baggersee bekam am meisten Punkte. Als es dann einige Prozessschritte weiter darum ging, was nun tatsächlich angegangen werden sollte, kam die Idee des Baggersees nochmals auf. Auf die Moderationskarte aufgeschrieben hing sie an der Pinnwand. Mittels grüner und roter Punkte hatten die Teilnehmenden nun die Möglichkeit, Themen zu fördern oder zu bremsen. Die Karte war anschließend voller roter Punkte, man konnte das Wort Baggersee kaum mehr lesen. Die grünen Punkte waren in der Minderheit.

Das Priorisieren ist eine gute Möglichkeit, die Vernunft und die Weitsicht der Teilnehmenden zum Tragen zu bringen. Es gibt noch einen weiteren Effekt der Priorisierung, der für Großgruppen-Interventionen typisch ist: die Transformation vom individuellen Partikular- zum Gesamtinteresse.

In der Vorbereitung kommt oft ein Stöhnen, wenn wir erklären, dass wir die Priorisierungsschritte in klassischer Form machen wollen. Das Stöhnen kommt dabei eher aus dem Bereich der Personalentwicklung als aus dem operativen Bereich. Das Stöhnen kommt daher, weil schon in (zu) vielen Workshops dieser ewig gleiche Ablauf durchexerziert worden ist: »Bitte kein Kärtchenschreiben und Punktekleben mehr!« Unsere klare Haltung: Wir machen es trotzdem. Erstens aus der Prozessverantwortung heraus: In den allermeisten Fällen ist es zentral, dass sich die Teilnehmenden auf wenige, deutlich priorisierte Punkte fokussieren können. Wenn 100 oder 200 Teilnehmende im Raum sind, mit rund 50 Vorschlägen, dann ist die Kärtchen-Punkte-Technik (nebst dem E-Voting, vgl. Seite 172) mit Abstand die schnellste. Kommt hinzu, dass kaum jemand im Raum die Erfahrung gemacht hat, dass so viele Leute in so kurzer Zeit Dinge so klar auf den Punkt bringen können.

Die Erfahrung des Priorisierens in kleinen Gruppen überträgt sich nicht auf die Großgruppe. Wenn die Teilnehmenden dann erleben, dass unabhängig davon, wie die Achtergruppen zusammengesetzt waren, x-mal eine bestimmte Aussage an die Pinnwand kommt und diese Aussage dann von über der Hälfte aller Teilnehmenden einen Punkt erhält, 114 Punkte, wie das nachfolgende Bildbeispiel zeigt, dann hat dies einen überwältigenden Effekt (siehe Abbildung 5).

Zweitens: Der Akt »Kärtchen schreiben und Punkte kleben« macht die Partizipation zur Wirklichkeit. »Es ist unsere Karte, auf die wir uns in unserer Achtergruppe nach zäher Diskussion geeinigt haben, unsere Karte, in der Formulierung, wie wir sie gewählt haben, die nun da vorne hängt und die so viele Punkte erhalten hat!« Zudem: »Es ist auch mein Punkt, der dort auf der Karte klebt, zusammen mit einhundertdreizehn anderen. Es ist mein Beitrag ans Ganze – und dies in mehreren Prozessschritten.« Der Moment, in welchem der Teilnehmende seinen Punkt auf die Karte klebt, heißt: »Ich bin Teil davon«.

Es sind diese Momente der gemeinsamen Entscheidung, die einem ganzen System helfen, Sachen auf den Punkt zu bringen – oder eben einfach

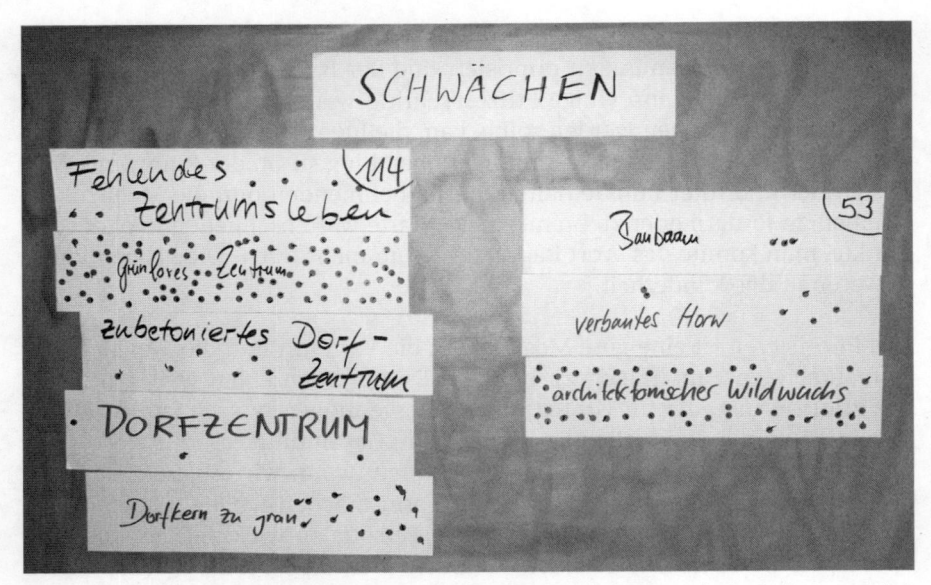

Abb. 5: Das klassische Priorisieren über Klebepunkte bleibt ein zentrales Werkzeug in der Großgruppen-Arbeit

endlich einmal zu entscheiden. Es kommt nämlich nicht so sehr darauf an, worauf man sich einigt, sondern dass sich geeinigt wird. Niklas Luhmann konstatiert in seinem Werk »Organisation und Entscheidung« (Luhmann 2000, S. 254):

> »Wenn Mehrdeutigkeit zum Problem wird, empfiehlt sich vor allem mündliche Kommunikation in Interaktionssystemen unter Anwesenden. Das heißt nicht unbedingt, dass die Interaktion dazu dient, Mehrdeutigkeit in Eindeutigkeit zu transformieren. Eher scheint sie dazu zu verhelfen, die Mehrdeutigkeit erfolgreich zu ignorieren und sich auf Entscheidungen zu verständigen, die eine neue Situation schaffen.«

11. Große Gruppen stellen sich auch komplexen Konflikten

Am Beginn einer Großgruppen-Intervention steht oft die Unlust zur gemeinsamen Zukunft. Vor allem in fortgeschrittenen Konfliktsituationen ist das Festkrallen an vorgefassten Meinungen und an Partikularinteressen symptomatisch. Sonst wäre der Konflikt ja bereits in der Auflösung. Der österreichische Organisationsberater Friedrich Glasl beschreibt in seinem Eskalationsmodell (vgl. Abbildung 6), wie die Eskalationsmechanik in Konflikten funktioniert (2009).

Bereits ab Stufe 4 ist nach Glasl die Prozessbegleitung angezeigt, nämlich dann, wenn sich die Konfliktparteien Sympathisanten für ihre Sache suchen. Da sich die Parteien im Recht glauben, beginnen sie, die Gegner zu denunzieren, und es geht nicht mehr um die Sache, sondern darum, den Konflikt zu gewinnen, damit der Gegner verliert.

Die Konfliktklärung im Großgruppenformat hilft, die Eskalationsspirale zu bremsen dank der spezifischen Eigenheiten des Formats, wie das Bearbeiten der Themen in einer strukturierten Abfolge und das Arbeiten in Kleingruppen in gemischter Zusammensetzung. Die Auseinandersetzung mit der Geschichte und der Entwicklung des Konflikts kann dafür sorgen, dass sich die nach unten gehende Eskalationsspirale in eine nach oben drehende Deeskalationsspirale verwandelt. Gelingt diese Wende, werden sehr schnell positive Energien freigesetzt, welche die Lebendigkeit der Organisation nähren und den Glaube an die gemeinsame Zukunft beflügeln.

Beispiel:
Eine Kleinstadt in der Nähe von Zürich war seit Jahren in der Planung eines neuen, den heutigen Bedürfnissen angepassten Alterszentrums blockiert. Jeder Versuch der Exekutive, die Thematik planerisch anzugehen, wurde durch eine Mehrheit der Stimmberechtigten abgelehnt. Entweder standen für die Ablehnung siedlungspolitische Aspekte oder dann altersspezifische Anliegen im Vordergrund. Um in dieser Angelegenheit endlich vorwärts zu kommen, lud die Gemeindebehörde auf Vorschlag der Spurgruppe 130 Einwohnerinnen und Einwohner zu einer eintägigen Planungswerkstatt. Als die Teilnehmenden an dem vereinbarten Samstag um 9.00 Uhr im Mehrzwecksaal der Gemeinde eintrafen, wussten sie noch nicht, um welche fünf möglichen Standorte, die durch ein externes Beratungsunternehmen evaluiert worden waren, es sich handelte. Aber die meisten Teilnehmenden hatten eine klare Vorstellung, welcher Standort für das neue Alterszentrum richtig ist und welcher nicht, und waren der festen Überzeugung, dass sie im Recht wären. Doch vorerst ging es im Rahmen dieser Planungswerkstatt nicht um die Standortfrage.

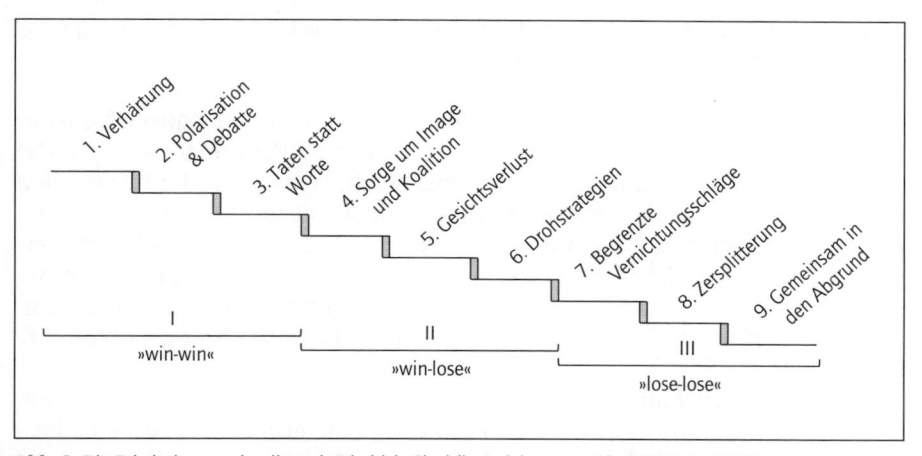

Abb. 6: Die Eskalationsmechanik nach Friedrich Glasl (in Anlehung an Glasl 2011, S. 233 f.)

- *Erster Arbeitsschritt – persönliche Standpunkte*
  In einer soziometrischen Aufstellung wurden die Fragen nach der Motivation hier zu sein, nach der Einstellung zur Altersthematik und nach der Einstellung zur Verwendung der gemeindeeigenen Landreserven *behandelt.*
- *Zweiter Arbeitsschritt – Auslegeordnung*
  Fachinputs durch Experten zu den Trends im Bereich Wohnen und Pflege im hohen Alter, zu grundsätzlichen Fragen der Standortevaluation aus städtebaulicher Sicht und zur aktuellen Situation in der eigenen Gemeinde versuchten, die Teilnehmenden die Thematik von einer gewissen Metaebene aus betrachten zu lassen.
- *Dritter Arbeitsschritt – Entwickeln der Kriterien*
  Angeregt durch die Fachinputs erarbeiteten die Teilnehmenden in gemischten Achtergruppen unabhängig von Standorten die Kriterien für ein neues Alterszentrum und die Raumentwicklung in der Kommune.
- *Vierter Arbeitsschritt – Präsentation der machbaren Standorte*
  Die Fachexperten stellten fünf aus ihrer Perspektive mögliche Standorte vor.
- *Fünfter Arbeitsschritt – Vorteile und Nachteile*
  Die Teilnehmenden entwickelten in neu zusammengesetzten Achtergruppen die Vor- und Nachteile der einzelnen Standorte.
- *Sechster Arbeitsschritt – Evaluation*
  Erst jetzt wurde mittels soziometrischer Aufstellung ermittelt, welche Standorte eher nicht in Frage kamen und welche Standorte eher geeignet waren. Am Schluss der rund einstündigen Aufstellungsarbeit war klar, welcher Standort weiter zu verfolgen war.

Mittels dieses Veranstaltungsdesigns gelang es, vorgefasste Meinungen aufzuweichen und die Leute für eine ganzheitliche Sichtweise zu sensibilisieren. Abseits von Vorurteilen und Partikularinteressen setzte sich eine pragmatische und vernünftige Lösung durch.

Dieses Beispiel zeigt deutlich, wie wichtig, aber auch wie notwendig es in einem Entscheidungsfindungsprozess ist, von den Partikular- zu den Gesamtinteressen zu kommen. Es zeigt aber auch, was durch die Eigenheiten eines Klärungsprozesses im Großgruppenformat mit vielen Menschen in einem Raum möglich ist. Erstaunlich ist dann auch die durch den Prozess ermöglichte Nachhaltigkeit. Bestärkt durch das Wissen um eine gemeinsam entwickelte Lösung einerseits, aber auch dank der wieder fließenden Kommunikation lösen sich die Handbremsen und ein Entwicklungsprozess bekommt Schub.

In vielen Entwicklungsprozessen erleben wir einen ganz bestimmten Moment, wo der Glaube an eine gemeinsame, an eine erfolgreiche, an eine bessere Zukunft plötzlich Wurzeln schlägt. Es ist dies der Zeitpunkt, wenn die

Mehrheit der Teilnehmenden, nach dem bereits erwähntem Modell von Jansen, aus dem »Zimmer der Konfusion« ins »Zimmer der Erneuerung« treten. Da werden Energien freigesetzt und vieles scheint möglich. Zu Beginn ist dieser Zukunftsglaube noch ein verletzliches Pflänzchen, das wieder zerstört werden kann. Je mehr diese Pflanze jedoch gedeiht, desto mehr werden noch die letzten Bewohner des »Zimmers der Leugnung« mitgerissen und es entsteht ein Spirit, der auch Berge zu versetzen vermag.

12. Von den vielen Ichs zum verantwortungsbewussten Wir

Bei Großgruppenkonferenzen tauchen Teilnehmende in eine Welt ein, die sie so noch nicht gekannt haben. Sie haben ihre Organisation, ihr System, ihre Gemeinde, ihre Region auf eine neue Art kennengelernt. Und mehr noch: es ist ein gemeinsamer Blick auf einen gemeinsamen entwickelten Sockel. Dieser gemeinsame Blick, der auch die Differenzen und die Unterschiede sieht, ist die Basis für das »verantwortungsbewusste Wir«.

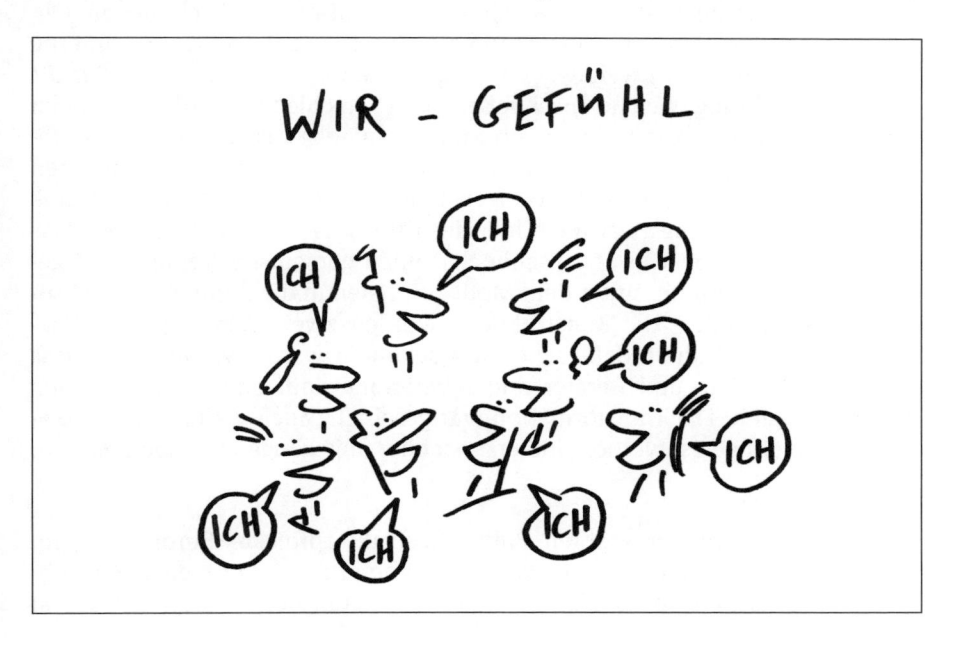

Im Verlauf einer Großgruppen-Intervention passiert vieles, was hin zum Wir führt. Während Kleingruppen den Hang haben, schwarz-weiß zu sehen, neigen Großgruppen zu Grauwerten und öffnen damit ein Feld, welches erst gemeinsam bestellt wird und somit zum Feld des WIR wird. Es ist dieses gemeinsame Kochen, das gemeinsame Erarbeiten einer neuen gemeinsamen Wirklichkeit, die schon 80 % des daraus folgenden Wirs ausmacht. Mit dazu gehört eben auch die gemeinsame Krise. Eine Gruppe mit über 100 Teilnehmenden, welche gemeinsam aus dem Tief zu einer gemeinsamen Orientierung findet, welche die Dinge auf den Punkt bringt und gemeinsame Orientierung schafft und weiß, dass darauf in Zukunft gebaut wird: Diese Gruppe hat ein starkes Wir.

Das »Wir« ist selten ein Ziel des Prozesses, obwohl oft der Wunsch des Auftraggebers »Stärkung des Wir-Gefühls« heißt. Es entwickelt sich hinter dem Rücken des Gewollten, als Resultat des gemeinsamen Prozesses – genauso übrigens, wie die ganze Unternehmenskultur, die zwar Eckwerte angeben kann, de facto aber das Ergebnis des gemeinsamen Handelns im direkten Dialog ist.

Das ist, um das noch einmal aufzunehmen, auch das größte Staunen zum Schluss. Zu Beginn einer Großgruppen-Intervention belauern sich die Teilnehmenden und glauben oft nicht, dass mit den gleichen Leuten, aus der manchmal unsicheren oder vertrackten Gegenwart, eine Gemeinschaft von Individuen entsteht, die bereit und willig ist, Verantwortung in der Gruppe oder auch als Einzelpersonen zu übernehmen. Hier liegt auch ein großer Unterschied zwischen Klein- und Großgruppen. Die Ergebnisse und Erkenntnisse, die in der Großgruppe entstehen, haben systembedingt ein höhere Transparenz und somit auch eine höhere Verbindlichkeit. Der gemeinsame Wunsch des ganzen Systems nach Nachhaltigkeit macht nachhaltig.

Beispiel 1:
Durch das neue Fachhochschulgesetz sah sich ein renommiertes Bildungsinstitut vor die Herausforderung gestellt, Institut und Fachhochschule neu auszurichten und aufeinander abzustimmen. Rund 30 Lehrkräfte und interne Berater legten in einer zweitägigen Großgruppenkonferenz die Eckpfeiler für die Neuausrichtung, welche anschließend von verschiedenen Arbeitsgruppen weiterentwickelt und gut eineinhalb Monate später in einer zweiten Konferenz kritisch ergänzt und umgesetzt wurden. Höhere Bildungsinstitutionen sind oft geprägt durch eine hohe Eigenständigkeit der einzelnen Lehrstühle und Fachbereiche. Dies war auch hier der Fall. Umso wichtiger war es, dass der Weg in die neue Welt der Fachhochschulen gemeinsam geplant und gegangen werden konnte. Unter dem Motto »Brücken in die Zukunft« und »Brücke in die Zukunft – die Konstruktion« wurden zwei Workshops durchgeführt, bei welchen die Inhalte schon fast sekundär waren. Wichtig war, dass sich die Lehrkräfte und Berater und Beraterinnen auf einen gemeinsamen Prozess einigten. Die Transformation war geschafft, auch wenn viele Probleme damit nicht gelöst werden und erst nachher angegangen werden konnten.

Beispiel 2:
Der Bauherr eines der größten Bahninfrastrukturprojekte Europas lag im Clinch mit seiner Bauleitung. Es kam zunehmend zu Irritationen wegen Absprachen zwischen der Bauleitung und den Baufirmen bezüglich Qualität

und Projektfortschritt. Nachfragen in der Spurgruppe ergaben, dass die ausführenden Stellen sowohl bauherrenseitig wie auch bauleitungsseitig nur mehr schlecht nachvollziehen konnten, wie die Prioritäten nun gesetzt waren und welche Eskalationswege in Zweifelsfällen beschritten werden sollten. Bauherr und Bauleitung entschieden sich, alle rund 80 Führungskräfte und Spezialisten zu einem Focus-Tag einzuladen, in welchem die gemeinsame Basis wieder herausgearbeitet werden sollte. Mit Hilfe von soziometrischen Aufstellungen und einem Großgruppensetting, in welchem die Rahmenvorgaben erneuert wurden, wurde diese gemeinsame Basis wieder geschaffen. Auf dem Weg zu einem neuen tragfähigen Wir spielte das Modul »In den Schuhen der anderen« eine Schlüsselfunktion. In diesem Modul stiegen die Teilnehmer in die Schuhe der jeweils anderen und überlegten sich aus dieser Warte deren Bedürfnisse und Erwartungen. Diese Perspektive wurde vorgestellt und die »gespiegelten« mussten sagen, ob dieses Fremdbild zutrifft oder wo allenfalls Dinge überzeichnet oder nicht verstanden worden waren. Das Ergebnis frappierte alle: Es gelang offenbar beiden Seiten sehr wohl, sich in die Lage des anderen zu versetzen. Die Basis für das gemeinsame Verständnis und damit für ein »Wir« war geschaffen.

Beispiel 3:
Ein Beispiel aus einem ganz anderen Bereich: Die Landesstraße L190 führt direkt durch das belebte Zentrum der österreichischen Alpenstadt Bludenz. Staus in den Hauptverkehrszeiten und eine hohe Belastung für die Wohnbevölkerung sind die Folge. Die Stadt entscheidet sich diese Landesstraße zu verlegen. Sie beauftragt eine aufwendige Verkehrsplanung, welche verschiedene Varianten der Straßenführung prüft und eine »Bestvariante« benennt, »best« bezüglich Nutzen, Kosten und einer möglichst geringen Anzahl Immis-

sionsbetroffener. Jetzt, wo klar ist, wo die Landesstraße neu durchführen soll, regt sich Widerstand. In dieser Situation, in der bereits eine Bestvariante vorlag, mussten wir die für den Beteiligungsprozess unabdingbare Ergebnisoffenheit sicherstellen und möglichst viele Interessierte einbeziehen. Für das Verfahren wurde die Großgruppenmethode Real Time Strategic Change gewählt. RTSC ermöglicht eine transparente Verknüpfung bereits bestehender Rahmenbedingungen mit Änderungsvorschlägen und Ergänzungen aus der Teilnehmerschaft (vgl. Seite 86 ff.). Die Hauptkonferenz dauerte fast zehn Stunden, von Freitagabend bis Samstagnachmittag. Rund 100 Personen nahmen teil. Zum Einstieg wurde die bisherige Geschichte aufgezeigt. Danach zeigten wir durch Kurzinterviews mit Teilnehmenden, welche unterschiedlichen Meinungen im Raum vertreten waren. Die vorgeschlagene Bestvariante und die Gründe dafür wurden dann zur kritischen Reflexion unterbreitet. Dieser Teil verlief sehr emotional. Er gab den Teilnehmenden die Zuversicht, dass alles gesagt werden durfte – verbale Übergriffe aber nicht toleriert würden. Am Samstag erarbeiteten die Teilnehmenden auf dieser Basis gemeinsam die wichtigsten Empfehlungen für den weiteren Prozess. Nebst Konkretisierungsempfehlungen für die Bestvarianten wurden ein städtisches Entwicklungskonzept und die Überprüfung einer Tunnelvariante vorgeschlagen. Die Teilnehmenden konnten sich in verschiedene Arbeitsgruppen einschreiben. Nach der Konferenz prüften die Auftraggeber diese Empfehlungen und gaben Ressourcen frei für planerische Abklärungen. Aus den vielen Ichs wurde ein Wir. Zusammen präsentierten die Arbeitsgruppen zuerst ihre Erkenntnisse und die daraus abgeleiteten Empfehlungen. Diese wurden von den Auftraggebern angenommen oder begründet verworfen. Die bereits im Vorprozess evaluierte Bestvariante erhielt jetzt eine breite und kritisch reflektierte Unterstützung. Sie wurde mit wichtigen Ergänzungen versehen. Die Auftraggeber erhielten Planungssicherheit und die direkt Betroffenen konnten – auch wenn sie verständlicherweise in Opposition blieben – die Dimension des Eingriffs besser einschätzen. Für den Prozess war von entscheidender Bedeutung, dass – trotz empfohlener Bestvariante – auch neue Varianten noch einmal geprüft wurden und dass die wichtigsten Fragen in der Ergebniskonferenz fundiert beantwortet wurden. Die direkt Betroffenen konnten sich einbringen und ihre Argumente in der Auseinandersetzung mit nicht direkt Betroffenen prüfen.

All diese Beispiele verdeutlichen etwas, was uns sehr wichtig ist. Es wird nicht versucht ein Wir-Gefühl zu entwickeln, über die Großgruppenarbeit passiert es aber fast unausweichlich, dass das Wir-Gefühl entsteht – zu unserem stets wiederkehrenden Erstaunen.

Teil B: Wissen

1. Einführung

Die Großgruppenmethoden haben ihre Wurzeln in der Organisationsentwicklung (OE), die wiederum durch die emanzipatorische und humanistische Bewegung Ende der 1960er-Jahre stark geprägt wurde. Diese Tradition hat die Großgruppen-Intervention und in ihren Ursprüngen auch die Mediation wesentlich beeinflusst. Wir haben im Rahmen unseres Nachdiplomstudiums in Wirtschafts- und Umweltmediation gemerkt, dass sich beide Ansätze mühelos zur *Großgruppenmediation* zusammenführen lassen.

Das erste Kapitel in diesem Abschnitt widmet sich diesen Wurzeln und deckt die jeweiligen Hintergründe auf.

Das zweite Kapitel thematisiert einen weiteren Aspekt derselben Entwicklung: Die *Partizipation*. Wir zeigen auf, wie gesellschaftliche Veränderungen den Trend hin zu mehr Partizipation und vernetztem Handeln geprägt haben. Wir beschreiben, wie ein modernes Verständnis von Partizipation die Entscheidungsfindung stärkt, die Entscheidung aber beim Entscheidungsträger belässt. Wir sind Alt-68er und Alt-80er. Es ist für uns deshalb nachvollziehbar, dass gerade der partizipative Aspekt der Großgruppenmethoden Vielen ideologisch anmutet und eine gewisse Skepsis auslöst. Drei Elemente, denen diese Ideologie-Nähe anhaftet, werden wir deshalb im Folgenden noch besser ausleuchten:
- Die Einbeziehung der Betroffenen passiert nicht nur aus ideologischen, sondern auch aus praktischen Gründen (»Die Weisheit der Vielen«).
- Eine gemeinsame Basis zu finden, ist besser als Mehrheitsdiktatur und Nivellierung durch Mehrheiten oder Kompromisse. Die gemeinsame Basis besteht aus vielen Konsensen, sie respektiert Diversität.
- Emotionalität ist ein wichtiger Faktor und kann genutzt werden, ohne dass dabei Esoterik und gruppendynamisches »Händchenhalten« im Spiel sein müssen.

Von Kurt Lewin stammt das schöne Zitat: Es gibt nichts Praktischeres als eine gute Theorie. Willkommen im Teil B.

2. Mediation und Großgruppenarbeit haben eine gemeinsame Entwicklungsgeschichte

2.1. Die Wurzeln der Großgruppenarbeit in der Organisationsentwicklung

Großgruppenmethoden geben Antworten auf Herausforderungen, auf die die klassische OE kaum mehr adäquate Antworten hat. Sie bauen dabei auf das Selbstverständnis der klassischen OE, haben sich aber zugleich von ihr emanzipiert. Mehr noch: Großgruppenmethoden sind Teil eines Paradigmenwechsels, dessen Potenzial noch gar nicht recht erkannt worden ist. Ein Paradigmenwechsel, welcher der OE neue Impulse geben kann hin zur Arbeit mit ganzen Systemen.

Die OE ist rund 50 Jahre alt, Großgruppenmethoden sind rund 20 Jahre alt. Rudi Wimmer benennt in der *Zeitschrift für Organisationsentwicklung* (1/04, S. 24 ff.) die zwei großen Quellen, die für die Entwicklungsgeschichte der OE von Bedeutung sind: Kurt Lewin und sein am MIT angesiedeltes National Training Laboratory on Group Dynamics (NTL) einerseits, der soziotechnische Systemansatz und das britische Tavistock Institut andererseits. Barbara Benedict Bunker und Billie T. Alban nennen die gleichen Quellen, wenn sie im ersten umfassenden Buch zu Großgruppenmethoden, »Large Group Interventions«, die Herkunftsgeschichte dieser Methoden beschreiben (1996).

Und so ist der Bezug zwischen beiden: Kurt Lewin und sein NTL-Institut untersuchten Gruppenprozesse und erkannten diese als wesentliche Faktoren der Produktivität. Das heißt, sie verlegten den Fokus von der optimalen Organisation zur optimalen Kommunikation und betrachteten die Organisation als eine davon abhängige Variable. OE bedeutet demzufolge den gezielten Wandel der Organisation über veränderte Denk- und Verhaltensmuster der Organisationsmitglieder, und dies durch Partizipation. Dies führte zu einer OE als Organisationsberatung, welche sich diametral von der klassischen Unternehmensberatung unterschied und die von Edgar Schein als »Prozessberatung« betitelt wurde (1969). Ziel der Beratung war es, Gefäße zu schaffen, in welchen die Organisationen ihre wichtigen Fragestellungen selber klären können. Dieses Selbstreflexionspotenzial der Organisationen ist eine tragende Säule der Großgruppen-Methoden. Ende der 1960er-Jahre entwickelte Ronald Lippitt, ein Schüler Lewins, zusammen mit Eva Schindler-Rainman, die erste systematisch angewandte Großgruppenmethode, welche später von Lippitts Sohn, Lawerence L. Lippitt, mit »Preferred Futuring« (1998) methodisch gefasst wurde. Anlass waren regionale Strukturprobleme in Michigan nach dem Niedergang der Automobilindustrie. Lippitt und Schindler-Rainman gestalteten in den 1970er- und 1980er-Jahren zukunftsorientierte Großgruppenprozesse unter Beteiligung von Bewohnern/Bewohnerinnen, Stadtbehörden, Industrie und weiteren Gruppen. Lippitts »Preferred Futuring« bildet die Basis von Marvin Weisbords und Sandra Janoffs »Future Search Conference« (FSC), auf die wir in Teil A schon mehrmals kurz eingangen sind.

Die zweite wichtige Quelle für die Entwicklung der OE ist das Tavistock Institute, welches den Begriff »soziotechnisches System« (STS) prägte. Das Zusammenspiel sogenannter »harter« und »weicher« Faktoren in Veränderungsprozessen und die Bedeutung ihrer gleichzeitigen Berücksichtigung liegen diesem Ansatz zugrunde. Fred Emery, einer der bedeutendsten Vertreter des Tavistock Instituts, entwickelte zusammen mit seiner Frau Merrelyn Emery die »Search Conferences«, welche praktisch zeitgleich mit Ronald Lippitts »Preferred Futuring« den sozio-technischen Ansatz in Großgruppenanlässen vor allem in Australien zum Tragen brachten.

Ein wichtiger Unterschied zwischen der klassischen OE und dem STS-Ansatz besteht darin, dass STS von Beginn an stärker systemisch orientiert war. »Systemisch« in der US-amerikanischen Ausprägung der Systemtheorie, die auf Ludwig von Bertalanffys Open-System-Ansatz zurückgeht. Zentral ist hier die Erkenntnis, dass eine Organisation und ihre Funktionsweise nur erkannt wird, wenn sie in ihrer Einbettung sowohl zeitlich (Vergangenheit, Gegenwart, Zukunft) als auch räumlich (extern: Gesellschaft, Kunden, Lieferanten, Konkurrenten etc. und intern: Funktionen und Stufen) betrachtet wird. Das unterscheidet übrigens auch die »Zukunftswerkstatt« nach Robert Jungk, Rüdiger Lutz und Robert R. Müllert von der »Zukunftskonferenz« nach Marvin Weisbord und Sandra Janoff. Erstere orientiert sich stärker an den Individuen (als Bürger), die Zukunftskonferenz an den Stakeholdern, den verschiedenen Anspruchsgruppen.

Marvin Weisbord und Sandra Janoff haben mit der Future Search Conference die Achse NTL/OE und die Achse STS/systemische Beratung zusammengebracht. Weisbord war 20 Jahre lang Mitglied des NTL. Sein Buch über die Organisationsdiagnose (1978) ist ein Klassiker der OE. Seine Co-Autorin, Sandra Janoff, stand zur gleichen Zeit in engem Kontakt mit dem Tavistock Institute und organisierte dessen Kongresse in den USA. Gleichzeitig war Janoff als systemische Therapeutin tätig. Die Future Search Conference (FSC), die Ende der 1980er-/Anfang der 1990er-Jahre entwickelt wurde, verbindet diese beiden Achsen perfekt.

Vier der fünf heute am häufigsten angewandten Großgruppenmethoden stammen aus dieser Zeit. Neben der Future Search oder auf »Zukunftskonferenz« sind dies Open Space, Real Time Strategic Change (RTSC) und Appreciative Inquiry (AI).

Vor dem Hintergrund der systemischen Beratung und Therapie führte, ebenfalls in dieser Zeit, die systemische OE in Europa die beiden Achsen zusammen (vgl. etwa Eckhard König/Gerda Volmer: Handbuch Systemische Organisationsberatung, 2008). Selbstorganisation, konsequente Ressourcen- und Prozessorientierung sowie Kontextklärungen sind prägende Schlüsselbe-

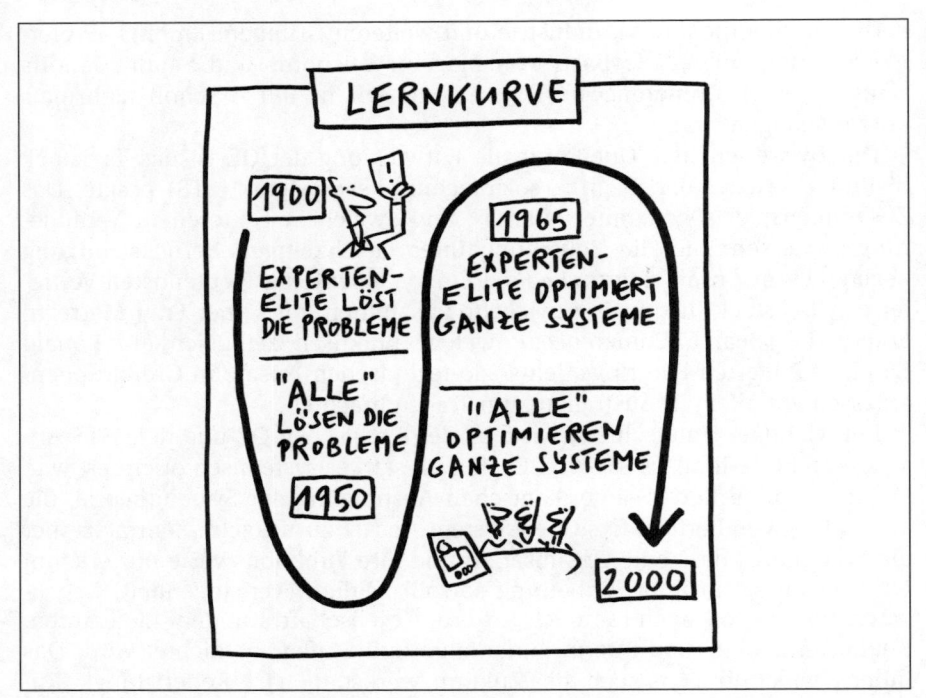

Abb. 7: Die Lernkurve in der Geschichte der Unternehmensberatung nach: Weisbord/Janoff 2001, S. 27

griffe, die auch für die Großgruppenmethoden zentral sind. Ebenso die Erkenntnis, dass ein System nicht beraten, sondern nur angestoßen werden kann, damit es die Lösungen selber findet, die es braucht.

2.2. Paradigmenwechsel

Worin besteht nun aber der eingangs erwähnte Paradigmenwechsel? Die Großgruppenmethoden sind schon früh als Paradigmenwechsel in der Geschichte der Unternehmensberatung und, in direkter Verwandtschaftslinie, der OE beschrieben worden, am eindrücklichsten wiederum von Marvin Weisbord. In »Productive Worklplaces« (1987) hat Weisbord diesen Wechsel in seinem Modell »My new practice theory road map« als Lernkurve dargestellt (vgl. auch Abbildung 7).

Weisbord fasst zusammen:

> »1900 ließ Taylor noch Experten die Probleme lösen und nannte dies Scientific Management. Ab 1950 begannen Schüler von Lewin die Betroffenen selber in die Lösungsfindung einzubinden, das kennzeichnete den Beginn des partizipativen Managements. Um 1965 entdeckten die Experten den systemischen Ansatz und

begannen ganze Systeme gleichzeitig zu optimieren, für die Betroffenen. Heute lernen wir, wie die Systemoptimierung gleichzeitig durch alle selber gemacht werden kann.« (Weisbord/Janoff 1987, S. 261, Übersetzung durch die Autoren).

Auf den nächsten Seiten von »Productive Workplaces« entwickelt Weisbord dann den Prototyp der Zukunftskonferenz, den er zusammen mit Sandra Janoff acht Jahre später in »Future Search Conference« (1995) ausgefeilt darlegen wird.

Für Weisbord war schon damals, 1987, klar, dass angesichts des schnellen Wandels die klassischen Werkzeuge der OE nicht mehr griffen und dass die Sicht auf das ganze System in Fortführung der Tradition von Lewin nur heißen konnte, dass das ganze System gemeinsam am ganzen System arbeiten musste.

Auch Matthias zur Bonsen, der in den 1990er-Jahren die Großgruppenmethoden maßgeblich nach Europa brachte, beschreibt die Großgruppenmethoden als Paradigmenwechsel.

Sowohl bei Weisbord als auch bei zur Bonsen ist der entscheidende Schritt der, dass das ganze System am ganzen System oder Teilen davon arbeitet. Bei allen Großgruppenmethoden geht es letztlich darum, möglichst das ganze System (oder ihre »DNA«, wie Kathleen Dannemiller den erforderlichen, repräsentativen Querschnitt des ganzen Systems beschrieben hat), in einem Raum zu haben, um tragfähige Lösungen zu arbeiten.

Altes Paradigma	Neues Paradigma
sequentieller Wandel	simultaner Wandel
Teilsysteme in einem Raum	das ganze, offene System (einschließlich Externer) in einem Raum
Arbeit an Einzelthemen	Arbeit am ganzen System (Vision, Ziele, Maßnahmen, Beziehungen, Werte, Normen)
oft problemorientiert	immer visionsgeleitet
Diagnose der Organisation durch wenige (Projektteams, Berater etc.)	Diagnose der Organisation durch alle
Diagnose des Umfelds durch wenige (Top-Management, Marketing etc.)	Diagnose des Umfelds durch alle
Vision/langfristige Ziele (wenn vorhanden) nur von oben	Vision/langfristige Ziele offen für Beitrag von allen
Wandel in scheinbar kontrollierbaren, kleinen Schritten	Aufgabe von Kontrolle im engen Sinne, um Kontrolle in einem höheren Sinne zu gewinnen
langsamer Wandel	schneller Wandel

Abb. 8: Der Paradigmawechsel nach: Matthias zur Bonsen in Zeitschrift für Organisationsentwicklung, 4/1995, S. 39

Weisbord und Janoff, wie auch viele der nachfolgenden konzeptionellen Weiterführungen, haben aber einen wesentlichen Schritt nicht oder nur wenig konsequent gemacht: Den systemischen Schritt. Die systemische Sichtweise akzeptiert, dass es primär Rollen und Funktionen sind, die gemeinsam, als ganzes System in einem Raum, nach Lösungen suchen und erst sekundär Individuen. Das zeigt sich beispielsweise, wenn bei Weisbord und Janoff in der Future Search Conference Schlüsselthemen, die in verschiedenen gezielt homogen und heterogen zusammengesetzten Gruppen »systemisch« herausgearbeitet wurden, am Schluss im großen Halbkreis (building the common ground) von allen Teilnehmenden individuell beurteilt, diskutiert und bewertet werden.

Darauf hat Ruth Seliger aufmerksam gemacht (2008). Als »Gruppen« werden üblicherweise soziale Systeme bezeichnet, welche 3 bis 20 Personen umfassen, in denen Face-to-Face-Kommunikation möglich ist und die ein gemeinsames Thema haben. Großgruppenkonferenzen sind in dem Sinne keine »Gruppen-Veranstaltungen«, sondern Veranstaltungen, welche zwar einige Gruppenphänomene nutzen, im Allgemeinen aber der Veränderung einer Organisation oder einer größeren Gemeinschaft dienen. Die Bezeichnung »Gruppe« ist insofern irreführend (Seliger 2008, S. 13 ff.).

Mit einer »gruppendynamischen« Brille betrachtet, werden die Konferenzen überbewertet, da nicht die persönlichen Beziehungen ihrer Teilnehmer im Zentrum stehen, und unterbewertet, da die Konferenzen das ganze beteiligte System mit all seinen Komponenten zum Thema haben und nicht nur den Beziehungsaspekt (Seliger 2008, S. 21 ff.).

Insofern liegen die Wurzeln der Großgruppenarbeit zwar in der Geschichte der OE. Die Großgruppenmethoden haben die Themen (Menschen und ihre Beziehungen, Lernen und Kommunikation) und viele Methoden, die in der OE angewendet werden (Stuhlkreis, Visualisierung, Prozessbegleitung etc.) übernommen, aber orientieren sich nicht mehr an den Individuen, sondern, mit den Menschen im Herzen und im Blick, an den ganzen Systemen. Die konsequent systemische Sicht kann unseres Erachtens durchaus als zweiter Paradigmenwechsel betrachtet werden.

2.3. Impulse für die Organisationsentwicklung

In den letzten Jahren ist immer wieder das Ende der OE diskutiert worden. Vor allem, dass die Tools, welche die OE verwendet, nicht mehr geeignet seien für Organisationen, die in einer schnellen Folge ihre Strukturen und Ausrichtungen ändern und neuen Marktbedingungen anpassen müssen.

Die Großgruppenmethoden bieten Werkzeuge an, mit welchen auf diese Situation adäquat reagiert werden kann. Die Techniken, die für Großgruppen entwickelt worden sind, ermöglichen es, dass ein ganzes System, repräsentiert durch eine sehr große Anzahl betroffener Personen, in einem gut strukturierten Prozess, in kürzester Zeit eine gemeinsame Orientierung und dadurch Handlungssicherheit gewinnt – schneller Wandel, Wandel in Echtzeit oder eben Real Time Strategic Change.

Genau diese Begriffe rufen bei Kollegen – verständliche – Skepsis hervor: Es scheint etwas sehr kurz gegriffen, den grassierenden Zeitgeist »Immer schneller« mit »schneller Wandel« bedienen zu wollen. Großgruppenkonferenzen werden als Events gesehen, welche zwar ein modisches kurzes Highlight in einer Organisation sein können, deren Wirkung aber schnell verpufft.

Dagegen ist zunächst festzustellen, dass die Arbeit mit großen Gruppen immer auch viel Vor- und Nacharbeit bedeutet, mehr noch: Es handelt sich fast immer um partizipative Gesamtprozesse, welche die Großgruppenkonferenz als Kern-, Ausgangs- oder Wendepunkt verwenden.

Das humanistische Selbstverständnis der OE wird in Großgruppenkonferenzen zudem mittransportiert: Die Betroffenen zu Beteiligten machen, das soziale und das technische System verknüpft weiterentwickeln, zentrale Bedeutung der direkten Kommunikation, Action Learning usw. – all das sind zentrale Bestandteile der Großgruppe. Bestandteile, nota bene, welche im Prozess von den Teilnehmenden als zielführend erlebt und in andere Handlungsfelder mitgenommen werden.

2.4. Über die Verwandtschaft von Mediation und Großgruppenverfahren

Mediation, wie sie heute im deutschsprachigen Raum überwiegend gelehrt und praktiziert wird, ist durch ähnliche Entwicklungen geprägt worden wie die OE und mit ihr die Großgruppenmethoden.

Das Harvard-Konzept nach Roger Fisher und William Ury aus dem Jahr 1981, Friedrich Glasls Konfliktmanagement, die Systemische Therapie, die humanistische Psychologie, sie alle standen Pate für die Mediation. Wie nahe Mediation und Großgruppen-Intervention in den Grundsätzen sind, zeigt sich vor allem in der humanistischen Psychologie. Carl Rogers' klientenzentrierte, nicht-direktive Gesprächstherapie etwa arbeitet auf der individuellen Ebene mit der gleichen Grundthese wie die Mediation und wie – auf Organisationsebene – die systemische prozessorientierte OE.

Die Kernthese von Carl Rogers in der humanistischen Psychologie lautet, dass jeder Einzelne grundsätzlich über das Potenzial verfügt sich selber zu begreifen und sich verändern. Die Aufgabe des Therapeuten bestehe ausschließlich darin ein Gefäß, ein Klima zu schaffen, in welchem der Klient dieses Potenzial entwickeln und ausschöpfen kann (Rogers 1972). Diese Kernthese gilt eins zu eins auch für eine systemische Prozessbegleitung.

Einige der gemeinsamen Prinzipien von Mediation und Großgruppen-Intervention sind für die Konfliktklärung mit großen Gruppen besonders wichtig. Sie werden deswegen im Folgenden genauer dargestellt.

2.4.1. Die Prinzipien der Ergebnisoffenheit und der Prozessverantwortung

Die Ergebnisoffenheit seitens der Auftraggeber (und später auch der Teilnehmenden) ist für die Konfliktklärung mit großen Gruppen eine zentrale Vorbedingung. Mediation und Großgruppenarbeit bauen darauf, dass das bestmögliche Ergebnis aus der Kommunikation der Teilnehmenden erst im Verfahren entsteht, dass sie nicht irgendwo schon vorhanden ist und nur richtig präsentiert werden will. Das unterscheidet die Großgruppen-Intervention von Informationsanlässen und reinen Top-down-Veranstaltungen. Auch in der Mediation ist die Ergebnisoffenheit ein wichtiges Kriterium, bereits in der Auftragsklärung: Wenn der Entscheidungsraum zu eng ist, kann weder Mediation noch Großgruppen-Intervention stattfinden. Auch wenn die grobe Route und eine einfache Landkarte der Reise bekannt sind, die Auftraggeber wissen zu Beginn des Prozesses nicht, was ihnen auf dieser Reise begegnet.

Entsprechend hat der Prozessbegleiter, die Prozessbegleiterin keine Inhalts- und keine Ergebnis-, sondern ausschließlich die Prozessverantwortung. Dies in Abgrenzung zu Fachberatungen einerseits und diversen anderen Verhandlungstechniken andererseits. Bei beiden Verfahren, bei der Großgruppen-Intervention wie bei der Mediation, wird in der Auftragsklärung explizit deklariert, dass für die Inhalte die Auftraggeber und die Beteiligten verantwortlich sind. Das bezieht sich einerseits auf die Differenz zwischen Mittler/Prozessbegleiter und Konfliktbeteiligte: Sowohl bei der Großgruppen-Intervention als auch in der Mediation werden die Teilnehmenden von Beginn an darauf aufmerksam gemacht, dass seitens des Mittlers/Mediators keine Lösungsvorschläge kommen und dass diese durch die Teilnehmenden selber entwickelt werden müssen. Das bezieht sich andererseits aber auch auf die Differenz Mittler/Prozessbegleiter und andere Beraterrollen. So ist es im öffentlichen Bereich beispielsweise für beide Verfahren wichtig, dass die Planerrolle nicht mit der des Mittlers, des Prozessbegleiters vermengt wird. Der Planer kann allerdings als inhaltliche Quelle ins Verfahren einbezogen werden. Im privatwirtschaftlichen und im Verwaltungsbereich gilt analog das Gleiche.

Dieses Prinzip steht in Übereinstimmung zum später in der systemischen Beratung ausführlicher beschriebenen und umgesetzten Theorem, wonach ein Beratersystem dem Klientensystem zwar Impulse geben kann, dieses aber immer nur sich selber verändern kann. Das bedeutet, dass der Auftragnehmer (Mediator/Prozessbegleiter) die Qualität des Ergebnisses nicht daran misst, ob die Betroffenen Übereinstimmung gefunden haben, sondern nur daran, ob der gegangene Weg, der Prozess, die Klärung der Fragestellungen angemessen berücksichtigt hat.

2.4.2. Das Prinzip der Prozessorientierung

Beide Verfahren, Großgruppen-Intervention und Mediation, haben ihre Wurzeln im bereits erwähntem »Action Learning«, einem Theorem von Kurt Lewin, wonach man bei der Erforschung und Erkundung von sozialen Feldern mit jedem einzelnen Schritt bereits interveniert, das untersuchte Feld also verändert, weshalb man nicht davon ausgehen kann, einen quasi unbeweglichen Gegenstand vorzufinden, der analysiert werden könnte. Das bedingt, dass nach jeder Intervention die Parameter neu geprüft werden müssen und die Erforschung entsprechend angepasst werden muss – Action Learning eben (Lewin 1951). Diese Erfahrung machen Praktiker und Praktikerinnen der Großgruppen-Intervention und der Mediation laufend in ihrer Arbeit. Es ist ihnen bewusst, dass der Weg mindestens genauso wichtig ist wie das Ziel.

Gepaart mit der Ergebnisoffenheit ist daher die konsequente Prozessorientierung das beste, gleichzeitig aber auch das anspruchsvollste Arbeitsinstrument beider Verfahren. Die Prozessbegleiter sind Architekten von sozialen Gebilden, welche es ermöglichen, dass eine Organisation, ein System alle für die Klärung einer Fragestellung nötigen Schritte machen kann. Sie achten darauf, dass die richtigen Leute anwesend sind und mit ihrem Wissen und ihren Anliegen in Beziehung kommen können. Weder machen sie eine ausführliche inhaltliche Analyse einer Fragestellung noch geben sie inhaltliche Empfehlungen ab. Sowohl bei der Großgruppen-Intervention als auch in der Mediation ist es immer dann kritisch, wenn inhaltliche Spezialisten die Prozessverantwortung übernehmen.

2.4.3. Weitere übereinstimmende Prinzipien

Darüber hinaus gibt es weitere Prinzipien, die für beide Verfahren absolut identisch sind. Zu nennen ist hier die *Allparteilichkeit*, welche logische Konsequenz ist aus den Prinzipien Ergebnisoffenheit und Prozessorientierung. Allparteilich heißt zunächst, dass, analog zur Mediation, allen Parteien gleiche Aufmerksamkeit zukommen soll. Allparteilichkeit erlaubt alle Tools der Mediation wie Spiegeln, Paraphrasieren, Loopen, Doppeln, aber eines nicht: das Bewerten einzelner Standpunkte. Erst im Kontext von Ergebnisoffenheit und Prozessorientierung erschließt sich der eigentliche Sinn von Allparteilichkeit für beide Verfahren. Sie heißt eben auch, dass der Prozessbegleiter/ die Prozessbegleiterin nicht Diener und Dienerin des Auftraggebers ist und auch von niemand anderem, sondern – in deren Auftrag – Diener oder Dienerin des ganzen Systems und des Klärungsprozesses.

Ebenfalls für beide Verfahren handlungsleitend ist die *Lösungs- und Zukunftsorientierung*, welche sich aus der Prozessorientierung ableiten lässt. Beide Verfahren arbeiten nicht analytisch, im Sinne einer wie immer gearteten Wahrheitsfindung, sondern pragmatisch lösungsorientiert. In der Mediation geht es nicht darum, die Schuldfrage zu klären, sondern Lösungen für die Gegenwart und die Zukunft zu finden. Auch in Großgruppen-Interventionen wird das Heil nicht in der perfekten Analyse gesucht, sondern darin, was im Rahmen des Notwendigen, für alle machbar und weiterführend ist.

Ein letztes übereinstimmendes Prinzip sind die Verfahren als solche. Beide Verfahren geben sich nämlich denselben *Stellenwert innerhalb des Entscheidungsfindungsprozesses.* Auch hier gleichen sich Mediation und Großgruppen-Intervention aufs Haar.

> »Mediation ersetzt nicht die etablierten und rechtlich vorgeschriebenen Entscheidungsverfahren in Politik und Verwaltung mit der dort vorgesehenen Bürgerbeteiligung. Das Verfahren dient einer besseren Entscheidungsvorbereitung« (Meuer/Troja, S. 220).

In den Prozessen der Großgruppen-Intervention im öffentlichen Bereich führen wir jeweils folgende »Spielregel« für die bevorstehende Konferenz ein: »Die Großgruppenkonferenz ist Teil eines Entscheidungsfindungsprozesses. Entscheidungen werden in den vorgeschriebenen politischen Verfahren gefällt« (analoge Formulierung dazu im privatwirtschaftlichen oder Verwaltungsbereich).

2.5. Konfliktklärung mit großen Gruppen: Die Großgruppenmediation

Nach vielen Großgruppen-Interventionen ist uns bewusst geworden, dass in vielen Fällen Spannungen und Konflikte mit ein Grund für die Auftragserteilungen sind. Wir wollten mehr über die Konfliktbearbeitung lernen und entschlossen uns für die Ausbildung in Wirtschafts- und Umweltmediation. Im Laufe der Ausbildung und vermehrt noch in der Praxis entdeckten wir, dass zwischen Mediation und Großgruppen-Interventionen kein Graben besteht, sondern dass sich diese beiden Ansätze fusionieren lassen.

Die Mediation sah sich seit den 1990er-Jahren mit ähnlichen Ansprüchen konfrontiert wie die OE: Es sollten immer mehr Personenkreise beteiligt werden, die Fragestellungen wurden zunehmend komplexer, gleichzeitig sollten die Verfahren aber schneller zu besseren Lösungen führen. Im Gegensatz zu Großgruppen-Interventionen hatte die Mediation aber noch keine eigene Methode für große Gruppen entwickelt. Ein Vergleich der bekannten und öffentlich zugänglichen Beispiele zeigt, dass sich vor allem in den Bereichen der Umweltmediation und, im deutschsprachigen Raum, rund um die Frage von Flughafenerweiterungen eine gewisse wiederkehrende Praxis herausgebildet hat, die sich aber nur sehr beschränkt als geeignet herausstellte: Runde Tische mit einer sehr stark beschränkten Anzahl von Delegierten.

2.5.1. Das alte Muster: Runde Tische

An der Uni Oldenburg haben Markus Troja und Dirk Meuer in einer Studie 69 Mediationsverfahren im öffentlichen Bereich aus den Jahren 1996–2002 untersucht und festgestellt:

»Die Grundstruktur von Mediationsverfahren im öffentlichen Bereich ist oft sehr ähnlich [...]. Nach den Vorgesprächen, der Konfliktanalyse und der Klärung der Rahmenbedingungen und Regeln der Mediation folgt die Hauptphase. Dort gibt es ein zentrales Gremium in der Art eines runden Tisches, an dem u. a. Delegierte der Interessensgruppen teilnehmen und an dem die wesentlichen Entscheidungen getroffen werden. Daneben gibt es – abhängig von der Anzahl der Teilnehmer und der Komplexität des Gegenstands – evtl. Arbeitsgruppen bzw. kleinere Gremien, in die ein Teil der inhaltlichen Arbeit ausgelagert wird. Zusätzlich finden evtl. einmalige Workshops oder öffentliche Veranstaltungen statt, um eine breitere Öffentlichkeit einzubeziehen oder um bestimmte Sachfragen in einem besonderen Rahmen zu behandeln.« (Troja/Meuer 2004, S. 227).

Das Delegationsprinzip für den runden Tisch, das die Gruppen klein und übersichtlich halten soll, erschwert aber die Einbindung aller weiteren Betroffenen und es verstärkt den Druck auf die einzelnen »Delegierten«, welche ihre Positionen, die sie als Mandat erhalten haben, zu verteidigen versuchen.
Wieso macht man das dann und bezieht nicht gleich alle mit ein?
Mediatoren lernen in den Einzelgesprächen sehr genau hinzuhören. Jedes Wort ist wichtig – von allen Parteien. Mediatoren übernehmen die Rolle des Übersetzers, des Vermittlers, des Aufweichers von Fronten. Wer mit dieser Haltung in die große Gruppe geht, muss die Anzahl der Mitglieder beschränken, um das überhaupt noch bewältigen zu können. Bei genauerem Hinsehen unterscheidet sich die Großgruppenmediation deshalb nur wenig von der »klassischen« Mediation. Aber es kommt zu einer Selbstbeschränkung. Das Maximum der Eingebundenen ergibt sich aus der Einschätzung, bis zu welcher Größe »die für Mediation typischen unmittelbaren Kommunikationsprozesse des Verhandelns und Argumentierens stattfinden können« (Meuer/Troja 2004, S. 224 f.)
Reinhard Sellnow, Stadtplaner in Nürnberg, welcher Seminare zu Mediation mit großen Gruppen gibt, meint, dass die Gesamtzahl der sinnvollerweise zu hörenden Blickwinkel nicht mehr als zwanzig (möglichst weniger) umfassen sollte, um noch einen guten Dialog zu gewährleisten, bei dem man sich noch ins Gesicht schauen kann und auch öfter zu Wort kommt (Sellnow 2002, S. 264). Bei Haas und Wirz umfassten Mediationsprozesse »bis zu neun Menschen« (Haas/Wirz 2003, S. 65). Auch bei der Untersuchung von Troja und Meuer liegt die Spitze der Verteilung bei 16 bis 20 Personen (Troja/Meuer 2004, S. 224).
Um trotzdem mehr Beteiligte einbinden zu können, sind einzelne Mediatoren dazu übergegangen, verschiedene Kreise zu definieren. So ist zum Beispiel auch Wolfgang Wörnhard mit einigen Kolleginnen verfahren, als er 2003 beauftragt wurde ein großangelegtes Mediationsverfahren beim Flughafen Zürich einzuleiten. Das Modell in der Flughafenmediation Zürich wurde folgendermaßen aufgebaut: Im ersten Kreis wurde die Zahl der Beteiligten auf 15 bis 25 beschränkt. Versammeln sollten sich hier diejenigen Behörden und Organisationen, die den Konflikt mit oder ohne Mediation lösen müssen, sowie die Spitzenverbände aus Wirtschaft und Umwelt. Zum zweiten Kreis sollten die Verbände der Gemeinden und Bürgerorganisationen gehören. Kriterien

wären ein hohes Maß an Betroffenheit sowie große Einflussmöglichkeiten auf den Prozess und die Umsetzung der Ergebnisse. Er sollte auf etwa 30 Personen beschränkt werden. Im dritten Kreis sollte die Zahl der Beteiligten offen bleiben. Es konnten die Organisationen sein, denen die zeitlichen Ressourcen für eine kontinuierliche Teilnahme nicht zur Verfügung stehen. Sie müssten im Kreis 1 oder 2 durch eine von ihnen mandatierte Organisation vertreten sein, die für die Rückbindung sorgt. Im vierten Kreis blieb die Zahl der Beteiligten ebenfalls offen. Es konnten die Organisationen sein, die nicht direkt betroffen sind, die aber ein Interesse an der Konfliktregelung haben und bei der Umsetzung der Ergebnisse mitwirken. Alle vier Kreise zusammen bilden laut Modell ein Mediations-Plenum, das in regelmäßigen Dialog-Veranstaltungen zusammentrifft und die grundlegenden Weichen stellt. Das Process-Providing Team schlägt Kriterien für die Zuteilung zu den Kreisen vor. Diese sind von den möglichen Verfahrensbeteiligten gemeinsam zu vereinbaren.

Die Flughafenmediation kam nicht zustande. In der Ausgabe der Neuen Zürcher Zeitung NZZ vom 16. Juli 2004 war zu lesen:»Wie nach der Sitzung verlautete, scheiterte das Mediationsprojekt an der Frage der Vertretung der Bürgerorganisationen in der 15-köpfigen Koordinationsgruppe.« Die Mediation scheiterte bevor sie zustande kam, am Versuch, den Verhandlungskreis klein zu halten.

Die Verfahren, die Mediationsexperten entwarfen, um den zunehmend komplexer werdenden Themenstellungen und steigenden Ansprüchen von Klienten gerecht zu werden, wurden im Laufe der Jahre immer komplizierter. Es zeigte sich, dass vor allem Konflikte mit sehr vielen Parteien mit den gängigen Methoden nur mehr schwer durchführbar waren.

2.5.2. Das neue Muster: Konfliktklärung im Großgruppensetting

Wir haben beobachtet, dass wir, sobald es um Konfliktklärung in der Großgruppe geht, ein Phänomen antreffen, dem wir schon andernorts begegnet sind. Eine der größten Schwierigkeiten vieler Beraterkolleginnen und -kollegen im Erlernen der Großgruppenmethoden besteht nämlich darin, dass es ihnen Mühe bereitet zu ertragen, dass sie längst nicht alles wissen, was in den Kleingruppen passiert. Wenn wir in einem Raum 150 Leute haben, haben wir 25 Kleingruppen à acht Personen. Worüber diese miteinander reden, ob sie die Fragestellung »richtig« angehen, ob sie in der Diskussion beim Thema bleiben oder nicht, können wir nicht direkt steuern. Die Gruppen organisieren sich selber. Als Prozessbegleiter müssen wir dem Prozess vertrauen. Wir müssen darauf vertrauen, dass die Konferenz so aufgebaut ist, dass das Richtige dabei herauskommt. Und das Richtige ist eben das, was das System braucht.

Der Haupteffekt der Großgruppen-Intervention besteht darin, dass auch in sehr großen Gruppen alle zu Wort kommen und damit eine Kommunikation möglich ist, die für alle Beteiligten unüblich ist. Die Großgruppentechniken (wechselnde Gruppenzusammensetzung, schrittweises Vorgehen) helfen, Lösungen sichtbar und möglich zu machen, die an runden Tischen nur sehr schwer und mit viel größerem Aufwand erreichbar sind.

Durch die gleichzeitige Anwesenheit aller im gleichen Raum entsteht vor den Augen und Ohren aller Beteiligten ein ganzes Bild des konflikthaften Themas, mit allen Facetten. Oder noch genauer: die Beteiligten erarbeiten dieses Bild eben selber. Sie erkennen die wechselseitige Abhängigkeit ihrer unterschiedlichen Perspektiven und akzeptieren entsprechend, dass die Lösungen auch gemeinsam gefunden werden müssen.

Alle Methoden der Großgruppen-Intervention eignen sich für die Gestaltung von Konfliktklärungsprozessen, sind also großgruppenmediations-tauglich. Wir haben den Begriff »Großgruppenmediation« nicht zuletzt deshalb beibehalten, weil der Begriff »Mediation« für viele Kunden die einfachere Pforte zu uns ist.

Abhängig von der Komplexität des Themas kommen unterschiedliche Großgruppenmethoden zum Einsatz. Entsprechend variiert auch der zeitliche Rahmen. Bewährt haben sich zwei Grundmodelle. Das erste dauert drei Stunden, umfasst einen soziometrischen Einstieg (Aufstellungen zu zentralen Fragen und Befindlichkeiten im Raum) mit anschließendem World Café, inklusive einer Verdichtungs- bzw. Konkretisierungsrunde zum Abschluss). Das zweite baut auf dem Grundmuster der Future Search Conference und dem RTSC auf und dauert sechs bis zehn Stunden – wenn immer möglich verteilt auf zwei Tage, um den Effekt der »Nacht dazwischen« nutzen zu können. Zwei Spezialfälle (»In den Schuhen der Anderen« und »Soziometrische Aufstellungen«) sind einzelne Module aus der Großgruppen-Werkzeugkiste (vgl. Teil C: Machen), die auch allein sinnvoll eingesetzt werden können. Großgruppenmediationen kennen keine Beschränkung der Teilnehmerzahl. Sehr oft sind es 80 bis 200 Personen.

Die Erfahrung mit diesen Settings hat uns dazu geführt, Konfliktklärungsprozesse vom Prinzip her genau gleich zu behandeln wie andere Entwicklungsprozesse. Wir unterscheiden in der Arbeit mit großen Gruppen nicht mehr grundsätzlich zwischen diesen beiden Prozessarten. Die Unterschiede in der Herangehensweise und in der Prozessgestaltung sind bei Entwicklungs- wie Klärungsprozessen geprägt von den Zielen und den Rahmenbedingungen.

Die Besonderheiten der Großgruppenmediation sind denn auch im Vorprozess und im Follow-up zu finden. Während wir in Entwicklungsprozessen in der Vorbereitungsphase mit einer Spurgruppe arbeiten, die uns hilft, die wichtigsten Eckpunkte des bevorstehenden Prozesses zu definieren, sind bei Konfliktklärungen zahlreiche Einzelgespräche im Vorfeld der Großgruppe oft unabdingbar. Einerseits um die für das Verfahren relevanten Themenbereiche auszuloten, insbesondere aber um das Vertrauen der Teilnehmer in den Prozess zu gewinnen.

In Entwicklungsprozessen sind wir im Follow-up nur punktuell involviert. Die aus der Großgruppe entstandenen Arbeitsgruppen arbeiten bis zur Ergebniskonferenz relativ autonom. Im Gegensatz dazu ist es bei Konfliktklärungs-

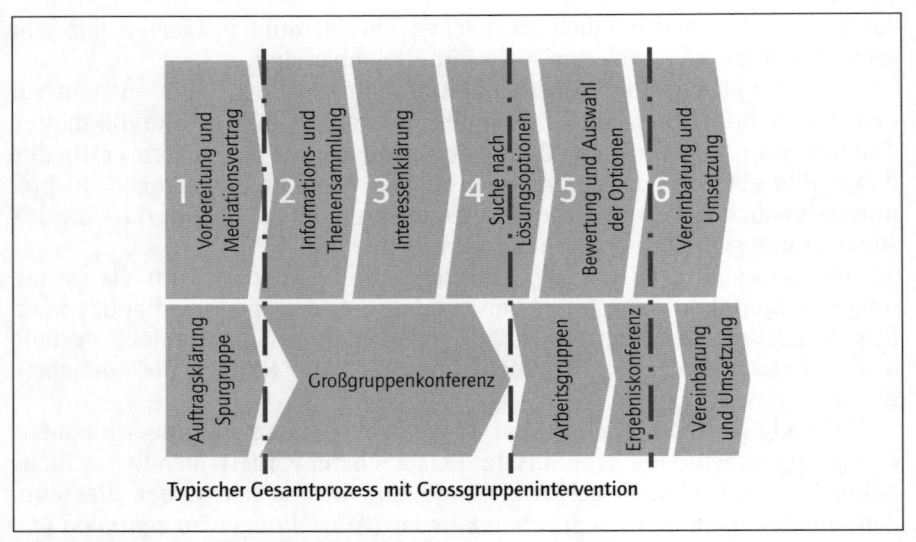

Abb. 9: Phasen der Mediation (eigene Darstellung)

[Figure shows six phases: 1. Vorbereitung und Mediationsvertrag, 2. Informations- und Themensammlung, 3. Interessenklärung, 4. Suche nach Lösungsoptionen, 5. Bewertung und Auswahl der Optionen, 6. Vereinbarung und Umsetzung. Below: Typischer Gesamtprozess mit Grossgruppenintervention — Auftragsklärung Spurgruppe, Großgruppenkonferenz, Arbeitsgruppen, Ergebniskonferenz, Vereinbarung und Umsetzung.]

prozessen fast die Regel, dass sich in der Großgruppe, nebst gut bearbeitbaren Themen, ein bis zwei Konfliktkerne herauskristallisieren, die im Follow-up (mandatiert durch die Großgruppe!) durch uns mediiert werden. Die Ergebnisse werden wieder der Großgruppe vorgelegt.

2.5.3. Wann macht die Konfliktklärung im Großgruppensetting Sinn?

Großgruppenmediation ist immer dann sinnvoll, wenn viele Parteien und Menschengruppen gleichzeitig von einem Konflikt betroffen sind und wenn sie gleichzeitig auch zur Lösung des Konflikts beitragen können. Anwendung findet die Großgruppenmediation im öffentlichen Bereich (Großprojekte der Verwaltung, aber auch von privater Hand), in Stadtviertel- oder Siedlungskonflikten (zwischen Bewohnern), im Verwaltungsbereich (Zusammenarbeit zwischen verschieden Verwaltungseinheiten) und zunehmend auch im Wirtschaftsbereich (innerbetriebliche Konflikte und Konflikte zwischen verschiedenen Betrieben oder Abteilungen).

In der Mediationsszene hat sich ein Phasenmodell etabliert, an welchem wir die Verortung der Großgruppenmediation gut aufzeigen können (vgl. Abbildung 9).

Da die Möglichkeiten der Großgruppenmediation zunehmend bekannt werden, kommen sie oft zum Einsatz, wenn die Konflikte noch wenig eskaliert sind, die Konflikthaftigkeit der Situation aber von allen erkannt wird. Sie dient dann einer frühen Einbindung der Betroffenen zur gemeinsamen Interessenklärung (Phase 3), zur gemeinsamen Einigung auf Lösungsoptionen und zur gemeinsamen Festlegung auf die Art und Weise von deren Ausarbeitung, zur Reflexion (Phase 4) und dem anschließendem Beschluss zur Umsetzung (Phase 5). Auch bei bereits eskalierten Konflikten ist die Großgruppenmediation erfolgreich. Sie hilft den Konfliktparteien bei der Interessenklärung (Phase 3) von schwarz-weiß Positionen zu einer differenzierteren Betrachtung zurückfinden.

Gerade die Möglichkeit, auch große Konflikte mit den Methoden der Großgruppen-Intervention anzugehen, trägt maßgeblich dazu bei, dass der Wunsch nach mehr Partizipation adäquat und professionell aufgenommen werden kann.

3. Partizipation

3.1. Partizipation als Konsequenz gesellschaftlicher Veränderungen

Die Entwicklung partizipativer Prozesse steht in einem direkten Zusammenhang mit den tiefgreifenden gesellschaftlichen Veränderungen seit den 1970er-Jahren. Der fundamentale Wertewandel, der die Gesellschaft in diesen Jahren erfasst hat – der U.S.-Politologe Ronald Inglehart sprach in diesem Zusammenhang von einer »Silent Revolution« (1977) – hat konsequenterweise auch in der Unternehmens- und Führungskultur seine Spuren hinterlassen. Einsame Führungsentscheidungen, wie sie für die Wirtschaftspioniere der letzten Generationen vielleicht noch selbstverständlich waren, werden heute immer weniger akzeptiert. Sie kollidieren mit dem Wunsch nach Eigenverantwortung und Selbstverwirklichung der Mitarbeitenden, aber auch der Stakeholder im öffentlichen Bereich.

Zur Veranschaulichung dieser Thematik listen wir in der nachfolgenden Übersicht ein paar Aspekte dieses generellen Wertewandels auf, die von uns aus gesehen im Kontext von Großgruppen-Interventionen wesentlich sind.

Alte Werthaltung		Neue Werthaltung
Zugehörigkeit zu Parteien und sozialen Schichten	⇨	Bekenntnis zu wechselnden Gruppierungen und Szenen
Das Wir-Gefühl als Orientierungsmaßstab	⇨	Das Ich-Wir-Gefühl als wichtiges Entscheidungskriterium
Von Religion und Moral bestimmte Verhaltensmuster	⇨	Eigene ethische Überlegungen als Verhaltenskodex
Akzeptanz von Fremdbestimmung und Fremdverantwortung	⇨	Wunsch nach Eigenbestimmung und Eigenverantwortung
Patriarchales und autoritatives Führungsverhalten	⇨	Partizipatives Führungsverhalten

Abb. 10: Wertewandel in der Gesellschaft (eigene Darstellung)

Der beschriebene Wertewandel und die gesellschaftliche Entwicklung hin zu mehr Partizipation standen und stehen nach wie vor einem Manko entsprechender Führungsinstrumente gegenüber.

Autoritäres Führungsverhalten benötigt anstelle von vielen Erklärungen klare Anweisungen und bringt einen hohen Kontrollaufwand mit sich. Bei einer Führung, die Beteiligte einbezieht, sind ein gemeinsames Grundverständnis, transparente Rahmenbestimmungen, definierte Normen und Standards, aber auch akzeptierte Ziele unabdingbare Voraussetzungen. Während frühere Wirtschaftspioniere ihre Vision nicht zelebrieren mussten, gilt es heute, die Vision aus dem System heraus unter Einbeziehung der am System beteiligten Stakeholder zu entwickeln. So einfach, wie dies nun klingen mag, es ist schwierig.

3.2. Partizipation heißt nicht Basisdemokratie

Obwohl der Megatrend »Mitwirkung« unaufhaltsam scheint, ist es doch so, dass wir in vielen Einrichtungen und Unternehmen noch eine strikte Topdown-Kultur erfahren. Immer wieder erleben wir, dass nach anfänglicher Begeisterung für einen partizipativen Prozess die Zweifel kommen. Der Umstand, dass 100 oder 200 Mitarbeitende gemeinsam nach Lösungen suchen, löst Ängste aus. »Was machen wir, wenn die in eine ganz andere Richtung gehen, als wir das gedacht haben?« – »Wir müssen den Leuten genau vorschreiben, welche Themen sie ansprechen können, sonst müssen wir halt intervenieren und sagen, davon reden wir nicht.«

Der Begriff »Partizipation« muss aber nicht nur für die Führung geklärt werden, sondern auch für die Partizipierenden. Die Bereitschaft einer Systemspitze, die von einer Entscheidung Betroffenen einzubeziehen, kann als Bereitschaft zur Basisdemokratie und Aufforderung zur Mitsprache verstanden werden. Wenn dieses Missverständnis nicht geklärt werden kann, wird der Entwicklungsprozess negativ überlagert. Es werden zu große Erwartungen an ihn gerichtet.

Unsere Gesellschaft pendelt noch stark zwischen dem autoritären System und dem Wunsch nach Mitbestimmung. Dass es zwischen dem Entweder und dem Oder noch einen dritten Weg gibt, nämlich den partizipativen, ist noch wenig gelebte Kultur und wird in den deutschsprachigen Ländern auch unterschiedlich wahrgenommen. Das gilt im privatwirtschaftlichen Bereich genauso wie im öffentlichen.

»Partizipative« Führung heißt in unserer Terminologie: Die von einer Entscheidung Betroffenen werden in den Entscheidungsfindungsprozess einbezogen. Entschieden wird von den dafür eingesetzten Instanzen.

Partizipative Führung hat damit genauso viele autoritäre wie kooperative Anteile (vgl. Abbildung 11). Sie ist nicht, wie oft fälschlicherweise angenommen, das Gegenstück zur autoritären Führung.

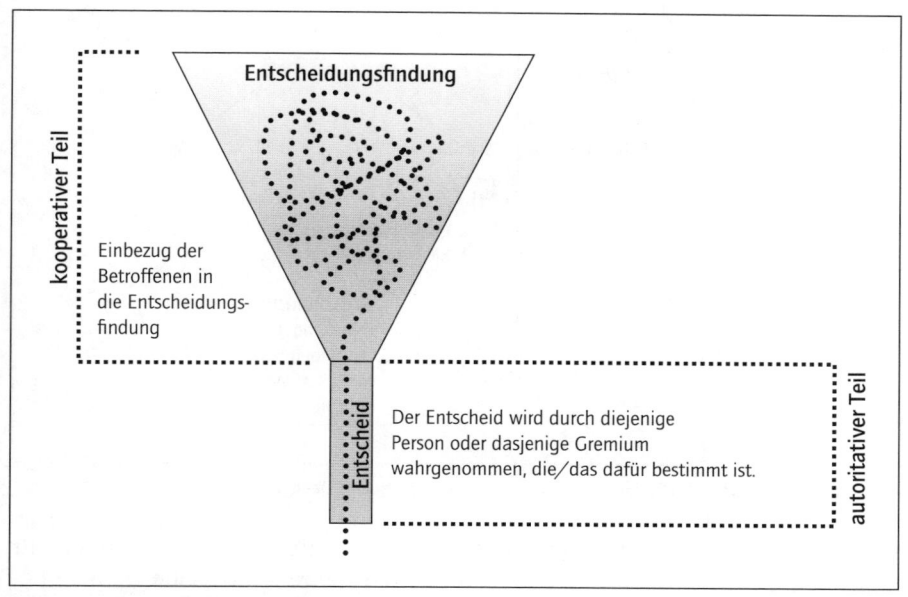

Abb. 11: Schema Partizipation (eigene Darstellung)

Wir haben die Erfahrung gemacht, dass kaum jemand Probleme damit hat, wenn Entscheidungen von bestimmten Instanzen getroffen werden. Auch damit nicht, dass jemand die Umsetzung der einmal getroffenen Beschlüsse kontrolliert und einfordert.

Sehr wohl Probleme hat man aber damit, wenn das Gefühl besteht, dass die Entscheidungsträger das Wissen, das vorhanden ist, nicht oder nur sehr ungenügend in den Entscheidungsfindungsprozess einbeziehen.

Dass es in der Partizipation um diese beiden Komponenten geht, war uns als Berater schon bewusst, bevor wir mit großen Gruppen gearbeitet haben. Die Großgruppenarbeit hat uns aber dazu gezwungen, dies noch viel präziser zu handhaben. Wir mussten eine Prozessarchitektur entwickeln, welche diesen beiden Komponenten des Entscheidungsfindungsprozesses sauber Rechnung trägt.

Die simpelste Frage, mit der wir dem Rechnung tragen, ist die nach dem Handlungsspielraum: Was ist schon entschieden? Was ist als Rahmen gesetzt? Und wo ist der Handlungsspielraum? Die Kunst liegt also in der Verbindung von autoritärem Top-down mit kooperativem Bottom-up (vgl. Abbildung 12).

Die Frage nach dem Handlungsspielraum zieht sich durch den ganzen Prozess: von der Auftragsklärung bis zum Follow-up.

Vom ersten Kontakt an (Telefonat/Einladungsschreiben) und in jedem einzelnen Prozessschritt müssen Zweck und Handlungsspielraum des Verfahrens deutlich genannt werden. Der Handlungsspielraum muss groß genug

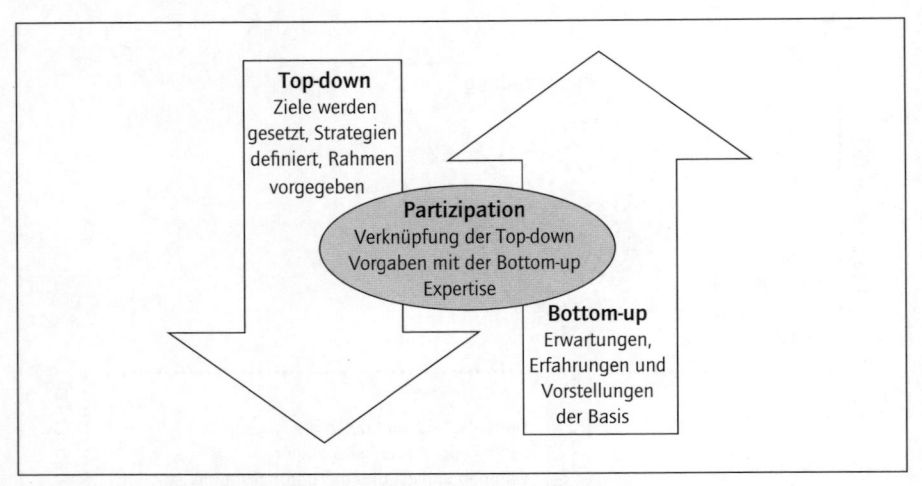

Abb. 12: Schema Verheiratung von Bottom-up und Top-down (eigene Darstellung)

sein, damit die unterschiedlichen Interessen kreative Entfaltung finden. Er muss aber zumeist auch begrenzt sein, so dass eine realistische Chance besteht, dass die kreative Entfaltung auf eine für alle wahrnehmbare und nachvollziehbare Weise umgesetzt werden kann. Allen Beteiligten muss zudem klar sein, wo innerhalb des Entscheidungsfindungsprozesses sie welchen Beitrag leisten können und welchen Stellenwert der partizipative Prozess innerhalb der allgemeinen Unternehmensprozesse hat. Dazu gehört auch die Frage des Zeitpunkts der Einbeziehung. Geht es um den Kick-off eines Projekts, sind die Parameter noch recht offen. Geht es hingegen um die Überprüfung einer bereits ziemlich weit gediehenen Planung, sind es vor allem Umsetzungsfragen, die noch zur Disposition stehen. In der Regel wird in einer zusätzlichen Veranstaltung (Ergebniskonferenz) dargelegt, wie die zuvor von Arbeitsgruppen weiterentwickelten Empfehlungen in die Entscheidungspapiere Eingang finden sollen, und dies als Entwurf noch einmal zur kritischen Überprüfung freigegeben.

Die erste kritische Schwelle dieser Verfahren liegt deshalb oft in der Auslotung dieses Handlungsspielraums:

Sind die Vorgaben klar?
Ist der gegebene Rahmen nachvollziehbar? In eher führungsschwachen Systemen erleben wir ab und zu, dass die Großgruppe dazu herangezogen werden soll, halbfertige Produkte zu prüfen: »Können wir das wirklich so machen? Kommt das bei den Mitarbeitern gut an?« – Das kommt aber meistens nicht gut an. Die Leute erwarten vom Management, dass es seine Arbeit macht. Zur kritischen Sichtung einbezogen werden heißt, »dass ich im Grund genommen davon ausgehen kann, dass das, was vorgelegt wird, so stimmt.«

Ist Raum für Partizipation da?
Wenn es fast ausschließlich um ein ja oder nein geht, braucht es eine Abstimmung mit vorgängiger Information und keinen partizipativen Prozess. Das ist auch der Führung klar. Ein Fehler, der häufig gemacht wird, ist, dass der Führung nicht bewusst ist, dass das infrage stehende Thema Konsequenzen in ganz anderen Bereichen nach sich zieht. So kann die Einführung eines kontinuierlichen Verbesserungsprozesses (KVP) beispielsweise hart mit der ansonsten sehr autoritären Führungskultur in Konflikt stehen. Wenn tangierte Schlüsselbereiche nicht angetastet werden dürfen, wird die Partizipation als Farce oder als Alibiübung erlebt.

Nimmt die Führung teil?
Die Führung ist Teil des Beteiligungsverfahrens und nicht einfach Empfänger derer Resultate. Der Auftraggeber nimmt idealerweise am ganzen Verfahren teil. Er bürgt zum Auftakt und zum Schluss der Veranstaltung für den Willen, die im Prozess entstehenden Resultate in die Entscheidungsfindung aufzunehmen. Die Führung ist aber genauso wie die Mitarbeitenden Teil des Systems und nimmt gleichberechtigt im Prozess teil. Die Hierarchie tritt während der Großgruppenveranstaltung in den Hintergrund. Sie hat ihren Platz wieder nach der Konferenz.

Wer ist Experte?
Auch bei allen anderen klassischen Interessengruppen müssen deren Rollen überprüft werden. Fachexperten werden beispielsweise nur ganz gezielt für einen Kurzinput einbezogen oder aber sie sind Teilnehmende mit ihrem spezifischen Wissen wie alle anderen auch.

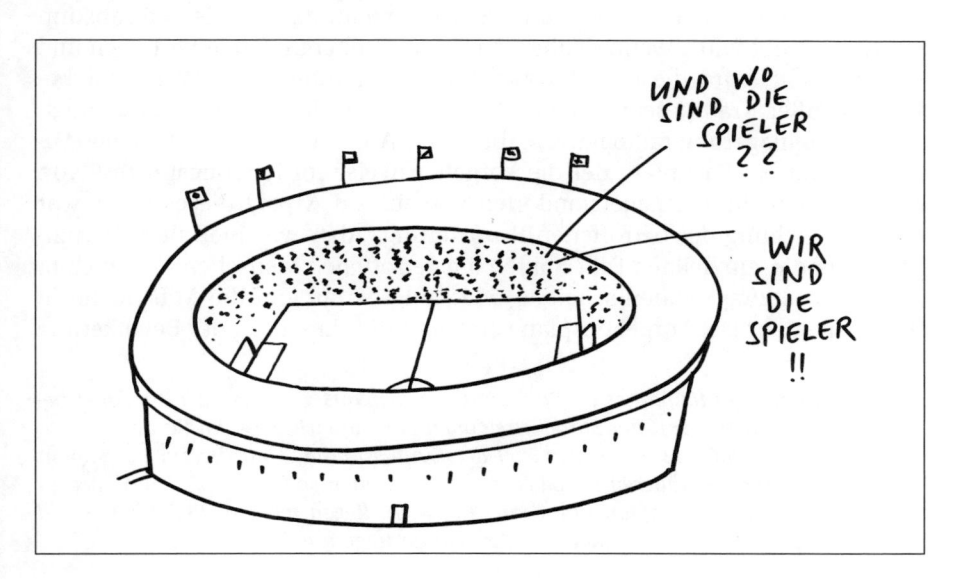

Führungskräfte, die in einer Großgruppenkonferenz die Befindlichkeit der Organisation kennenlernen, treffen ihre Entscheidungen nachher ausgewogener. Mitarbeiterinnen und Mitarbeiter, welche im Rahmen von unternehmerischen Zielen und strategischen Leitplanken den Weg selber gestalten können, identifizieren sich in einem wesentlich höheren Maße mit Führungsbeschlüssen und deren Umsetzung. Zudem sind die Maßnahmenideen für den Transfer nach der Großgruppe vom Basiswissen der Beteiligten geprägt. Die Zeiten, in denen Führungspersonen grundsätzlich alles besser wussten, sind vorbei. Die komplexe Wirtschaftswelt verlangt nach dem Wissen aller in einem System involvierten Personen. Vor diesem Hintergrund gesehen ist die Beteiligung der Betroffenen an einem Entwicklungsprozess dank dem gezielten Wissenstransfer und der Identifikation durch Partizipation ein starkes Argument für die Anwendung der Großgruppenmethoden.

3.3. Die Bandbreite von Partizipation

Die Suche nach einem Standort für ein geologisches Tiefenlager für radioaktive Abfälle in der Schweiz hat hinsichtlich der Einbeziehung der Bevölkerung ein völlig neues Kapitel aufgemacht – und wir durften an diesem Kapitel mitschreiben. Die Notwendigkeit dieser besonderen Art der Bevölkerungsmitwirkung ist in den beschriebenen gesellschaftlichen Veränderungen begründet. Wenn ein Regierungsbeschluss nicht mitgetragen wird, ist Widerstand die Folge. Und wer will schon vor der eigenen Haustüre ein unterirdisches Atommülllager?

In normalen Projekten haben in der Schweiz die von einer Entscheidung betroffenen Kantone und Kommunen ein Vetorecht, das mittels Volksabstimmung ausgeübt wird. Wenn es aber um Grenzen übergreifende Vorhaben und Projekte geht, wird dieses Vetorecht durch Regierungs- und Parlamentsbeschluss außer Kraft gesetzt. Genau das geschah im Kontext mit der geologischen Tiefenlagerung radioaktiver Abfälle im April 2008 und anstelle des Vetorechts trat ein Sachplan, der die Vorgehensweise im Findungsprozess von einem oder mehreren Lagerstandorten vorgab. Ein Aspekt dieses Plans war die Einbeziehung der betroffenen Bevölkerung. Aber was hieß nun »Partizipation« in diesem heiklen Fall? Sollten die betroffenen Menschen nun auch in der Grundsatzfrage mitentscheiden oder ging es nur um die Mitsprache in Detailaspekten? Der Vorgehensplan verstand unter Einbezug der Bevölkerung Folgendes:

> »*Die regionale Partizipation im Rahmen des Sachplans geologische Tiefenlager bezeichnet ein Instrument der Standortregionen zur Mitwirkung – im Sinne von Einbezug und Mitsprache – mit dem Ziel der Einflussnahme. Mit diesem Instrument entwickeln und formulieren Bevölkerung, Institutionen sowie Interessengruppen in oder aus der Standortregion ihre Forderungen, Anliegen, Fragen, Bedürfnisse und Interessen zuhanden der Gemeinden der Standortregion.*«

Die Einbeziehung war also lediglich in einem bestimmten Rahmen möglich.

Was ist möglich
- Einbringen regionaler Interessen und Bedürfnisse
- Einfluss nehmen bei den Oberflächenanlagen
- Einfluss nehmen bei der sozio-ökonomischen Studie
- Entwickeln von Entwicklungsvorschlägen im Rahmen der Kompensation

Was ist nicht möglich
- Mitsprache und Mitwirkung ja, aber keine Mitbestimmung
- Mitsprache bei der Grundsatzfrage Tiefenlager in der Region ja oder nein

An den sechs von der Regierung gewählten möglichen Standorten erfolgte die Partizipation nach einem definierten Schema (vgl. Abbildung 13). In einer ersten Etappe wurden in den Standortregionen die Voraussetzungen und Infrastrukturen für die Partizipation geschaffen und die für die Mitwirkung notwendigen Gefäße etabliert. Hauptgefäß der Partizipation ist die sogenannte »Regionalkonferenz«, in welcher Behördenmitglieder, Vertreter von Interessenvereinen und -organisationen sowie weitere Bevölkerungsvertreter mitwirken. Die Gründung der Regionalkonferenzen fand im zweiten Halbjahr 2011 statt. Für das Finden der Mitglieder der Regionalkonferenz wurden Aufbauforen durchgeführt. Diese Veranstaltungen im Großgruppenformat gaben den Interessenten die Möglichkeit, sich mit der Thematik der geologischen

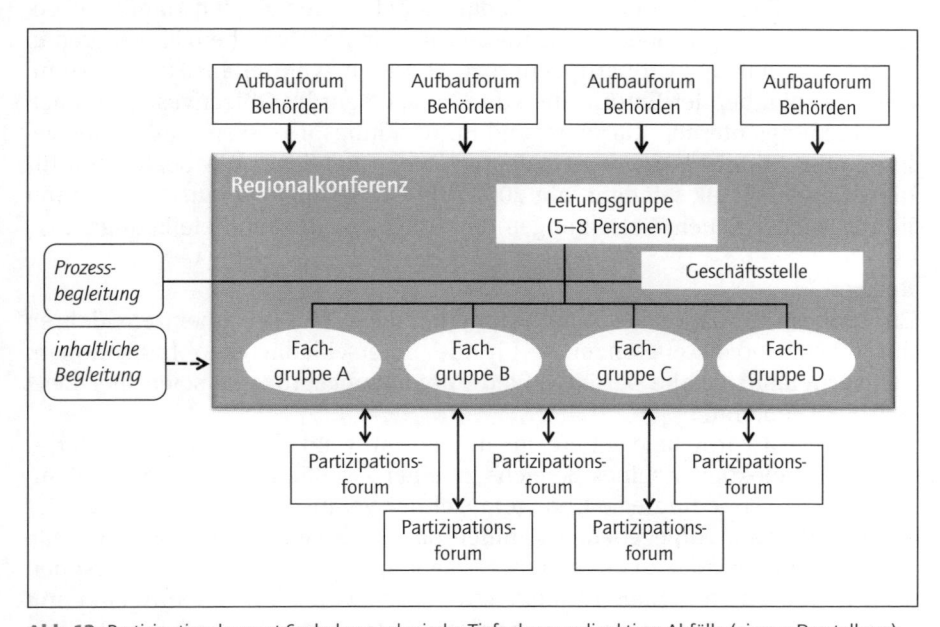

Abb. 13: Partizipationskonzept Sachplan geologische Tiefenlager radioaktiver Abfälle (eigene Darstellung)

Tiefenlagerung von radioaktiven Abfällen auseinanderzusetzen und zu entscheiden, ob sie an der Regionalkonferenz mitwirken wollen. Je nach Standort haben die Regionalkonferenzen zwischen 80 und 120 Mitglieder, das heißt, dass die Vollversammlungen in der Form von Großgruppen-Interventionen geführt werden. Innerhalb der Regionalkonferenz gibt es themenspezifische Fachgruppen, welche wiederum von Fall zu Fall weitere Bevölkerungskreise in partizipativen Foren einbeziehen können.

Dieses komplexe Prozedere der Bevölkerungsmitwirkung ist ein Experiment mit einem aus heutiger Sicht noch offenem Ausgang. Aber es ist ein ernsthafter Versuch, den gesellschaftlichen Veränderungen auch in schwierigsten Sachfragen einigermaßen gerecht zu werden. Dass dafür Großgruppen-Interventionen flächendeckend eingesetzt werden, beweist die zeitgemäße Tauglichkeit dieser Verfahren.

Partizipative Prozesse können, wie folgende Beispiele zeigen, aber auch zum Kulturbestandteil eines Unternehmens werden.

Beispiel 1:
Eine Regionalbank mit rund 800 Mitarbeitenden, davon rund 100 Führungspersonen, führte 2000 ihre erste zweitägige Großgruppenkonferenz durch. Ziel der Veranstaltung war die Weiterentwicklung der durch die beiden obersten Führungsstufen erarbeitenden Führungsgrundsätze und normativen Werte. Nach Bereinigung der skizzenhaften Zukunftsvorstellungen entwickelten alle Führungspersonen gemeinsam die strategischen Stoßrichtungen und den Transfer in ihren Führungsalltag. Ebenfalls definierten sie den Handlungsbedarf und die entsprechenden Lösungsansätze. In der Zwischenzeit gehören in dieser Regionalbank Großgruppenprozesse zum bewährten Instrumentarium. Zum Beispiel bei der Einführung von Management by Objectives, aber auch bei abteilungsinternen Klärungs- und Entwicklungsprozessen unter Einbeziehung aller Mitarbeitenden der entsprechenden Bereiche. Wir begleiteten für diese Regionalbank seit dem Jahr 2000 acht Großgruppenveranstaltungen mit immer wieder neuen Zielsetzungen und unterschiedlichen Beteiligungen.

Beispiel 2:
Ein großes internationales Logistikunternehmen setzt seit über zehn Jahren auf Großgruppenkonferenzen – für die unterschiedlichsten Indikationen. Stellvertretend für alle partizipativen Entwicklungsprozesse seien hier zwei Beispiele genannt:

Der Verantwortliche des Bereichs Infrastruktur lud alle 150 Projektleiterinnen und Projektleiter seines Bereichs zu einer zweitägigen Großgruppenkonferenz (Real Time Strategic Change). Ziel der Veranstaltung war, im von der Divisionsleitung vorgegebenen Rahmen das Selbstverständnis und die Rolle des Projektleiters neu zu definieren. Den verantwortlichen Führungspersonen ging es um einen echten Paradigmenwechsel: vom Projektkoordinator mit beschränkten und nicht immer genau definierten Kompetenzen zum Projekt-

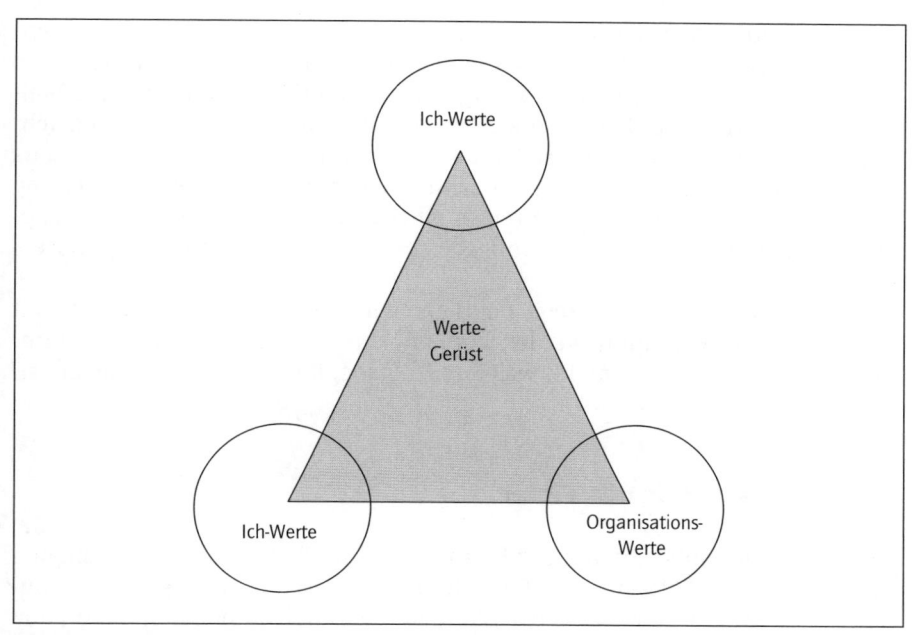

Abb. 14: Schema Wertegerüst (eigene Darstellung)

verantwortlichen mit eigenverantwortlichen unternehmerischen Handlungsmöglichkeiten. Am Ende der Großgruppenkonferenz bestand Konsens über das Selbstverständnis und die neue Rolle der künftigen Projektleitungsfunktion. Auch waren die Aktionsfelder klar, welche die Umsetzung sicherstellten.

Im Bereich Personenverkehr wurde von der Divisionsleitung ein mehrstufiger, über eineinhalb Jahre dauernder Führungskulturentwicklungsprozess initiiert. Auch hier ging es um einen partizipativen Paradigmenwechsel, der alle rund 1.000 Führungspersonen im Bereich Personenverkehr einschloss.

Das erklärte Ziel war, eine geänderte, auf gemeinsam definierten Werten basierende Führungskultur zu entwickeln: weg von der alten Weisungskultur zu einer menschorientierten Leistungskultur mit unternehmerischen Handlungsspielräumen und hoher Eigenverantwortlichkeit. Da der Werteentwicklungsprozess allen im Bereich Personenverkehr vorkommenden Tätigkeitsbereichen gerecht werden musste, entschied sich die Bereichsleitung zusammen mit dem externen Prozessbegleitungsteam für das Modell eines Wertegerüsts, welches sowohl die persönlichen Ich-Werte jeder Führungsperson, aber auch die jeweiligen Team-Werte sowie die Organisationswerte einschloss.

In einer ersten Phase definierten die rund 80 Führungspersonen der obersten zwei Führungsstufen im Großgruppenformat die Leitplanken des gesamten Führungskulturprozesses und entwickelten einen Entwurf der Organisationswerte. Dieser Entwurf galt als Rahmen für die Team-Werte. In der zweiten Phase erarbeiteten die zuständigen Führungspersonen mit ihren Teams in einem standardisierten und von dazu ausgebildeten Prozessbegleiterinnen und Prozessbegleitern begleiteten Großgruppenablauf die für sie künftig gültigen Team-Werte und nahmen zu den vorgeschlagenen Organisationswerten Stellung. In den rund 60 Team-Workshops wurden auch die persönlichen Ich-Werte thematisiert und Ambassadeure bestimmt, welche die Erkenntnisse aus ihren Workshops weiter trugen. Gemeinsam bereinigte die Divisionsleitung zusammen mit den Ambassadeuren in einer Schlusskonferenz im Großgruppenformat die für alle 1.000 Führungspersonen gültigen Organisationswerte.

Gerade das letzte Beispiel zeigt deutlich, wie eng Top-down-Vorgaben mit dem Bottom-up verknüpft werden können – und so alle das tun, was ihrer Funktion am besten entspricht, was ihre Aufgabe, ihr Beitrag zum Ganzen ist.

4. Die Weisheit der Vielen

Hat die OE die Einbeziehung der Betroffenen (die Betroffenen zu Beteiligten machen) in den 1970er- und 1980er-Jahren durchaus aus ideologischen Gründen praktiziert, so sind in den letzten Jahrzehnten immer mehr die ganz praktischen Gründe in den Vordergrund getreten. Zunehmend wurde erkannt, wie durch die Partizipation das Potenzial aller Betroffenen viel besser genutzt werden kann.

James Surowiecki hat mit seinem Buch »Die Weisheit der Vielen« (2005) zusätzliche Argumente ins Spiel gebracht. Er hat darin eindrücklich aufgezeigt, dass die Kumulation von Informationen in Gruppen zu gemeinsamen Gruppenentscheidungen führt, die oft besser sind als Lösungsansätze einzelner Teilnehmender. Seine These lautet etwas überspitzt: Die Menge entscheidet in der Regel intelligenter und effizienter als der klügste Einzelne in ihren Reihen. Vorausgesetzt, jeder Einzelne denkt und handelt unabhängig, die Gruppe ist groß und vielfältig und sie kann darauf vertrauen, dass ihre Meinung wirklich zählt. Diese Rahmenbedingung klingt für uns wie eine Grundvoraussetzung für Interventionen mit *großen* Gruppen. Dort gelten aus unserer Perspektive gesehen die genau gleichen Voraussetzungen. Vor allem gilt, dass möglichst interdisziplinär zusammengesetzte Gruppen »klüger« sind, als Gruppen, deren Bandbreite zu gering ist. Wir haben Großgruppenkonferenzen begleitet, die jeweils ausschließlich von Lehrpersonen, evangelischen Pastorinnen und Pastoren, Chiropraktikern, Lokomotivführern, Atomstromgegnern, Sozialpädagogen usw. besucht wurden. Selbstverständlich gibt es auch in derart homogenen Gruppen ergiebige Prozesse, aber unserer Erfahrung nach fällt die »Weisheit der Vielen« dann eben etwas beschränkter aus. Wenn auch Angehörigen eines Berufsbildes oder Vertretern eines Interessenclusters eine gewisse Vielfalt nicht abzusprechen ist, läuft ein solcher Prozess anders ab. Gut nachvollziehbar ist dies bei Schulentwicklungsprozessen: Wenn darin auch die Behördenmitglieder, Elternvertretungen, Schüler, Mitarbeitende des Hausdienstes und des Schulsekretariates sowie Nachbarn einbezogen werden, sind die Auseinandersetzungen intensiver, die Überraschungseffekte größer und die Auswahl an Lösungsansätzen breiter und oft auch kreativer.

Ein wesentliches Merkmal der Weisheit der Vielen ist die Kumulation des unterschiedlichen Expertenwissens, der unterschiedlichen Erlebnisse und Erfahrungen.

Beispiel:
In einem Unternehmen des öffentlichen Verkehrs, einem städtischen Straßenbahn- und Busbetrieb mit 750 Mitarbeitenden, ging es um die Steigerung der Produktivität. Ein konkreter Ansatzpunkt war die Senkung der Krankheitstage, welche auch im Vergleich zu ähnlich gelagerten Unternehmen überdurchschnittlich hoch waren. In einem Achterkreis, als es darum ging, nach Lösungsmöglichkeiten für die Herabsetzung der Krankheitstage zu forschen, schlug ein Straßenbahnführer vor, das Disziplinarsystem zu ändern. Als dann die Geschäftsleitung diesem Vorschlag nachging, stellte sich zu ihrem großen Erstaunen heraus, dass es, wenn ein Fahrer drei Minuten zu spät zu seinem Fahrzeug kommt, ein Disziplinarverfahren gibt. Wenn der Fahrer oder die Fahrerin sich krank meldet, gibt es aber kein Verfahren. Verspätet sich also ein Mitarbeiter, meldet er sich der Glaubwürdigkeit wegen eher ein oder gar

zwei Tage krank. Nach Änderung des Disziplinarverfahrens sanken die Krankheitstage massiv, was ebenfalls neben anderen Lösungsansätzen wesentlich zur Produktivitätssteigerung beitrug. Ein CEO und auch eine gesamte Geschäftsleitung haben in einer Organisation immer ein Zerrbild von ihrer Unternehmung. Je komplexer eine Thematik ist, desto eher ist eine Führungsspitze auf das Basiswissen ihrer Mitarbeitenden angewiesen.

Um es nochmals klarzustellen: Für die Nutzung der Weisheit der Vielen ist keine basisdemokratische Organisation vonnöten, also die Einbeziehung in die Entscheidung, sondern, wie beschrieben, eine Einbeziehung in die Entscheidungsfindung.

Die Geschichte vom Elefanten
Im Internet und in der Literatur gibt es unzählige Versionen der Geschichte vom Blinden und dem Elefanten. Wir erzählen hier eine buddhistische Version: Buddha erzählt das Gleichnis eines Raja (ein indischer Herrscher), der blindgeborene Männer versammelt hatte, damit sie einen Elefanten untersuchen.

Nachdem die blinden Männer den Elefanten befühlt hatten, ging der Raja zu jedem von ihnen und sagte, »Ihr habt einen Elefanten erlebt, ihr Blinden?« – »So ist es, Majestät. Wir haben einen Elefanten erlebt.« – »Nun sagt mir, ihr Blinden: Was ist denn ein Elefant?« Sie versicherten ihm, der Elefant sei wie ein Topf (Kopf), ein weicher Korb (Ohr), eine Pflugschar (Stoßzahn), ein Pflug (Rüssel), ein Kornspeicher (Körper), eine Säule (Bein), ein Mörser (Rücken), ein Pistill (Schwanz) oder eine Bürste (Schwanzspitze). Die Männer begannen zu kämpfen, was den Raja erheiterte. Buddha erklärt den Mönchen: »Daran nun eben hängen sie, die Pilger oder Geistlichen; da disputieren, streiten sie, als Menschen, die nur Teile sehen.«

Wir verwenden die Parabel gerne für die Illustration der These von der Weisheit der Vielen und für die Erklärung der kollektiven Intelligenz, die wir in Großgruppen-Interventionen immer wieder erleben: Erst durch das Zusammenkommen aller Perspektiven, gemeinsam, in einem Raum, entsteht das Bild vom Elefanten – kommt der Elefant in den Raum.

Wir nehmen wahr, dass Begrifflichkeiten wie »Weisheit der Vielen«, »Kollektive Intelligenz« wie auch »Schwarmintelligenz« zu Modebegriffen geworden sind. Mit zu dieser Expansion, wenn nicht gar zu einer Neudeutung des Begriffsfeldes haben die sozialen Medien wie Facebook, Twitter usw. wesentlich beigetragen.

Deshalb ist uns eine Korrektur wichtig: Im Grunde genommen geht es bei der Weisheit der Vielen nicht um die Fähigkeit des Menschen, Fakten und Zusammenhänge zu verstehen, neues Wissen zu erwerben und dieses zur Lösung von Problem zu nutzen. Sondern es geht dabei um die Fähigkeit, ein Gruppengedächtnis aufzubauen und Probleme in einer Gruppe zu lösen, indem jedes Mitglied einen Teil dazu beiträgt. Und dieser Deutung kommen die Effekte von Großgruppen-Interventionen sehr nahe.

5. Konsense statt Kompromiss

Zwei weitere Vorurteile begleiten Großgruppen-Interventionen. Das erste beinhaltet, dass Großgruppenkonferenzen ein Jekami (schweizerisch despektierlich für »jeder-kann-mitmachen«) seien.

Genauso hartnäckig ist die Vorstellung, dass aus Verhandlungsprojekten mit vielen Beteiligten schwache Kompromisse resultieren. Im öffentlichen Bereich wird angezweifelt, dass ein Konsens möglich ist.

Beides verkennt das, was in Großgruppen-Interventionen passiert. Der Haupteffekt der Großgruppenmethoden liegt darin, dass Grenzen zerfließen und Fronten aufgeweicht werden, um dann auf einer gemeinsamen Grundlage neue Lösungen zu finden.

Und diese gemeinsame Grundlage ist es, welche eben tragbare Lösungen zulässt, auch wenn sie nicht auf einem gemeinsamen Konsens beruhen und weit mehr sind als ein Kompromiss.

Um das verständlich zu machen, müssen wir etwas tiefer in die Dynamik der Großgruppen-Interventionen eindringen. Der einzelne Teilnehmende bringt seine Bedürfnisse und seine Haltungen in einen großen Topf der Meinungen ein und muss feststellen, dass die Anliegen und anderen Sichtweisen weit zahlreicher sind als von ihm vermutet. Er beginnt seine Positionen zu relativieren, zu überdenken, zu verändern. Er reichert seine Optionen mit anderen an. Die schiere Menge an Optionen führt in die Konfusion – und nicht nur bei ihm, sondern auch bei den andern. Diese Konfusion bringt ihn dazu, gewisse Sachen zurückzunehmen und andere dafür aufzunehmen.

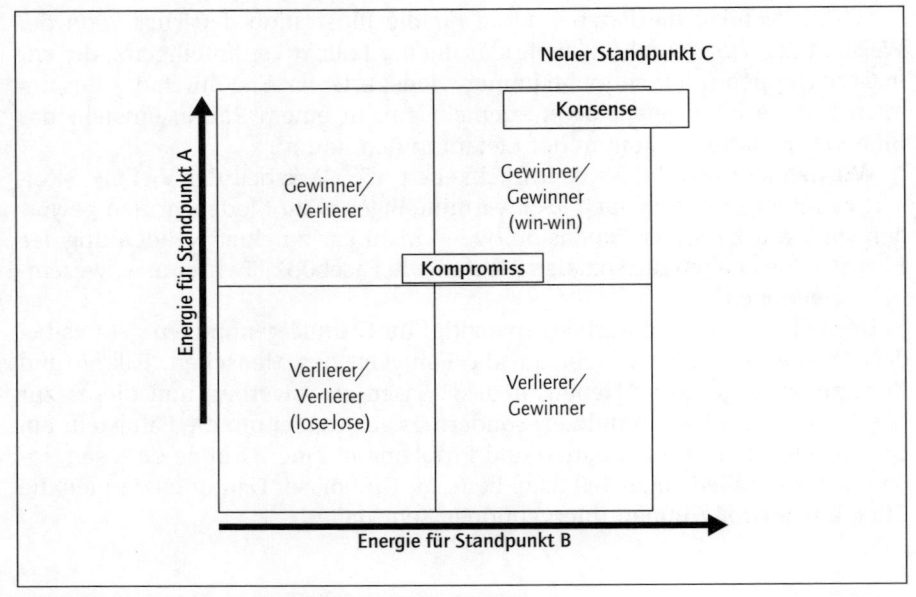

Abb. 15: Vom Kompromiss zu den Konsensen (eigene Darstellung)

Deswegen meinte Luhmann, wie bereits zitiert, dass bei Mehrdeutigkeit die Interaktion unter Anwesenden nicht primär dazu diene, Mehrdeutigkeit in Eindeutigkeit zu transformieren, sondern wohl eher dazu zu verhelfe, die Mehrdeutigkeit erfolgreich zu ignorieren und sich auf Entscheidungen zu verständigen, die eine neue Situation schaffen (Luhmann 2000, S. 254). Dies ist eine Feststellung, die wir in der Praxis auch machen. Deswegen sind die Begriffe »Kompromiss« und »Konsens« im Zusammenhang mit Großgruppen erklärungsbedürftig. Wir sprechen wie bereits ausgeführt lieber von »Konsensen«, vom Konsens in der Mehrzahl. Die Teilnehmenden sind sich nach einer Großgruppen-Intervention nicht in allen Punkten einig. Es gibt selten einen großen Konsens, aber oft viele kleine. Darüber hinaus entsteht aber meistens eine gemeinsame Basis, Weisbord und Janoff sprechen hier vom »Common Ground«. Die gemeinsame Basis ist etwas anderes als der größte gemeinsame Nenner und weit weg von Kompromissen. Sie ist – wie vieles in der Großgruppenmethodik – gemeinsam erarbeitetes *Neues* – und bietet deshalb ein solides Fundament für die darauf aufbauenden Lösungen. Eben die Konsense.

Der Unterschied zwischen Konsens und Kompromiss ist ein wesentlicher. Beim Kompromiss geben die unterschiedlichen Interessenvertreter ein bisschen nach und gewinnen ein bisschen. Sind also Verlierer und Gewinner zugleich. Um einen Konsens zu erreichen, muss zuerst einmal Abschied von den ursprünglichen Standpunkten genommen werden, damit ein neuer Standpunkt gemeinsam entwickelt werden kann. Dieser Zustand, der Konsens, erlaubt, dass die Kontrahenten das Gesicht wahren können und dass die viel zitierte Win-Win-Situation möglich wird (vgl. Abbildung 15).

Nun wird auch klar, dass wir es hier nicht einfach mit Mainstreaming zu tun haben – ein weiteres hartnäckiges Vorurteil, das die Großgruppenarbeit begleitet. Kompromisse mitten ein, bringen Lauwarmes, weder Fisch noch Fleisch. Bei der gemeinsamen Basis verhält es sich ganz anders: Immer wieder passiert es, dass ziemlich schräge einzelne Interessen plötzlich Anerkennung finden, durch die verschiedenen Prozessschritte und eine entsprechende Insemination in der Großgruppe Kraft gewinnen und zum Schluss der Veranstaltung zur gemeinsam getragenen Idee werden. Ein sehr schönes Beispiel hierfür ist die Geschichte des Münsterhofs in Zürich:

Beispiel:
Im Zuge eines umstrittenen Beschlusses erhielt die Stadt Zürich ein neues Parkplatz-System, dem zufolge die Parkplätze an verschiedenen Orten aufgehoben werden sollten. So auch die Parkplätze bei dem wegen seiner Chagall-Fenster berühmten Fraumünster im Herzen der Altstadt. Die Neugestaltung des Münsterhofs war beschlossene Sache. Unter Einbeziehung von Vertretern des Gewerbes (Cityvereinigung, Vereinigung Münsterhof) und der Anwohnenden sollte ein Nutzungskonzept entwickelt werden. Das Gewerbe trauerte noch den Parkplätzen nach, die Anwohner befürchteten eine Übernutzung oder eine zum Münster nicht passende Nutzung. Nichts schien zu passen. Einer der Anwesenden wusste nun, dass das Münster vor einigen Jahrhunderten seitlich geöffnet war und brachte die Idee ein, die Kirche dort wieder zu öffnen. Diese Idee fing Feuer, eine Gruppe wurde beauftragt bis zur nächsten Konferenz abzuklären, ob diese Lösung gangbar wäre, was diese auch machte, und siehe da: Aus historischer und damit auch aus denkmalpflegerischer Sicht stand dieser Öffnung nichts im Wege. Diese Idee zu Ende gedacht zeigte, dass eine Öffnung des Seitenportals dazu führen würde, dass der ganze Besucherstrom, der nota bene ganzjährig war, nun beim Hauptpatz ein- und ausging und damit für die umliegenden Restaurants und Läden plötzlich ein Potenzial darstellte, das die »Parkplatzkunden« mühelos aufwog. Damit war es zu einer einigenden Idee gekommen. Der Seiteneingang wurde Konsens. Gemeinsam hatte man ihn gefunden. Gemeinsam stand man nun zum Projekt, zwar weiterhin mit vielen kleinen und großen Differenzen – aber das Projekt war ein gemeinsames geworden.

Ein weiteres Beispiel aus dem Wirtschaftsbereich:

Beispiel:
Ein führender Dienstleister im Finanz- und Versicherungsbereich hatte zwei kleinere Konkurrenten aufgekauft. Die Größenverhältnisse und die Strategie des Einkäufers machten klar, dass »die Kleinen« von »der Großen« geschluckt wurden. Das Thema lag allen auf dem Magen. Eine Führungskonferenz mit

den rund 120 obersten Führungskräften (des »Großen« und der »Kleinen«) zum Thema Strategie stand kurz bevor. Das Dilemma bestand darin, dass das Management wusste, dass sie das Thema »Übernahme« adäquat ansprechen musste. Andererseits sollten die vielen weiteren Schlüsselthemen nicht in den Hintergrund gestellt werden. Eine einstündige Sequenz mit soziometrischen Aufstellungen zu Fragen der Übernahme, der kulturellen Unterschiede und Gemeinsamkeiten und mit einem Perspektivenwechsel, welcher es »dem Großen« und »den Kleinen« ermöglichte, zu zeigen, dass sie sich sehr wohl in die Schuhe der anderen versetzen konnten, half, das Thema zu würdigen und transparent zu machen. Danach war die Führungs-Crew offen für den weiteren Verlauf der Konferenz.

Der Haupteffekt lag darin, dass in sehr kurzer Zeit ein vermeintliches Tabu-Thema differenziert ausgeleuchtet werden konnte, und vor allem: dass auch Stereotypen ausgehebelt werden konnten. Als möglicher Kulturschock wurde beispielsweise beschrieben, dass die Führungskräfte der »Kleinen« schnellere und einfachere Prozesse gewohnt seien und dass es ihnen vermutlich schwer fallen würde, sich an die komplexeren und etwas langsameren Prozesse des »Großen« zu gewöhnen. Die erste Frage der soziometrischen Aufstellung betraf die Dauer der Betriebszugehörigkeit. Es zeigte sich, dass sehr viele Führungskräfte der »Kleinen« erst in den letzten Jahren zu den »Kleinen« gewechselt hatten, und zuvor bei anderen »Großen« gearbeitet hatten, also durchaus schon viel Erfahrung in der Arbeit bei einem »Großen« mitbrachten.

Mit der soziometrischen Aufstellung wurden Schlüsselfragen eingebracht, welche der Großgruppe schnell zu wichtigen, neuen und weiterführenden Informationen verhalfen. Wenn es um ganz konkrete Fragestellungen geht, kann so auch in kürzester Zeit »der ganze Elefant« in den Raum kommen. Der gemeinsame Boden war geschaffen. Die Leute konnten weiterarbeiten.

6. Würdigung von Emotionalität und Sinnlichkeit

Großgruppen-Interventionen lösen oft Angst vor gruppendynamischen »Spielchen« aus. Es besteht dann die Gefahr, dass versucht wird, Emotionalität und Sinnlichkeit ganz aus dem Prozess heraus halten zu wollen.

In einer Großgruppen-Intervention können Emotionalität und Sinnlichkeit aber weder verdrängt noch auf ein Minimum reduziert werden. Selbst dann nicht, wenn man dies wollte und planen würde. Wut, Trauer, Ärger, Freude, Verletzungen, Unsicherheit, Angst, Neugierde, Humor, Komik usw. sind natürliche und unabdingbare Begleiterscheinungen menschlicher Auseinandersetzungen mit Vergangenheit, Gegenwart und Zukunft. Sie sind nicht nur unabdingbar, sondern fördern auch einen tiefergehenden Entwicklungs- oder Klärungsprozess. Gerade in Profit- und Nonprofitorganisationen, aber auch in

Verwaltungen sind die Menschen in diesen Systemen geprägt von Erfolg und Misserfolg, von Erwartungen und Enttäuschungen, von Hoffnungen und Befürchtungen, von Akzeptanz und Ablehnung, von Integration und Ausgrenzung. Es ist ein ständiges Wechselspiel oder, um noch einmal Weisbords Bild aufzugreifen, eine Achterbahn der Gefühle, die sich auch in einer Großgruppen-Intervention spiegelt. Die Achterbahn (Roller Coaster) nach Weisbord und Janoff zeigt einen Verlauf, wie ihn viele Teilnehmer einer Großgruppen-Intervention erleben (vgl. auch Abb. 3 Seite 23). Nach einer neutralen Einstiegsphase werden die Informationsmenge und die Komplexität oft als überwältigend erlebt. Mit der Visionsphase kommt dann oft etwas überschäumende Hoffnung auf, welche über die darauf folgende Maßnahmenplanung auf ein realistisches Niveau gebracht wird.

Es geht also einerseits um eine gewisse Gesetzmäßigkeit, anderseits aber auch um eine Würdigung eben dieser Gesetzmäßigkeit. Vor allem die Phase der Verzweiflung ist für Prozessbegleitende nicht immer einfach auszuhalten, denn oft manifestiert sich die Verzweiflung als Krise.

Beispiel:
Eine bedeutende Nichtregierungsorganisation (NGO) war geprägt von einer Verzettelung ihrer Tätigkeitsfelder. Im Zeichen der allgemeinen Sparübungen waren regelmäßig fließende öffentliche wie auch private Gelder in Gefahr, gekürzt zu werden. Mittels einer Großgruppen-Intervention wollte die Systemspitze unter Einbezug der Mitarbeitenden im Rahmen einer Strategieentwicklung die Tätigkeitsfelder reduzieren. Beim Visionsschritt kam es in einer Achtergruppe zur emotional überlagerten Blockade. Die Gruppe wollte ihre Meinungsunterschiede und widersprechenden Lösungsansätze im Rahmen der Präsentation einbringen und so Verbündete im Raum finden – was den geplanten Prozessverlauf gesprengt hätte. Zum Glück waren wir als Co-Moderatoren unterwegs, und so konnten wir uns aufteilen. Einer führte den Großgruppenprozess wie geplant weiter, der andere nahm die Achtergruppe in einen separaten Raum und zog diese in einen Mediationsprozess ein. Nach Wut und Trauer einigte sich auch diese Gruppe auf eine geeinigte Stoßrichtung. Wieder im großen Raum präsentierte die Gruppe ihren Konsens und begründete diesen. Im Nachhinein betrachtet wirkte sich diese emotionale Schleife positiv auf den gesamten Prozess aus.

Auch die bereits in Teil A vorgestellte Theorie von der »Vierzimmerwohnung« nach Claes Janssen (vgl. Abb. 2, Seite 22), die in einem Veränderungsprozess zu durchschreiten ist, trägt der Emotionalität Rechnung.

An und für sich wäre es sehr angenehm und auf den ersten Blick verlockend, in einem Klärungs- oder Entwicklungsprozess die Phasen der Leugnung und Verunsicherung zu umgehen. Tut oder probiert man dies, kommt man vielleicht auch auf interessante Entwicklungsideen und Veränderungsmöglichkeiten, diese werden aber von der Gesamtheit des Systems nicht nachhaltig mitgetragen. Es gibt in jedem Veränderungsprozess Leute, die an einer Veränderung nicht interessiert sind oder nicht bereit sind, Veränderungen mitzutragen. Erst dann, wenn diese »Verhinderer« und »Bremser« überzeugt sind, dass es nicht wie gehabt weitergeht und dass Veränderungen unabdingbar sind, sind sie bereit – sie befinden sich ja jetzt im »Zimmer der Konfusion« – an Entwicklungsideen und Lösungsansätzen mitzuarbeiten.

Was bedeuten diese Gesetzmäßigkeiten nun für die Entwicklung und das Design von Großgruppenprozessen? Zuerst einmal eine entsprechende Würdigung dieser Gesetzmäßigkeiten und dann die gebotene Achtsamkeit in der Entwicklung des Ablaufs. Es geht darum, herauszufinden, welche Emotionen zu erwarten sind und welche emotionalen Gefäße die Großgruppen-Intervention in welchen Phasen braucht. Erstaunlicherweise ist es meistens keine Frage der Zeit, sondern des Zulassens von Emotionen. Das heißt, dass große Trauer oder Verunsicherung zur Würdigung nicht unbedingt viel Zeit brauchen. Gerade in Großgruppen-Interventionen hilft schon die Tatsache, dass allein das Zulassen von Emotionen als konstruktiver Nährboden für Neuerungen erlebt wird. Hinzu kommt, dass die Struktur einer Großgruppenkonferenz den Umgang mit Emotionen und, in mediativen Klärungsprozessen, auch Eskalationen unterstützt. Es ist nicht die Prozessbegleitung, die sich in Großgruppen-Interventionen um persönliche Abstürze Einzelner zu kümmern braucht, das übernimmt in der Regel die Achtergruppe auf direkte und selbstorganisatorische Art und Weise.

Beispiel:
In einer größeren Krankenkasse spielten die lokalen Vertriebsstellen eine wichtige Rolle. Vor allem Frauen in Teilzeitjobs bedienten diese lokalen Stützpunkte – in ländlichen Gegenden oft in einem Nebenraum ihrer Wohnung. Sie waren Ansprechstelle für administrative Fragen, aber auch Drehscheiben für die generelle Kommunikation zwischen Krankenkasse und Kundschaft. Zug um Zug wurde die IT-gestützte Administration jedoch zentralisiert und die Kommunikation zwischen Kasse und Kunden erfolgte direkt, an den lokalen Stützpunkten vorbei. Es ging um die Veränderung eines traditionellen Berufsbildes. Das Unternehmen wollte aus den vormals vor allem administrativ ausgerichteten lokalen Stützpunkten ein Vertriebsnetz mit aktiven Verkäufern entwickeln, was zuerst einmal Existenzängste, aber auch eine generelle Verunsicherung auslöste.

Unser Auftrag lautete, den Veränderungsprozess im Rahmen von vier regionalen Großgruppen-Interventionen zu begleiten. Wir lösten diese herausfordernde Aufgabe mit einer zweitägigen Großgruppen-Intervention mit jeweils 75 Teilnehmenden, bauten jedoch in den Ablauf spezielle Gefäße ein, die Raum für Emotionen boten. Eines dieser Gefäße war die Zusammenarbeit mit einem Improvisationstheater, welches den Teilnehmenden über die Möglichkeit des Playback-Theaters ihre Befindlichkeiten spiegelte. Die Betroffenheit war in allen vier Konferenzen ausgesprochen groß, sie half jedoch mit, die neuen Tätigkeitsformen für die lokalen Stützpunkte zu entwickeln.

Manager haben oft den Hang, sich auf jenes Feld zu fokussieren, das ihnen liegt und in dem sie sich sicher fühlen: die Sachebene. Hinzu kommt, dass sich in Veränderungsprozessen die oberen Hierarchieebenen bereits mit der Emotionalität eines Veränderungsthemas auseinandergesetzt haben und sich erst dann, ausgerüstet mit ihren Lösungsansätzen und ihrer Zielorientierung, der Konfrontation mit der Basis stellen.

Beispiel 1:
In einem Unternehmen mit 1.500 Mitarbeitenden wollte der neue CEO einen Führungsentwicklungsprozess anstoßen. Als Kick-off des Prozesses war eine Großgruppen-Intervention geplant. Nach der Arbeit mit der Spurgruppe stellten wir ihm das Drehbuch der Veranstaltung vor. Er war damit einverstanden, mit der Bedingung, die ersten Arbeitsschritte, in denen es um die Auseinandersetzung mit den Stärken und Schwächen der bisherigen Führung ging, ersatzlos zu streichen. Unsere engagierte Argumentation half nichts. Er betrachtete das Aufdecken der Vergangenheit als nicht zielführend und als »Weibergewäsch«. Wir verzichteten auf den Auftrag.

Beispiel 2:
Bei einer größeren Tageszeitung mit regionalen Splitausgaben ging es nach Fusionen mit kleineren Blättern darum, den Rahmen und die Inhalte des sogenannten »Mantels« neu zu auszurichten und zu definieren. Die Chefredaktion hatte zwar schon klare Vorstellungen, wollte aber die von der Reorganisation betroffenen Redakteure in den Entscheidungsprozess mit einbeziehen. Als wir mit einer Spurgruppe die Großgruppen-Intervention entwickeln wollten, stellten wir sehr schnell fest, dass die Motivation der Mitarbeitenden infolge der Fusionen und der damit verbundenen Kulturbrüche überschattet war. Hinzu kam, dass die Fusionen auch zu einem markanten Stellenabbau führten. Wir waren uns bewusst, dass in diesem Prozess zuerst einmal Raum für Trauerarbeit vorhanden sein musste. Aus diesem Grunde führten wir vor der eigentlichen Großgruppenkonferenz eine Zusatzschlaufe ein mit der Fragestellung: »Was nagt an unserer Motivation«. Im Anschluss an diese Sequenz, in welcher Wut, Trauer, Ängste und Ärger massiv artikuliert wurden, waren die Teilnehmenden bereit für den Entwicklungsprozess.

Teil C: Machen

1. Einführung

Im nun folgenden dritten Teil dieses Bandes stellen wir die Praxis ins Zentrum.

Wir beginnen dabei ganz banal mit unserem Werkzeugkasten. Auch wir bauen im Wesentlichen auf den »Big Five« der Großgruppen-Intervention auf: Die Zukunftskonferenz (im Original: Future Search Conference, kurz FSC), Real Time Strategic Change (RTSC), Open Space Technology (OST), World Café (WC) und die AI-Konferenz (Appreciative Inquiry Summit). Unsere Praxis ruht auf den Eckpfeilern dieser Konferenzmodelle. In den folgenden Kapiteln werden wir die Hintergründe dieser Konzepte freilegen, zeigen, wie sie im Original durchgeführt werden, und erläutern, welche Änderungen wir daran für unsere Praxis vorgenommen haben. Ergänzt wird dieser Überblick über die Big Five und ihre Adaption durch ein Kapitel zu soziometrischen Aufstellungen und eines zu kreativen Interventionen, die ebenfalls einen festen Platz in unserem Werkzeugkasten haben.

Im ersten Kapitel schauen wir gleichsam aus der Perspektive der Methoden darauf, für welche Themen sie sich jeweils eignen. Im zweiten Kapitel kehren wir die Perspektive um und erkunden, ausgehend von möglichen Fragestellungen, welche Methoden zielführend sind. Wir werden in diesem Zusammenhang auch darauf eingehen, dass die Fragestellung, die uns als erstes begegnet, nicht immer die Fragestellung ist, die das System zu diesem Zeitpunkt gerade lösen muss.

Großgruppen-Interventionen sind immer Teil eines Veränderungsprozesses. Im dritten Kapitel kehren wir zunächst noch einmal zu den Quellen zurück und betrachten, wie in den Originalen die Einbettung in einen Gesamtprozess jeweils vorgesehen war, um dann unsere eigene Prozessarchitektur ausführlich darzulegen.

Auch wenn wir in vielen Punkten die Grundformen weiterentwickelt haben, eines ist uns auch in unseren Weiterbildungen immer wichtig: Großgruppen-Veranstaltungen sind nicht einfach eine Aneinanderreihung verschiedener Aufgaben, Großgruppen-Interventionen gehorchen einer Gesamtchoreografie. Das Veranstaltungsdesign muss fein säuberlich konzipiert sein. Es muss prozesshaft aufgebaut sein. Wir zeigen im Speziellen auch auf, welche Besonderheiten sich aus der Anzahl der Teilnehmenden ergeben und welche spezifische Lösungen wir bei ganz großen Gruppen gefunden haben.

Im letzten Teil schließlich wird ein letzter Aspekt der Praxis ausgeleuchtet, der für alle Formen der Großgruppen-Intervention gleichermaßen wichtig ist:

Die unterschiedlichen Rollen, welche es in Großgruppenprozessen präzise zu beachten und zu besetzen gilt.

Freunde der Praxis: Willkommen im Teil C!

2. Der Werkzeugkasten

Wenn wir in unserer jährlichen Lernwerkstatt die fünf Grundmethoden FSC, RTSC, OST, WC und AI vorstellen, lautet eine der ersten Fragen regelmäßig, für welche Fragestellung sich welche Interventionsform eigne. Die Antwort verblüfft vielleicht: Alle Methoden eignen sich grundsätzlich für alle Fragestellungen, bei denen Partizipation möglich und sinnvoll ist. Und das wiederum ist grundsätzlich keine Frage des Themas. Ob strategische Fragen, Fragen der Unternehmenskultur oder strukturelle Fragen – all diese Fragen können grundsätzlich mit allen Methoden angegangen werden.

Die Methodenwahl wird nicht durch das Thema, sondern durch die Zielsetzung des jeweiligen Entwicklungs- oder Klärungsprozesses und das zur Verfügung stehende Zeitfenster bestimmt und oft auch dadurch, in welcher Phase eines Prozesses die Großgruppe eingesetzt wird.

Für eine erste grobe Rasterung hilft die folgende Zuteilung:

Die Zukunftskonferenz eignet sich, wenn heterogen zusammengesetzte Gruppen sich eine gemeinsame Wissensbasis schaffen und darauf aufbauend die Zukunft gemeinsam planen wollen. Das kann die Zukunft eines Themas einer Organisation, eines Unternehmens, aber auch die einer Gemeinde oder einer Region sein. FSC ist immer dann angesagt, wenn diese gemeinsame Zukunft gemeinsam und ohne Vorgaben entwickelt werden kann.

Real Time Strategic Change eignet sich, wenn das System sich mit konkreten Vorgaben auseinandersetzen muss und einem partizipativen Entwicklungs- oder Klärungsprozess ein Rahmen gesetzt ist, welcher eingehalten werden muss. Wenn beispielsweise eine bestimmte Strategie gesetzt ist, eine systemverträglichen Umsetzung aber gemeinsam erarbeitet werden soll.

Open Space eignet sich, wenn für eine klare und herausfordernde Fragestellung viele Antwortmöglichkeiten gesucht werden. Das Ziel ist oft eine Aktivierung des ganzen Systems für eine Fragestellung.

Das World Café eignet sich, wenn für ein komplexes Thema mit vielen verschiedenen Bedürfnissen eine schnelle Fokussierung auf ein paar wenige Handlungsfelder erreicht werden soll.

Die AI-Konferenz eignet sich, wenn in einem System eine bestimmte Fragestellung ganz bewusst und konsequent ressourcen- und lösungsorientiert angegangen werden soll. Interessanterweise hat sich das in unserer Praxis vor allem in den Fällen als hilfreich erwiesen, in denen Systeme praktisch nicht mehr an die eigenen Ressourcen geglaubt haben.

Leider ist es oft so, dass beispielsweise das World Café zur Anwendung kommt, weil der zur Verfügung stehende Zeitrahmen keine Zukunftskonferenz oder kein RTSC zulässt. Das ist nicht grundsätzlich falsch. Es muss dann aber aufgezeigt werden, was mit einem World Café erreicht werden kann und was nicht.

Die folgenden Seiten sollen helfen, sich selber ein Bild davon zu machen, welche Methode für eine bestimmte Fragestellung am besten geeignet ist.

Jede Methode wird zur besseren Orientierung nach demselben Raster vorgestellt:
1. Herkunft der Methode: Die Ursprünge der Methode zu kennen, hilft den ursprünglichen Kontext der Methode zu verstehen und damit auch gewisse Eigenheiten jeder Methode etwas besser einordnen zu können.
2. Das Grundmodell: Im Grundmodell wird ersichtlich, wie die »Entdecker« ihre Idee in ein Konferenzdesign umgesetzt haben. Am Grundmodell lässt sich die jeweilige Prozessstruktur einfacher erklären.
3. Die Anpassungen in den letzten Jahren: Hier zeigen wir auf, wie wir die Methoden entlang der damit gemachten Erfahrungen verfeinert und weiterentwickelt haben.
4. Das Musterbeispiel: Es zeigt von der Vorbereitung über die Durchführung bis zur Nachbereitung auf, wie die entsprechende Methode heute angewendet wird.
5. Die Würdigung: Die Würdigung bringt das Wichtigste zum Schluss noch einmal auf den Punkt.

Seit vielen Jahren ergänzen und kombinieren wir den methodischen Rahmen der Big Five mit zwei weiteren Methoden: den soziometrischen Aufstellungen und den kreativen Interventionen. Ihnen sind zum Abschluss dieses Teils zwei eigene Kapitel gewidmet.

2.1 Zukunftskonferenz

2.1.1. Herkunft
Zukunftskonferenzen entwickelten sich als methodischer Ansatz allmählich in den letzten Jahrzehnten. Die Wurzeln reichen bis in die frühen 1970er-Jahre zu den Mitbegründern der OE, Fred Emery und Eric Trist zurück, die damals in England am Tavistock Institute die Grundlagen gelegt haben. Fred Emery hat später in Australien zusammen mit seiner Frau Merrelyn Emery

die sogenannte »Search Conference« entwickelt. In den USA erprobten Ronald Lippitt und Edward Lindaman die Methode »Futuring«. Zusammen mit Eva Schindler-Rainman führte Ronald Lippitt viele Zukunftskonferenzen mit Städten und Gemeinden durch.

Marvin Weisbord baute in den 1980er-Jahren auf den Ideen dieser frühen Pioniere auf. Er verband die Ansätze aus Australien und den USA zur Future Search Conference (FSC), die er in seinem Buch »Productive Workplaces« zum ersten Mal ausführlich beschrieb (1987, S. 281 ff.). Zusammen mit Sandra Janoff, welche einen systemtherapeutischen Hintergrund hat, verfeinerte Weisbord diese erste Skizze und veröffentlichte 1995 »Future Search«. »Future Search« beschreibt detailliert, wie eine solche Konferenz vorbereitet und durchgeführt werden kann. Auf der ganzen Welt wurden inzwischen zahlreiche FSC-Konferenzen abgehalten – in Unternehmen genauso wie in Universitäten, Ministerien, Handelskammern, Schulen, Krankenhäusern, Städten und Regionen.

2.1.2. Das Grundmodell

Das Grundmodell, welches Weisbord und Janoff in »Future Search« beschreiben, kann bis auf wenige Abstriche eins zu eins so angewendet werden. Weisbord und Janoff haben in ihren Ausbildungen auch viele Jahre lang davor gewarnt, am Grundmodell etwas zu verändern. Die einzelnen Prozessschritte sind mit großer Sorgfalt und viel Erfahrung aufeinander abgestimmt und weiterentwickelt worden. Es ist eine konzertierte Reise durch das ganze System, mit dem Ziel, ein gemeinsames Zukunftsbild zu entwickeln und konkrete Maßnahmen zu entwickeln, die zu diesem Bild führen.

Mit den Erfahrungen der letzten 20 Jahre konnten aber einige Module weiterentwickelt werden. Verschiedene Prozessschritte konnten besser an die Bedürfnisse der unterschiedlichen Situationen angepasst werden, während die wichtigsten Elemente der FSC dieselben geblieben sind. Sie bilden auch das Grundgerüst für den RTSC. Es lohnt sich daher am Grundmodell nachzuvollziehen, was sich seine Erfinder, für die einzelnen Schritte ausgedacht haben.

Der Vorlauf
Sind das Thema und die Zielsetzung einer Zukunftskonferenz einmal festgelegt, wird gezielt nach Anspruchsgruppen gesucht, welche für das Thema

und die Zielsetzung wichtig sind. Im öffentlichen Bereich sind dies beispielsweise Wirtschaftsvertreter, Vertreter von kulturellen Vereinen und Sportvereinen, Schule, Kirche, Eltern usw. In der Wirtschaft werden gezielt Vertreter verschiedener Bereiche und Hierarchiestufen eingeladen. In der Regel sind dies acht Personen pro Anspruchsgruppe. Weisbord und Janoff haben die Zukunftskonferenz auf 60 bis 80 Teilnehmende ausgelegt. Die Summe der Teilnehmenden soll das für die Fragestellung notwendige Wissen in die Konferenz bringen.

Phasen der Zukunftskonferenz

| Vergangenheit | Gegenwart | Zukunft | Konsens | Maßnahmen |

| 1. Tag Mittag | Abend | 2. Tag Morgen | Mittag | Abend | 3. Tag Morgen | Mittag |

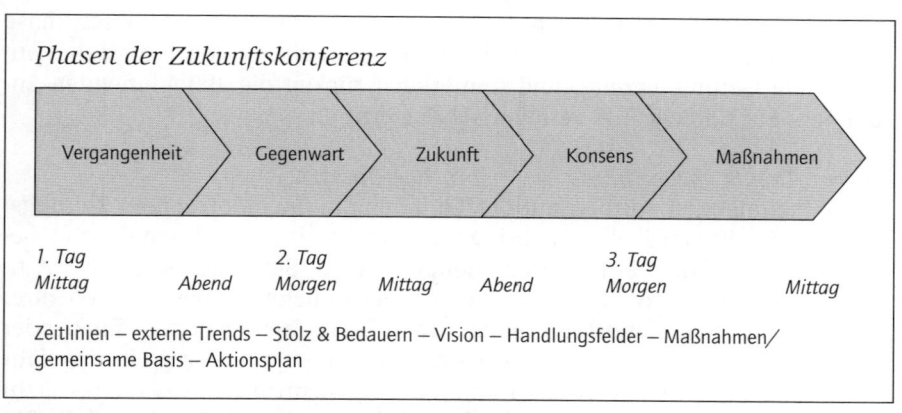

Zeitlinien – externe Trends – Stolz & Bedauern – Vision – Handlungsfelder – Maßnahmen/ gemeinsame Basis – Aktionsplan

Abb. 16: Phasen der Zukunftskonferenz (eigene Darstellung)

Die einzelnen Schritte
Die Teilnehmenden treffen sich in Stuhlkreisen mit je acht Stühlen. Es wird im Voraus eine Sitzordnung festgelegt. Der Einstieg in die Konferenz findet in gemischten Gruppen statt, das heißt in jeder Sitzgruppe ist idealerweise jede Anspruchsgruppe vertreten. Schon im ersten Schritt sollen die verschiedenen Perspektiven der verschiedenen Anspruchsgruppen verknüpft werden.

Die Zeitlinien (Timelines)
Der erste Prozessschritt besteht in einem Blick in die Vergangenheit. Bei dieser ersten Aufgabe wird das gesamte Umfeld in Betracht gezogen. An den Wänden hängen drei lange Papierbahnen, auf denen jeweils 1980, 1990, 2000 und 2010 steht. Auf der ersten wird nach persönlichen Daten gefragt (Heirat, Kinder, Karriere etc.): die persönliche Vergangenheit der Teilnehmenden. Die zweite Papierbahn sucht nach Daten aus Wirtschaft, Politik und Gesellschaft, die dritte nach der Vergangenheit der Organisation oder des Konferenzthemas. Die Teilnehmenden werden aufgefordert wichtige Daten für diese drei Bereiche (Persönliches, Welt und Thema) individuell zusammenzutragen. Sie tragen die Höhepunkte, Meilensteine und wichtige Entwicklungen auf die an den Wänden hängenden Papierbahnen, die »Zeitlinien« ein. Der Start ist einfach und motiviert alle. Auf drei etwa 4 m langen Papierbahnen entfaltet sich

die Historie als lebendiges Mosaik in vielen Stichworten. Besonders wichtig: durch den Akt des gemeinsamen Einschreibens entsteht zum ersten Mal das Bewusstsein für eine Verbundenheit im Thema.

Auswertung der Zeitlinien (in gemischten Gruppen)
In gemischten Gruppen analysieren die Teilnehmenden die gesammelten Informationen und präsentieren dem Plenum ihre Interpretationen der Geschichte, der Organisation, der beteiligten Menschen und der Gesellschaft. Der Blick in die Vergangenheit baut Gemeinschaftsgefühl auf. Die Jüngeren lernen in dieser Phase viel von den Älteren und umgekehrt. In dieser Phase passiert weit mehr als die bloße kognitive Verarbeitung von Informationen. Es werden Gefühle erzeugt und unmerklich rücken die Teilnehmenden zusammen, auch solche aus verfeindeten Lagern.

Externe Trends (Sitzordnung in Anspruchsgruppen)
Die Teilnehmenden wurden mit der Einladung aufgefordert, einen Zeitungs- oder Zeitschriftenartikel mitzubringen, welcher einen wichtigen Trend beschreibt, der auf das gemeinsame Thema einwirkt. Sie stellen sich diese Artikel in der Gruppe vor und machen sich persönliche Notizen zu den ihrer Ansicht nach bedeutendsten Trends, die auf das Tagungsthema direkt oder indirekt einwirken. Anschließend werden sie aufgefordert, vor ein ungefähr 2 m × 4 m großes Blatt Papier zu kommen. Im Zentrum dieses Blattes steht das Thema. Auf dem Papier entsteht durch Zurufe der Trends ein großes Mind-Map, eine bildhafte Landkarte der Kräfte, welche die Zukunft des Systems beeinflussen – komplex wie die Realität. In dieser Phase wird viel gelernt, denn bisher hatte ja jeder nur einen Teil »des Elefanten« erfasst. Durch die individuelle Vorarbeit und die Vorarbeit in den Anspruchsgruppen kommt enorm viel zusammen. Die Teilnehmenden sind oft baff, was da alles auf das Thema einwirkt. Dieser Effekt der Konfusion wird ganz gezielt gesucht, damit den Leuten klar wird, dass die Wirklichkeit noch viel komplexer ist als sie bislang meinten. Das gemeinsame priorisieren der Trends hilft, dieser Konfusion ein starkes Wir entgegenzusetzen. Die Teilnehmenden verlassen die Konferenz am ersten Abend mit dem ambivalenten Gefühl von Komplexität und Gemeinschaft.

Die Analyse der Trends erfolgt am zweiten Tag, weiterhin in Anspruchsgruppen. In den Anspruchsgruppen werden die am Vortag gesammelten und priorisierten Trends eingehend auf ihre Konsequenzen hin analysiert. »Was haben wir bis heute getan und was müssen wir zukünftig tun, um für diese Entwicklungen gerüstet zu sein?« Bei der Bearbeitung dieser Fragen wandelt sich die Nachdenklichkeit oft in Energie um.

»Stolz und Bedauern« (prouds and sorries)
Die Teilnehmenden sitzen in nach Interessen zusammengesetzten Gruppen und diskutieren aufgrund der bisherigen Erkenntnisse (Vergangenheit und

Trends) die Fragen: »Worauf sind wir aus Sicht unserer Anspruchsgruppe stolz?« und »Was bedauern wir? Was haben wir offenbar bisher zu wenig bedacht, zu wenig gemacht?«. Die Gruppen sammeln Wahrnehmungen, interpretieren diese und präsentieren ihre Ergebnisse im Plenum. Die Fragen nach Stolz und Bedauern machen gemeinsame Werte bewusst. Sie führen häufig zu einem umfangreichen Austausch an Informationen und Aha-Erlebnissen. Die Teilnehmenden entwickeln Verständnis für die Wahrnehmungen der anderen. Es wird deutlich, was man in die Zukunft mitnehmen und was man zurücklassen will. Die Teilnehmenden beginnen, sich als Ganzes für offensichtlich gewordene Schwächen verantwortlich zu fühlen. Sie sind bereit für das Herzstück der Konferenz: den Visionsschritt.

Der Visionsschritt
Der sechste Schritt findet in gemischten Gruppen statt und dauert im Grundmodell 150 Minuten – vor und nach dem Mittagessen. Der Entwurf der Vision kann den ganzen Menschen mit seiner Fantasie, seiner Intuition, seinen Werten und Gefühlen aktivieren. Das Herz der Teilnehmenden soll angesprochen werden. Daher werden nicht einfach Statements formuliert. Vielmehr wird mit kreativen Mitteln die gewünschte Zukunft der Organisation oder des Systems anschaulich und lebendig dargestellt. Die Gruppen erhalten alles, was man zum Gestalten braucht: farbige Stifte, buntes Papier, alte Zeitschriften, Klebstoff und Scheren. Die Vision kann auch nach einer Diskussion in der Gruppe mit Stichwörtern auf dem Flipchart festgehalten werden. Die Präsentation kann zum Beispiel erfolgen in Form von Collagen, Sketchen, Modellen, »fingierten« Zeitungsartikeln, TV-Dokumentationen, Reden, Briefen, einem »Tag der offenen Tür«, in Pressekonferenzen, Versen usw.

Die Präsentationen der Visionen sind immer wieder bewegend. Sie werden mit großer Begeisterung dargestellt, der Raum ist voller Energie, die Zukunft wird lebendig und ihre magnetische Anziehungskraft wird für alle herausgearbeitet. Während die einzelnen Gruppen ihre Visionen präsentieren, werden alle anderen gebeten, sich fortlaufend Notizen zu machen: Welche Themen werden hier angesprochen? Was wird in Zukunft wie gelöst? Das Sammeln dieser Themen bildet die Grundlage für den nächsten Schritt.

Handlungsfelder (Common Ground for the Future)
In der Ursprungsform fand dieser Schritt noch in denselben gemischten Gruppen statt, welche auch die Vision gemeinsam entwickelt haben. Marvin Weisbord und Sandra Janoff sind aber schnell dazu übergegangen, die Gruppen neu zusammenzusetzen – wiederum gemischt – um die verschiedenen Visionen noch besser zu vernetzen. Die Visionen, so unterschiedlich sie auch präsentiert werden, unterscheiden sich nicht grundsätzlich. Der Grad der Überlappung ist groß. Nun muss herausgearbeitet werden, in welchen Themen sich alle Anwesenden einig sind. Die Teilnehmenden erarbeiten das Gemeinsame zuerst gruppenweise und schreiben die wichtigsten Themen und Hand-

lungsfelder auf die Flipcharts. Nun einigen sie sich bis zum Abendessen auf die wichtigsten drei bis fünf Themen, schreiben diese auf Karten und bringen diese auf die gemeinsame Pinnwand.

Zu Beginn des dritten Tages versammeln sich alle Teilnehmenden vor der Pinnwand. Die Karten werden jetzt an der Pinnwand gruppiert nach: 1. »Common Future« (das »was«, worüber man sich einig ist), 2. Mögliche Projekte (insofern man sich auch über den Weg einig ist) und 3. Ungelöste Differenzen (All das, was hier und jetzt offenbar nicht gelöst werden kann).

Gemeinsam mit allen Anwesenden wird herausgearbeitet, auf welche konkreten Punkte und Themen man sich einigen kann. Nur diejenigen Themen, hinter welchen alle stehen können, werden weiterverfolgt.

Erarbeiten von Maßnahmenideen und Entwickeln von Lösungsansätzen
In der letzten Phase kommen die Teilnehmenden, welche ein Thema vertiefen wollen, nach vorne zur Pinnwand und nehmen das Thema zu sich. All jene, die sich ebenfalls für dieses Thema interessieren, gesellen sich dazu. Gemeinsam definieren die so gebildeten Arbeitsgruppen, wie und mit wem das entsprechende Thema über die Konferenz hinaus angegangen werden soll. Im Plenum werden die nächsten Schritte, welche alle betreffen, vereinbart. Mit diesem letzten Schritt gehen die Teilnehmenden der Konferenz mit der Gewissheit nach Hause, nicht nur eine gemeinsame Vision entworfen und gemeinsame Ziele vereinbart, sondern auch konkrete Schritte eingeleitet zu haben.

2.1.3. Anpassungen in den letzten Jahren

Der Grundgedanke der Zukunftskonferenz ist unverändert geblieben: Alle unterschiedlichen Anspruchsgruppen, die von einem Thema direkt betroffen sind, finden in einem gemeinsamen Prozess durch Vergangenheit, Gegenwart und Zukunft ihrer Fragestellung zu einem ganzheitlichen Bild, welches eine solide Basis für einen gemeinsamen Aktionsplan bildet. Unverändert sind die Logik der Abfolge der einzelnen Phasen in der Konferenz und das Prinzip der ständig wechselnden Sitzgruppen.

Veränderungen haben wir aber in der Art und Weise der Zusammensetzung der Teilnehmerschaft, in einzelnen methodischen Schritten, in der Findung der gemeinsamen Basis (des Common Ground) und im Folgeprozess vorgenommen.

Auch wir legen großen Wert darauf, dass alle betroffenen Anspruchsgruppen angemessen beteiligt werden. Wir lassen uns dazu vom Auftraggeber zuerst auflisten, welche Gruppen dies sind. Je ein Vertreter dieser Anspruchsgruppen wird in eine Spurgruppe eingeladen, um bei der Vorbereitung der Zukunftskonferenz zu helfen und sicher zu stellen, dass die Anspruchsgruppen bei der Konferenz gut vertreten sind. Wir haben allerding die Erfahrung gemacht, dass es nicht so wichtig ist, ob die Anspruchsgruppen gleichmäßig vertreten sind. Im Gegenteil: eine zu starke Prägung der Teilnehmerschaft durch »Anspruchsgruppen« zementiert eher das kategoriale Denken. Kommt hinzu, dass es Sinn macht und für die Nachhaltigkeit der Konferenz von großem Nutzen ist, wenn der Kreis der Teilnehmenden erhöht werden kann. Im Wirtschaftsbereich können so unter Umständen alle Mitarbeitenden eingeladen werden. Im öffentlichen Bereich laden die Spurgruppenmitglieder ganz direkt Vertreter »ihrer« Anspruchsgruppe ein und über die lokale Presse wird darüber hinaus die ganze Bevölkerung eingeladen, sich für die Zukunftskonferenz anzumelden. In einer weiteren Vorbereitungssitzung kurz vor der Konferenz, wird die Anmeldeliste durchgeschaut und bei Lücken (zum Beispiel zu wenige Frauen, zu wenige Vertreter des lokalen Gewerbes etc.) werden entsprechende Vertreter und Vertreterinnen gezielt und persönlich eingeladen, um das ganze Spektrum des Systems an der Konferenz zu haben. Wir haben so oft 120 bis 200 und mehr Teilnehmende bei einer Großgruppen-Intervention.

Mit sehr großen Gruppen arbeiten wir zudem praktisch nie über drei Tage hinweg. In den meisten Fällen dauert bei uns die Zukunftskonferenz ein bis eineinhalb Tage (im öffentlichen Bereich oft Freitagabend und Samstag). Diese Zeitverkürzung gegenüber dem Grundmodell zwingt zur Anpassung der einzelnen Module.

Zur Einstimmung in die Zukunftskonferenz und zur Schaffung einer ersten gemeinsamen Datenbasis setzen wir anstelle der Zeitlinien oft das Modul ein: »Was (die Gemeinde, die Organisation, das Thema) für uns bedeutet«. Die Teilnehmenden erhalten mit der Einladungsbestätigung die Aufforderung, einen symbolischen Gegenstand mitzunehmen, der für sie typisch ist für die Gemeinde, die diese Zukunftskonferenz veranstaltet, oder für die Organisation, die gemeinsam mit den Mitarbeitenden die Zukunft gestalten will. Die Teilnehmenden stellen sich in den gemischten Achtergruppen anhand dieses Gegenstands vor und erarbeiten gemeinsam ein Bild »Was (...) für uns bedeutet«. So entsteht in der ersten Stunde ein sehr schönes facettenreiches Bild davon, worum es allen geht.

Nach einem Wechsel der Sitzgruppen wird in einem zweiten Schritt danach gesucht, was die Teilnehmenden freut und was sie ärgert. Wiederum entsteht in einer knappen Stunde ein klares Bild davon, was von vielen gleich und was unterschiedlich gesehen wird. Mit einem dritten Modul: »Was um uns herum geschieht« wird das Umfeld der Kommune oder Organisation in den Raum geholt. In diesem Modul werden die Teilnehmenden angeleitet zu sammeln, welche Trends auf die Fragestellung der Zukunftskonferenz einwirken. Dabei sollen durchaus politische, gesellschaftliche, kulturelle, technische Trends berücksichtigt werden. In einem zweiten Schritt einigen sich die Gruppen auf die (meistens vier) wichtigsten Trends und geben diesen Trends auch eine Richtung (mehr, weniger, zunehmend, abnehmend etc.). Diese Trends werden von je einem Sprecher oder einer Sprecherin pro Gruppe an der Pinnwand zusammengetragen. Die Teilnehmenden haben dann die Möglichkeit, die ihrer Ansicht nach wichtigsten Trends zu priorisieren. Grüne Klebepunkte für Trends, welche sie als Chance für die künftige Entwicklung betrachten, rote für Trends, in welchen sie eine Gefahr sehen. Auch hier hat das Schlussbild eine hohe Aussagekraft, die dem Mind-Map in nichts nachsteht.

Der Visionsschritt dauert bei uns ungefähr 75 Minuten – oft auch nur 60. Die Teilnehmenden werden dabei angeleitet, in die Zukunft zu gehen und so zu tun, als wäre alles gut gekommen. Sie sollen für die Präsentation ein Format wählen, das ohne große Hilfsmittel auskommt und sketchartig präsentiert werden kann (ein Radio-Interview, die Leitung einer Delegation o. ä.). Auch diese Vorgehensweise ist außerordentlich kreativ und kraftvoll und gibt viele Lacher.

Wir sind schnell davon abgekommen, die gemeinsamen Themen im Plenum herauszuarbeiten. Diese im Original drei Stunden dauernde Sequenz war enorm zermürbend und überforderte oft das System. Wir haben realisiert, dass durchaus auch ambivalente Themen Kraft für eine weitere Umsetzung über die Konferenz hinaus haben. Wir sind deshalb dazu übergegangen, die wichtigsten Themen wie in den vorhergehenden Schritten in Achtergruppen herauszuarbeiten und zu priorisieren. Die Priorisierung der wichtigsten Themen lassen wir häufig zweidimensional machen. Grüne Punkte für Projekte, welche unbedingt weiterverfolgt werden sollten, und rote Punkte – mit der Bitte diese zurückhaltend zu verwenden – für Projekte, die in die Sackgasse führen, also nicht weiterverfolgt werden sollten. Die Bilder, die dadurch entstehen, sind sehr aussagekräftig.

Die Themen, die im vorherigen Schritt am höchsten priorisiert worden sind, werden auf die Flipcharts verteilt und die Teilnehmenden können frei bei dem Thema mitarbeiten, welches sie am meisten interessiert. Die Gruppen können hier deshalb unterschiedlich groß sein. Sie definieren zu »ihrem« Thema das Ziel sowie erste Maßnahmenideen und Lösungsansätze. Anschließend präsentieren sie ihre Ergebnisse kurz im Plenum. Alle Teilnehmenden erhalten die Möglichkeit, die Ergebnisse direkt auf den Flipcharts schriftlich zu kommentieren und ihre Namen zu hinterlassen, falls sie Interesse haben, das entsprechende Thema über die Konferenz hinaus weiter zu bearbeiten. Im öffentlichen Rahmen (z. B. Gemeindeentwicklungen) geschieht dies meist auf freiwilliger Basis und die Gruppen konstituieren sich selber. In Unternehmen hat es sich bewährt, dass das Leitungsgremium/die Systemspitze kurz nach der Konferenz die Projektthemen konsolidiert und auch die Leitung der einzelnen Projektteams sowie die Zusammensetzung der Gruppen festlegt.

Fast ausnahmslos sind wir dazu übergegangen, bereits in der Zukunftskonferenz ein festes Datum für die Durchführung einer Ergebniskonferenz anzukündigen. In der Regel zwischen zwei und sechs Monaten nach der Hauptkonferenz. In der Ergebniskonferenz werden die wichtigsten Ergebnisse aus der Konferenz mit dem verglichen, was dabei herausgekommen ist und was noch weiter geplant ist. Dies gibt eine hohe Verbindlichkeit.

2.1.4. Musterbeispiel

Die Teilnehmenden sitzen während der gesamten Konferenz in gemischten Achtergruppen. Nach jedem einzelnen Schritt setzen sie sich nach einer fest vorgegebenen Sitzordnung in eine neue Gruppenzusammensetzung. Die einzelnen Module dauern zwischen 45 und 60 Minuten.

Erster Tag (Halbtag)

Erster Schritt: »Was (...) für uns bedeutet.«
Anhand eines mitgebrachten Gegenstands erzählen sich die Teilnehmenden, was (...) für sie bedeutet. Die wichtigsten Punkte werden auf dem Flipchart notiert. Nach ungefähr 20 Minuten, werden die wichtigsten Punkte von ungefähr vier bis sechs Gruppen präsentiert. Die anderen Gruppen ergänzen mit Punkten, die noch nicht erwähnt worden sind. Gruppenwechsel.

Zweiter Schritt: »Was uns stinkt und was uns freut«
Die Teilnehmenden sammeln auf ihren Flipcharts alle Punkte, die sie an (...) gut finden, die sie freuen und alle Punkte, die sie schlecht finden, die ihnen Mühe bereiten. Nach 20 Minuten einigen sie sich auf je drei wichtigste Aussagen und übertragen diese auf Karten, welche an einer zentralen Wand gesammelt werden. Alle Teilnehmenden haben je vier Punkte mit welchen sie (in der Pause) die Themen auswählen können, welche sie am meisten freuen oder die ihnen am meisten stinken. Pause. Gruppenwechsel. Kurzer unkommentierter Blick auf die priorisierte Liste.

Dritter Schritt: »Welche Entwicklungen stellen wir fest«
Die Teilnehmenden sammeln in ihren Achtergruppen die Entwicklungen, welche sie in ihrem nahen oder weiteren Umfeld feststellen. Nach 20 Minuten werden wiederum die wichtigsten Punkte auf Karten übertragen und an einer zentralen Wand gesammelt. Sie werden priorisiert nach Chancen, die genutzt werden müssen, und Gefahren, die angegangen werden müssen. Optional kann dieser Schritt ergänzt oder ersetzt werden mit Experten-Interviews. Die Dauer der Vorträge oder Interviews sollte dabei 20 Minuten nicht überschreiten. Die Teilnehmenden werden danach gebeten, wiederum in Achtergruppen zu sammeln, welche Botschaften bei ihnen angekommen sind und welche Ergänzungen oder Korrekturen zum vorgestellten Bild sie allenfalls haben. Nach 20 Minuten werden diese Resultate gesammelt und die Experten werden um eine kurze Rückmeldung gebeten, ob ihre Botschaften angekommen sind. Gruppenwechsel.

Vierter Schritt: »Hoffnungen und Erwartungen«
Die Teilnehmenden ziehen ein erstes Resümee der Konferenz. Sie tragen zusammen, welches ihre größten Hoffnungen oder Erwartungen bezüglich der

Zukunft von (…) sind. Nach 20 Minuten werden diese auf Kärtchen geschrieben und ein letztes Mal auf der zentralen Wand zusammengetragen und priorisiert. Schluss des ersten Halbtags. Abend.

Zweiter Tag (Halbtag)

Auftakt
Die Teilnehmenden nehmen in neuen gemischten Gruppen Platz. Die Ergebnisse des Vortags werden im Überblick noch einmal vorgestellt und die Teilnehmenden haben die Möglichkeit einzubringen, was sie im Nachgang zum ersten Halbtag beschäftigt hat. Dieser Auftakt dauert selten mehr als 15 Minuten.

Fünfter Schritt: »So tun als ob« oder »(…) 2020«
Für den Visionsschritt wählen wir den Titel je nach Kunden-System. Für Informatikabteilungen sind beispielsweise »drei Jahre später« eine lange Zeitspanne. Für eine Gemeinde können dies locker zehn bis 20 Jahre sein. Oft verwenden wir statt einer Jahreszahl die Formulierung »So tun als ob«. Die Teilnehmenden sitzen in neuen Arbeitsgruppen. Sie überlegen sich gemeinsam, wie (…) aussehen, wie es funktionieren würde, wenn der weitere Prozess absolut optimal verlaufen würde. »Stellen Sie sich vor: Sie sind wieder hier zusammen gekommen, um gemeinsam zu feiern, dass alles so gut gekommen ist. Das, was damals schon gut war, konnte bewahrt und weiterentwickelt werden, was schwierig war ist angepackt worden. Die Chancen und Gefahren wurden erkannt und konsequent angegangen. Wie sieht das aus? – Machen sie bitte kein allzu abgehobenes Zukunftsbild. Beschreiben Sie aber optimistisch, was möglich ist, wenn wirklich alle anpacken und mitmachen.«

Die Teilnehmenden werden ermuntert, ihre Zukunftsbilder als kleine Sketches zu präsentieren. Sei es, dass ein pensionierter Kollege zurückkommt und staunend die Fortschritte feststellt. Sei es, dass die Gemeinde, das Institut einen Preis bekommt und vom Fernsehen interviewt wird. Nach ungefähr 30 Minuten entstehen so kurze (in der Regel dreiminütige), prägnante Zukunftsbilder. Gruppenwechsel.

Sechster Schritt: »Die wichtigsten Handlungsfelder«
In neu zusammengesetzten gemischten Gruppen werden aufgrund der Zukunftsbilder und im Rückblick auf die ganze bisherige Konferenz die wichtigsten Handlungsfelder definiert. Nach 20 Minuten einigen sich die Teilnehmenden in ihren Achtergruppen auf die drei bis vier wichtigsten Handlungsfelder. Es kommen in der Regel Handlungsfelder, über die eine große Einigkeit besteht, aber auch solche, welche für alle offensichtlich noch viele Differenzen enthalten. Alle werden an der zentralen Wand gesammelt und priorisiert. Pause.

In der Pause werden die Handlungsfelder, welche am meisten Punkte erhalten haben, auf die Flipcharts im Raum verteilt. Über den Beamer wird eine Übersicht eingestrahlt, bei welchem Flipchart sich welches Handlungsfeld befindet. Handlungsfelder, die großen Zuspruch gefunden haben, werden auf mehrere Flipcharts verteilt. Wenn die Teilnehmenden aus der Pause zurückkommen, begeben sie sich frei zum Handlungsfeld ihrer Wahl.

Siebter Schritt: »Vertiefung der Handlungsfelder«
Dieser Schritt dauert, je nach Fertigungstiefe, die erreicht werden soll, zwischen 45 und 90 Minuten. Die Teilnehmenden skizzieren, welches die wichtigsten Ziele sind, die in ihrem Handlungsfeld erreicht werden sollten. Sie sammeln Ideen, skizzieren Maßnahmen und bringen bereits Vorhandenes und Angedachtes zum Handlungsfeld ein. Zudem geben sie an, wen sie für die Weiterarbeit an diesem Handlungsfeld vorschlagen. Sie machen eine Empfehlung, ob eine neue Arbeitsgruppe gegründet werden soll oder ob das Handlungsfeld von einer bestimmten Funktion weiterbearbeitet werden soll. Die wichtigsten Ergebnisse werden kurz präsentiert.

Abschluss
Die Teilnehmenden erhalten die Möglichkeit alle anderen Handlungsfelder zu besuchen. Eine Person bleibt beim Handlungsfeld und erklärt den Besuchern die Skizze. Alle haben die Gelegenheit, die vorliegenden Resultate mit kleinen Haftklebezetteln zu kommentieren. Zudem können alle ihr Interesse für die Mitarbeit zu einem Handlungsfeld kundtun, indem sie, ebenfalls auf einem Haftklebezettel, ihren Namen hinterlassen. Diese Runde, die wir »Galerie« nennen, endet nach ungefähr 15 bis 20 Minuten. Wir verabschieden uns. Der Gastgeber/die Gastgeberin zeigt die nächsten Schritte auf, bedankt sich bei der Teilnehmerschaft und schließt die Konferenz.

2.1.5. Würdigung

Die Zukunftskonferenz ist ein hervorragendes Instrument, um mit einer nach oben offenen Anzahl von Personen zu einem gemeinsamen Zukunftsbild zu kommen.

Zukunftskonferenzen haben wir vor allem in Kommunen, Regionen und Schulen durchgeführt. Die einfache Abfolge der einzelnen Schritte, die klare strukturierte Form, die dauernd wechselnden Sitzgruppen und die wiederholte Verdichtung über die verschiedenen Priorisierungen kommen bei den Teilnehmenden extrem gut an. Im öffentlichen Bereich können so oft weit über die Konferenz hinaus bis anhin wenig genutzte Ressourcen mobilisiert werden.

Gerade in sehr heterogenen Systemen hilft die Zukunftskonferenz schrittweise auf die wichtigsten, auf die gemeinsamen Punkte zu fokussieren und erzeugt so eine hohe gemeinsame Orientierung und hohe gemeinsame Handlungsfähigkeit.

2.2 Realtime Strategic Change

2.2.1. Herkunft

Wenn man in einen Raum kommt, der für eine RTSC-Konferenz eingerichtet ist, sieht man rein äußerlich keinen Unterschied zu einer Zukunftskonferenz. Hier stehen genauso zahlreiche Stuhlkreise in Achtergruppen rund um jeweils ein Flipchart. Auch wer die Programmhefte mit den Drehbüchern durchsieht, findet darin sehr viel Ähnliches. Über verschiedenste Prozessschritte in dauernd wechselnden Sitzgruppen wird von der Vergangenheit über die Gegenwart in die Zukunft gearbeitet: daraus werden die wichtigsten Handlungsfelder definiert und dazu die Maßnahmen abgeleitet. Einen zentralen Unterschied gibt es aber. Das Management oder die, wie wir sagen, Systemspitze hat eine bedeutende Rolle. Sie gibt an, was Vorgabe ist. Sie entscheidet an den Schlüsselstellen, was weiterverfolgt wird und was nicht. RTSC ist die Zusammenführung von Top-down-Sichtweisen mit Bottom-up-Empfehlungen in Echtzeit, mit allen Beteiligten im gleichen Raum.

Kathleen Dannemiller, eine der Erfinderinnen des RTSC, kommt aus der gleichen Schule wie Marvin Weisbord. Ronald Lippitt, der Doyen der amerikanischen Gruppendynamik vom NTL am MIT – Massachusetts Institute of Technology – war nach Aussagen von Barbara Bunker und Billie Alban jahrelang ein enger Mentor von Dannemiller (Alben/Bunker 1996). Sein Konzept des »Prefered Futuring«, welches von seinem Sohn Lawerence L. Lippitt auch heute noch geschult wird, war zentral für das Schaffen von Weisbord und Janoff und spielt auch bei Kathleen Dannemillers RTSC eine zentrale Rolle. Dannemiller war aber bei der Entwicklung von RTSC auch sonst eng mit der aktuellen Management-, Führungs- und OE-Theorie verbunden.

In ihrem äußerst empfehlenswerten Reader »Whole Scale Change« gibt sie diese Quellen an (Dannemiller et al. 2000). Darunter finden sich etwa die Systemtheorie nach Bertalanffy, das Strategic Planning nach Peter F. Drucker, Action Learning nach Kurt Lewin, die Prozessberatung nach Edgar Schein, der soziotechnische Systemansatz nach Trist und Emery, aber auch schon Appreciative Inquiry in Verbindung mit dessen Wurzeln in Chris Argyris‹ »Organizational Learning« aus dem Jahr 1978. Dies alles für den philosophischen Hintergrund. Das technische Rückgrat, das Backbone und das strukturierende Element jeder RTSC-Konferenz ist aber die »Change Formula«, welche Richard Beckhard gemeinsam mit David Gleicher entwickelt und 1987 erstmals zusammen mit Reuben Harris veröffentlicht hat (Beckhard/Harris, 1987):

$$U \times V \times E > B$$

U = Unzufriedenheit mit dem momentanen Zustand
V = Vision davon, was möglich wäre
E = Erste konkrete Schritte hin zu dieser Vision

Wenn das Produkt dieser drei Faktoren größer ist als das **B** = Beharrungsvermögen, dann ist Veränderung möglich. Wenn also U, V oder E gering oder null sind, wird das Beharrungsvermögen größer sein.

Ausformuliert besagt die Change-Formel:

U = null: Wenn keine Unzufriedenheit mit der jetzigen Situation besteht, verändert sich das System nur schwerfällig, auch wenn eine Vision und auch die konkreten Schritte dazu da wären.

V = null: Wenn Unzufriedenheit mit der jetzigen Situation besteht, aber keine Vision, dann führen die vielen vorhandenen konkreten Schritte, zu dem, was wir als »Aktionitis« bezeichnen – fieberhafte, kaum zielführende Aktivitäten. Dies ist eine Situation, die wir oft antreffen.

E = null: Wenn Unzufriedenheit mit der jetzigen Situation besteht und auch eine Vision vorhanden ist, aber keine konkreten Schritte, dann versandet, was während der Konferenz aufgeblitzt ist, sehr schnell wieder. Das zu verhindern ist Aufgabe der Vorbereitung – oder man lässt lieber die Finger davon. Der Frust ist ansonsten so groß ist, dass kommende Veranstaltungen diese Bürde mittragen müssen. Auch diese Frust-Situationen treffen wir oft an. Dann heißt es schon bei der Ankündigung: »Nicht schon wieder ein Workshop!«

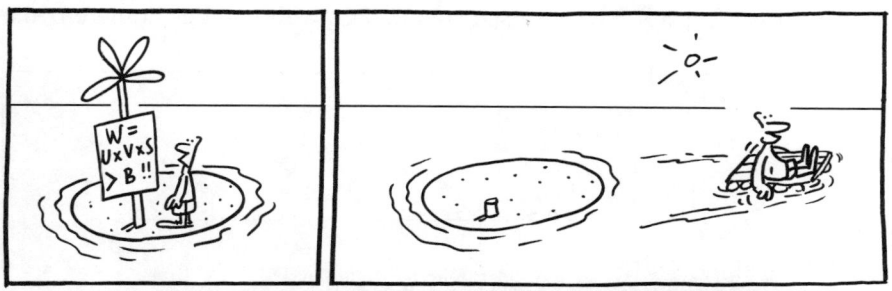

WANDEL = UNZUFRIEDENHEIT x VISION x ERSTE SCHRITTE = GRÖSSER ALS SEIN BEHARRUNGSVERMÖGEN

Die Change-Formel nach Beckhard bildet die Grundstruktur aller RTSC-Prozesse und ist auch für uns zum erstrangigen Gestaltungsprinzip geworden.

Kathleen Dannemiller gestaltet Großgruppenprozesse nach eigenen Angaben seit 1982 auf dieser Grundlage (Consultant guide, 1990, S. 1). Mit ihrer Beratungsfirma, Dannemiller Associates, hat sie in mehr als zehn Jahren das Konferenzdesign verfeinert, bis sie es 1990 zum ersten Mal veröffentlicht hat. 1992 veröffentlichte sie gemeinsam mit Robert Jacobs den Artikel »Changing the way organizations change: A revolution in Common sense.« (Dannemiller/Jacobs 1992). 1994 hat Jacobs dann eine leicht revidierte Form davon unter dem Titel »Real Time Strategic Change« veröffentlicht.

Die Schritte im nachstehenden Grundmodell sind von der Durchführung her sehr vergleichbar mit denjenigen der Zukunftskonferenz. Jeder einzelne Arbeitsschritt in der Gruppe dauert inklusive Präsentation ungefähr eine Stunde. Die meisten Schritte finden in gemischten Arbeitsgruppen statt. Die Gruppengröße ist in der Regel die Achtergruppe. Wie schon bei der Zukunftskonferenz geht es auch beim RTSC darum, eine möglichst große gemeinsame Datenbasis gemeinsam und gleichzeitig im gleichen Raum zu generieren, so dass alle Teilnehmenden den abschließenden Aktionsplan effektiv aufgrund der gleichen Datenbasis entwickeln.

Die Besonderheit beim RTSC ist die enge Verzahnung des Top-down- mit dem Bottom-up-Prozess. Das Management kommt bereits mit einer sehr konkreten Strategie in den Prozess. Diese wird am ersten Tag vorgestellt. Das Feedback wird entgegengenommen und vom Management eingearbeitet. Am nächsten Tag wird die revidierte Strategie präsentiert. Auch die Feedbacks auf diese bearbeitete Version werden noch einmal eingearbeitet und am dritten Tag als finalisierte Version vorgestellt. Deswegen der Begriff »Strategischer Wandel in Echtzeit«.

2.2.2. Das Grundmodell

Das Grundmodell (Generic Design) hat Kathleen Dannemiller in ihrem Consultant Guide 1990 erstmals veröffentlicht. Analog zur Zukunftskonferenz ist im Vorprozess zur Konferenz entscheidend, dass während der Konferenz die

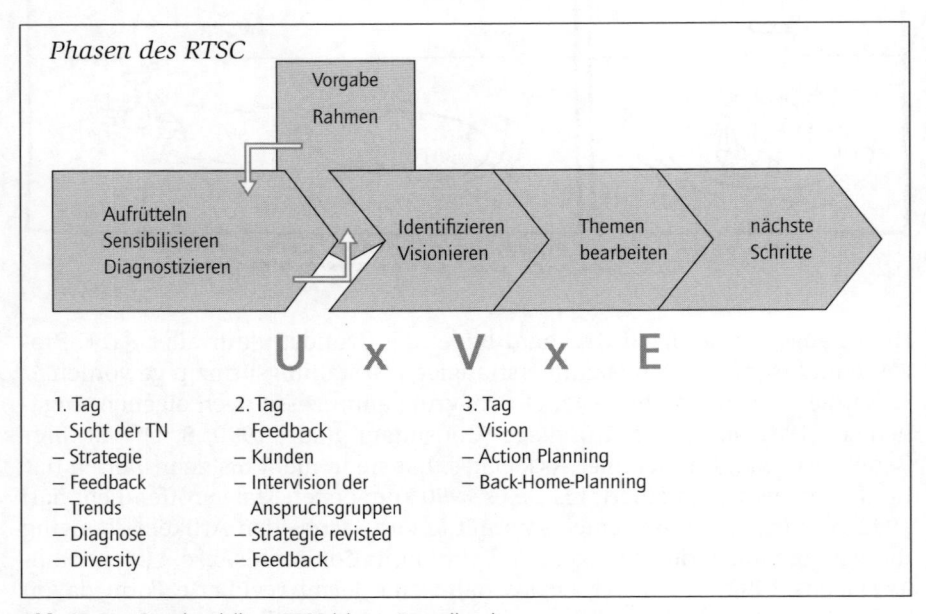

Abb. 17: Das Grundmodell von RTSC (eigene Darstellung)

richtigen Anspruchsgruppen im Raum sein werden. Dannemiller arbeitete zudem sehr eng mit der Systemspitze an der Ausformulierung der Strategie, da diese in der Regel das Kernstück der Konferenz bildet.

Die Strategie umfasst dabei sowohl die Ebene Mission-Statements als auch die strategischen Stoßrichtungen (bei Dannemiller »Strategic Goals«) sowie strategische Ziele. Sie wird als Vorgabe und Rahmen in die Großgruppen-Intervention eingespeist.

Das Grundmodell von Dannemiller sieht für die Durchführung drei Tage vor, wie auch die Zukunftskonferenz nach Weisbord und Janoff. Die erste Phase, die Sensibilisierungsphase, inklusive Vorgaben und Identifikation damit, dauert zwei Tage. Erst am dritten Tag folgen die Vision, die Ziele und die Umsetzungsschritte.

Die einzelnen Schritte
Die Teilnehmenden treffen sich in Achtergruppen. Nach einem kurzen Willkommen werden Zweck der Veranstaltung, die Agenda und Logistisches vorgestellt.

1. Schritt: »Die Sicht der Teilnehmenden«
Der erste Schritt ist eine Art Vorstellungsrunde, bei der bereits Gemeinsames herausgearbeitet wird. Hier kommt die aktuelle Befindlichkeit der Teilnehmenden in den Raum. In gemischten Achtergruppen wird eine Art persönliche Standortbestimmung vorgenommen (Wer ich bin, auf welchen Beitrag im letzten Jahr bin ich stolz, was hat mich eher frustriert, meine Erwartungen an die kommenden drei Tage). Die Achtergruppen notieren festgestellte Gemeinsamkeiten. Ungefähr vier bis sechs Gruppen werden nach gemeinsamen Erkenntnissen befragt. Die anderen Gruppen können diese Erkenntnisse ergänzen. Es entsteht ein erstes gemeinsames Bild der Organisation im Raum.

2. Schritt: »Die Sicht der Führung«
Erst als zweiter Schritt kommt die Führung mit ihren Rahmenvorgaben in den Prozess. Im Grundmodell ist dies der Strategieentwurf. Diese Reihenfolge wird in allen RTSC-Konferenzen eingehalten: Zuerst das gemeinsame Bild der ganzen Organisation und erst dann die Sicht der Führung. Die Aufnahmebereitschaft für die Rahmenbedingungen der Leitung ist so deutlich höher. Die

Teilnehmenden sitzen wiederum in gemischten Achtergruppen. Der Input der Führung dauert in der Regel maximal eine halbe Stunde und liegt den Teilnehmenden vor. Die Teilnehmenden reflektieren den Input in den Achtergruppen. Sie notieren sich die zentralen Botschaften, die sie gehört haben. Sie geben an, was sie richtig und gut finden, aber auch, was sie kritisch finden und welche Fragen sie haben. Der Input wird von der Führung entgegengenommen. Punkte, die bei den Teilnehmenden zuwenig deutlich oder falsch angekommen sind, werden korrigiert, stimmiges wird bestätigt. Die Rückmeldungen werden eingesammelt und von der Leitung, wo nötig und sinnvoll, in einer Abendsitzung eingearbeitet.

3. Schritt: »Trends«
Nach dem Mittag treffen sich die Teilnehmenden wieder in neu zusammengesetzten Achtergruppen. Die Gruppen diskutieren im dritten Schritt die Trends, die sie wahrnehmen. Wirtschaftstrends werden genauso zusammengetragen, wie gesellschaftliche Trends, Trends, die die Arbeit betreffen, und weitere Entwicklungen und Ereignisse, die auf das Konferenzthema einwirken. Die Gruppen werden anschließend gebeten, einen Trend auszuwählen, diesen in der Gruppe intensiver zu diskutieren und darüber im Plenum zu berichten.

4. Schritt: »Organisationsdiagnose«
Im vierten Schritt werden anhand des Konferenz-Topics zu den wichtigsten Managementprozessen in einem Brainstorming Punkte gesammelt unter dem Motto »Was uns daran gefällt, was uns stinkt und was uns irre macht« (glad, sad, mad). Im Anschluss werden von wiederum neu gemischten Gruppen die wichtigsten davon herausgearbeitet. Alle Teilnehmenden haben die Möglichkeit, daraus ihre persönlichen »sads«, »mads« und »glads« zu priorisieren.

5. Schritt: »Die Vielfalt hochleben lassen«
Im fünften Schritt (der letzte des ersten Tages), haben die Teilnehmenden die Gelegenheit, einen kleinen Persönlichkeitstest zu machen (im Original den Myers-Briggs-Typindikator, MBTI). Die Teilnehmenden gruppieren sich nach Typen (zum Teil mehrere Achtergruppen pro Typ) und diskutieren, welchen Beitrag sie aus dieser Perspektive zum Ganzen leisten. Im Raum entsteht ein Bild von der Vielfältigkeit im Raum und davon, wie diese dem Ganzen nutzt. Mit einer kurzen Evaluation zum ersten Prozess-Tag wird dieser beendet.

Am Abend zieht sich das oberste Management zurück und baut die Rückmeldungen in einen neuen Entwurf ein. Es entscheidet, was schnell entschieden werden kann, und bereitet eine Rückmeldung im Plenum vor.

Der zweite Tag beginnt mit einem kurzen Feedback zur Evaluation (noch nicht zu Strategie).

6. Schritt: »Die Sicht der Kunden«
Der sechste Prozessschritt gehört der Kundensicht. Analog zum Input der Führung geben die Kunden zunächst einen Input (Welche Herausforderungen erwarten uns und was brauchen wir dazu von euch? Was erwarten wir neu oder mehr, weniger oder gar nicht mehr von euch?). Je nach Setting können hier auch Lieferanten ihren Auftritt haben. In wiederum gemischten Achtergruppen diskutieren die Teilnehmenden, was sie gehört haben und bereiten Fragen vor, ehe es zum öffentlichen Dialog im Plenum kommt. Je nachdem wie gut die anwesenden Anspruchsgruppen sich kennen, kann es wichtig sein, dass alle Anspruchsgruppen sich präsentieren können, sei es mit Vorträgen (selten) oder via Stellwände (häufig).

7. Schritt: »Feedbackrunde« (Valentines)
Im siebten Prozessschritt geben sich die anwesenden Anspruchsgruppen wechselseitiges Feedback. Dazu sitzen die Teilnehmenden in weitgehend homogenen Achtergruppen (z. B. nach Arbeitsteams) und schreiben denjenigen Anspruchsgruppen, welchen sie ein (positives und/oder negatives) Feedback geben wollen, einen vorstrukturierten Brief. Jede Anspruchsgruppe liest die Briefe, die sie erhalten hat, meldet dem Plenum zurück, was sie dabei erfahren hat und welchen Beitrag zu Stärkung der positiven Punkte und zur Minderung der negativen sie leisten kann.

8. Schritt: »Revision der Strategie«
Im achten Prozessschritt berichtet die Führung, wie sie die Empfehlungen des Vortags in die Strategie aufgenommen hat. Analog zum Schritt »Die Sicht der Führung«, wird dieser Input gemeinsam reflektiert. Anschließend wird mit einer kurzen Evaluation der zweite Tag beendet.

Auch an diesem Abend zieht sich das oberste Management zurück, baut die Rückmeldungen in einen letzten Entwurf ein und entscheidet, was schon entschieden werden kann.

Der dritte Tag beginnt mit dem Feedback zur Evaluation und stellt die gültige Strategie inklusive der strategischen Ziele vor, ohne dass diese noch einmal befragt werden.

9. Schritt: »Preferred Futuring«
Der neunte Schritt ist der Visionsschritt. Dazu werden die strategischen Ziele verteilt an die Wände gehängt. Mit dem Visionsschritt setzen die Teilnehmenden in individueller Arbeit die strategischen Ziele in Maßnahmen um: Was wird erreicht, was gemacht worden sein, wenn diese Ziele erfolgreich umgesetzt sind? Die Teilnehmenden gehen dazu von Ziel zu Ziel und schreiben ihre Zukunftsbilder auf Haftklebezettel, welche sie zu den Zielen hängen. Der Schritt ist, im krassen Gegensatz zur Future Search Conference, sehr einfach gehalten, dauert nur rund 20 Minuten und der Zielhorizont ist oft nur gerade ein Jahr. Dannemiller lenkt so die Kraft des »Futuring« direkt auf den Maßnahmenplan.

10. Schritt: »Erstellen des Aktionsplans«
Im Visionsschritt haben sich die Teilnehmenden gleichzeitig für ein Thema, ein strategisches Ziel eingeschrieben. Im zehnten Schritt erstellen sie in Achtergruppen, auf Basis der Visions-Post-its und des bisher Erreichten eine Liste von Empfehlungen, was, wie angepackt werden soll. Diese Listen werden zusammengetragen und von allen priorisiert. Goldene Punkte erhalten Empfehlungen, die begrüßt werden, rote Punkte Empfehlungen, die man nicht unterstützen kann.

Diese Liste wird von der Führung über Mittag gesichtet und es wird eine kurze Rückmeldung vorbereitet, welche nach dem Mittag an alle gegeben wird. Damit steht der Maßnahmenplan.

11. Schritt: »Planung für die Heimkehr« (Back-Home-Planning)
Im elften Schritt treffen sich die Teilnehmenden wieder in den Anspruchsgruppen und bereiten ein Commitment vor. Sie überlegen sich dazu, was sie zu Hause anpacken werden. Dies wird präsentiert und in einem zweiten Schritt haben alle noch einmal Gelegenheit, bei den anderen Gruppen vorbeizugehen und zu kommentieren, was sie gehört haben und was ihnen noch wichtig ist.

Abschluss
Eine kurze Evaluation, eine kurze Zusammenfassung und ein letzter Input der Führung, wie es nach der Konferenz weitergeht – und die Konferenz wird geschlossen.

2.2.3. Anpassung in den letzten Jahren

Was das Modell besonders attraktiv macht, ist der Umstand, dass sich RTSC auf praktisch alle relevanten Fragen der Unternehmensführung anwenden lässt. Das hat Robert Jacobs in seinem Buch »Realtime Strategic Change« hervorgehoben (1994, S. 119 ff.). Egal welche Frage ansteht: Auf der Basis gemeinsamer strategischer Informationen können alle relevanten Funktionen und Bereiche einbezogen werden – auch Kunden und Lieferanten. Sämtliche Themen können angegangen werden. Die unterschiedlichsten Methoden können angewendet werden. Brainstorming, Experten-Input, Dialoge in Kleingruppen, Analysen (SWOT), Evaluationen etc. – alles ist adaptierbar auf Großgruppenbedürfnisse. Mit einem entsprechenden Design sind dadurch alle Variablen einer Organisation für einen Veränderungs- und Klärungsprozess im Großgruppenformat zugänglich. Entsprechend vielfältig sind die Weiterentwicklungen in den letzten Jahren.

Zwei Kernelemente haben wir fix beibehalten: Die Change-Formel ($U \times V \times E$) als strukturierendes Element für alle Veranstaltungsdesigns und das Verzahnen der Top-down-Vorgaben mit den Bottom-up-Hinweisen. Alle unsere RTSC-Konferenzen beginnen mit der Sensibilisierung. Immer sind es zuerst die Daten der Teilnehmenden, die dazu erhoben werden, und erst danach die Daten des Managements. Immer achten wir darauf, dass alle relevanten Informationen in den Raum kommen. In all unseren Konferenzen kommen die Rahmenvorgaben der Systemspitze erst dann, wenn eine breite Sensibilisierung für die Fragestellung erreicht worden ist. Die Auseinandersetzung mit diesen Vorgaben und den damit verbundenen Auswirkungen haben ihren Platz. Immer bildet die Vision das Scharnier zwischen der Sensibilisierung und den ersten Umsetzungsschritten. Immer werden bereits in der Konferenz erste Themen geklärt und konkrete Schritte eingeleitet.

Als Ergebnis unserer eigenen Erfahrungen haben wir den Entscheidungsdruck aus der Veranstaltung heraus genommen und in den Gesamtprozess hinein gesetzt. Das betrifft sowohl die Entscheidung bezüglich der strategischen Stoßrichtung als auch die konkrete Umsetzung. Ganz im Sinne partizipativer Führung findet die Einbeziehung in der Phase der Entscheidungsvorbereitung statt. Die Großgruppe entscheidet nicht, sie macht Empfehlungen. Die Entscheidungen werden von den dafür vorgesehenen Instanzen gefällt. Statt diesen Zirkel Top-down, Bottom-up, Top-down quasi über Nacht zu machen, wie bei Dannemiller, verteilen wir ihn auf Haupt- und Ergebniskonferenz.

Wir achten sehr darauf, dass die Systemspitze mit einem »stabilen Entwurf« der Strategie in die Großgruppenkonferenz kommt. Das Management muss seine »Hausaufgaben« gemacht haben. Mehrmals haben wir erlebt, dass der Termin, der ursprünglich für die Großgruppe reserviert war, vom Management genutzt wurde, um mit uns diesen stabilen Entwurf erst zu entwickeln, bevor sie damit vor die Großgruppe treten konnten. Steht der Entwurf, so sind in der Regel keine großen Anpassungen mehr nötig. Die Großgruppenkonferenz reflektiert diesen, gibt Hinweise, fokussiert aber vor allem auf die Umsetzung. Das Management nimmt die Hinweise entgegen und arbeitet diese nach der Konferenz in seinen Entwurf ein. In der Ergebniskonferenz wird aufgezeigt, wie die Hinweise aus der Großgruppe berücksichtigt worden sind oder warum gewisse Punkte nicht weiterverfolgt wurden. Auch dieses Statement wird noch einmal zur kritischen Reflexion unterbreitet.

Analog dazu verfahren wir mit den geplanten Umsetzungsschritten. Die Großgruppe macht Empfehlungen, das Management sichtet und würdigt diese nach der Konferenz. Arbeitsgruppen vertiefen und konkretisieren anschließend die Empfehlungen zu Maßnahmenpaketen. Diese werden in der Ergebniskonferenz wieder der Großgruppe unterbreitet. Ausführlicher beschreiben wird dies im Kapitel »Der Gesamtprozess – wie wir ihn planen« (vgl. Seite 150 f.).

Wir haben die Erfahrung gemacht, dass durch dieses Vorgehen die Großgruppenkonferenz, wie auch das Management entlastet wird, ohne Abstriche bei der Mitwirkung machen zu müssen.

2.2.4. Musterbeispiel

Die Führungs-Crew hat nach langen Vorarbeiten und unter Einbeziehung der unterschiedlichen Anspruchsgruppen einen stabilen Entwurf für die neue Strategie, inklusive strategischer Stoßrichtungen, ausgearbeitet. In der Großgruppekonferenz sollen sich die 150 Führungskräfte damit identifizieren können und gemeinsam erste Umsetzungsschritte einleiten.

Erster Tag
Nach einer kurzen Begrüßung durch die Führung und einer Einleitung in die Arbeitsweise und das Programm der kommenden zwei Tage durch die Prozessbegleitung steigen die Teilnehmenden direkt in den Prozess ein.

1. Schritt: »Wie wir das vergangene Jahr erlebt haben«
Die Teilnehmenden treffen sich in 20 gemischten Achtergruppen und tauschen sich aus. Sie stellen sich wechselseitig vor und halten auf dem Flipchart fest, welche Highlights und welche Flops sie im vergangenen Jahr erlebt haben. Die markantesten Aussagen werden nach ungefähr 20 Minuten im Plenum präsentiert.

2. Schritt: »Was uns stinkt und was uns freut«
In neu gemischten Achtergruppen tragen die Teilnehmenden nun zusammen, was sie an ihrem Unternehmen toll finden, was sie freut und was sie ärgert, was ihnen stinkt. Die wichtigsten Aussagen werden auf Karten übertragen, auf einer zentralen Wand gesammelt und individuell mit Klebepunkten priorisiert. Kernpunkte, welche abteilungsübergreifend die Befindlichkeit des Unternehmens darstellen, kommen zum Vorschein.

3. Schritt: »Trends«
Die Teilnehmenden treffen sich in neu zusammengesetzten gemischten Achtergruppen und sammeln gemeinsam die wichtigsten Trends, die sie in ihrem Umfeld wahrnehmen und die direkt auf ihre Arbeit einwirken. Diese wichtigsten Trends werden auf Karten übertragen, auf einer zentralen Wand gesammelt und von allen Teilnehmenden priorisiert. Sie haben dafür zwei verschiedenfarbige Punkte. Mit der einen Farbe priorisieren sie Trends, die sie als Chancen wahrnehmen, welche genutzt werden sollten. Mit der anderen Farbe Trends, die sie als Gefahren sehen, welche aktiv angegangen werden sollten. Mit den Schritten zwei und drei haben wir bis Mittag eine kleine SWOT-Analyse vorliegen – ohne dies explizit so zu benennen.

4. Schritt: »Kunden-/Expertensicht«
Den Einstieg in den Nachmittag gestalten die Kunden und Lieferanten. Sie erzählen, was sie aktuell und künftig brauchen, um eine optimale Performance zu erreichen, und wie sie diesbezüglich das Unternehmen erleben. In

neu zusammengesetzten Gruppen reflektieren die Teilnehmenden diesen Input. Sie notieren sich, welche Schlüsselbotschaften sie gehört haben und – frei von Rechtfertigung – was dieser Input bei ihnen auslöst. Die wichtigsten Statements werden ins Plenum gebracht. Die Kunden werden von der Prozessbegleitung gefragt, ob sie den Eindruck haben, dass ihre Botschaften angekommen sind. Ein kurzer offener Dialog mit der Großgruppe beendet diesen Schritt. Wahlweise kann dieser Schritt ergänzt oder ersetzt werden durch Experten-Inputs. Dies sind zumeist anerkannte Persönlichkeiten, welchen im Konferenzthema eine hohe Kompetenz zugesprochen wird. Das Vorgehen verläuft analog dem des Kunden-Inputs (Input, Reflexion, Rückmeldung des Inputgebers).

5. Schritt: »Die neue strategische Stoßrichtung«
Dies ist die Stunde der Führungsspitze. Bezugnehmend auf die bisherigen Schritte (SWOT und Kundensicht) bringt die Führungsspitze ihre neue strategische Stoßrichtung ein. Hier zeigt sich nun, warum dieser Input ein »stabiler Entwurf« sein muss. Allfällige Widersprüche zu den Daten, die gerade eben in der Konferenz erhoben worden sind, müssen erklärbar sein, müssen nachvollziehbar sein. Schön, und durchaus üblich, wenn die strategische Stoßrichtung bereits Antworten gibt auf die festgestellten Trends und die eben gehörten Kundenbedürfnisse. Analog zum vorhergehenden Schritt treffen sich die Teilnehmenden in gemischten Achtergruppen, notieren sich die zentralen Botschaften, die sie wahrgenommen haben, und die Fragen, die sie haben. Die wichtigsten Anmerkungen werden ins Plenum gebracht. Auch hier wird die Führung gefragt, ob die wichtigsten Botschaften angekommen sind. Im Dialog mit der Führung werden offene Fragen geklärt.

6. Schritt: »Hoffnungen und Erwartungen«
Die Teilnehmenden sind zu diesem Zeitpunkt oft aufgewühlt. Sie erkennen, dass einiges von dem, was bisher galt, nicht mehr gilt. Sie haben eine größere und ganzheitlichere Sicht erhalten, sehen aber noch nicht klar, wie es jetzt weitergehen soll. Im Schritt »Hoffnungen und Erwartungen« können diese Befürchtungen formuliert werden. Vor einigen Jahren haben wir diesen Schritt noch »Ängste und Befürchtungen« genannt. Wir sind ganz bewusst davon abgekommen. Es fällt den Teilnehmenden leichter, Befürchtungen als Hoffnungen zu beschreiben (oder eben als Erwartungen). Der erste Schritt in die Zukunft wird so eingeleitet. Ein zweiter, sehr wichtiger Effekt ist der, dass hier noch einmal alte Bilder aufpoppen und so angegangen werden können. Es zeigt sich sehr schnell, welche Punkte aus der Vorgabe der Führung noch nicht verstanden, noch nicht akzeptiert sind. Sie machen sich hier bemerkbar als Hoffnung, dass etwas nicht ganz so schlimm kommt, dass dies oder jenes trotz der bevorstehenden Veränderung noch »gerettet« werden kann. Wenn es sich dabei um Einzelstimmen handelt, brauchen sie nicht weiter diskutiert zu werden. Erhalten diese als Hoffnungen verkappten »Rückkommensanträge«

(in Deutschland würde man von »Anträgen auf Verfahrenswiederaufnahme« sprechen) aber über die Priorisierung einen hohen Stellenwert, hat die Führung jetzt die Gelegenheit, Stellung zu beziehen – manchmal sehr emotional. Die Teilnehmenden gehen in den Abend.

Zweiter Tag
Der Einstieg am zweiten Tag beginnt mit einer Rekapitulation des ersten Tages. Unter dem Arbeitstitel »Reste von Gestern« erzählen die Teilnehmenden, was sie am Abend oder in der Nacht beschäftigt hat. Das sind oft ganz wenige, sehr ruhige Statements. Die wichtigsten Ergebnisse vom Vortag werden noch einmal in Erinnerung gerufen.

7. Schritt: »So tun als ob alles gut wäre«
Die Teilnehmenden versetzen sich in die Zukunft. Je nach Kundensystem und Fragestellung um ein Jahr oder bis zu zehn Jahren. Sehr oft auch ganz ohne Jahresangabe. Der Schritt wird folgendermaßen anmoderiert: »Stellen Sie sich vor, Sie treffen sich in einigen Jahren wieder genau hier in diesem Saal. Ihre Hoffnungen und Erwartungen haben sich weitgehend erfüllt. All das, was Sie damals im Jahr (...) festgestellt haben, ist optimal umgesetzt worden. Die Stärken und Chancen sind genutzt, die Schwächen und Gefahren erkannt und angegangen worden. Die Strategie ist hervorragend umgesetzt worden. Alle internen und externen Stakeholder sind sehr zufrieden. Entwickeln Sie ein Bild davon, wie dies aussieht: Was genau wird gemacht? Was wird nicht mehr gemacht? Wie sieht die Zusammenarbeit aus etc.? Versuchen Sie ein durchaus optimistisches, ambitioniertes Bild zu entwerfen, ohne dabei allzu abgehoben und maximalistisch zu sein. Wie sieht dieses Bild aus? Bereiten Sie eine kurze Präsentation vor. Dies kann in der Form eines Interviews sein. Zum Beispiel in einem Wirtschaftsmagazin, zur Verleihung eines Preises oder weil ein Kollege im Ruhestand die Unternehmung wieder einmal besucht.« Die Teilnehmenden haben etwa eine halbe Stunde Zeit, diese Bilder zu entwickeln. Ungefähr sechs bis acht Gruppen präsentieren, die anderen ergänzen diese Bilder. Während der einzelnen Präsentationen notieren die restlichen Teilnehmenden die Themen, die in den Visionen auftauchen. Der Schritt dauert 60 bis 75 Minuten. Dieser Schritt ist extrem humorvoll, bringt eine große Leichtigkeit in den Raum und setzt Energien frei.

8. Schritt: »Die wichtigsten Themenfelder«
In neu zusammengesetzten gemischten Achtergruppen werden aufgrund der Notizen aus dem Visionsschritt, aber auch im Bezug zu allem, was die Konferenz bis anhin geprägt hat, die wichtigsten Handlungsfelder herauskristallisiert. Dazu wird wieder ein Brainstorming in der Achtergruppe gemacht, die wichtigsten Handlungsfelder werden auf Karten übertragen und an der zentralen Wand zu Arbeitspaketen geclustert. Die anschließende Priorisierung zeigt, wo der größte Handlungsbedarf festgestellt wird. Während die Teilnehmenden

in die Vormittagspause gehen, werden die Punkte ausgezählt und die wichtigsten Handlungsfelder werden auf die verschiedenen Flipcharts verteilt.

9. Schritt: »Vertiefung der Handlungsfelder«
Wenn die Teilnehmenden aus der Pause zurückkehren, sehen sie, via Projektor auf die Leinwand gestrahlt, die Liste ihrer priorisierten Handlungsfelder und deren Zuteilung auf die unterschiedlichen Stuhlkreise. Die Teilnehmenden gehen zum Thema ihrer Wahl. Manchmal gibt es größere Gruppen, die auf zwei Stuhlkreise verteilt werden. Manchmal besteht eine »Gruppe« bloß aus zwei Personen, die sich dadurch aber nicht irritieren lässt. Alle erhalten die Anweisung, ihr Handlungsfeld zu konkretisieren; Empfehlungen zu machen, was die Zielsetzung in diesem Thema sein sollte; welches allenfalls Unterziele sind; was schon vorhanden ist und berücksichtigt werden sollte und welche ersten konkreten Maßnahmenideen allenfalls schon vorhanden sind. Zudem sollen sie einen Vorschlag machen, wie das Thema über die Konferenz hinaus bearbeitet werden soll. Sie geben an, ob aus ihrer Sicht eine neue Arbeitsgruppe eingesetzt werden muss, ob ein laufendes Projekt oder eine bestimmte Abteilung dieses Thema aufnehmen sollte.

10. Schritt: »Galerie und Bildung von Arbeitsgruppen«
Wenn die Skizzen soweit gediehen sind, erhalten alle Teilnehmenden die Gelegenheit bei den anderen Gruppen vorbeizugehen. Eine Person pro Gruppe bleibt beim Flipchart, um die ankommenden Gäste über den Stand der Überlegungen zu informieren. Die Gäste können das, was sie vorfinden, kommentieren, indem sie Post-its dazu hängen. Diese können zusätzliche Informationen enthalten, es können aber auch unterstützende oder kritische Voten sein. Zudem können sich alle Teilnehmenden für ein Thema einschreiben. Sie können also ihr Interesse anmelden, über die Konferenz hinaus an einem Thema weiterzuarbeiten.

Schluss
Die Führung nimmt die Ergebnisse der Konferenz entgegen. Insbesondere die Empfehlungen für die konkreten Handlungsfelder und die Namen der an einer Weiterarbeit interessierten Personen. Sie gibt an, diese Empfehlungen innerhalb weniger Tage zu prüfen und anschließend die Interessierten für einen Kick-off zur Bildung der Arbeitsgruppen einzuladen sowie alle über die nächsten Schritte zu informieren. Mit dem Hinweis auf die Ergebniskonferenz, bei der die Zwischenresulate präsentiert werden, und einem wertschätzenden Dankeschön an alle Teilnehmer endet die Konferenz.

2.2.5. Würdigung

Würden Großgruppenkonferenzen auf dem Eis stattfinden, sähen wir in der Zukunftskonferenz das Pflichtprogramm: Die einzelnen Figuren sind relativ genau vorgegeben. Auch wenn in den letzten Jahren einige Anpassungen vorgenommen wurden, so ist der Ablauf doch relativ starr. Der RTSC ist die Kür. Wie die Darstellung im Eingangsteil schon zeigt, kann mit RTSC nahezu jede Fragestellung angegangen werden. Das und der Umstand, dass die Leitung den Handlungsspielraum sehr genau steuern kann, macht RTSC zur ersten Wahl bei sehr vielen Projekten im wirtschaftlichen Bereich. Aber Achtung! Die Kür ist schwieriger als die Pflicht. Die Freiheit der Fragestellungen und der Themen, die mit RTSC behandelt werden können, verlockt dazu, die Konferenz zu überlasten. Wie die Kür im Eiskunstlauf braucht auch der RTSC-Prozess eine stimmige Choreografie. Wenn die einzelnen Teile gut aufeinander abgestimmt sind, wenn entlang des Bogens U × V × E ein sauberer Prozess geführt werden kann, entfaltet RTSC seine volle Kraft.

2.3 Open Space Technology

2.3.1. Herkunft

Der Erfinder und aktive Förderer von Open Space Technology (OST) ist Harrison Owen. Owen setzte sich, nachdem er in den 1960er-Jahren seine akademische Laufbahn abbrach und im Rahmen von Peace Corps zwischen den USA und Afrika hin und her pendelte, intensiv mit dem Wesen von Mythen und Ritualen auseinander. In den 1970er-Jahren war er aktiv in der Weiterentwicklung der OE. So organisierte er den ersten Internationalen Kongress für Organisationstransformation, welcher zum Ausgangspunkt zahlreicher Neuerungen in der OE wurde. Zum Beispiel wurden hier auch die sogenannten »Flow-Teams« des Zürchers Martin Gerber vorgestellt und weiterentwickelt. 1992 erschien Owens »Open Space Technology« zum ersten Mal in einem kleinen Verlag und ging schnell um die Welt. 1997 wurde das Buch dann bei Berrett-Köhler herausgegeben und erreichte fortan ein Millionenpublikum. 2001 erschien die deutsche Übersetzung der Erstausgabe in der Blauen Reihe, damals noch bei Klett-Cotta. 2011 erschien in der gleichen Reihe, die inzwischen von Schäffer-Poeschel herausgegeben wird, die Übersetzung der von Owen überarbeiteten und ergänzten 2. Auflage des Klassikers.

Harrison Owen stellt die Geburtsstunde von OST selbst wie folgt dar:

> »Im Jahr 1983 hatte ich Gelegenheit, eine internationale Konferenz für 250 Teilnehmer zu organisieren. Daran habe ich ein ganzes Jahr lang hart gearbeitet [...] am Ende der Konferenz [...] [kamen] alle Beteiligten (ich eingeschlossen) zu dem einhelligen Schluss [...], dass der beste und wirklich nützliche Teil der Konferenz [...] aus den Kaffeepausen bestanden hatte. Soviel zu meiner einjährigen Bemühung um eine perfekte Organisation von Informationsblättern, Vorträgen, Teilnehmern und Rednern. Das einzige, das allen gefallen hatte, war gleichzeitig die einzige Sache, mit der ich als Organisator nicht das Geringste zu tun gehabt hatte – die Kaffeepausen. Das musste etwas zu bedeuten haben.« (Owen 2011, S. 3)

Owen begann, den Prozess dieser vor Energie und Enthusiasmus sprudelnden Pausen zu hinterfragen, um daraus für die Gestaltung effektiverer Seminare zu lernen.

Erfahrungen, die Owen als Fotojournalist in einem Dorf in Westafrika gemacht hatte, schienen in dieselbe Richtung zu weisen. Owen konnte in Liberia einer Initiationszeremonie beiwohnen und war erstaunt über den offensichtlich geringen Organisationsaufwand, der damit verbunden war. Wenige Prinzipien reichten, um das Fest »durchzuziehen«. Die Leute trafen sich im Kreis – nach wie vor die ideale Form für Kommunikation. Sie ließen die Veranstaltung pulsen (Owen spricht von »atmen«), das heißt die Leute trafen sich im Kreis und zogen sich in ihre Häuser zurück, trafen sich wieder im Kreis etc. Es gab den Marktplatz als Ort des Austauschs und ein Anschlagbrett für News aller Art. Die Prinzipien der Kaffeepause und seine Erfahrungen aus Afrika fügte Owen Mitte der 1980er-Jahre zu einem radikal neuen Konzept der Konferenztechnik zusammen: der Open Space Technology.

Open Space ist radikal einfach: Menschen treffen sich im Kreis. Sie haben eine Frage, ein Thema, das alle angeht. Die Agenda ist leer, das heißt sie können das einbringen, was sie für richtig halten. Der Marktplatz ist offen, sie können sich also dorthin begeben, wo sie hin wollen… und der Rest ergibt sich von selbst.

Daneben kennt Open Space gerade einmal vier »Grundsätze« und ein »Gesetz«. Die allerdings haben es in sich:

Die vier Grundsätze

1. Wer kommt, ist die richtige Person
Es ist sinnlos, darüber zu klagen, wer alles noch hier sein sollte und wer natürlich wieder fehlt: Das ist offenbar immer so. Und das gilt auch für alle Workshops während des Open Space: Diejenigen, die da sind, sind die einzigen, die es wirklich packen können – und wenn sie vielleicht sogar ganz allein mit ihrem Thema sind.

2. Offenheit für das, was geschieht
Auf Überraschungen gefasst sein und loslassen können: In einem so offenen Setting geschieht oft Unerwartetes. Es ist wichtig, das zulassen zu können und schätzen zu lernen.

3. Es beginnt, wenn die Zeit dafür reif ist
Nicht darüber sinnieren, dass man damit schon lange hätte anfangen müssen. Jetzt ist der Moment – und vielleicht auch nicht. Seien Sie auch nicht überrascht, wenn es dann halt doch nicht ins Laufen kommt.

4. Vorbei ist vorbei
Manchmal sind Workshops bereits nach 20 Minuten fertig und dabei hätte man doch 75 oder gar 90 Minuten Zeit: Hören Sie auf! Nutzen Sie Ihre Energie, Ihr

Engagement in einem anderen Workshop. Oder umgekehrt: Die Diskussion ist auch nach 90 Minuten noch heiß: Vereinbaren Sie mit Ihren Kollegen und Kolleginnen, wo Sie weiterarbeiten wollen, und machen Sie weiter.

Das »Gesetz der zwei Füße«
Jeder Teilnehmende hat das Recht, eine Arbeitsgruppe oder eine Interaktion zu verlassen, wenn er das Gefühl hat, in dieser Situation nichts zu lernen oder nichts beitragen zu können (*Freiheit*). Zudem ist jeder Teilnehmende selbst verantwortlich für den Erfolg und die Effizienz für sich und für alle (*Selbstverantwortung*).

Das »Gesetz der zwei Füße« führt dazu, dass sich wiederkehrende Muster im Verhalten der Teilnehmenden zeigen:

Die Hummeln
Sie schwirren von Workshop zu Workshop (oft weil sie sich für alle Themen interessieren). Die Hummel befruchten so den einen Workshop mit Ideen aus einem anderen Workshop. Sie regen an und fliegen wieder weiter.

Die Schmetterlinge
Diese nehmen oft an gar keiner Gruppe teil. Sie trifft man vielleicht an der Bar, draußen oder sonstwo. Es ist auf alle Fälle der Ort, der ihnen am meisten entspricht. Manchmal kommen zwei Schmetterlinge in ein Gespräch, kreieren eine neue Idee und bringen diese in einen eigenen Workshop ein. Manchmal bleiben sie aber auch ganz einfach für sich.

In der OST-Literatur fehlt eine Gruppe, die es aber sehr wohl gibt: *die Ameisen*. Damit sind jene Leute gemeint, und in der Regel sind sie in der Mehrheit, die sich den gesamten Workshop über einbringen, aktiv mitarbeiten, sich engagieren und sich auch darum kümmern, dass über die Workshop-Arbeit berichtet wird.

Open Space ist ein außerordentlich kraftvolles Interventionsinstrument. Ein Open Space, das betont Owen immer wieder, braucht Menschen, die *Leidenschaft* für ein Thema mitbringen und die *Verantwortung* übernehmen.

»*Damit Open Space Technology funktionieren kann, muss man sich auf eine konkrete Aufgabe oder geschäftliche Frage konzentrieren, für die alle Beteiligten leidenschaftliches Interesse aufbringen.*« (Owen 2011, S. 25)

Wenn den Beteiligten klar ist, was sie tun wollen, und sie Interesse daran haben, die Aufgabe erfolgreich zu bewältigen, scheinen sich organisatorische Fragen in Luft aufzulösen. Es braucht also zuallererst ein »heißes« Thema. Owen schreibt:

»*[...] ich [habe] die Erfahrung gemacht, dass sich nur wenige Menschen in Arbeitsorganisationen für solch abstrakte Begriffe wie Teambildung oder Empowerment interessieren, ganz zu schweigen von einer Open-Space-Erfahrung. Was ihnen am Herzen liegt ist etwas anderes: Sie wollen Gewinn machen, einen guten Service anbieten, [...] OST ist darauf angelegt, dass man sich mit konkreten Arbeitsaufgaben auseinandersetzt.*« (Owen 2011, 25 f.).

2.3.2. Das Grundmodell

Das Grundmodell von Open Space durchzuführen, dauert mindestens einen vollen Tag und kann vier Tage und mehr dauern. Das hier vorgestellte Modell

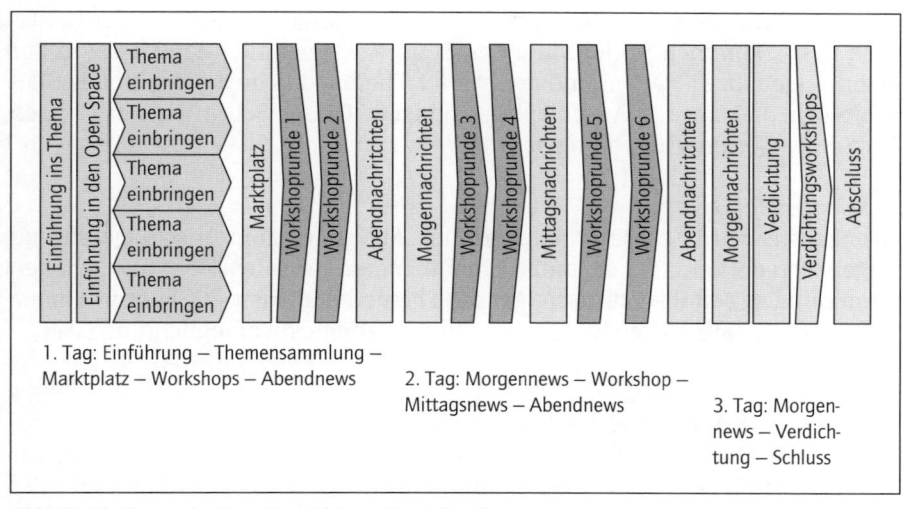

1. Tag: Einführung – Themensammlung – Marktplatz – Workshops – Abendnews
2. Tag: Morgennews – Workshop – Mittagsnews – Abendnews
3. Tag: Morgennews – Verdichtung – Schluss

Abb. 18: Die Phasen des Open Space (eigene Darstellung)

(vgl. Abbildung 18), findet an drei aufeinanderfolgenden Tagen statt und dauert vom ersten Mittag bis zum übernächsten Mittag.

Erster Tag (Halbtag)
In der Regel wissen die Teilnehmenden, dass sie an einem Open Space teilnehmen werden. Sie kennen den Anlass, das Thema und sie wissen, dass es keine vorgefertigte Agenda gibt. Eine gewisse Spannung liegt in der Luft. Beim Eintreffen am Konferenzort erhöhen das ungewohnte Setting, ein großer Stuhlkreis und die leere Agendawand diese Spannung noch. Das Leitungsteam begrüßt die Teilnehmenden, die im Kreis auf ihren Stühlen sitzen, und umreißt das Hauptthema in kurzen Zügen. Manchmal kommen auch Kickoff-Speaker zum Einsatz oder es wird mit Videoausschnitten, Statements von Kunden und Ähnlichem ins Thema eingestimmt.

1. Schritt: Einführung
Es gibt keine Agenda – noch nicht. Die Tagesordnung soll auf einer ausreichend langen mit Papier bespannten Moderationswand entstehen, die zunächst nur in einzelne Zeitabschnitte sowie Hinweise auf Gruppenräume eingeteilt ist und ansonsten noch völlig leer ist. Dann werden die vier Grundsätze des Open Space und das »Gesetz der zwei Füße« erklärt. Es wird erklärt, dass jeder/jede ihr Thema einbringen und einen Workshop eröffnen kann und dass man dazu ein Zeitfenster und einen Ort aussuchen kann. Es wird zudem erklärt, dass die Workshop-Anbieter die Möglichkeit haben, im Anschluss an ihren Workshop die Resultate im Redaktionsraum in vorgefertigte Resultatblätter abzufüllen, damit diese vervielfältigt und verteilt werden können.

2. Schritt: Themen generieren
Die Teilnehmenden, die ein Thema haben, das zum Generalthema der Konferenz passt, kommen in die Mitte des Kreises. Sie nehmen das Mikrofon zur Hand, sagen ihren Namen und nennen ihr Thema, das sie auf ein großes Blatt schreiben und an das Anschlagbrett hängen. Dieser Schritt dauert je nach Größe der Gesamtgruppe ungefähr 60 Minuten.

3. Schritt: Marktplatz
Als nächstes wird der Marktplatz eröffnet. Alle gehen zum Anschlagbrett und tragen sich dort ein, wo sie mitarbeiten möchten. In jedem der vorgesehenen 90-minütigen Zeitabschnitte stehen die Themen zur Auswahl. Für ein Thema interessieren sich vielleicht 30 Leute, für ein anderes womöglich nur zwei.

4. Schritt: Die Workshops
Manche Workshops sind nach einer Stunde zu Ende, andere brauchen die vollen anderthalb Stunden. In den meisten Gruppen moderiert der oder die Teilnehmende, der/die das Thema initiiert hat. Alles ist freiwillig, und alles ist möglich. Jeder arbeitet genau dort mit, wo er will. Wenn jemand feststellt,

dass er in der von ihm gewählten Gruppe keinen Beitrag leisten kann oder nichts lernt, darf er in eine andere gehen. Jeder arbeitet im Laufe von zwei Tagen in sechs oder mehr Gruppen mit, die jedes Mal anders zusammengesetzt sind.

5. Schritt: Die »News-Runden«
Am Abend, am Morgen und am Mittag trifft man sich im Kreis und tauscht wichtige Erkenntnisse aus. Oft wird hier die Agenda erneuert. Workshops werden verlängert oder zusammengelegt.

Der vierte und der fünfte Schritt wird in mehreren Schlaufen durchgeführt, bis zum zweiten Abend. Bei mehr Teilnehmenden, und konsequenterweise auch einer größeren Anzahl von Workshops, ist es nicht möglich, die einzelnen Ergebnisse präsentieren zu lassen. Stattdessen schreiben die Themengeber – meist zusammen mit zwei bis drei weiteren Teilnehmenden – noch während der Konferenz einen Bericht von ein bis drei Seiten Länge über die Resultate ihres Workshops. Zu diesem Zweck wird eine entsprechend notwendige Anzahl von PCs im Redaktionsraum aufgestellt. Am Ende des zweiten Tages (bei einer zweieinhalbtägigen Konferenz) sind alle Berichte fertig.

Wenn die Teilnehmenden am dritten Tag morgens in den großen Stuhlkreis kommen, liegen die Mappen mit allen Berichten, die über Nacht kopiert wurden, in der Mitte des Kreises.

6. Schritt: Verdichtung
Die Konferenzteilnehmenden lesen, manchmal eine Stunde lang, manchmal sogar länger. Ist das Lesen beendet, werden Themen, die zusammengehören zusammengelegt. Oft wird danach gemeinsam priorisiert.»Welche Themen sollten wir heute unbedingt noch vertiefen«. Das Ergebnis ist eine Top-Ten-Liste (die je nach Gruppengröße zur Top-Twenty-Liste werden kann).

7. Schritt: Verdichtungsworkshop
Anschließend werden die Top-Ten-Themen auf die Workshops (Zeitfenster/Raum) verteilt. Dann treffen sich die Teilnehmenden noch einmal bei diesen Themen. Doch diesmal gehen vor allem diejenigen in die Gruppen, die definitiv gewillt sind, auch nach der Konferenz weiter mit der Gruppe für das Thema zu arbeiten.

Vor dem Mittag treffen sich alle wieder im Kreis. Die Konferenz wird mit einer abschließenden Reflexion beendet.

2.3.3. Anpassungen in den letzten Jahren

In den ersten Jahren gab es einen riesen Hype um Open Space Technology. Dabei ließen sich zwei Trends erkennen: Popularisierung und Mystifizierung.

Zur Popularisierung zählen wir den Umstand, dass eine Weile lang fast alle jährlich wiederkehrenden Konferenzen zu irgendwelchen Themen plötzlich »Open-Space-Veranstaltungen« waren. Unter Titeln wie »Gesundheit 2000« oder »Die Zukunft unserer Stadt« oder »Zukunft des Finanzrechnungswesens« wurde nicht mehr, wie vorher üblich, in vordefinierten Workshops gearbeitet. Ganz neu konnten nun alle ihre eigenen Themen einbringen. Die einen Veranstaltungen verliefen völlig flach, weil kein Feuer für die entsprechende Fragestellung vorhanden war. Oder die Leute waren enttäuscht, weil sie dafür bezahlt hatten, irgendwelche Experten zu hören und wurden nun stattdessen auf sich selber verwiesen. Einige Veranstalter waren sich dessen zum Teil bewusst, und gingen dazu über, viele Referenten einzuladen, welche bereits mit einem festen Thema in der Agenda eingetragen waren. In diesen Workshops wurde wie üblich monologisiert. Raum für weitere Workshops war kaum mehr da, und wenn, dann konnten sie gegen die Hochglanz-Workshops in den Nebenräumen nicht konkurrieren. Open Space galt fortan als Schwatzbude der gehobenen Art.

Eine andere Gruppe von Open-Space-Anwendern fiel ins andere Extrem: Sie überhöhten Open Space Technology. Es gab nur noch den einen richtigen Weg. Kein Element, das der Selbstorganisation widersprach, sollte aufgenommen werden. Der Kreis als Ort der Zusammenkunft war unantastbar. Der Einsatz von »Talking Sticks«, den Redestäben, als Ritual einer indianisch-schamanischen Technik, überhöhte die Nachrichtenrunden. Nicht korrekte Anwender wurden kritisiert.

Wir sind in den letzten Jahren dazu übergegangen, die wenigen Open Spaces, die wir machen, viel pragmatischer anzugehen. Wir setzen auf die Kraft der Methode! So erzählen wir zur Eröffnung schon lange nicht mehr die Geschichte des Open Space, sagen nichts zu Harrison Owen und nichts zu Selbstorganisation und auch nichts zu irgendwelchen Energien in der Organisation. Das merken die Teilnehmenden nämlich sehr schnell selber. Wir lassen oft auch die Bildelemente weg. Sagen nichts mehr von Hummeln und Schmetterlingen – erzählen aber sehr wohl von den verschiedenen Grundsätzen und dem »einen Gesetz«, um im Raum die Erlaubnis zu Bewegung entstehen zu lassen. Meistens sind wir auch nicht mehr im Kreis, meistens in Halbkreisen vor der Agendawand, die sich langsam füllt. Bei einer großen Anzahl von Teilnehmenden kann sogar eine Konferenzbestuhlung gewählt werden. Je pragmatischer wir geworden sind, umso stärker wird die Wirkung der zentralen Frage – und umso wichtiger auch die Frage, ob diese denn wirklich zündet.

Das Grundmodell haben wir beibehalten. Die Abfolge ist alles andere als beliebig. Das Öffnen des Raums, das freie Spiel (Divergenz) und die gemeinsame Sichtung und Vertiefung (Konvergenz) sind als Grundrhythmus auch für uns zentral.

Einen besonders kritischen Punkt möchten wir hervorheben: den Kick-off. Wir haben einmal erlebt, dass eine große und angesehene Persönlichkeit mit seinem Eröffnungsreferat ein Thema derart pointiert angegangen ist, dass danach die ganze Energie im Raum sich darauf richtete, ob diese Persönlichkeit recht hat oder nicht. Die Themen kamen entsprechend polarisierend. Die Open-Space-Veranstaltung war wie paralysiert. Der Kick-off muss das Thema einerseits einleiten, er muss aber gleichzeitig, die große Frage des »Wie?« und »Wie noch?« und »Wie noch ganz anders?« ermöglichen. Er muss öffnen und nicht einengen, um so der Veranstaltung den offenen Raum zu geben. Weniger ist hier oft mehr.

Wichtig ist auch die Dauer der Workshop-Runden, da diese bei manchmal engen Zeitfenstern unter Druck kommen. Die Workshop-Runden dauern bei uns mindestens 75 Minuten. Die besten Erfahrungen machen auch wir mit 90 Minuten. Das erst gibt den Schmetterlingen und Hummeln den Raum, den sie brauchen, um ihre Rolle zu entfalten.

Und auch wir schauen darauf, dass die Ergebnisse ins Plenum zurückkommen, dass alle, trotz teilweise sehr hohem logistischem Aufwand, die Ergebnisse noch in der Konferenz erhalten und sichten können.

2.3.4. Musterbeispiel

In einem Industriebetrieb bestand ein großer Nachholbedarf in Sachen Prozessoptimierung und Controlling. Der Betrieb selber und der Konzern waren darauf angewiesen, bessere Plan- und Geschäftsdaten zu erhalten. Die Zentrale wurde mit zahlreichen Fachkräften aus den Bereichen Finanzen und Controlling sowie Projektmanagement aufgestockt. Das führte dazu, dass eine äußerst aktive Zentrale in den Augen der Produktion einen sinnlosen Mehraufwand produzierte. Es kam zu zahlreichen Konflikten zwischen Produktion und Zentrale. In der Vorbereitung wurde klar, dass die Grundstrukturen und -prozesse breit akzeptiert waren, dass es aber der bekannte »Teufel im Detail« war und ein nicht zustande gekommenes Vertrauensverhältnis, welche die Zusammenarbeit dauernd torpedierten. In einem Vorprozess kam es deshalb zu einer ersten Begegnung aller rund 50 betroffenen Führungskräfte unter dem Motto »Wie gewinnen wir wieder wechselseitiges Vertrauen?«. Auf dieser Basis trafen sich alle danach zum Open Space »Wie bringen wir unsere Organisation zurück zum Erfolg?«.

Erster Tag (halber Tag)

Kick-off
Die Teilnehmenden treffen sich im Kreis. Die Führungsspitze zeigt den hohen Handlungsbedarf auf. Es wird klar, dass Lösungen gefunden werden müssen, und es wird auch klar, dass die Lösungen hier im Raum sind. Die Leiter der beiden hauptsächlich betroffenen Abteilungen nehmen die Ergebnisse des Vorprozesses auf und öffnen den Raum, in dem sie alle ermuntern auch unkonventionelle Ideen zu prüfen.

1. Schritt: Einführung in den Open Space
Die Prozessbegleitung erklärt die Agendawand. Vier Workshop-Runden und sieben Workshop-Plätze stehen zur Verfügung. Die vier Grundsätze und »Gesetz der zwei Füße« werden erklärt. Die Prozessbegleitung öffnet den Raum für alle Themen und Fragen, die zur Lösung beitragen und bittet die Themenanbieter, dafür Sorge zu tragen, dass die Ergebnisse des Workshops erfasst werden.

2. Schritt: Themensammlung
In der Mitte des Stuhlkreises steht ein kleiner Bistrotisch mit den vorgefertigten leeren Themenbättern. Die Teilnehmenden kommen ins Zentrum, schreiben nebeneinander die Themen auf, gehen zum Teil mit den Themenblättern auf ihren Platz zurück, um die treffende Formulierung des Themas zu finden, und kommen wieder zurück in die Mitte des Kreises. Einer nach dem anderen kommt nun zum Mikrofon, erklärt sein Thema und hängt das Themenblatt in ein leeres Zeitfenster an der Agendawand. Die Agenda beginnt sich zu füllen.

3. Schritt: Der Marktplatz
Bei der Agendawand feilschen die Themenanbieter untereinander oft noch um die Zeitfenster. Die eine will unbedingt am Workshop des anderen teilnehmen und verschiebt ihren Workshop deshalb in eine andere Runde. Auch die anderen Teilnehmer mischen sich ein. Nach einer gewissen Zeit stabilisiert sich die Agenda und alle schreiben sich in die Workshops ein. Die Prozessbegleitung weist auf die Möglichkeit hin, dass die Agenda laufend ergänzt werden kann und dass während und zwischen den Runden die Agendawand konsultiert werden kann, um zu sehen, wo was läuft. Sie wünscht einen guten Start und lädt alle ein, sich zu den Abend-News wieder im Kreis zu treffen.

4. Schritt: Workshops
Die Workshops starten. Es herrscht ein emsiges Kommen und Gehen. Viele schauen zunächst in verschiedene Workshops hinein, bevor sie sich in einem niederlassen und sich dort vertiefen. Andere nutzen schon die erste Workshoprunde, um erst einmal einen Kaffee zu trinken und treffen dort andere, die auch noch nicht bereit sind, einzusteigen. Es entstehen Impulse, die in die Workshops zurückfließen oder neue Themen, die an die Agendawand kommen. Die Pause zwischen den zwei Runden ist fließend. Oft steht eine Gruppe auf der Schwelle zum Workshop-Raum, in dem die vorgängige Gruppe noch intensiv am diskutieren ist. Diese räumt dann den Platz und geht manchmal zur Agendawand, um das eigene Thema in einem anderen noch leeren Raum weiterzuführen oder hängt gar einen Zettel dran mit dem Hinweis »Wir sind im Foyer«.

5. Schritt: Die Abend-News
Die Leute kommen mehr oder weniger zur abgemachten Zeit in den Kreis zurück. Die Freiheit wird genutzt, man schwatzt und tauscht sich aus. Wenn der Kreis gut besetzt ist, beginnen die Nachrichten. Zum Teil wird aus den

Workshops berichtet. Es werden ganz grundsätzliche Sachen eingebracht. Es werden aber auch Fragen gestellt. Informationen werden gesucht, von denen vermutet wird, dass sie irgendwo im Plenum sind. Es werden neue Workshops vorgestellt. Der Tag klingt aus.

Zweiter Tag

Die Schlaufen
Die Konferenz beginnt zu pulsen. Morgen-News eröffnen den Tag. Neue Ideen und Erkenntnisse aus den Diskussionen der letzten Nacht werden eingebracht. Die dritte Workshop-Runde beginnt, die vierte danach. Im Redaktionsraum steigt unterdessen die Temperatur. Die Themenanbieter kommen mit ihren Notizen in den Raum, integrieren Fotos in die vorgefertigten Resultateblätter. Der Übergang in den Mittag ist fließend.

6. Schritt: Die Verdichtung
Über Mittag sind die Berichte gedruckt und vervielfältigt worden. Die Leute kommen in den Raum, nehmen sich ein Exemplar der gesammelten Berichte und beginnen zu lesen. An den Wänden reihum sind die Resultate oder Auszüge davon aufgehängt. Einzelne Themen werden zusammengelegt. Die Teilnehmenden diskutieren. Nach einer gewissen Zeit werden alle Teilnehmenden gebeten, mittels Klebepunkte die Themen (Plakate) zu markieren, welche verdichtet werden sollen. Bei dieser Verdichtung kommen praktisch immer einige Themen deutlich in den Vordergrund. Diese werden auf die Workshop-Plätze verteilt. Je nach Gruppengröße lassen wir ein oder zwei Workshop-Plätze frei und beteln sie als »etwas ganz anderes«. Hier treffen sich die Personen, die nicht spezifisch in die Verdichtung gehen oder die ein anderes, neues Thema bearbeiten wollen.

7. Schritt: Verdichtungsworkshop
An den Workshop-Plätzen liegen Blätter aus, welche helfen die Verdichtung zu strukturieren. Dieser Schritt gleicht dem letzten Schritt beim RTSC. Es werden Ziele, Unterziele genannt. Bereits Vorhandenes, das bei der Weiterarbeit berücksichtigt werden muss, wird aufgeschrieben. Es werden Empfehlungen gemacht, wer das Thema nach der Konferenz weiterbearbeiten will und wen man sich zusätzlich bei diesem Thema wünscht.

Schluss
Die Teilnehmenden treffen sich wieder im Kreis. Sie berichten aus den Vertiefungs-Workshops. Oft wird Rückschau gehalten auf die letzten zwei Tage. Die Arbeitsatmosphäre der vergangenen zwei Tage wird bewusst gemacht und damit geankert – als Hilfe für die Schwellen, die im Alltag wieder kommen. Die Prozessbegleitung verabschiedet sich. Die Führungsspitze bedankt sich und schließt die Konferenz.

2.3.5. Würdigung

Open Space Technology ist ein äußerst kraftvolles Instrument, um zu einer brennenden Frage viele Antworten zu finden. OST mobilisiert das kreative, das lösungsorientierte Potenzial in einer Organisation. Ideen sprudeln. Es ist ein großes Brainstorming, das sich selber zu konkreten Lösungen kanalisiert. OST erinnert darüber hinaus alle, die daran teilnehmen, dass sie sich selber organisieren können, dass sie, wenn sie die eingetretenen Pfade verlassen, zu neuen Lösungen kommen können, die sie nicht für möglich gehalten haben. Open Space wird von vielen als komplett neue Erfahrung erlebt. Das ist sein Verdienst. Das wurde ihm zum Teil aber auch zum Verhängnis.

2.4 World Café

2.4.1. Herkunft

In ihrem Buch »The World Café« lässt Juanita Brown ihren Lebens- und Arbeitspartner David Isaac die gerne und viel zitierte Geschichte der zufälligen Entdeckung vom World Café erzählen (Brown/Isaac 2007, S. 26f.).

Juanita Brown hat zusammen mit David Isaac die wesentlichen Prinzipien herausgearbeitet, die zu diesem Ergebnis geführt haben, und die Methode als »World Café« eingeführt.

Direkte Gespräche in kompletter Vernetzung
Brown und Isaac haben erkannt, dass die direkten Gespräche der Schlüssel zu gemeinsamen Einsichten, Klärungen und Lösungen sind. Sie sprechen davon, den Dialog als Kernprozess zu kultivieren (2001, S. 43). Das World Café bietet die intensivste, die dichteste Gesprächsfolge aller Großgruppenmetho-

KAPITEL 1 DAS UNSICHTBARE SICHTBAR MACHEN: DIALOG IST UNVERZICHTBAR

FALLGESCHICHTE

Die Entdeckung des WORLD CAFÉ: Intellectual Capital Pioneers

Erzählt von David Isaacs

Mill Valley, Kalifornien – Januar 1995. Es regnet in Strömen. Ich werfe einen Blick über die Terrasse und sehe in der Ferne den Mt. Tamalpais in dichten Nebel gehüllt. Heute findet bei uns der zweite Teil eines Strategiedialogs über „Intellektuelles Kapital" statt, und in einer halben Stunde werden 24 Teilnehmer eintreffen. Gastgeber sind Juanita und ich in Zusammenarbeit mit Leif Edvinsson, ehemaliger Vizepräsident und erster Verantwortlicher für „Intellektuelles Kapital" bei der Skandia Corporation, einem schwedischen Versicherungs- und Finanzdienstleister. Es ist der zweite Tag der Gesprächsrunde der „Intellectual Capital Pioneers" – einer Gruppe von Führungspersönlichkeiten, Wissenschaftlern und Beratern aus sieben Ländern.

Der Bereich des intellektuellen Kapitals und des Wissensmanagements steckt noch in den Kinderschuhen. Es gibt noch kaum Bücher darüber, keine vorgezeichneten Wege – wir erarbeiten uns dieses Gebiet gewissermaßen, während wir uns intensiv damit befassen. Gestern Abend befanden wir uns mitten in der Erkundung der Frage: *„Welche Rolle spielt die Führung bei der Maximierung des Wertes von intellektuellem Kapital?"*

Juanita beginnt sich allmählich Sorgen zu machen. Während sie das Frühstück zubereitet und den Kaffee aufsetzt, überlegt sie, wie wir unsere Gäste unterbringen sollen – wenn es so weiterregnet, können wir unsere Terrasse als vorübergehenden Aufenthaltsort nach der Begrüßung vergessen. Auf einmal kommt mir eine Idee. „Warum stellen wir nicht einfach unsere Fernsehtischchen ins Wohnzimmer und schenken den Leuten erst einmal Kaffee aus? Sie können dann zwischen den Tischen hin und hergehen und miteinander reden, während wir auf die Nachzügler warten. Wenn alle Gäste da sind, bringen wir die Tische einfach wieder zurück und fangen ganz normal mit der Gesprächsrunde an."

Juanita atmet erleichtert auf. Während wir die Tischchen und die weißen Kunststoffstühle im Wohnzimmer verteilen, trifft Tomi Nagai-Rothe ein, unsere Grafikerin. Sie schaut sich um. „Die sehen ja aus wie kleine Cafétische, also ich finde, da gehören noch Tischdecken drauf!" Sie holt sich weiße Papierbögen vom Flipchartständer und breitet sie über jeweils zwei zusammengestellte Tische. Keiner macht sich mehr Gedanken wegen des strömenden Regens – im Gegenteil, die Sache beginnt uns allmählich richtig Spaß zu machen! Juanita beschließt, dass auf unseren „Cafétischen" eigentlich auch Blumen bräuchten, und geht nach unten, um ein paar Vasen zu holen. In der Zwischenzeit verteilt Tomi auf den Tischen bunte Zeichenstifte, wie man sie bei uns in vielen Nachbarschaftscafés findet. Und sie malt ein wunderhübsches Schild für unsere Eingangstür – *Welcome to the Homestead CAFÉ* – in Anspielung auf die Straße, in der wir wohnen, Homestead Boulevard.

Gerade als Juanita die kleinen Blumenvasen auf die Tische stellt, treffen die ersten Gäste ein. Sie finden die Idee amüsant und unser „Café" sehr gemütlich. Während wir Kaffee und Croissants servieren, versammeln sich die Leute in zwanglosen Gruppen an den Tischen und nehmen das Gespräch über die Frage von gestern Abend auf. Schon bald unterhalten sich alle eifrig miteinander und fangen an, die Papiertischdecken zu bekritzeln. Juanita und ich beraten uns kurz und beschließen dann, dass wir einfach alles so lassen, wie es ist. Anstatt das Treffen wie geplant mit einer förmlichen Dialogrunde zu eröffnen, werden wir die Teilnehmer einfach ermutigen, mit den Gesprächen fortzufahren, ihre Ideen und Gedanken weiter sprudeln zu lassen und alles, was zur Aufklärung des wesentlichen Zusammenhangs zwischen Führung und intellektuellem Kapital beitragen könnte, einfach aufzuschreiben.

Es vergehen 45 Minuten, und die Gespräche sind immer noch in vollem Gange. Da erhebt sich ein Teilnehmer, Charles Savage, und ruft: „Eigentlich wüsste ich gerne, worüber in den anderen Gesprächsrunden hier in diesem Raum geredet wird! Warum lassen wir nicht an jedem Tisch eine Person als Gastgeber zurück, während die anderen Teilnehmer an einen neuen Tisch wechseln? Auf diese Weise könnten wir die Ideen und Gedanken aus unseren jeweiligen Tischgesprächen weitertragen, untereinander austauschen und mit denen der anderen verbinden!" Alle begrüßen diesen Vorschlag. Nach ein paar Minuten des Zusammenpackens und Stühlerückens kommt Bewegung in den Raum, und die Teilnehmer begeben sich zu neuen Tischen. An jedem Tisch bleibt ein Gastgeber zurück, während die bisherigen Gesprächspartner an neuen Tischen mit neuen Teilnehmern den Dialog fortführen.

Diese Gesprächsrunde dauert eine weitere Stunde. Im Raum herrscht inzwischen lebhaftes Gemurmel! Die Leute sind sichtlich angeregt und mit großem Elan bei der Sache. Ein weiterer Teilnehmer meldet sich zu Wort: „Warum probieren wir nicht einfach aus, an jedem Tisch einen neuen Gastgeber zu ernennen und die anderen wieder weiterwandern zu lassen? Auf diese Weise könnten wir unsere Ideen noch mehr austauschen und miteinander vernetzen."

Und so geht es weiter. Draußen gießt es wie aus Kübeln. Drinnen sitzen Menschen an kleinen Tischen, stecken die Köpfe zusammen, erkunden ihre Ansichten und Ideen, bauen gemeinsam neues Wissen auf, ergänzen gegenseitig ihre mitgebrachten Diagramme und Zeichnungen, kritzeln Schlüsselbegriffe und Kernideen auf die Papiertischdecken. Irgendwann schauen Juanita und ich auf und merken, dass es fast Mittag ist. Wir haben beide selbst an den CAFÉ-Gesprächen teilgenommen, und es kommt uns vor, als seien die Stunden wie Minuten verflogen.

Die Energie im Raum ist fast greifbar – es liegt eine flirrende Spannung in der Luft. Ich bitte die Teilnehmer, mit ihren Gesprächen zum Ende zu kommen und sich um ein langes Stück Wandpapier zu versammeln, das Tomi mitten auf dem Wohnzimmerteppich ausgerollt hat. Es sieht aus wie die überdimensionale Ausführung einer unserer kleinen Papiertischdecken. Wir bitten die einzelnen Arbeitsgruppen, ihre bemalten und beschriebenen Tischdecken rings um dieses große Wandpapier zu verteilen und dann einen „Rundgang" zu machen, um sich der Muster, Themen und Erkenntnisse gewahr zu werden, die in der Mitte zum Vorschein kommen.

Während Juanita und ich beobachten, wie unsere kollektiven Entdeckungen und Einsichten auf dem riesigen Wandpapier inmitten der Teilnehmergruppe allmählich immer deutlicher zum Vorschein kommen, spüren wir beide, dass hier gerade etwas ganz Außergewöhnliches stattgefunden hat. Wir sind Zeugen von etwas, das wir nicht in Worte fassen können. Es scheint, als wäre die Intelligenz eines größeren kollektiven Selbst für uns alle sichtbar geworden – eine Intelligenz jenseits des individuellen Selbst jedes Einzelnen von uns. Es fühlt sich beinahe wie „Magie" an – ein erregender Moment des Erkennens dessen, was wir gerade gemeinsam entdecken, das nur schwer beschreibbar, aber gleichzeitig seltsam vertraut ist. Das Café-Ambiente hat es irgendwie ermöglicht, dass die Gruppe Zugang zu einer Form kooperativer Intelligenz erlangte, die, während die Teilnehmer von Tisch zu Tisch wanderten und ihre Ideen und Erkenntnisse untereinander austauschten, immer stärker wurde und immer neue Verknüpfungen hervorbrachte.

Quelle: Brown, Juanita und Isaacs, David: Das World Café. Heidelberg: Carl-Auer Verlag, 2007

den. In kürzester Zeit (drei Runden zu je 20 Minuten) verknüpfen sich die individuellen Erfahrungen und Fragen mit denjenigen von hundert anderen. Das ist tatsächlich so. In der ersten Runde trifft man sich mit fünf anderen. In der zweiten Runde kommt man an einen Tisch, an dem bereits fünf andere gearbeitet haben und diskutiert darüber mit weiteren fünf anderen, die nebst ihren eigenen Erfahrungen auch die Erfahrung ihres Tisches mitbringen, wo eben auch schon fünf andere mitdiskutiert haben. In der dritten Runde ist die nahezu komplette Vernetzung auch bei hundert und mehr Personen bereits perfekt.

Um diese Vernetzung zu ermöglichen und zu halten, nennen Brown und Isaac sieben Kernprinzipien (Brown/Isaac 2007, S. 43 f.).

Kontext festlegen
Erläutern, welchem Zweck der Dialog dient und in welchem Rahmen sich die Gespräche entfalten werden.

Einen gastfreundlichen Raum schaffen
Für eine einladende, vertrauensvolle Umgebung sorgen, in der sich jeder wohlfühlt und die den gegenseitigen Respekt fördert.

Bedeutsame Fragen bearbeiten
Die Aufmerksamkeit der Teilnehmer auf Fragen fokussieren, die ihnen wirklich wichtig sind und gemeinschaftliches Engagement wecken.

Alle zu Mitarbeit einladen
Jeden Einzelnen ermutigen, etwas beizutragen und sich einzubringen, um die Wechselwirkung zwischen dem »Ich« und dem »Wir« lebendig werden zu lassen.

Unterschiedliche Perspektiven austauschen und verknüpfen
Das kreative Potenzial lebender Systeme nutzen, durch gezielte Steigerung der Vielfalt und Vernetzung unterschiedlicher Perspektiven, wobei der gemeinsame Fokus auf die wesentlichen Fragen gerichtet bleibt.

Gemeinsame Einsichten, Muster und tiefergehende Fragen heraushören
Die kollektive Aufmerksamkeit fokussieren, um ein gemeinsames kohärentes Denken zu fördern, ohne dass die individuellen Beiträge dabei untergehen.

Kollektive Erkenntnisse sammeln und teilen
Das gemeinsam erarbeitete Wissen handlungsorientiert sichtbar machen.

Diese Grundprinzipien sind zugleich das Gestaltungsprinzip des World Cafés. Begleitet wird das World Café in der Fassung von Brown/Isaac durch die »Grundannahmen« und die »Café-Etikette« (Brown/Isaac 2007, S. 142), die jeweils auf allen Tischen aufliegt.

Grundannahmen
- Das Wissen und die Weisheit, die wir benötigen, sind bereits in uns vorhanden und können zugänglich gemacht werden.
- Wenn sich ein System auf kreative Weise mit sich selbst verbindet, tritt kollektive Intelligenz zum Vorschein.
- Kollektive Einsichten entstehen, wenn wir
  … den Beitrag jedes einzelnen würdigen,
  … unsere Ideen miteinander verknüpfen,
  … genau hinhören, was »in der Mitte« entsteht und
  … auf tieferliegende Muster und Fragestellungen achten.

Café-Etikette
- Konzentrieren auf das, was zählt
- Eigene Gedanken und Erfahrungen beitragen
- Zuhören, um zu verstehen
- Ideen verknüpfen
- Malen! Zeichnen! Kritzeln!
- Gemeinsame Muster, Einsichten und tiefergehende Fragen heraushören

Mit diesen wenigen Grundzutaten ist eine der attraktivsten Großgruppenmethoden praxistauglich geworden.

2.4.2. Das Grundmodell

Das World Café dauert in seiner einfachsten Form knappe zwei Stunden! Inklusive Einführung, gemeinsame Muster-Sichtung und Abschluss. Das macht die hohe Attraktivität der Methode aus.

Phasen des World Café

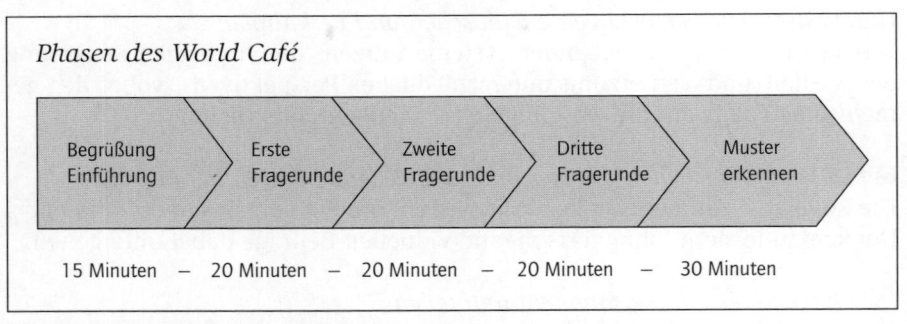

Begrüßung Einführung	Erste Fragerunde	Zweite Fragerunde	Dritte Fragerunde	Muster erkennen
15 Minuten	20 Minuten	20 Minuten	20 Minuten	30 Minuten

Abb. 19: Phasen des World Café (eigene Darstellung)

Die einzelnen Schritte

Die Teilnehmenden treffen sich zu viert oder zu fünft an runden Tischen. Die Tische sind mit Papier belegt. Stifte stehen bereit. Die Grundannahmen und die Café-Etikette liegen auf. Die Teilnehmenden platzieren sich frei an den Tischen.

1. Schritt: Begrüßung und Einführung
Die Leute werden willkommen geheißen. Sie werden auf das Thema eingestimmt. Die Grundannahmen werden erklärt, die Café-Etikette und der Ablauf. Die Tische werden gebeten, aus ihrer Runde jeweils einen Tischgastgeber/eine Tischgastgeberin zu bestimmen, welche über die drei Runden am selben Tisch bleiben, und jeweils die Neuankömmlinge begrüßen und in die bisherige Tischdiskussion einführen.

2. Schritt: Erste Frage
Das World Café wird mit einer ersten vorbereiteten Frage eröffnet, welche zur Klärung des Konferenzthemas beiträgt. Alle werden gebeten, zuzuhören und sich einzubringen. Alles Wesentliche soll von allen am Tisch fortlaufend auf die Tischtücher geschrieben werden. Die Vernetzung der Inhalte soll visualisiert werden. Nach 20 Minuten werden alle gebeten, die Tische zu wechseln – bis auf den Tischgastgeber, die Tischgastgeberin.

3. Schritt: Zweite Frage
Nachdem sich alle wieder an einem neuen Tisch gesetzt haben, bittet die Prozessbegleitung die Gastgeber, die Neuankömmlinge zu begrüßen und sie in die Inhalte auf dem Tischtuch einzuführen. Die Neuankömmlinge werden gebeten, danach ihre Erfahrungen und Impulse aus den anderen Tischen einzubringen und direkt mit den Inhalten auf dem Tischtuch zu verknüpfen. Anschließend sollen sie sich der zweiten Frage widmen. Die Ideen und Antworten zur zweiten Frage sollen ebenfalls direkt mit den bestehenden Inhalten verknüpft werden. Nach 20 Minuten werden alle wieder gebeten, die Plätze zu wechseln. Der Gastgeber bleibt.

4. Schritt: Dritte Frage
Auch in der neuen Zusammensetzung werden die Gastgeber gebeten, kurz gefasst das Wesentliche aus den ersten zwei Runden zusammenzufassen. Wiederum bringen die Neuankömmlinge ihre Erfahrungen aus den anderen Tischen ein und widmen sich anschließend der dritten Frage.

5. Schritt: Muster erkennen
Nach Abschluss der dritten Runde werden alle gebeten, in einem Moment der Stille die entdeckten Muster und gemeinsamen Erkenntnisse herauszufiltern. Anschließend werden diese Erkenntnisse grafisch/visuell umgesetzt, auf Karten geschrieben, für alle sichtbar aufgehängt und punktuell im Plenum eingebracht.

2.4.3. Anpassungen in den letzten Jahren

Juanita Brown und David Isaac haben von Beginn an ihre Methode allen zur Verfügung gestellt und alle aufgefordert die Methode weiterzuentwickeln. Viele Varianten sind entstanden. So können auch mehr Fragerunden als nur drei durchgeführt werden. Es können bis zu acht Personen an einem Tisch sein. Der Gastgeber kann in jeder Runde wechseln. Es kann dreimal genau die gleiche Frage sein – vieles ist möglich, so dass sich trotzdem noch die gleiche Wirkung entfalten kann.

Anderes ist aber nicht möglich, ohne die Grundsätze zu verletzen und damit das World Café seiner Wirkung zu berauben.
- Wenn statt der am Tisch frei gewählten Gastgeber, vom Auftraggeber eingesetzte Moderatoren an die Tische gesetzt werden, wird das World Café übersteuert. Der Auftraggeber will damit manchmal sicherstellen, dass das Gespräch in die richtige Richtung läuft. Wenn aber das Thema wirklich interessiert und die Fragen fokussiert gestellt werden, dann ist das, was dabei herauskommt, das einzige richtige, das herauskommen kann.
- Wenn nach jeder Runde »Zwischenresultate« präsentiert werden, flacht die Dynamik ab. Es werden bereits Muster produziert, ohne dass die Vernetzung sich voll entfalten konnte.
- Gar kein World Café ist es, wenn nur die Infrastruktur vom World Café übernommen wird. Wenn also beispielsweise vorbestimmte Themen auf die Tische verteilt werden und die Leute dann frei von Thema zu Thema wechseln können, dann findet keine fokussierte Verdichtung statt.

Das sind alles Formate, die durchaus ihren Sinn haben können – aber es sind keine World Cafés mehr.

Der Kerngedanke ist und bleibt die schnelle Vernetzung zu einer heißen Frage und die dadurch mögliche Mustererkennung. Der »Elefant« aus Marvin Weisbords Beschreibung der Zukunftskonferenz kommt so auch in der kurzen Zeit in den Raum.

Wie bei den anderen Methoden, sprechen wir auch beim World Café nicht mehr von den Hintergründen. Wir verzichten darauf, die »Grundannahmen« zu erzählen und hängen diese auch nicht auf. Wir erklären nicht. Oft brauchen wir auch die Methoden-Bezeichnung »World Café« nicht. Nicht immer gibt es auch tatsächlich Kaffee. Anstelle von World Café nennen wir die Veranstaltung zum Beispiel »Turbo-Palaver« oder erfinden Begrifflichkeiten, die zur angesagten Situation passen.

Bei uns steht auf allen Tischen aber eine Tischkarte mit der »Etikette«, so, wie wir sie im Grundmodell vorgefunden haben. Auf derselben Karte ist bei uns auch die Rolle des Gastgebers, der Gastgeberin beschrieben.

Die Gastgeber/die Gastgeberinnen
- heißen ihre Gäste willkommen,
- erinnern daran, wichtige Ideen aufzuschreiben oder zu zeichnen,

- bleiben durch alle Runden am Tisch,
- teilen die Ergebnisse aus der Vorrunde mit und lassen die Gäste kurz erzählen.

Wir haben die Erfahrung gemacht, dass ohne diese Hinweise zu viele Gastgeber/innen die Rolle der Protokollführung übernehmen und für die anderen am Tisch deren Ideen aufschreiben.

Da wir sehr oft mit großen Gruppen umgehen (50, 100 oder auch 200 in einem World Café), arbeiten wir fast ausschließlich mit Sechsertischen. Je zwei Personen sitzen an den beiden Längsseiten und je eine Person an den Breitseiten. Wir haben die Erfahrung gemacht, dass für die Sechsergruppe 20 Minuten pro Runde ideal sind.

Wir haben zudem die Schlusssequenz mit den Erfahrungen aus den anderen Großgruppenmethoden angereichert. So nennen wir das gemeinsame Mustererkennen die »Perlenlese«. Wir bitten dabei jeden Tisch, je nach Größe der Gesamtgruppe, zwei bis vier solcher Perlen auszusuchen und tragen diese an einer zentralen Wand zusammen. Die Teilnehmenden priorisieren diese Auswahl in der Pause mit Klebepunkten und wenn sie aus der Pause zurückkommen, sind die wichtigsten Themen auf die verschiedenen Tische verteilt. Die Teilnehmenden haben die Möglichkeit, frei ein Thema zu wählen und mit den anderen, die sie an diesem Tisch treffen, zu vertiefen. Analog zum RTSC kann in diesem letzten Schritt eine konkrete Planung für das jeweilige Thema skizziert werden.

Im Laufe der Zeit ist uns auch aufgefallen und bewusst geworden, wie wesentlich die Fragen in dieser Methode sind. Bei drei Fragen sollte jede Frage etwas mit der vorangehenden Frage zu tun haben, also ein Art Kaskade bilden. Einfache, auch simple und offene Fragen bewähren sich. Von Neulingen wird oft der Fehler gemacht, dass die Fragen gezielt, differenziert und präzise sind. Solche Fragen lassen der Kreativität und der Freiheit des Denkens wenig Raum und der Nutzen der Großgruppe wird eingeschränkt.

In einem World Café mit rund 150 Schülern der Abschlussklassen (8. und 9. Schuljahr) haben wir folgende Fragen gestellt:
1. Wie erleben wir unsere Schule?
2. Was hat uns nicht weitergebracht?
3. Was sind unsere Empfehlungen an die Schulleitung?

Nach eineinhalb Stunden verfügte die Schulleitung über eine umfassende Analyse ihres Schulbetriebs und die Schülerinnen und Schüler waren dankbar, sich austauschen zu können und gefragt worden zu sein.

Eine wesentliche Rolle bei der Formulierung der Frage spielt das verwendete Pronomen. Bei ICH reagieren die Teilnehmenden anders als bei WIR. Der Vernetzungsgrad bei WIR ist höher als beim ICH. Hinzukommt, dass beim ICH die Gefahr besteht, dass bei der Perlenlese einzelne Teilnehmende meinen, ihre persönliche Meinung auch noch einbringen zu müssen.

2.4.4. Musterbeispiel

Eine Kleinstadt verfügt über einen wunderschönen kleinen Altstadtkern, der aus einer einzigen, rund 200 m langen Gasse besteht, vorne und hinten abgeschlossen durch ein offenes Stadttor. Die Gasse verfügt über einen auf der einen Seite fast 1 m erhöhten Fussgängerweg, auf beiden Seiten über Parkplätze und einen gepflasterten Fahrstreifen auf welchem – bis auf die Tordurchfahrt – Gegenverkehr möglich ist. Beidseitig haben viel kleine Läden und einige Gewerbebetriebe zum Teil seit vielen Generationen ihren Sitz.

Die Verlegung einer Hauptstraße eröffnete neue Möglichkeiten für den Kern des Städtchens. Der Stadtrat nutzte diese Chance, um zusammen mit der Bevölkerung die künftige Nutzung und die Gestaltung der Altstadt in einem offenen Forum zu diskutieren. Die Ergebnisse des Forums wurden dem Stadtrat in der Form von Empfehlungen übergeben. Die Empfehlungen wurden geprüft und in einen Kriterienkatalog eingearbeitet. Dieser Katalog wurde dem Forum noch einmal vorgelegt und bildete den Kern einer Ausschreibung für einen Planungswettbewerb, zu dem verschiedene Büros eingeladen wurden. Das Forum fand in der Form eines World Cafés statt.

Ablauf

1. Schritt: Begrüßung und Einführung
Der Stadtpräsident (Bürgermeister) eröffnet das World Café, zeigt auf, wo die Planung steht und wie die Ergebnisse der Mitwirkung in den weiteren Entscheidungsfindungsprozess einfließen. Mittels einer soziometrischen Aufstellung (vgl. Seite 223) wird die Vielfältigkeit der Meinungen im Raum gleich zu Beginn aufgedeckt und gewürdigt. Die Leute stellen sich auf nach örtlicher Herkunft (wo sie also wohnen), nach gesellschaftlicher Herkunft (welcher Anspruchsgruppe sie sich also vor allem zu rechnen) und danach, welches Bild sie von der Altstadt aktuell haben (Perle, Aschenbrödel, lädiertes Schiff im Dock, neutrales Bild des Städtchens). Die Leute nehmen wieder Platz. Die Prozessbegleitung führt ins World Café ein, erinnert daran, dass alle das Wesentliche aufschreiben bzw. skizzieren sollen und dass sie einen Gastgeber, eine Gastgeberin bestimmen, die durch die Runden am Tisch bleibt.

2. Schritt: Erste Frage
Was sind die Perlen unserer Altstadt? Die Runde dauert 20 Minuten, wie die nächsten beiden auch. Wechsel.

3. Schritt: Zweite Frage
Die Gastgeber werden gebeten, die Neuankömmlinge zu begrüßen und sie in die Hinweise auf dem Tischtuch einzuführen. Diese wiederum widersprechen und ergänzen mit den Bildern, die sie aus ihren anderen Tischen mit-

bringen. Zweite Frage. Wie können wir diese Perlen mehr, neu oder anders nutzen? 20 Minuten. Wechsel.

4. Schritt: Dritte Frage
Was ist zu tun? Was muss geprüft, was geklärt werden? Die Gastgeber führen ein, die Neuankömmlinge ergänzen, der Tisch widmet sich der dritten Frage. 20 Minuten. Auf die Tische werden je drei Karten verteilt. Die Teilnehmenden werden gebeten, sich pro Tisch auf drei Perlen ihrer Diskussionen (aller drei Runden!) zu einigen und diese als Empfehlung auf die Karten zu schreiben.

5. Schritt: Perlen sammeln
Die Perlen werden zur zentralen Wand gebracht, öffentlich vorgestellt und zusammengetragen. Gleiche Empfehlungen werden zusammengelegt. Dieser Schritt dauert bei 120 Personen und damit 20 Rednern nicht mehr als 20 Minuten. Durch die hohe Vernetzung im World Café kommen sehr viele gleichgerichtete Empfehlungen.

Bevor die Teilnehmenden in die Pause gehen, priorisieren sie die Empfehlungen auf der zentralen Wand. Die Prozessbegleitung verschafft sich einen schnellen Überblick und wählt die meistgewählten Empfehlungen aus und verteilt sie auf die verschiedenen Tische. Die Tische sind klar erkenntlich nummeriert. Die Zuweisung der Themen erfolgt als Liste via Beamer auf der Leinwand.

6. Schritt: Verdichtung
Wenn die Teilnehmenden aus der Pause zurückkommen, gehen sie zum Thema ihrer Wahl. Wenn eine Empfehlung besonders deutlich priorisiert worden ist, wird sie auf zwei, manchmal sogar drei Tische verteilt. Ein bis drei Tische bleiben in der Regel ohne Thema bzw. erhalten den Titel »Etwas ganz anderes, nämlich ...«. Hier treffen sich die Teilnehmenden, die sich ganz grundsätzliche Gedanken machen wollen oder eine Idee noch einmal einbringen wollen, die zuvor keine Aufnahme gefunden hat. Die Teilnehmenden vertiefen ihr Thema, geben also detaillierte Hinweise dazu, was bei ihrem Thema besonders wichtig ist. Auch diese Runde dauert in der Regel 20 Minuten.

7. Schritt: Galerie
Die Prozessbegleitung bittet je eine Person beim Thema zu bleiben, alle anderen gehen bei den anderen Themen vorbei, platzieren zusätzliche Bemerkungen und geben, wenn das so vorgesehen ist, ihren Namen an, wenn sie am entsprechenden Thema über die Konferenz hinaus interessiert sind. 10 bis 15 Minuten.

Die Prozessbegleitung bedankt sich für die Zusammenarbeit und übergibt an den Auftraggeber, der auf die weiteren Schritte hinweist und die Konferenz schließt.

2.4.5. Würdigung

Das World Café hat seiner einfachen Struktur wegen in den letzten Jahren einen unglaublichen Boom erlebt. Auch wir wenden es häufig an. Wir hören ab und zu den Vorwurf, dass die Methode ein Kniefall vor dem Zeitgeist »immer schneller – immer kürzer« sei. Dieser Vorwurf wurde auch schon bei den strukturierten Großgruppenmethoden RTSC und FSC vorgebracht. Wir erleben aber oft, dass das World Café ein Türöffner für weitere Großgruppenprozesse sein kann. In keiner anderen Methode wird der »Elefant im Raum« so schnell ersichtlich. In keiner anderen Methode erfahren die Leute so schnell, was es heißen kann, mit 100 Personen und mehr sicher, zielgerichtet und partizipativ zu arbeiten. Auch gestandene, skeptische Führungskräfte erkennen, in welch kurzer Zeit komplexe Fragestellungen durchdrungen werden können. Das World Café hat einen festen Platz im Reigen der Großgruppenmethoden erhalten.

2.5 AI Summit – Die AI-Konferenz

2.5.1. Herkunft

Das Herz des Appreciative Inquiry (AI) ist seine radikale Ressourcenorientierung. Der AI-Prozess, ob im Kleinen oder im Großen, unterstützt Organisationen und Systeme darin, Ressourcen zu erkennen und für die zukünftige Entwicklung nutzbar zu machen. Gleichzeitig lernen sie, wie sie lernen, ganz im Sinne von Chris Argyris' »Organisationslernen« (2002), mit dem das AI eng verknüpft ist. Als Methode wurde AI, das »wertschätzende Interview«, erstmals 1987 von den Amerikanern David Cooperrider und Suresh Srivastra vorgestellt (Cooperrider/Srivastra 1987). In den 1990er-Jahren baute Cooperrider diesen Ansatz mit Diana Whitney methodisch aus. Wie Whitney und Cooperrider schreiben, folgten sie 1992 Marvin Weisbords Aufruf, das ganze System in einen Raum zu bringen, und führten 1995 AI zum ersten Mal als AI-Summit im Großgruppenformat durch. Ihre Erfahrungen mit den AI-Summits veröffentlichten sie 1999 (Cooperrider/Whitney 1999).

RTSC-Pionierin Kathleen Dannemiller erwähnte AI als eine ihrer Quellen für den »Whole Scale Change« (2000, S. 210 f.), Cooperrider und Whitney haben im Gegenzug vieles von den »Großgrüpplern« gelernt. Ein Artikel aus dem Jahr 2000 zeigt dies sehr schön:

> »Those of us involved with the innovation and application of Appreciative Inquiry to large system transformation took Marv's call to heart. And indeed we began exploring ways of bringing Appreciative Inquiry, social construction theory and a philosophy of positive change to large-scale interventions. We collaborated with Marv, Harrison and others who were breaking ground in large group methodologies.« (Whitney/Cooperrider 2000).

> *Diejenigen von uns, die sich mit der Entwicklung und Anwendung des AI für Großgruppen beschäftigten, nahmen sich Marvs [Marvin Weisbords] Aufruf zu Herzen. Und so begannen wir zu untersuchen, wie Appreciative Inquiry, die Theorie des sozialen Konstruktivismus und eine Philosophie des positiven Wandels in Großgruppen-Interventionen angewendet werden könnten. Wir arbeiteten zusammen mit Marv[in], Harrison und anderen, die den Boden für die Großgruppenmethoden vorbreiteten (Übersetzung durch die Autoren).*

Der Funken sprang schnell auch nach Europa über. Bereits 1999 führte Matthias zur Bonsen einen ersten AI-Summit in Europa durch. Ein Jahr später holte er Cooperrider und Whitney nach Europa, wo wir AI gemeinsam mit vielen anderen Kolleginnen und Kollegen im Rahmen einer Veranstaltung in Riccione kennengelernt haben. 2001 gab Matthias zur Bonsen zusammen mit Carole Maleh eine Einführung für Anwender, Entscheider und Berater heraus, welche AI von Grund auf erklärt – so auch den AI-Summit (zur Bonsen/Maleh 2001).

Während FSC, RTSC, der Open Space und das World Café alle auf Großgruppen ausgelegt sind, ist das AI im Kern ein Interview, aus dem heraus sich erst nach und nach ein Ansatz für Großgruppen entwickelte. AI-Prozesse können entsprechend in unterschiedlichster Weise eingesetzt werden. Man trifft sie oft in Teamentwicklungs-Workshops, manchmal begegnen sie einem auch in Form von »guten Geschichten«, die quer durch eine ganze Organisation gesammelt und in internen Blättern publiziert werden, ohne dass die Geschichtenerzähler selbst dabei je zusammenkämen. Die eigentlichen AI-Summits findet man dagegen eher selten.

Es sind zwei Grundannahmen und eine ganz spezielle Interventionsform, die das AI kennzeichnen (vgl. Bonsen/Maleh, 2001, S. 25).

Die Grundannahmen:
1. Jeder Mensch, jedes Team und jede Organisation hat ein ungeahnt großes Potenzial, das manchmal schon aufblitzt. Es gilt, dieses zu wecken und zu nutzen!
2. Organisationen entwickeln sich immer in die Richtung dessen, worauf sie ihre Aufmerksamkeit richten und was sie untersuchen. Wenn man nur den Mist sieht, ist die Organisation auch Mist. Wenn man aber die Kristalle darunter sieht, kommen sie immer mehr zum Vorschein.

Diese Grundannahmen sind zugleich eine Abkehr von den sonst üblichen Problemlösungsprozessen. Folgende Gegenüberstellung zeigt, welche Vorteile der ressourcenorientierte Ansatz birgt (vgl. Abbildung 20).

Die Interventionsform, mit der diese Potenziale geschöpft werden, ist das Interview zu zweit. Mittels eines kleinen und äußerst simplen Interview-Leitfadens führen sich die Mitglieder einer Organisation selber zu den Ressourcen. Zu den eigenen Ressourcen, zu denen der Organisation und zu den Ressourcen des Kernthemas, das im jeweiligen Prozess angegangen wird.

Problemlösungsansatz	AI-Ansatz
Probleme identifizieren	Wertschätzen, was an Gutem da ist
Ursachen analysieren	Entwickeln, was sein könnte
Mögliche Lösungen suchen	Darüber reden, was künftig sein sollte
Maßnahmen planen	Planen, was künftig sein wird
Grundannahme: Eine Organisation ist ein Problem, das gelöst werden muss.	Grundannahme: Die Organisation ist voller Potenziale, die entdeckt werden wollen.

Abb. 20: Problemlösung und AI im Vergleich (Quelle: eigene Darstellung auf der Basis von Cooperrider/Whitney 2000, S. 13)

Das AI-Interview besteht aus drei Frageblöcken:
Im ersten Block werden Fragen gestellt, die die Ressourcen des Interviewten und der Organisation adressieren und verknüpfen. Fragen dazu, was der Interviewte in der Organisation macht, was er gerne macht, was er gut macht. Fragen dazu, was jemand an der Organisation gut findet – was das Beste ist, was die Organisation nach innen wie nach außen ausstrahlt. Fragen dazu, was im Kern das ist, was ihn bei der Organisation hält und wieso er gerne hier arbeitet.

Im zweiten Block folgen Fragen, die die positiven Beispiele zum Kernthema an den Tag bringen. Beispiele, welche zeigen, wie das Kernthema, um das es geht (Kundenorientierung, Innovation, Zusammenarbeit etc.), schon erfolgreich umgesetzt worden ist. Kleine und kleinste Beispiele werden gesammelt und erkundet.

Im dritten Block folgen schließlich Fragen, die die »Erfolgs-DNA« dieser Ressourcen und der erfolgreichen Beispiele freilegen. Fragen also, die das Potenzial für die Zukunft adressieren. Anhand der erfolgreichen Beispiele werden so Schlüsselfaktoren gesucht, die »roten Fäden«, die zu den Ressourcen führen.

Auf diesem einfachen Fundament, jedoch in hundertfacher Ausführung, baut das AI, baut der AI-Summit auf.

2.5.2. Grundmodell

Der AI-Summit kennt anders als andere Methoden keinen festen Verlauf, vielmehr ist es ein grobes Raster entlang von vier Hauptfeldern, welches den AI-Summit strukturiert (vgl. auch zur Bonsen/Maleh 2001, S. 66).

Das Grundmodell, wie es Whitney und Cooperrider vorgestellt haben, dauert bis zu fünf Tagen! Sie empfehlen mindestens zwei Tage aufzuwenden und – in direkter Anlehnung an Marvin Weisbords Hinweis – mindestens zwei Nächte dazwischen einzuplanen (Cooperrider et al. 2000, S. 17). Die Autoren skizzieren in ihrem Grundmodell den Ablauf eines AI-Summit anhand von vier Hauptfeldern oder Phasen (vgl. Abbildung 21).

Die folgende Beschreibung zum Ablauf eines AI-Summits lehnt sich an den Artikel »The Appreciative Inquiry Summit: An Emerging Methodology for

2. Der Werkzeugkasten 121

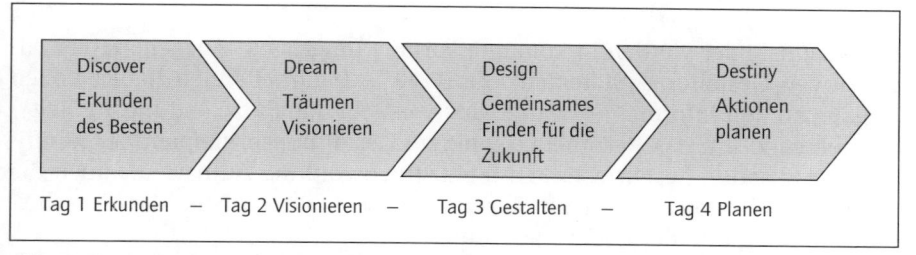

Discover	Dream	Design	Destiny
Erkunden des Besten	Träumen Visionieren	Gemeinsames Finden für die Zukunft	Aktionen planen

Tag 1 Erkunden — Tag 2 Visionieren — Tag 3 Gestalten — Tag 4 Planen

Abb. 21: Phasen des AI-Summit (Quelle: eigene Darstellung auf der Basis von Cooperrider/Whitney 2000, S. 16)

Whole System Positive Change«, den Whitney und Cooperrider 2000 veröffentlicht haben, an (Whitney, Cooperrider 2000).

1. Tag: Erkunden und Verstehen (Discovery)
Die Teilnehmenden treffen sich, analog zu FSC und RTSC, in einem großen Raum, der für Achtergruppen vorbereitet ist, und sie werden auch hier von der Prozessbegleitung durch die vier Phasen der Konferenz geführt. Die Systemspitze begrüßt die Teilnehmenden, bringt Wertschätzung für das vorhandene Potenzial entgegen und lanciert das Kernthema. Die Prozessbegleitung führt in die Arbeitsweise ein. Die Teilnehmenden überlegen sich aufgrund eines vorher zusammengestellten Fragebogens zuerst für sich allein Momente, in welchen sie in der betreffenden Organisation Erfolg gehabt haben, sowie die Kriterien, die in dieser Situation zum Erfolg beigetragen haben. Die Geschichten werden danach in Zweierinterviews ausgetauscht. Das wertschätzende Erkunden nach dem Besten in der Organisation wird vertieft und ins Plenum gebracht.

Es folgen weitere Schritte des Erkundens, Suchens und Findens nach dem »Positive Change Core«, nach dem Herzstück einer Organisation, welches einen positiven Wandel möglich macht. Das kann alle Schritte der Zukunftskonferenz umfassen: Zeitlinien, mit den positiven Ereignissen in der Welt, zum Kernthema, in der Organisation; die Suche nach den Stärken; das Festmachen von Trends, die in die richtige Richtung gehen etc. Der ganze erste Tag ist diesem Erkunden gewidmet.

2. Tag: Träumen und Visionieren (Dream)
Der zweite Tag baut auf den guten Geschichten und den zahlreichen am Vortag gesammelten Ressourcen auf. Diese werden nun, analog zum Visionsschritt der FSC, zu kräftigen Zukunftsbildern zusammengebaut, hier aber noch viel ausführlicher und breiter. Es werden konkrete Vorstellungen davon entwickelt, wie die gesamte Organisation mit all ihren Schnittstellen, Kunden und Lieferanten künftig funktionieren wird. Interne Prozesse werden vorgestellt. Positive Kunden-Interviews durchgeführt etc. Alles in einem sehr offenen und freien Setting.

3. Tag: Gestalten (Design)
Die Visionsbilder werden in konkrete Formen umgesetzt. Ausgehend von affirmativen Gestaltungs-Statements (z. B. »Alle Mitarbeitenden haben vollen Zugang zu den Informationen und eine weitgehende Entscheidungsfreiheit«) werden rund um das Kernthema konkrete Gestaltungsprinzipien der künftigen Organisation beschrieben. Dies betrifft sowohl die Aufbau- als auch die Ablauforganisation, es betrifft Regeln der Zusammenarbeit, der Entscheidungsfindung und der Arbeitsgestaltung.

4. Tag: Planen, Umsetzen (Destiny)
Analog zu den anderen Großgruppenmethoden wird auch im AI-Summit die Umsetzung direkt in der Konferenz vorbereitet. Zu den Schlüssel-Statements vom Vortag werden konkrete Maßnahmenpläne erarbeitet und miteinander abgeglichen. Arbeitsgruppen werden gebildet. Der Folgeprozess wird skizziert und vereinbart. Whitney und Cooperrider verwenden am vierten Tag das Format »Open Space«, um diese Schlüsselaktivitäten zu lancieren.

2.5.3. Anpassungen in den letzten Jahren

Wir haben die Erfahrung gemacht, dass AI gerade dann die größte Wirkung entfaltet, wenn eine Organisation nicht mehr an ihre Ressourcen glaubt. Es ist sehr berührend, wie sich innerhalb kürzester Zeit ein Raum mit über 100 Personen langsam mit »guten Geschichten« füllt und die Teilnehmenden mit Erstaunen feststellen: »Eigentlich ist ja alles da, was es braucht!« Diese Erfahrung hat das AI zu einem festen Bestandteil unserer Großgruppen-Interventionen werden lassen.

Nur: Wir haben nie einen AI-Summit durchgeführt. Und damit sind wir in guter Gesellschaft. Es entzieht sich unserer Kenntnis, wie oft der AI-Summit im deutschsprachigen Raum effektiv schon zur Anwendung gekommen ist. Uns sind Beispiele unseres deutschen Kollegen Walter Bruck bekannt. Wir können aber mit Bestimmtheit sagen, dass es nur sehr wenige sind, die im deutschsprachigen Raum in dieser Form durchgeführt worden sind. Wohlgemerkt: Wir sprechen von den Summits. Der AI-Prozess als solcher ist in der Prozessbegleitung kleiner und mittlerer Gruppen, in Teams weitverbreitet und äußerst erfolgreich angewendet worden.

Wir haben nie einen AI-Summit durchgeführt, weil uns die Reinform, diese durchgängig positive Konnotation, immer zu einseitig war. Viele Elemente, die in einer Konferenz angesprochen, diskutiert und weiterentwickelt werden, brauchen für unser Prozessempfinden eine kontroverse Diskussion. Oft ist es für das System heilsam, in einem strukturierten Prozess, das, was schon lange aufstößt, rauslassen zu können. Das hat uns wie eingangs bereits beschrieben zum Begriff des »strukturierten Kotzens« geführt: Gefäße, die da sind, das aufzunehmen, was eben nicht so positiv ist.

Umso mehr aber konnten wir die Perlen des AI-Summit, die eine Organisation regelrecht energetisieren können, gezielt in unsere Prozesse einbinden. Dazu gehört primär das AI-Interview, welches wir zu einem der kraftvollsten Module in RTSC-Prozessen umgestaltet haben. Dazu gehört aber auch, dass wir die Kraft im Visionsschritt, in Modulen wie »Worauf wir stolz sind«, »Neue Verhaltensweisen« und anderen Modulen bewusster nutzen.

Das nachstehende Musterbeispiel beschreibt entsprechend nicht eine angepasste Form des AI-Summits, sondern die Art und Weise, wie wir das AI in andere Großgruppenmethoden integrieren.

2.5.4. Musterbeispiel

Der Informatikbereich einer Großbank wurde aufgrund neuer rechtlicher Bedingungen komplett neu strukturiert. Alte eingespielte Ablaufprozesse mussten gekappt und neu eingerichtet werden. Die Führung und die Mitarbeitenden waren frustriert. Es passierten viele Fehler. Die Zusammenarbeit funktionierte nicht mehr. In einer Großgruppenkonferenz sollte ein Commitment für die neuen Prozesse und eine Optimierung der Zusammenarbeit erreicht werden.

Einstieg mit AI

Die Teilnehmenden treffen sich, wie beim RTSC oder bei der FSC im Achterkreis – in gemischten Gruppen. Die Führung zeigt zur Begrüßung die rechtliche Situation noch einmal auf, die zu der Restrukturierung geführt hat, und fordert die Anwesenden auf »nach vorne« zu blicken. Die Prozessbegleitung erklärt kurz den Sinn des wertschätzenden Interviews. Im Unterschied zu anderen Methoden erklären wir hier tatsächlich die Absicht. Ein Generalverdacht, der üblicherweise auf Großgruppenmoderatoren fällt, ist der, dass diese dafür da sind, die Leute zu motivieren. Wenn wir dann in einer Krisenzeit einfach so mit »guten Geschichten« einsteigen würden, würden wir die Teilnehmerschaft schnell verlieren. Wir erklären also den Sinn, zumindest hier und jetzt die Ressourcen zu fokussieren.

1. Schritt: Das wertschätzende Interview

Im Achterkreis tun sich je zwei Teilnehmende zusammen und interviewen sich wechselseitig je 10 bis 15 Minuten. Wir bitten die Teilnehmenden jemanden als Interviewpartner auszusuchen, den sie noch nicht so gut kennen. Erster Frageblock: Wie heißt Du? Wo arbeitest Du? Was an Deiner Arbeit liebst Du? Was machst Du gerne? Wieso arbeitest Du gerne für (…). Zweiter Frageblock: Erinnere Dich bitte an eine Situation im letzten Monat, wo die bereichsübergreifende Zusammenarbeit geklappt hat. Das kann eine sehr kleine Geschichte sein, ein Telefonat zum Beispiel. Es kann aber auch eine größere Geschichte sein, ein gelungenes gemeinsames Projekt zum Beispiel. Dritter Frageblock: Was davon hat mit unserer Organisation zu tun? Was können wir offensichtlich (immer noch) gut? Welches sind die Schlüsselfaktoren aus dieser Geschichte, die die Organisation stärken könnten?

2. Schritt: Austausch in der Achtergruppe
Die Interviewer erzählen, was sie von den Interviewten gehört haben. Der Interviewte ergänzt nach Bedarf. Die Schlüsselfaktoren werden fortlaufend auf das Flipchart geschrieben. Dieser Schritt dauert ungefähr 45 Minuten.

3. Schritt: Verdichtung
Die Achtergruppe wird gebeten, eine Geschichte aus ihrem Kreis auszuwählen, die sie gerne dem Plenum vorstellen möchte. Zudem soll sie drei Schlüsselfaktoren auswählen, die sie besonders wichtig findet und diese auf die dafür verteilten Karten schreiben. Dieser Schritt dauert 10 Minuten.

4. Schritt: Veröffentlichung
Die Geschichten werden im Plenum erzählt. Der Raum füllt sich mit erfolgreichen Beispielen der Zusammenarbeit. Die kollektive Erleichterung ist im Raum spürbar. Die Karten werden an einer zentralen Wand zusammengetragen und inhaltlich zusammengelegt. Dieser Schritt dauert je nach Gruppengröße zwischen 20 und 30 Minuten.

5. Schritt: Priorisierung
Alle Teilnehmenden gehen individuell zur zentralen Wand und priorisieren diejenigen vier Schlüsselfaktoren, die sie für diesen Prozess und darüber hinaus besonders berücksichtigen wollen. Es entstehen Handlungsfelder, welche alle bereits über zahlreiche gute Geschichten verfügen. Pause.

Nach der Pause mündet der AI-Prozess beispielsweise in einen RTSC-Prozess. Nun kommen die Kunden, die Lieferanten. Diese werden von uns aber nicht dahin gehend gebrieft, dass sie nur die positiven Seiten, die sie wahrnehmen replizieren. Die Kunden und Lieferanten sollen durchaus auch erzählen, was ihnen stinkt. Ganz AI-mäßig ist dann natürlich wieder der »Dream«, der Visionsschritt. Auch hier bleiben wir aber relativ pragmatisch bei 20 bis 30 Minuten Vorbereitung und rund 20 bis 30 Minuten für die Präsentationen.

Die Konferenz nimmt ihren Lauf, sei es als RTSC, FSC, Open Space oder gar in einem World Café. Die rund zweistündige Eingangssequenz mit AI trägt durch den ganzen Prozess.

2.5.5. Würdigung

Wer einmal erlebt hat, wie eine Organisation an sich zweifelt, wie sie dann zusammenkommt und wie sie mit den wertschätzenden Interviews Kraft schöpft, wie dann nach zwei Stunden urplötzlich zahlreiche Geschichten im Raum sind, mit welchen sich die Teilnehmenden selber beweisen, dass sie auch anders können, der weiß, wieso wir durchaus leicht pathetisch von der »Kraft des AI« reden. AI bringt alle zum Staunen.

Wie bei allen anderen Methoden birgt auch AI die Gefahr der Überhöhung, der Mystifizierung. Das weiß auch der Kunde. Unserer Erfahrung nach ist es schwieriger, den Kunden so zu überzeugen, dass er den Mut aufbringt – vor allem in der Krise – sich auf AI einzulassen, als ihn vor dieser Überhöhung zu schützen.

2.6 Soziometrische Aufstellungen

Wenn wir die soziometrische Aufstellung auf der gleichen Ebene besprechen wie die bekannten Großgruppenmethoden, dann weil sie in unserer Praxis einen hohen Stellenwert erhalten hat. Wir verwenden soziometrische Aufstellungen nicht isoliert, nicht in einer eigenständigen Veranstaltung, sondern immer in Kombination mit anderen Methoden wie RTSC, Zukunftskonferenz, World Café, Open Space oder AI.

2.6.1. Herkunft

Den theoretischen Hintergrund für soziometrische Aufstellungen bildet die Soziometrie von Jacob Levy Moreno. Moreno hat die Soziometrie in den 1930er-Jahren als Methode eingeführt, um Beziehungen zwischen Mitgliedern einer Gruppe in einer sogenannten »Soziomatrix« zu erfassen. Befragte füllten dazu einen Fragebogen aus, welcher in einem Soziogramm zusammengeführt, grafisch dargestellt und bezüglich unterschiedlicher Kennzahlen analysiert wurde.

Die soziometrische Aufstellung hat diese Grundintention der Soziometrie, Rollen und Beziehungen zwischen Mitgliedern einer Gruppe aufzuzeigen, wortwörtlich in den »Raum« geholt. Als Teil der triadischen Aktionsmethode (Soziometrie, Psychodrama und Gruppenpsychotherapie) ist sie vielfältig weiterentwickelt worden. Systemische Aufstellungsarbeit und Organisationsaufstellung sind beispielsweise Weiterentwicklung davon.

Wichtig für unsere Arbeit ist, dass schon Moreno in der Soziometrie vor allem ein wirkungsvolles Mittel sah, einer Gruppe Informationen zur Verfügung zu stellen, damit sie ein differenziertes Bild von sich selbst erhält.

2.6.2. Wie wir soziometrische Aufstellungen einsetzen

Mit der soziometrischen Aufstellung verschafft sich die Großgruppe schnell ein Bild von sich selbst. Mit einer soziometrischen Aufstellung zu Beginn einer Großgruppenkonferenz wird gleich zum Auftakt »der ganze Elefant« zum ersten Mal schematisch im Raum sichtbar.

Anders als bei Moreno und den vielen Weiterentwicklungen, stellen wir nicht die Beziehungen der einzelnen Gruppenmitglieder zueinander auf, sondern die Beziehungen zum Gesamtsystem und zum Konferenzthema.

Mit drei bis vier gezielten Fragen zu Tätigkeiten oder Befindlichkeiten und jeweils vier bis acht vorgegebenen Antwortmöglichkeiten stellen sich die Teilnehmenden zu Tafeln auf. Pro Tafel gibt es eine Antwortmöglichkeit. Die

Antwortmöglichkeiten auf den Tafeln sind in der Regel kurze und knackige verbale Statements, können aber auch visuell in der Form von Piktogrammen oder Bildern gestaltet werden. Wenn sich jemand mit den vorgegebenen Antworten nicht identifizieren kann, soll er sich in der Mitte des Raumes aufstellen. Wenn die Teilnehmenden sich zu den Antwortmöglichkeiten gestellt haben, werden zwei bis drei Personen der jeweiligen Gruppen durch das Moderationsteam kurz interviewt.

Auf vier bis acht Tafeln, die im Raum verteilt sind, wird beispielsweise danach gefragt, wie die Dynamik des aktuellen Change-Projekts erlebt wird. Zur Auswahl stehen Straßenbahn, Luftseilbahn, Zahnradbahn, Bummelzug, ICE, Düsenjet. Die Leute stellen sich zur entsprechenden Tafel und sofort wird sichtbar, dass niemand beim Bummelzug steht. Die große Gruppe bei der Straßenbahn gibt zu dem unterschiedliche Antworten: Für die einen stimmt das Straßenbahn-Tempo des Projekts, für die anderen ist die Straßenbahn Symbol für ein ärgerliches Stop-and-go. Beim Düsenjet geben einige offenherzig zu, dass sie sich vom hohen Veränderungstempo überfordert fühlen. Auf unsere Folgefrage, wie sie das Tempo gerne hätten, gehen dann aber diejenigen zum Düsenjet, denen alles etwas zu langsam geht. Schnell wird klar, dass im Gesamtsystem unterschiedlichste Sichtweisen auf eine bestimmte Fragestellung möglich sind. Es wird auch klar, dass bestimmte Sichtweisen von sehr vielen geteilt werden, andere wiederum nur von wenigen oder von bestimmten Abteilungen.

Soziometrische Aufstellungen sind in verschiedenster Hinsicht ein wunderbarer Eisbrecher für Großgruppenprozesse:
- Obwohl sie eine sehr große Gruppe sind, haben alle Teilnehmenden bereits wortwörtlich Stellung bezogen;
- die Teilnehmenden haben die Erfahrung gemacht, dass sie Stellung beziehen können, ohne sich gleich outen zu müssen. Mehr noch: dass die Heterogenität der Herkunft, Hintergründe, Meinungen und Interessen akzeptiert, ja gewünscht ist;
- sie haben gemerkt, dass hinter bestimmten Positionen verschiedene Sichtweisen stehen können;
- sie haben das ganze System in der Übersicht erlebt;
- sie haben mit der Aufstellung etwas neues gemacht, das dem gewohnten Konferenzstil so gar nicht entspricht.

Mit der soziometrischen Aufstellung ist eine große Gruppe bereits nach der ersten Stunde der Konferenz mitten im Großgruppenprozess gelandet.

Die soziometrischen Aufstellungen können in einer zeitlich begrenzten Großgruppenkonferenz, zum Beispiel eine eintägige Veranstaltung, als Warmup dienen und einige sonst übliche Prozessschritte, welche in eine Veranstaltung einstimmen sollen, ersetzen.

Wichtig ist, dass die gewählten Themen und Antwortmöglichkeiten nahe an der Sprache und der Kultur des Systems sind. Es empfiehlt sich daher, die

Fragen und die Antwortmöglichkeiten in der Zusammenarbeit mit der Spurgruppe zu entwickeln.

Beispiele für soziometrische Aufstellungen:
Anlass: Großgruppenkonferenz im Kontext mit einer Gemeindeentwicklung:

Fragen:	Antwortmöglichkeiten:
Was vertreten Sie?	• Gewerbe, Industrie • Landwirtschaft • Behörden, Verwaltung • Interessenvereine und Verbände • Freizeitvereine/Kultur • Kirche, soziale Institutionen • Schule • Bevölkerung
Was motiviert Sie, hier zu sein?	• Ich möchte meine Interessen vertreten • Mich interessiert die Entwicklung meiner Gemeinde • Ich bin aus beruflichen Gründen hier • Unsere Gemeinde soll attraktiver werden • Wenn man schon gefragt ist, soll man auch etwas beitragen • Ich bin hier, weil ich muss

Anlass: Großgruppenkonferenz im Kontext mit einer Führungsentwicklungsthematik:

Fragen:	Antwortmöglichkeiten:
Was ist an Ihrem Führungsjob besonders schwierig?	• Im luftleeren Raum hängen • Spagat zwischen Kunden und Mitarbeitenden • Ungewissheit über Kompetenzen • Hektik und Kurzfristigkeit • Motivieren der Mitarbeitenden • Erwartungshaltungen gerecht werden
Welcher Sport entspricht am ehesten Ihrem Führungsjob? (Antworten in Form von Bildern)	• Hürdenlauf • Kletterer • Jockey • Torwart • Eishockey-Schiedsrichter • Boxer
Wie erleben Sie Ihr Unternehmen?	• Zirkus • Achterbahn • Militärparade • Bienenhaus • Feuerwehr • Fließbandproduktion

Gerne arbeiten wir auch mit Bildern. Hier ein Beispiel im Zusammenhang mit einer Non-Governmental-Organization (NGO).

Fragestellung: Wie erleben Sie ihre Organisation?

© für alle Bilder: Shutterstock Images LLC

2. Der Werkzeugkasten **129**

Folgende Bilder haben wir bei einer soziometrischen Aufstellung im Zusammenhang mit einem RTSC mit allen Führungskräften einer Polizeieinheit verwendet.
Fragestellung: Wie erleben Sie Ihre Organisation?

© für alle Bilder: Shutterstock Images LLC

2.6.3. Würdigung

Die soziometrische Aufstellung ist ein Turbo! Wir haben sie mit den unterschiedlichsten Kunden durchgeführt. Die Einfachheit, die Klarheit der Fragen und Antworten führt dazu, dass die Hemmung, darauf einzusteigen, so tief ist, dass selbst Spitzenpolitiker oder Banker problemlos »mitmachen« und so schnell zu neuen Sichtweisen und Einsichten kommen, die für alle überraschend sind. Da es eben ungewohnt, neu und trotzdem unproblematisch ist, entsteht damit auch Vertrauen in die Prozessbegleitung, welche für den ganzen weiteren Prozess nützlich ist.

2.7 Kreative Interventionen

Kreative Interventionen haben bei uns einen ähnlichen Stellenwert wie die soziometrische Aufstellung. Wir verstehen sie als einen eigenständigen methodischen Ansatz, welcher in die klassischen Formate der Großgruppenmethoden prozessunterstützend integriert wird.

Unter kreativen Interventionen verstehen wir Aktionen, welche möglichst alle Sinne der Teilnehmenden einer Großgruppenkonferenz einbeziehen. Die Interventionen sind nicht an eine bestimmte Form gebunden. Ihr Ziel ist es einerseits eine bestimmte Thematik ganzheitlich erlebbar zu machen. Andererseits kann es auch darum gehen, ungewohnte oder neue Zugänge zum Teilnehmerpotenzial zu finden, wenn die Kopfarbeit Lösungsperspektiven blockiert. Wichtig ist, dass die Interventionen professionell konzipiert und großgruppentauglich umgesetzt werden.

Sehr oft wollen die Auftraggeber bei mehrtägigen Veranstaltungen am Abend »Unterhaltung«: Einen Zauberer, irgendeinen Sketch oder ähnliches. Nur in den wenigsten Fällen ist dies aber für den Gesamtprozess förderlich. Gerade der Abend zwischen zwei Workshop-Tagen ist enorm wichtig für den informellen Austausch, der möglichst wenig behindert werden sollte. Stattdessen empfehlen wir das Kreative/die Kunst in den Prozess zu integrieren.

2.7.1. Herkunft und wie wir kreative Interventionen einsetzen

Wir haben über die sogenannte »Expressive Arts Therapy« des Schweizers Paolo Knill Zugang zu dieser Interventionsform gefunden. Knill hat in den 1970er-Jahren in den USA damit eine Variante der Kunsttherapie entwickelt, welche nicht nur die bildende Kunst, sondern auch die anderen Künste wie Tanz, Schauspiel, Musik oder Poesie therapeutisch einsetzt.

Wichtig für unsere Arbeit ist, dass Knill dabei einen lösungsorientierten Ansatz entwickelt hat, der eine Hinwendung zu neuen, ästhetischen Erfahrungen ermöglicht. Eine »alternative Welterfahrung« soll neue Lösungsmöglichkeiten und Perspektiven eröffnen, die der eingeschränkte Blick auf das Problemfeld sonst verschließt. Knill arbeitet dezentrierend. »Dezentrieren«

meint prinzipiell eine Distanzierung vom eigentlichen Problem und damit vom Anliegen der Klientin/des Klienten. Das Loslassen des Problems geschieht in der zeitlich begrenzten Hinwendung zu einer anderen, gestalterisch-künstlerischen Tätigkeit. Dies ermöglicht neuartige Erfahrungen in Bezug auf das eigene Denken, Handeln und Erleben.

In Anlehnung daran unterscheiden wir zwischen »themenzentrierten Interventionen«, die helfen, ein Thema ganzheitlich erlebbar zu machen, und »dezentrierenden Interventionen«, mit welchen ganz bewusst das Thema verlassen wird, um danach mit einer neuen Erfahrung in den Prozess zurückzukehren.

2.7.2. Themenzentrierte Interventionen

Die Möglichkeiten für themenzentrierte kreative Interventionen sind breit gefächert. Wir beschränken uns hier auf einzelne Interventionen, die wir immer wieder einsetzen und mit denen wir gute Erfahrungen gemacht haben.

Improvisationstheater
In der Identifikationsphase des RTSC entwickeln die Teilnehmenden im Großgruppenformat vorhandene Ängste und Befürchtungen sowie Hoffnungen und Erwartungen. Diese Schritte können durch den Einsatz eines Improvisationstheaters umgesetzt werden. Die Theatermoderation holt bei den Teilnehmenden Begriffe im Zusammenhang zum Beispiel mit Ängsten und Befürchtungen ab und spiegelt diese dann in einer Theaterszene wieder (vgl. Abbildung 22).

Abb. 22: Playback-Theater Zürich (Foto H. Hinnen)

Wir arbeiten oft mit Playback-Theatergruppen, die mittlerweile an verschiedenen Orten in Deutschland, Österreich und der Schweiz professionell aktiv sind.

Der Begriff »Playback-Theater« wurde in den 1970er-Jahren von dem Amerikaner Jonathan Fox geprägt. Bei dieser Form des interaktiven Theaters greifen Schauspieler Schilderungen oder persönliche Statements der Zuschauer auf und re-inszenieren diese Begebenheiten auf der Bühne. Über die eingesetzten schauspielerischen Mittel (Körpersprache, Mimik, improvisierte Dialoge, Musik etc.) erhalten die gespielten Szenen eine neue Intensität und spiegeln den Zuschauern ihr eigenes Erleben.

Visualisieren mit Lehm
Die Teilnehmenden erstellen, zum Beispiel in Vierergruppen, eine Skulptur, welche ganz bestimmte Themen wie Macht, Zusammenarbeit, Führungsverständnis, Teamkultur etc. visualisiert. Wichtig ist dabei, eher wenig Zeit zum Töpfern zu geben (z. B. 15 Minuten), den Lehm pro Gruppe auf 500 g bis 1 kg zu beschränken und keine Werkzeuge auszugeben, damit die Hände als Werkzeug gebraucht werden müssen.

Ein Bild der Organisation
Die Teilnehmenden malen ein Bild ihrer Organisation. Wie erleben sie ihre Firma, ihre Abteilung, ihre gesamte Organisation? Im Anschluss an den Prozessschritt werden die Bilder galerieartig aufgehängt.

Cartoons und Karikaturen
Professionelle Zeichner halten das Geschehen mit spitzer Feder fest. Wir arbeiten oft mit dem Cartoonisten Pfuschi (Heinz Pfister, Bern) zusammen. Die zeichnerische Interaktion, das unmittelbare Eingehen auf Stimmungen, Überlegungen, Möglichkeiten, Meinungen etc. hat oft eine humoristische, manchmal auch satirische Komponente, welche dem Geschehen die Schwere nimmt.

Märchen
In den Konferenzablauf integrierte Märchenerzähler, welche den Prozess begleiten und dazwischen immer wieder ein passendes Märchen erzählen (zwei bis drei Minuten) helfen mit, den Ablauf inspirativ zu bereichern.

Mitbringen von Gegenständen
Im Vorfeld der Veranstaltung werden die Teilnehmenden gebeten, einen Gegenstand mitzubringen, der für sie symbolisch für das Thema der Veranstaltung steht. Diese Gegenstände werden dann innerhalb der Achtergruppen in einen der ersten Prozessschritte eingebracht und vorgestellt.

Symbolik
Der Einsatz von Symbolik und »Zelebration« kann zur Vertiefung und Plakatierung einer Thematik hilfreich sein, aber auch schnell ins Schulmeisterliche, Moralisierende und Kitschige kippen. Ein Beispiel, das bei den rund 150 teilnehmenden Managern nach einer zweitägigen RTSC-Veranstaltung unter dem Motto »Gemeinsam zum Erfolg« gut ankam, basierte auf einem 5 m × 1,50 m großen Papierband mit einem Raster von Feldern in der Größe 20 cm × 10 cm (spezialisierte Copy-Center können dies herstellen). Die Teilnehmenden erhielten je eine Karte im selben Format; auf der einen Seite befand sich eine Zahl und auf der anderen eine beidseitig klebende Haftecke wie man sie für Fotoalben braucht. Die Teilnehmenden hielten zwei bis drei Punkte fest, die sie umsetzen wollten und versahen die Statements mit ihrer Unterschrift. Dann klebten sie ihre Karte auf das breite Papierband, dahin wo die Nummer der Karte und die aufgedruckte Nummer identisch waren (vgl. Abbildung 23).

1	2	3	4	5	6	7	8	9	10	11	12	13	14	15	16	17	18	19	20	21	22
23	24	25	26	27	28	29	30	31	32	33	34	35	36	37	38	39	40	41	42	43	44
45	46	47	48	49	50	51	52	53	54	55	56	57	58	59	60	61	62	63	64	65	66
67	68	69	70	71	72	73	74	75	76	77	78	79	80	81	82	83	84	85	86	87	88
89	90	91	92	93	94	95	96	97	98	99	100	101	102	103	104	105	106	107	108	109	110
111	112	113	114	115	116	117	118	119	120	121	122	123	124	125	126	127	128	129	130	131	132
133	134	135	136	137	138	139	140	141	142	143	144	145	146	147	148	149	150	151	152	153	154
155	156	157	158	159	160	161	162	163	164	165	166	167	168	169	170	171	172	173	174	175	176
177	178	179	180	181	182	183	184	185	186	187	188	189	190	191	192	193	194	195	196	197	198
199	200	201	202	203	204	205	206	207	208	209	210	211	212	213	214	215	216	217	218	219	220
221	222	223	224	225	226	227	228	229	230	231	232	233	234	235	236	237	238	239	240	241	242
243	244	245	246	247	248	249	250	251	252	253	254	255	256	257	258	259	260	261	262	263	264
265	266	267	268	269	270	271	272	273	274	275	276	277	278	279	280	281	282	283	284	285	286

Abb. 23: Beschriebene Karten auf einer vorgedruckten, mit Nummern versehenen Papierwand (eigene Darstellung)

2.7.3. Dezentrierende Interventionen

In den dezentrierenden Interventionen wird über die Kreativität der ganze Mensch angesprochen. Die Teilnehmenden sind mitten in einem Thema und wenden sich nun bewusst etwas anderem, dem Kreativen, zu. Die dezentrierende Intervention ist ein eigener Prozessschritt. Das Thema wird verlassen, der Prozess geht weiter. Dabei steht die gestalterische Arbeit am Material im Vordergrund (Ton, Rhythmen, Farben, Papier, Holz, Bewegung, Theaterrequisiten). Das kreativ-künstlerische Tun und das gemeinsame Erleben wirken auch auf die Arbeit am Thema, da das Thema im Hintergrund ganz selbstverständlich mitschwingt. Die Teilnehmenden werden auf ihre veränderte oder ergänzte Wahrnehmung nicht angesprochen, höchstens darauf aufmerksam gemacht, darauf zu achten, wie sie nach diesem Erleben weiterarbeiten.

Viele der oben erwähnten themenzentrierten Interventionen lassen sich auch dezentrierend einsetzen. Rhythmische Interventionen oder Feuermachen eignen sich im Speziellen dazu.

Rhythmische Interventionen
Die Teilnehmenden kommen über Trommeln oder geeignete Schlaginstrumente in einen gemeinsamen Rhythmus, erleben sich miteinander in einem ungewohnten Setting (in der Literatur wird dies als »alternatives Welterleben« beschrieben), im rhythmischen Spiel und kehren mit diesem Erleben ins Konferenzthema zurück.

Feuermachen
Ziel ist hier, nach einer kurzen Einführung durch einen Experten ein gemeinsames Feuer zum Brennen zu bringen. Die dazu benötigten Materialien finden die Teilnehmenden auf einem großen Platz im Freien vor. Das Holz muss zersägt und gehackt sowie möglichst sinnvoll aufeinandergetürmt werden. Auf Anzündhilfen wie Streichhölzer oder Ähnliches müssen die Teilnehmenden verzichten. Das Feuer wird wie in der Steinzeit mit Feuersteinen entfacht. Der gesamte Prozess, vom Holzsägen bis zum lichterloh brennenden Holzstoß, wirkt in die nächsten Phasen der Konferenz hinein.

2.7.4. Würdigung

Kreative Interventionen unterstüzen die Sinnlichkeit und Emotionalität in Großgruppenprozessen. Das ist für einige Teilnehmende manchmal schwierig und kann Widerstände auslösen. Anders als in kleinen Gruppen, wo ein Abseitsstehen oder ein lauwarmes Mitmachen haarscharf registriert wird, kann der Einzelne in der Großgruppe viel stärker selber bestimmen, inwieweit er sich auf eine solche Erfahrung einlässt. Erstaunlicherweise wird das hier viel eher akzeptiert. Dennoch und gerade weil sich viele auf unbekanntes Terrain einlassen, ist eine absolut professionelle Begleitung unerlässlich. Die Teilnehmenden müssen merken, dass sie es mit Profis zu tun haben.

Mit allen oben erwähnten Interventionsformen haben wir hervorragende Erfahrungen gemacht. Hervorragend nicht wegen ihres Unterhaltungswerts, sondern eben wegen ihres Beitrags für einen zielführenden Prozess.

3. Anwendungsbereiche und Fragestellungen

3.1 Grundlegende Modelle für Entwicklungsprozesse

Wir sind Prozessbegleiter und keine Fachberater. Wir sind keine Spezialisten, weder für Leitbildentwicklung oder Kulturentwicklung noch für Strategieentwicklung. Wir sind auch keine Spezialisten für Prozessoptimierungen oder Reorganisationsprozesse. Genauso wenig sind wir Spezialisten in Raumplanung, in Marketing, Kommunikation oder in der Produktentwicklung. Und doch haben wir in all diesen Bereichen gearbeitet. Wir haben die unterschiedlichsten Organisationen darin unterstützt, sich in diesen Bereichen mit den richtigen Fragestellungen und dem dafür notwendigen Wissen zu optimieren und weiterzuentwickeln.

Es ist unmöglich, in all diesen Gebieten das notwendige Fachwissen zu haben, ganz zu schweigen von den Feldkompetenzen für alle verschiedenen Branchen, die wir bereits begleitet haben.

Was wir als Prozessbegleiter aber brauchen, ist ein einfaches Modell, um zu verstehen, in welchem Feld wir uns bewegen. Wir brauchen eine mentale Landkarte, mit der wir die richtigen Fragen stellen können. Wir müssen einschätzen können, in welchem Kontext die vom Kunden vorgeschlagene Zielsetzung steht, und wie der Zusammenhang mit allen anderen Themen der Organisation ist, damit wir ihn nicht in eine Sackgasse begleiten. Vor allem müssen wir auch abschätzen können, ob das System, welches wir begleiten, selbst über das notwendige Fachwissen verfügt oder ob zusätzliches Fachwissen in den Prozess eingebracht werden muss.

Unser Ausgangsmodell ist das simple Modell der Unternehmensentwicklung: Strategie, Kultur und Struktur (vgl. Abbildung 24).

In der Auftragsklärung ist dies oft das einfache Grundraster, um zusammen mit dem Kunden die Zielsetzung zu verorten und grob zu erkunden, wo der Handlungsbedarf liegt. So muss die Zielsetzung »Kundenorientierung erhöhen« selbstverständlich in allen drei Bereichen Niederschlag finden. Ebenso geht eine »Reorganisation«, die wegen einer neuen strategischen Ausrichtung angepackt wird, in ihrer Wirkung weit über die rein strukturelle Komponente hinaus, da sie die Art und Weise der Zusammenarbeit auf völlige neue Füße stellt.

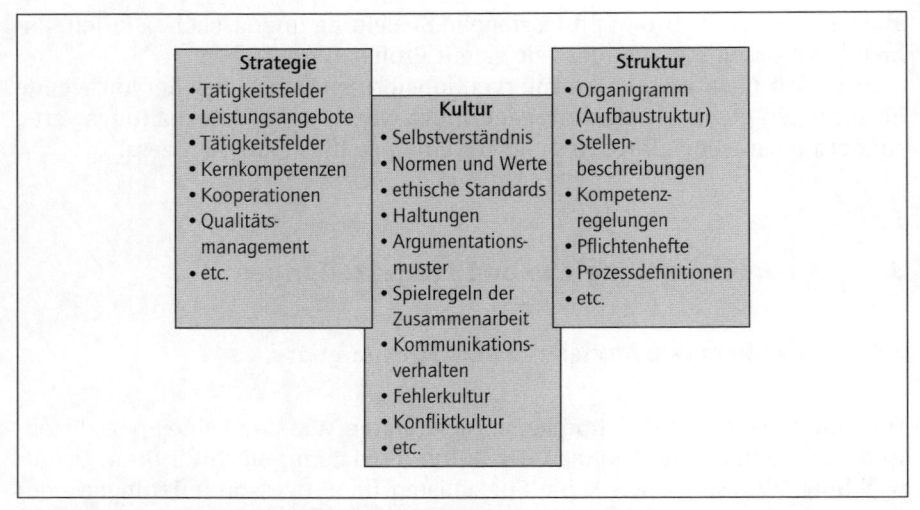

```
┌─────────────────────────────────────────────────────────────┐
│     ┌─────────────────┐                 ┌─────────────────┐ │
│     │   Strategie     │                 │    Struktur     │ │
│     │ • Tätigkeitsfelder│               │ • Organigramm   │ │
│     │ • Leistungsangebote│  ┌──────────┐│   (Aufbaustruktur)│
│     │ • Tätigkeitsfelder│  │  Kultur  ││ • Stellen-      │ │
│     │ • Kernkompetenzen│  │• Selbstverständnis│ beschreibungen│
│     │ • Kooperationen  │  │• Normen und Werte│• Kompetenz-  │
│     │ • Qualitäts-    │  │• ethische Standards│  regelungen │
│     │   management    │  │• Haltungen│ │• Pflichtenhefte │ │
│     │ • etc.          │  │• Argumentations-│• Prozessdefinitionen│
│     └─────────────────┘  │  muster   │ │• etc.           │ │
│                          │• Spielregeln der│└─────────────┘│
│                          │  Zusammenarbeit│                │
│                          │• Kommunikations-│                │
│                          │  verhalten│                      │
│                          │• Fehlerkultur│                   │
│                          │• Konfliktkultur│                 │
│                          │• etc.     │                      │
│                          └──────────┘                       │
└─────────────────────────────────────────────────────────────┘
```

Abb. 24: Bereichsfelder frei nach dem St. Galler-Modell (eigene Darstellung)

Es ist erstaunlich, wie ein einfaches Drehen und Wenden in diesem Modell schon viele Versäumnisse aufdeckt und neue Fragen generiert, welche einem zielführenden Prozess dienlich sind.

In der Großgruppenarbeit haben wir es sehr oft mit ganzen Systemen zu tun, welche wir auch in einem größeren Kontext verstehen müssen. Dazu reicht das einfache Modell nicht mehr. Zwei Modelle sind hilfreich, welche beide das Modell »Strategie, Struktur und Kultur« in einen größeren Zusammenhang stellen.

Das erste ist das *St. Galler-Management-Modell* in seiner ursprünglichen Form. Mit dem Anspruch, ein integratives Management-Modell zu formulieren, ist es an der Uni St. Gallen von Hans Ulrich und Walter Krieg in den 1960er-Jahren entwickelt und 1972 erstmals publiziert worden. Unser Modell »Strategie, Struktur, Kultur« (vgl. Abbildung 24) bezeichnet darin die Aspekte, welche mit allen anderen für die Unternehmensgestaltung, -führung und -entwicklung relevanten Faktoren verknüpft sind.

Insbesondere der Bezug zu den verschiedenen Anspruchsgruppen und zu den Umweltsphären hilft uns, mit unseren Kunden das ganze System auszuloten. Oft weicht an dieser Stelle eine ausgeprägte Innensicht einer Öffnung auf ein breiteres Verständnis. Rechtzeitig kommen so Kunden, Lieferanten oder auch Experten aus verschiedenen Bereichen ins Spiel, welche in der Vorbereitung und während der Konferenz sicherstellen, dass ein System nicht einfach »Nabelschau« betreibt.

Das zweite Modell, das unsere mentale Landkarte prägt, ist das *SIM-Modell* der Wiener Beratergruppe Neuwaldegg (vgl. Abbildung 25).

SIM steht für »*Systemisches Integrationsmanagement*«. Das SIM-Modell ergänzt das Dreieck Strategie, Struktur und Kultur mit dem für die Großgruppenarbeit so wichtigen zeitlichen Aspekt. Die Schleifen betonen zudem die Lernschlaufen des Veränderungsprozesses. Diese Schleifen werden von den Kunden intuitiv verstanden. Es ist ja meistens nicht das erste Mal, dass sie eine große Veränderung durchziehen müssen und es hilft ihnen zu verstehen, dass auch ihr aktuelles Projekt in einer Geschichte des organisationalen Lernens steht. Mit der Vision kommt schließlich der Schlüsselbegriff ins Spiel, der dem ganzen Prozess die notwendige Energie gibt.

Da viele Aufträge auch Leitbildentwicklungen und Leitbildumsetzungen betreffen, verwenden wir umstehende Darstellung, um auch diesen Aspekt im Modell adäquat zu verorten (vgl. Abbildung 26).

Dieser Baukasten an Modellen und mentalen Landkarten hilft uns, die meisten Fragestellungen adäquat zu verorten.

Wir haben es fast immer mit Fragestellungen zu tun, welche alle diese Bereiche betreffen. Wenn wir unsere Methoden anwenden, spielt die Komplexität der Fragestellung die ausschlaggebende Rolle und nicht das vordergründige Thema. Bei strategischen Fragen kommt also nicht automatisch ein RTSC zur Anwendung, genauso wenig wie für Visionsarbeit und Leitbildentwicklung nur Future Search Conference infrage kommt.

Die Methoden selbst sind nicht in Stein gemeißelt und können auch nicht nur genau auf diese oder jene Weise angewendet werden. Im Laufe der Zeit haben wir gelernt, Methoden untereinander zu kombinieren und zu adaptieren.

Die nachstehenden möglichen Aufgabenstellungen sollen der Inspiration dienen und nicht als Rezepte verstanden werden.

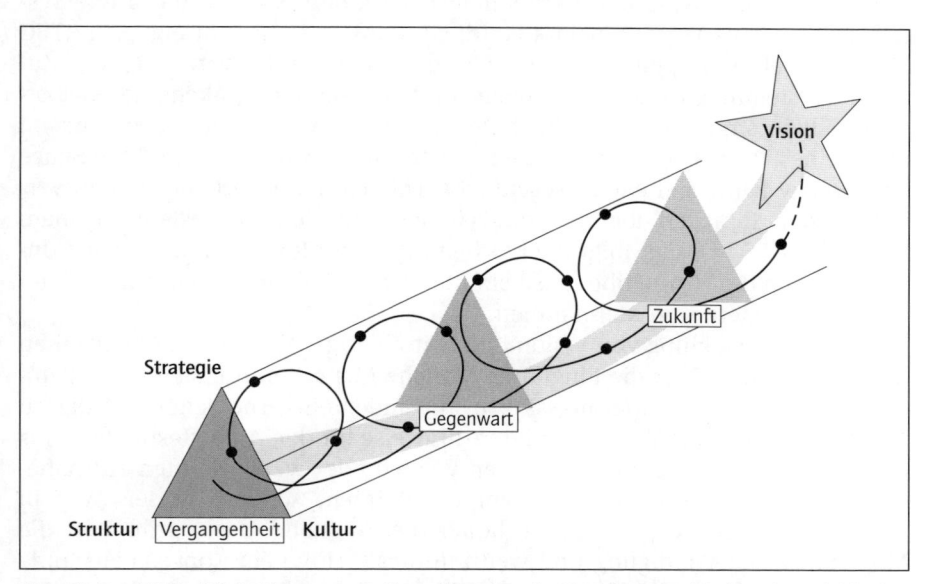

Abb. 25: Das SIM-Modell der Beratergruppe Neuwaldegg (Quelle: Klett Cotta, Königswieser/BGN/Cichy/Jochum, 2001, S. 53)

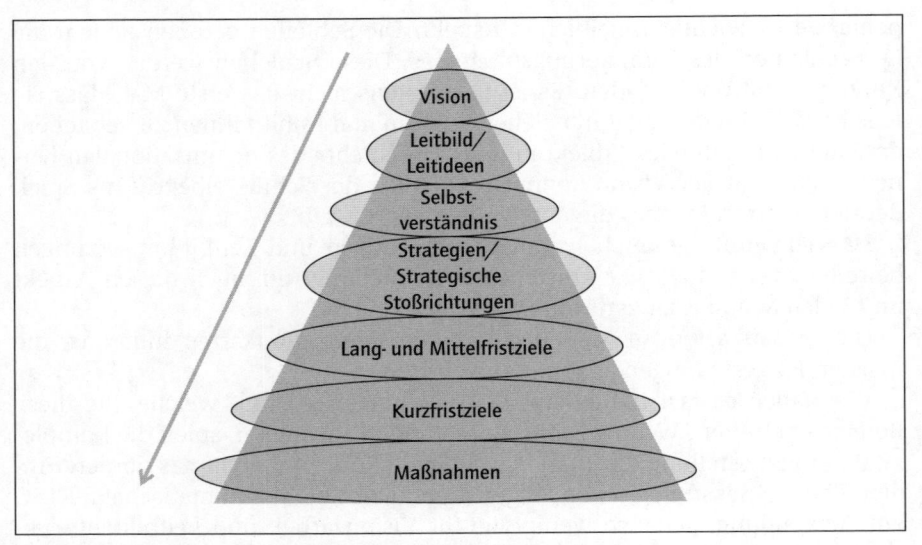

Abb. 26: Modell »von der Vision zu den Maßnahmen (eigene Darstellung)

3.2. Zukunftsorientierung

Wenn es um eine offene Fragestellung geht, steht FSC im Vordergrund. Wenn durch eine Behörde, eine Unternehmensleitung oder sonst wie geartete Systemspitze bereits Vorstellungen über die Zukunft bestehen, drängt sich RTSC auf. Die Zielsetzung geht dann eher in die Richtung der Vertiefung der Zukunftsvorstellungen und den Transfer in den Alltag der Stakeholder. Selbstverständlich sind auch Kombinationen möglich. World Café eignet sich im Sinne eines Turbos zur Vertiefung einzelner Zukunftsaspekte und Open Space Technology kann mithelfen, wesentliche Themen zu generieren und zu vertiefen, wenn Einigkeit über die grundsätzliche Stoßrichtung besteht. In einem FSC- oder RTSC-Design folgt die Erarbeitung in der Regel von oben nach unten, also von der Vision über das Leitbild oder die Leitideen zu den konkreten Handlungsfeldern und Maßnahmen.

Bei der Entwicklung von Vision und Leitbild (vgl. Abbildung 26) entstehen oft Diskussionen über die Flughöhe. Manche Menschen tun sich schwer mit einigen wenigen Orientierungssätzen und möchten gerne schon bei diesen Zukunftsaspekten konkrete Handlungshinweise für den Alltag festhalten. Aus unserer Perspektive lohnt es sich, den Weg von der weitentfernten zur naheliegenden Zukunftsvorstellung nicht abzukürzen, sondern diesen Weg in mehrere Etappen zu gliedern. Je höher die Flughöhe, desto größer ist die Möglichkeit einer Einigung und wenn in dieser Höhe ein Konsens zustande kommt, kann die dadurch gewonnene Energie für die Bearbeitung der zeitlich näherliegenden Zukunftsvorstellungen sinnvoll genutzt werden.

Für die Erarbeitung von Vision, Leitideen und Leitbild gibt es grundsätzlich zwei Vorgehensweisen. In der Version A entwickelt eine Kleingruppe einen Entwurf, der dann von weiteren Anspruchsgruppen hinterfragt, diskutiert und beschlossen wird. Bei dieser Vorgehensweise durchläuft die Kleingruppe einen intensiven Prozess, der von den weiteren Kreisen nicht wahrgenommen und oft auch nicht gewürdigt wird. Im nachgelagerten Anhörungsprozess wird dann das Haar in der Suppe gesucht, sprich man fahndet nach Fehlern und Defiziten. In der Version B entwickelt die Großgruppe Ideen und Bausteine für einen Visions- oder Leitbildentwurf und eine kleine Arbeitsgruppe erstellt dann aufgrund dieses Inputs und im Rahmen der geeinigten Zukunftsvorstellungen eine redaktionell bearbeitete Version, die von allen Stakeholdern, die an der Großgruppenkonferenz teilgenommen haben, nochmals gecheckt wird. Erstaunlicherweise sucht dieser Kreis dann nicht mehr das Haar in der Suppe, sondern den Spirit von damals, als es um die Zukunftsvorstellungen ging. Der wesentliche Unterschied zwischen Version A und Version B ist der, dass der eigentliche inhaltliche Prozess nicht in der Kleingruppe, sondern gemeinsam in der Großgruppe erlebt und durchlebt wird. Unserer Erfahrung nach ist nicht das Endergebnis bedeutsam, sondern der Weg dorthin. Eine gemeinsam und aus dem System heraus erarbeitete Zukunftsvorstellung erhöht die Identifikation zum System und erleichtert die Führungsarbeit, da Werte, Normen und Standards in einem Commitment zur grundsätzlichen Orientierung dienen. Hinzu kommt, dass gemeinsam entwickelte Zukunftsvorstellungen eine im Zusammenhang mit Spannungen und Konflikten präventive Wirkung haben.

Beispiel:
In einer kleinen Gemeinde im schweizerischen Kanton Graubünden wurde bei einer Gemeindeversammlung der Wunsch nach einem Leitbild für die Zukunftsentwicklung der Gemeinde eingebracht. Die Exekutive nahm dieses Anliegen auf und suchte Leute für einzelne Arbeitsgruppen mit den Themen Kultur, Tourismus, Wirtschaft, Bildung, Finanzen und Verkehr. Die Arbeitsgruppen entwickelten in ihren Themenbereichen ihre Zukunftsvorstellungen und somit war der Absturz programmiert. Die Ergebnisse und Erkenntnisse der einzelnen Themengruppen waren nicht kompatibel und keine Themengruppe war zu Abstrichen oder Veränderungen ihrer Vorstellungen bereit. Das Resultat war ein frustgeladener Scherbenhaufen. Unter dem Druck der Bevölkerung nahm dann die Kommune einen zweiten Anlauf und beauftragte uns mit der Planung und Durchführung einer Leitbildentwicklung mit Unterstützung einer Großgruppen-Intervention. Das Resultat der eineinhalbtägigen Zukunftskonferenz und der ein halbes Jahr später stattfindenden halbtägigen Ergebniskonferenz war nicht nur ein gemeinsamer Prozess, sondern auch ein gemeinsam getragenes Leitbild.

Ein Spezialbereich im Rahmen der Zukunftsorientierung sind die Aufgabenstellungen im Raumplanungs- und Siedlungsbereich, die oft mittels Zukunftskonferenzen oder, wenn schon Vorgaben bestehen, mittels RTSC-Konferenzen bearbeitet werden können.

3.3. Strategieentwicklung

»Was tun wir künftig wie?« ist die Grundsatzfrage in Strategieentwicklungen. In einem Strategieentwicklungsprozess werden über die strategische Analyse unter Einbeziehung der Umfeld- und Organisationsfaktoren der strategische Forecast, die strategischen Alternativen, die gültigen Strategieziele und strategischen Stoßrichtungen bis hin zu den Aktionsplänen erarbeitet.

Der Einsatz von Großgruppen-Interventionen in Strategieentwicklungsprozessen liegt auf der Hand. Diejenigen Menschen einzubeziehen, welche die Strategien mitprägen und auch umsetzen sollen, macht Sinn, auch unter dem Aspekt der Verzahnung von Top-down und Bottom-up. In welchen Phasen des Prozesses welche Stakeholder einmalig oder mehrmalig einbezogen werden sollen, hängt von der Zielsetzung und von der Prozessarchitektur ab.

Ein häufig eingesetztes Instrument in der Phase der strategischen Analyse ist die bereits in den 1960er-Jahren an der Harvard Business School entwickelte SWOT-Analyse (vgl. Abbildung 27). Das weithin bekannte Akronym SWOT steht für die Faktoren, die bei diesem Management-Tool im Mittelpunkt der Betrachtung stehen: **S**trengths (Stärken), **W**eaknesses (Schwächen), **O**pportunities (Chancen) und **Th**reats (Gefahren).

		Interne Analyse	
		Stärken	Schwächen
Externe Analyse	Chancen	Verwendung der Stärken zur Nutzung der Chancen	Nutzung der Chancen zum Überwinden der Schwächen
	Gefahren	Verwendung der Stärken zur Abwehr der Gefahren	Überwinden der Schwächen und Gefahren

Abb. 27: Die Felder der SWOT-Analyse (eigene Darstellung)

Wir haben die SWOT-Analyse für das Großgruppenformat adaptiert und führen diese in zwei Arbeitsschritten durch.

1. Arbeitsschritt – Stärken und Schwächen
Die Teilnehmen listen in Achtergruppen auf dem Flipchart in zwei Spalten die Stärken und Schwächen brainstormingmäßig auf. Dann einigen sich die Gruppen auf maximal je vier oder fünf Stärken und Schwächen und schreiben diese auf unterschiedlich farbige Karten. Die Karten werden vorgestellt, abgeglichen, an die Pinnwand gehängt und priorisiert. Das Ergebnis ist eine Hitliste mit den Schwächen und den Stärken.

2. Arbeitsschritt – Chancen und Gefahren
In einer ersten Phase diskutieren die neu gemischten Achtergruppen die Trends und Entwicklungen, welche sie im Umfeld ihres Tätigkeitsbereichs, aber auch im wirtschaftlichen, gesellschaftlichen und technologischen Bereich wahrnehmen. Die Stichworte werden – zuerst einmal ohne Wertung – auf dem Flipchart festgehalten. Dann einigen sich die Gruppen auf max. 4 oder 5 Trends und Entwicklungen und schreiben diese auf Karten. Die Karten werden vorgestellt, abgeglichen, an die Pinnwand gehängt und priorisiert. Der Auftrag für die Priorisierung lautet: »Sie haben je 4 rote Punkte für die Gefahren und 4 grüne Punkte für die Chancen. Kleben Sie nun die roten Punkte dorthin, wo Sie glauben, das ist eine Gefahr, die Sie unbedingt in den Griffen kriegen müssen, und kleben Sie die grünen Punkte dorthin, wo Sie glauben, das ist eine Chance, die Sie unbedingt nutzen müssen.«

Der Zeitbedarf für diese SWOT-Analyse in zwei Arbeitsschritten im Großgruppenformat liegt auch mit 150 Teilnehmenden bei nicht mehr als rund zwei Stunden – die Methode ist damit nicht nur hoch effizient, sondern auch effektiv.

Der weitere Verlauf eines Strategieentwicklungsprozesses im Großgruppenformat entspricht in der Regel der üblichen RTSC-Systematik: Nach der SWOT-Analyse folgt der Input durch die Systemspitze und dessen Reflexion durch die Teilnehmenden, dann kommen der Visionsschritt, die Definition und Gewichtung der Aktionsfelder und schließlich die Vertiefung der priorisierten Aktionsfelder mit der Erarbeitung des weiteren Vorgehens.

3.4. Kulturentwicklung

Die Zielsetzungen und Fokussierungen im Bereich der Kulturentwicklungen sind sehr breit. Manchmal geht es um einzelne Aspekte und Fragestellungen, etwa
- Wie gehen wir künftig mit Konflikten um?
- Wie gestaltet sich künftig die Zusammenarbeit zwischen den Bereichen A und B?

- Welches sind die künftig gültigen Spielregeln in unserem Gremium?
- Was verstehen wir unter einzelnen Begriffen wie zum Beispiel »Qualität« oder »Nachhaltigkeit«?
- Wie gehen wir mit dem Umstand um, dass in unserem Bereich soundsoviele Arbeitspätze abgebaut wurden?

Selbstverständlich können diese Fragestellungen nicht isoliert bearbeitet werden, sie müssen eingebettet sein in einen kleineren oder größeren Prozess. Sobald das der Fall ist, eignet sich für diese und ähnliche Fokussierungen jedoch die Methodik des World Café ausgezeichnet.

Oft aber geht es um vernetzte und umfassendere Kulturthematiken. Es geht um das Entwickeln von Wertegerüsten und von grundsätzlichen Haltungen. Dies sind ideale Aufgabenstellungen für Großgruppen-Interventionen im Großgruppenformat, handelt es sich nun um FSC oder RTSC.

Ein breites Anwendungsfeld im Rahmen der Kulturthematik sind Entwicklungsprozesse zum Thema Führung. »Wie soll in unserer Organisation künftig geführt werden und was brauchen die Führungskräfte, damit sie dies dann auch können?« ist eine klassische Fragestellung und auch ein dankbares Anwendungsfeld für Großgruppen-Interventionen. Ein Nebeneffekt von Großgruppen-Interventionen sind die Lernprozesse und -entwicklungen, die Teil des Erfolgs der Großgruppen-Intervention sind. Im Prozess selbst lernen zum Beispiel Führungskräfte sich mit führungsrelevanten Themen auseinanderzusetzen und sich selbst im Kontext mit anderen Führungskräften zu reflektieren. Dank der Auseinandersetzung mit Führungsthemen findet auch eine Sensibilisierung für diese statt. Hinzu kommt, dass die Nachhaltigkeit durch das gleichzeitige Erlebnis und das partizipative Mitgestalten zwangsläufig steigt. Wenn dann das Commitment besteht: »So führen wir« kann dies seinen Niederschlag in der Auswahl von Führungspersonen, in Mitarbeiter- und Zielvereinbarungsgesprächen, in Stellenbeschreibungen wie auch in Ausbildungsangeboten finden.

3.5. Strukturentwicklung

Im Vergleich zu Strategie- und Kulturentwicklungen sind Strukturentwicklungen im Großgruppenformat seltener. Es sei denn, es handelt sich um Klärung in komplexen Arbeitsabläufen oder um Rollen- und Verantwortungskonflikte. Ablaufprozesse können in Großgruppen gut abgebildet werden, da ja das ganze System in einem Raum ist.

Beispiel 1:
In einem Produktionsbetrieb ging es – als Resultat eines Kulturentwicklungsprozesses – um effizientere Abläufe. Eine Vorbereitungsgruppe hat einen typischen Standardprozess ausgesucht und ihn groß auf einer Wand als Flow-

chart dargestellt. Alle Anspruchsgruppen (rund 80 Personen) saßen in der Zusammensetzung ihrer Arbeitsteams im Raum verteilt. »Der Auftrag« kam als eine Person in den Raum und fragte wohin er zuerst müsse. Und schon klafften Prozessmodell und Realität auseinander. Systematisch wurde der Prozess so notiert, wie er sich in Realität abspielte und dieses Ergebnis wurde auf den Modellablauf an der Wand übertragen. Die wichtigsten Differenzen waren offenkundig. Die Teilnehmer priorisierten auf dem Großplakat die wichtigsten Handlungsfelder, bearbeiteten diese und entwickelten konkrete Empfehlungen zur Prozessoptimierung.

Beispiel 2:
In der Tiefbauabteilung einer Großstadt ging es um die Definition des sogenannten »Hauptprozesses« und in diesem Zusammenhang um die Umstellung der gesamten Ablauforganisation. In diesem zweitägigen RTSC-Prozess wurden nicht nur die Schnittstellen der einzelnen Prozesssequenzen definiert, sondern auch das Rollenverständnis der Projektleitungsfunktion und weitere Konsequenzen aus den Veränderungen geklärt. Auch wenn es nicht so genannt wurde, es war eine Großgruppenmediation und das zentrale unterschwellige Thema war die Machtfrage.

Beispiel 3:
In einer Großbank musste sich ein Bereich wegen neuer rechtlicher Rahmenbedingungen komplett neu organisieren. Es ging insbesondere darum, dass aus Datenschutzgründen kein Bereich mehr auf alle Informationen mehr zugreifen durfte. Bewährte Abläufe wurden so komplett durchbrochen. Innerhalb der gesetzten Rahmenbedingungen war der Bereich aber frei, die Arbeit so zu organisieren, dass der Informationsverlust minimal gehalten werden konnte. Vertreter aller betroffenen Abteilungen haben in einem zweitägigen Prozess äußerst kreative Wege dafür gefunden.

3.6. Zusammenfassende Thesen

- Nicht die Methoden stehen im Vordergrund, sondern die Zielsetzungen, die Ressourcen, die am Prozess Beteiligten und Teilnehmenden sowie das Spannungs- und Konfliktpotenzial.
- Grundsätzlich unterscheiden wir bei den Anwendungsfeldern in Zukunftsorientierungen, Strategieentwicklungen, Kulturentwicklungen und das Entwickeln von Organisationsstrukturen.
- Der umfassende Werkzeugkasten der Großgruppen-Interventionen eignet sich gleichermaßen für alle Anwendungsfelder wie auch für alle Bereiche – handelt es sich nun um Unternehmen, Nonprofitorganisationen, Verwaltungen oder um den öffentlichen Bereich.

4. Prozessarchitektur

Großgruppen-Interventionen sind Teil eines OE- oder Klärungsprozesses. Sie sind eingebettet in einen Gesamtprozess. Sie sind Teil einer Prozessarchitektur. Die Anfragen, die wir erhalten, beziehen sich oft auf die Prozessbegleitung einer bereits geplanten Konferenz. Es braucht manchmal Zeit, den Auftraggeber von all dem zu überzeugen, das nötig ist, damit die Großgruppen-Intervention Sinn macht. Für eine gelingende Großgruppenkonferenz kommt deshalb dem Vorprozess große Bedeutung zu. Die Auftragsklärung und ein Commitment seitens der Systemspitze zu einem offenen Prozess sind ebenso erforderlich, wie eine sorgfältige Planung der Teilnehmerschaft, der Inputs und des Prozessdesigns. Genauso wichtig ist die Nachbereitung. Dabei ist es nicht einmal so sehr die konkrete inhaltliche Arbeit, die erfolgskritisch ist. Die Transparenz des Prozesses und die konsequente Einhaltung des partizipativen Moments über die Hauptkonferenz hinaus, insbesondere die Durchführung einer Ergebniskonferenz, zu der wieder die ganze Großgruppe eingeladen wird, sind wesentlich für die Nachhaltigkeit der Ergebnisse.

Im vorliegenden Kapitel füllen wir eine Lücke. In den Klassikern der Großgruppen-Intervention findet sich nämlich nur sehr wenig zur Gestaltung der Gesamtprozesse. Im ersten Abschnitt gehen wir deshalb auf Spurensuche. Da die Autoren und Autorinnen der »Klassiker« samt und sonders Organisationsentwickler waren, lohnt es sich genauer zu betrachten, wie sie die Einbettung der Großgruppenkonferenz in einen Gesamtprozess verstanden haben. Im darauf folgenden Abschnitt stellen wir das Grundmodell unseres eigenen Gesamtprozesses vor und seine einzelnen Phasen (Vorprozess, Konferenz, Follow-up). Im dritten Abschnitt gehen wir auf einige wichtige Elemente der Prozessarchitektur ein (Lernschlaufen, Kommunikation, Erwartungsmanagement und Umsetzungskultur). Der vierte Abschnitt zeigt anhand einiger Beispiele aus der Praxis, wie diese Gesamtprozesse sonst noch gestaltet werden können. Darin werden auch zwei weitere Prozessarchitekturen von Dannemiller und Axelrod vorgestellt, die zeigen, dass das große Potenzial der Großgruppenarbeit noch viel weiter gefasst werden kann und bei weitem noch nicht ausgeschöpft ist.

4.1. Einblick in die Klassiker

Die Klassiker der Großgruppen-Intervention machen sehr wenig Aussagen zu Vorbereitung und Follow-ups. Marvin Weisbord und Sandra Janoff, mehr aber noch Harrison Owen, bauen auf die Selbstorganisation, auf die Energie, die durch die Großgruppe ausgelöst wird. Auch wir haben vielfach erlebt, dass das, was Wirkung zeigt, fast wie von selbst ins Rollen kommt. Wir haben aber auch die Erfahrung gemacht, dass es eine Stützstruktur braucht, da diese für alle Beteiligten hilfreich ist. Klarheit über die Zielsetzung und eine sorgfältige Vorbereitung der Konferenz gibt den Teilnehmern (vor allem den Führungskräften) das Vertrauen, dass das schon richtig ist, was da kommt. Ein geplanter und terminierter Follow-up-Prozess baut schon vor und während der Konferenz Vertrauen auf, dass auch tatsächlich etwas passiert, und zwingt die Führung und die Arbeitsgruppen an den gemeinsam definierten Handlungsfeldern dranzubleiben. Zudem ermöglicht es allen Beteiligten nach einer gewissen Zeit, eine Lernschlaufe zu fahren und Energien zu mobilisieren, die nicht zuletzt für weitere Projekte und Vorhaben hilfreich sind.

Das wenige, dass sich hinsichtlich Vor- und Nachbereitungsschritten in der Literatur zur Großgruppenarbeit findet, deckt sich mit unserer Erfahrung.

4.1.1. Vor- und Nachbereitung bei der Future Search Conference

Nach Weisbord und Janoff (2001, S. 173) sind in der Vorbereitung zwei Elemente zentral: Die richtige Zielsetzung wählen und die richtigen Anspruchsgruppen einladen. Die richtige Zielsetzung – das klingt simpel, ist es aber, wie wir nun schon verschiedentlich gezeigt haben, nicht. Zu oft muss die Zielsetzung aufgrund des aktuellen Zustands des beratenen Systems angepasst werden. Zu groß ist meistens die Gefahr, die Großgruppenkonferenz zu überladen, da man ja nun endlich einmal alle Führungskräfte für ganze zwei Tage zusammen in einem Raum hat. Und auch das zweite Element, die Zusammensetzung der Anspruchsgruppen, ist manchmal sehr heikel. Hier haben wir viel von Marvin Weisbord und Sandra Janoff gelernt. Die beiden komponieren ja nicht nur die Konferenz minutiös, sondern geben auch sehr viel Gewicht auf die Zusammensetzung der Teilnehmerschaft. In der klassischen Zukunftskonferenz wird ganz gezielt darauf geachtet, dass die Teilnehmerschaft auf acht bis zehn Anspruchsgruppen konzentriert werden kann und pro Anspruchsgruppe acht Personen gefunden werden. Es sollen Leute sein, die über Informationen verfügen, Leute mit Entscheidungsbefugnissen und Zugriff auf Ressourcen, Leute, die betroffen sind von dem Geschehen, um das es gehen soll (Weisbord/Janoff 2001, S. 182). Für das Follow-up setzen Weisbord und Janoff dann sehr auf Selbstorganisation:

> »Laut der hergebrachten Theorie müssten wir in unsere Methoden von vornherein bestimmte ›Follow-up-Prozeduren‹ einbauen, damit die Teilnehmer am Ball bleiben. Laut der Theorie der Zukunftskonferenz jedoch werden wir umso mehr konkrete Resultate bekommen, [...] je mehr wir den Teilnehmern Gelegenheit verschaffen, sich gegenseitig zu inspirieren und sich aufeinander einzulassen. [...] Die Strukturen, die dafür notwendig sind, werden sie sich selbst schaffen. Die einzige ›Prozedur‹, die wir einbauen müssen, besteht darin, dass die Teilnehmer sich für Projekte melden und sich zusammentun können und dass im Raum genügend Anknüpfungsmöglichkeiten und Ressourcen vorhanden sind, die gewährleisten, dass geplante Maßnahmen sich auch umsetzen lassen.«
> (Weisbord/Janoff 2001, S. 244f.).

Etwas weiter unten heißt es: »Eine Zukunftskonferenz setzt im Leben einer Organisation oder einer Gemeinde einen starken Impuls« – im Originaltext sprechen die Autoren von »a big ripple« (1995, S.162) – »und die Wirkungen sind noch lange Zeit danach spürbar.« (Weisbord/Janoff 2001, S. 244 f.).

Weisbord und Janoff behaupten dies nicht nur einfach so, sie haben diesen »ripple effect« auf den Seiten ihres Netzwerks (http://www.futuresearch.net/network/research/ripple_project.cfm) ausführlich dokumentiert. Auch sie sind aber dazu übergegangen, für das Follow-up etwas mehr Struktur zur Verfügung zu stellen. In der dritten Fassung ihres Klassikers »Future Search« (2010) haben sie dem Follow-up acht Seiten gewidmet (Weisbord/Janoff 2001, S. 172 ff.). Im Wesentlichen wird hier der Aspekt Selbstorganisation ergänzt mit Hinweisen dazu, wie neue Kommunikationsmedien besser genutzt werden können. Zum ersten Mal wird auch von einem »Review-Meeting« gesprochen, dessen Konzeption aber doch eher diffus bleibt (Weisbord/Janoff 2001, S. 177 f.).

4.1.2. Vor- und Nachbereitung beim Real-Time-Strategic-Change

Ähnlich sieht dies beim RTSC aus. Das erste Buch zu »Real Time Strategic Change« von Robert Jacobs (1994) macht weder zu den Vorbereitungen noch zu den Nachbereitungen substanzielle Aussagen. Bei Kathleen Dannemiller hingegen haben wir ein wichtiges Element der Vorbereitungsarbeit kennengelernt: das »Design Team«, welches wir als »Spurgruppe« bezeichnen. Dannemiller setzt das Design Team nach demselben Muster ein, wie wir das auch machen:

> »Die Mitglieder eines Design Teams werden so ausgewählt, dass das Team als solches quasi einen Mikrokosmos der Gruppe darstellt, die später an der Großgruppenkonferenz teilnehmen wird«, (Dannemiller 1995, S. 13; Übersetzung durch die Autoren).

Dannemiller arbeitet mit großen Spurgruppen (bis zu 25 Personen), um so quasi einen Pilot für die Konferenz zu haben. Sie verwendet für die Vorbereitung eine Formel: D-P-P-E (**D**aten sammeln, Zweck (= **P**urpose) festlegen, **P**lanen, **E**valuieren). Aber auch Dannemiller hat zunächst kaum etwas zum Follow-up gesagt. Erst mit ihrem Buch »Whole-Scale-Change«, das im Jahr 2000 erschien, hat sie diese Lücke gefüllt. Wir stellen diese Prozessbeschreibung im letzten Teil des Kapitels ausführlicher vor.

Die ersten wirklich brauchbaren Unterlagen zur Vorbereitung der Großgruppenkonferenzen finden sich erst bei unserem deutschen Kollegen Matthias zur Bonsen. In seinem Handbuch »Real Time Strategic Change« widmet er 30 Seiten nur der Vorbereitung (zur Bonsen 2003, S. 131–161). Die wichtigsten darin genannten Punkte lauten:

- die Zielsetzung verstehen,
- Entscheidung und Einfluss,
- welches Wissen kommt in den Raum, muss in den Raum?

- wer muss beteiligt werden?
- den Spirit der Organisation erkennen,
- die Erfolgsvoraussetzungen prüfen,
- mit der Führung arbeiten,
- Planungsgruppe.

Die zuletzt genannte »Planungsgruppe« entspricht unserer Spurgruppe.

Matthias zur Bonsen initiiert bis zu zweitätige Planungsworkshops, in welchen die Großgruppenkonferenz akribisch vorbereitet wird.

Auch die Umsetzung ist bei ihm zentral. Hierzu finden sich bei ihm auf rund 20 Seiten viele anregende Beispiele (zur Bonsen 2003, S. 177 ff.). Insbesondere dem Umstand, dass sehr oft nicht alle Betroffenen beteiligt werden können, widmet er große Aufmerksamkeit. Weiter ist für ihn die kontinuierliche Information über die Konferenz hinaus ein großes Anliegen. Man muss den Fortschritt kommunizieren, denn die Leute merken eine Weile später nicht mehr, dass die spezifische Maßnahme mit dem RTSC zu tun hat (zur Bonsen 2003, S. 189).

4.1.3. Vor- und Nachbereitung bei Open Space

Bei Harrison Owens »Open Space« ist wie bei Weisbord und Janoff das Finden der richtigen Frage die wichtigste Vorbereitungsaufgabe. Zur Erinnerung:

> »Damit Open Space Technology funktionieren kann, muss man sich auf eine konkrete Aufgabe oder geschäftliche Frage konzentrieren, für die alle Beteiligten leidenschaftliches Interesse aufbringen.« (Owen 2011, S. 25)

Weiter ist für ihn wichtig, dass effektiv das ganze System teilnehmen kann. Da OST sich für alle Größen eignet, sollen auch wirklich alle teilnehmen können (Owen 2011, S. 136).

Beim Open Space entscheidet sich das Follow-up in der Konferenz. Der dritte Tag des Open Space, der in der Internet-Community schon ausgiebig diskutiert worden ist, ist als Tag der Konvergenz (Owen 2011, S. 143 ff.) die Startrampe für das Follow-up. Michael Pannwitz beschreibt dies auf der Homepage der OST-World so:

> »[...] die Beteiligten [erfahren] an Ort und Stelle, dass es möglich ist und zudem beglückt, selbstverantwortlich zu handeln, wesentliche Aufgabenstellungen zu erörtern, Führung gemeinsam auszuüben, mit Unterschieden wertschätzend und ressourcenorientiert umzugehen und Handlungspläne zu erarbeiten und zu verabreden. Die Motivation, selbstorganisiert und selbstgesteuert anzupacken wird von der im open space entstehenden Synergie getragen und wandert in das alltägliche Arbeitsleben ein. [...] Open space wirkt fort: In den Köpfen, in den Handlungen am Arbeitsplatz, im Stadtteil, in Unternehmensleitungen, im öffentlichen Leben, im gesellschaftlichen Diskurs, in der täglichen Meinungsbildung...« (http://www.michaelmpannwitz.de)

Bei keiner anderen Methode ist der Glaube an und das Wissen um die Kräfte der Selbstorganisation so groß wie bei Open Space. Entsprechend fehlten Hinweise zu Folgeprozessen fast vollständig. Erst in der 2. aktualisierten und überarbeiteten Ausgabe von 2011 hat Owen ein eigenes Kapitel »Follow-up« eingefügt (2011, S. 167–173). Dabei geht es ihm primär darum, den Spirit des Open Space aufrechtzuerhalten. Getreu dem Grundsatz, dass nur diejenigen Themen weiterverfolgt werden sollen, für die die Energie vorhanden ist, empfiehlt Owen, dass die Leute, die das Thema eingebracht haben, es auch weiterverfolgen sollen – auch wenn diese nur teilweise die entsprechende Fachkompetenz haben sollten. Er warnt davor, die heißen Themen zu schnell an

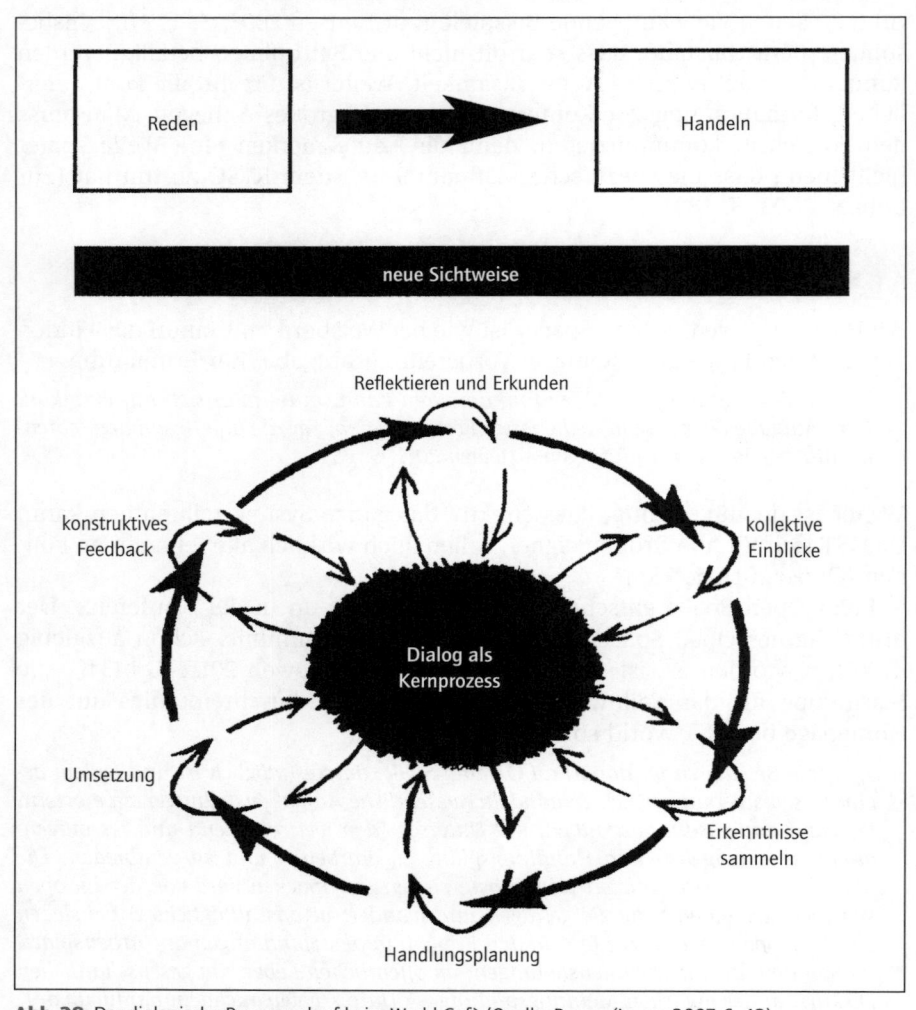

Abb. 28: Der dialogische Prozessverlauf beim World Cafè (Quelle: Brown/Isaacs 2007, S. 42)

Abb. 29: Der Prozessbegriff als »Gefäß« (Quelle: Brown/Isaacs 2007, S. 50)

»zuständige« Funktionen zu delegieren. Zu schnell werden gute Ideen so abgewürgt. In die gleiche Richtung zielt seine Empfehlung, den Raum auch nach dem Open Space offen zu halten (170f). Auch im Follow-up sollte darauf geachtet werden, dass alle Betroffenen beteiligt bleiben.

4.1.4. Vor- und Nachbereitung beim World Café

Noch einmal anders verhält es sich diesbezüglich beim World Café. Hier verläuft der Prozess nicht linear sondern dialogisch (vgl. Abbildung 28).

Auch das World Café fokussiert auf die Kernfrage »Welche reale Situation bzw. welches konkrete Bedürfnis macht diesen Dialog relevant und warum ist es wichtig, sich damit zu befassen?« (Brown/Isaacs 2007, S. 51). Und auch hier ist das Hauptergebnis der Prozess selbst:

> »Zumindest zu Anfang sind Café-Gespräche jedoch in der Regel nicht auf sofortige Antworten oder Lösungen ausgerichtet. Häufig besteht das wertvollste Ergebnis eines World Cafés darin, im Zusammenhang mit einem wichtigen Problem überhaupt erst auf die richtigen Fragestellungen zu kommen – oder auch ganz einfach darin, dass sie [die Menschen, pk] zum ersten Mal die Gelegenheit erhalten, gemeinsam mit anderen eine bestimmte Situation zu erkunden und sich darüber auszutauschen. Diese und andere nicht greifbare Ergebnisse – etwa Beziehungsaufbau, Wissensaustausch und Einbeziehung von Menschen, die normalerweise vom Entscheidungsfindungsprozess ausgeschlossen sind – zahlen sich oft in bemerkenswerter Weise aus und sind von nachhaltigem Wert.« (Brown/Isaacs 2007, S. 53).

Juanita Brown und David Isaacs denken den Prozessbegriff als »Gefäß« (vgl. Abbildung 29). Das nicht weiter beschriebene Follow-up ist ein Gefäß, in welchem das, was entstehen soll, entstehen kann.

4.1.5. Vor- und Nachbereitung beim Appreciative Inquiry Summit

Ganz ähnlich sieht dies schließlich beim Appreciative Inquiry aus: bei Cooperrider und Whitney finden sich eher Haltungsfragen – »Principles for a Positive Revolution« – als konkrete Empfehlungen für die Vorbereitung (Cooperrider/

Whitney 2005, S. 49 ff.). Was für die Umsetzung, den Follow-up wesentlich ist, geschieht an der Konferenz selbst. Es gibt keine Hinweise darauf, wie die Ergebnisse umgesetzt werden. Die Erfolgsfaktoren – »Conditions for success« – bestehen aus Haltungsfragen und aus der Selbstverpflichtung – »Freedom to choose to contribute« (Cooperrider/Whitney 2005, S. 55 ff.). Damit erschöpft sich eine Beschreibung des Follow-up.

4.1.6. Zusammenfassung

Fassen wir zusammen: FSC, RTSC, OST und World-Café streichen allesamt die Wichtigkeit der richtigen Teilnehmerschaft und der richtigen Fragestellung heraus. Alle fokussieren sie aber auf die Hauptkonferenz, die Grundprinzipien, die darin zum Tragen kommen und das hohe Maß an Selbststeuerung, das daraus resultiert. Dies entspricht auch unserer Erfahrung. Wir werden nicht müde, unseren Auftraggebern zu erklären, dass mit den Großgruppen-Interventionen eine Dynamik ausgelöst wird, die sie so nicht vermuten. Wir haben schon einige Wetten gewonnen, wenn es darum ging, abzuschätzen, wie viele Personen sich über die Konferenz hinaus freiwillig für eine Weiterarbeit in Arbeitsgruppen melden würden. Die Auftraggeber liegen mit ihrer Einschätzung hier regelmäßig viel zu tief!

Trotz dieses hohen Selbststeuerungsgrads sind wir aber schon sehr bald dazu übergegangen, dem Vor- und dem Nachprozess mehr Struktur zu verleihen. Durchaus im Sinne von Brown/Isaacs und Whitney, die den Prozess wie wir als ein Gefäß verstehen, welches erst ermöglicht, dass das, was passieren kann, seinen Platz findet.

4.2. Der Gesamtprozess – wie wir ihn planen

Im Gegensatz zu den Klassikern und in naher Verwandtschaft zur Praxis von zur Bonsen, arbeiten wir mit einem Prozessgerüst, welches Vorbereitung, Hauptkonferenz und Folgeprozess umfasst.

Wir gewichten das »Action Learning« trotzdem sehr hoch. Auch wir wissen, dass das System bereits nach der ersten Intervention in eine neue Richtung gehen kann. Wir hüten uns deshalb davor, im Voraus schon zu detaillierte Aussagen in den Raum zu stellen. Genauso wissen wir aber, dass es den Beratungsprozess stärkt, wenn wir modellhaft aufzeigen können, wie der Prozess in der Regel verläuft. Mehr noch: Wir haben die Erfahrung gemacht, dass die Verbindlichkeit massiv steigt, wenn das Follow-up bereits Gegenstand der Vorbereitung ist.

Auch hier gilt aber: Wir stellen die Gefäße, sprich die Prozesse zur Verfügung, die Inhalte bringt das System selbst. Was genau wir in diesem Zusammenhang unter »Prozesse« verstehen, werden wir auf den nächsten Seiten genauer erläutern. Abbildung 30 zeigt eine Übersicht über den Gesamtprozess.

Arbeit mit der Systemspitze

Arbeit mit der Systemspitze	Arbeit mit dem ganzen System		
Auftragsklärung			
	1. Sitzung Spurgruppe	4 Wo.	2 Monate
Auftragsjustierung	Vorbereitungszeit		
	2. Sitzung Spurgruppe	4 Wo.	
Go / not go	Vorbereitungszeit		
Großgruppenprozess und Bildung von Arbeitsgruppen		2 Wo.	
Konsolidierung Ressourcenzuweisung	Kick-off-Sitzung Arbeitsgruppen	7 Wo.	4 Monate
Kommunikation Resultate + Follow-up	Arbeit AG's Teil I		
	Boxenstopp		
Quick wins? Mittelfristige Maßnahmen?	Arbeit AG's Teil II	7 Wo.	
Ergebniskonferenz: Empfehlungen			
Entscheide			

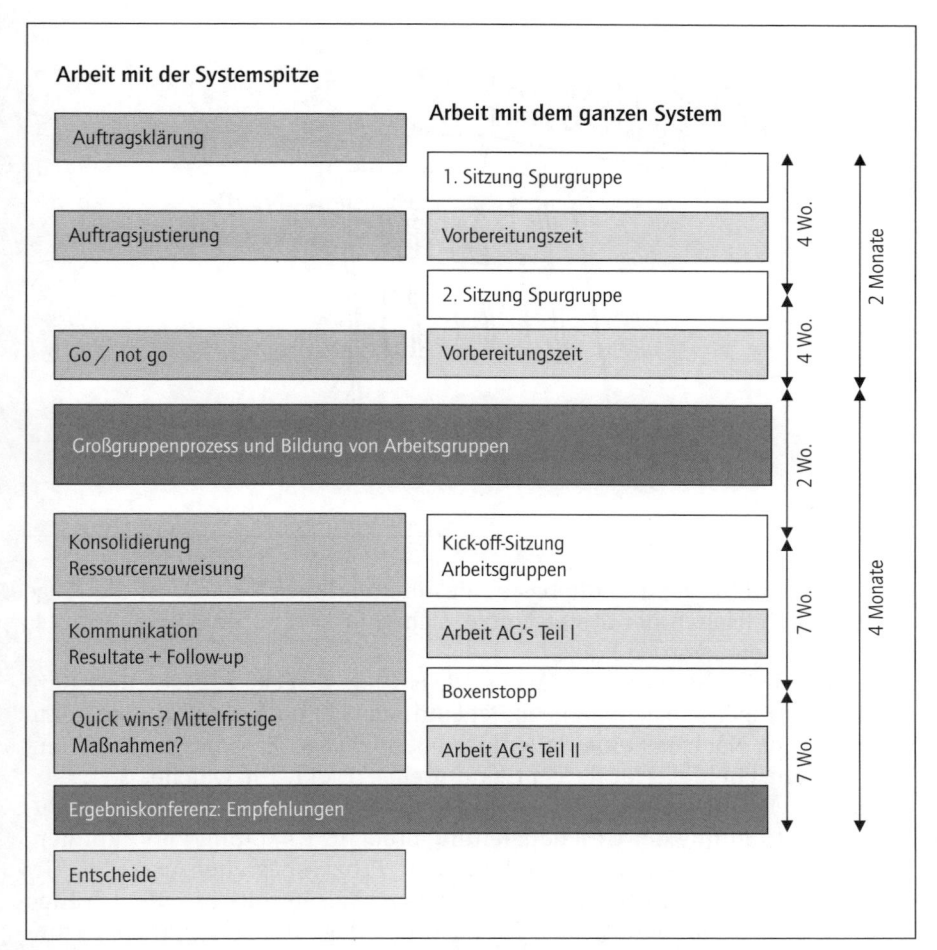

Abb. 30: Der Gesamtprozess – die Arbeit mit der Systemsspitze im Wechselspiel mit der Arbeit am ganzen System (eigene Darstellung)

4.2.1. Der Vorprozess

Auftragsklärung

Als Großgruppenspezialisten erhalten wir sehr oft konkrete Anfragen für die Durchführung einer Großgruppenkonferenz. Der wichtigste Teil der Auftragsklärung besteht für uns darin zu prüfen, ob das Thema großgruppentauglich ist. Oft ist der Handlungsspielraum so klein, dass eine Informationsveranstaltung weit sinnvoller ist. Ein partizipativer Prozess würde unter den gegebenen Umständen keinen Sinn machen. Manchmal erhalten wir auch ganz allgemeine Anfragen (z. B. Einführung und Etablierung von mehr Kundenorientierung). Wenn wir in diesen Fällen feststellen, dass hier tatsächlich eine

Großgruppen-Intervention die besten Resultate bringen könnte, ist die Frage nach der Bereitschaft der Systemspitze, sich auf einen partizipativen Prozess einzulassen, die zentrale Frage.

Zeigt sich in der Auftragsklärung, dass Ziel, Zweck, Absicht und Rahmenbedingungen tatsächlich geeignet sind, um sie in der Großgruppe anzugehen, ist als Nächstes eine Rollenklärung angesagt. Es muss klar werden, wer was entscheidet. Häufig geht es um ein Projekt, für welches sich eine Abteilung verantwortlich zeigt – welches aber in den wesentlichen Schritten die Zustimmung der Geschäftsleitung braucht. Es kommt zu Friktionen, wenn der Abteilungsleiter zwischen dem Prozessbegleiter und der Geschäftsleitung hin und her pendelt. Wir bestehen jeweils in einem frühen Stadium darauf, mit dem Entscheidungsträger das direkte Gespräch zu führen. Wenn ein konkretes Projekt bereits sehr gut aufgegleist und die Abstimmung mit der »Projektsteuerung« geregelt ist, lassen wir uns vom Auftraggeber eine Spurgruppe zusammenstellen. Die Spurgruppe steht quasi repräsentativ für die Gesamtheit der zu erwartenden Teilnehmerschaft der Großgruppe. Ihre Mitglieder sind aber möglichst noch nicht mit der Fragestellung konfrontiert worden und unter ihnen sind auch nicht nur Freunde des Systems.

Erste Spurgruppensitzung
Die Spurgruppe wird mit der Zielsetzung und dem geplanten Verlauf des Gesamtprozesses vertraut gemacht. Sie erhält Hintergründe zur partizipativen Prozessgestaltung und wer, wann, wie in den Prozess involviert werden soll. Die Spurgruppe weist uns auf heikle Punkte hin, zeigt auf, wie solche Themen bisher angegangen worden sind und ob wir auf Hindernisse, aber auch

auf offene Ohren, Herzen und Hände stoßen werden. Sie hilft uns, die Zusammensetzung der Teilnehmerschaft zu justieren und zeigt auf, welches Wissen in der Organisation selber vorhanden ist und welches zusätzlich in den Prozess eingebracht werden muss.

Auftragsjustierung
Mit den Hinweisen aus der Spurgruppe gehen wir zur Systemspitze zurück. Wir weisen darauf hin, mit welcher Dynamik wir in der Großgruppe rechnen müssen und wie allenfalls die Zielsetzung justiert werden sollte. In diesem Moment gibt es erstaunlicherweise kaum je Widerstände. In der Regel sind es Hindernisse, die schon bekannt sind, die aber erst ernst genommen werden, wenn wir als externe Prozessbegleiter darauf hinweisen (»Ist es wirklich so schlimm?«). Oft finden in diesem Moment wichtige Korrekturen statt. Sei es, dass ein Vorprozess mit der Geschäftsleitung nun als wichtig erkannt wird. Sei es, dass aufgrund der Rückmeldungen sogar auf die Durchführung der Großgruppenkonferenz verzichtet wird. Ist dies nicht der Fall, sollten spätestens jetzt Raum und Datum reserviert werden. Die Suche und Wahl eines geeigneten Raumes hat bei Großgruppen-Interventionen schon deshalb eine große Bedeutung, da solche nur beschränkt zur Verfügung stehen und oft lange im Voraus gebucht sind. Das Finden des richtigen Datums ist deshalb wichtig, weil die Schlüsselpersonen verfügbar sein müssen. Es ist ärgerlich, wenn am großen Tag X der Leiter der Abteilung A und die Leiterin der Abteilung F nicht anwesend sind.

Zweite Spurgruppensitzung
Es ist schon fast ideal, wenn die Spurgruppe in der ersten Sitzung etwas feststellt und wir in der zweiten wieder in die Gruppe kommen und sagen können, dass entsprechende Korrekturen vorgenommen worden sind. Das spricht sich schnell herum: »In diesem Prozess können wir effektiv etwas bewirken.« Die zweite Spurgruppensitzung dient vor allem der Feinkonzeptionierung der Konferenz und des Follow-ups. Einzelne Prozessschritte, soziometrische Fragestellungen, alle Schritte, bei denen das kundenspezifische »Wording« wichtig ist, werden von der Spurgruppe formuliert.

Go/not go
Das definitive »go/not go« ist fast Formsache. Zu unterschätzen ist es aber trotzdem nicht. Entscheidend ist nun, dass die Entscheidungsträger mit all ihrer Autorität und Kompetenz hinter dem Prozess stehen: Sei es, dass die chronisch Überbelasteten nicht plötzlich aussteigen, sei es, dass die richtigen Kunden eingeladen werden, sei es, dass bei den steigenden Gesamtkosten für die Konferenz nicht plötzlich am falschen Ort gespart wird (z. B. bei der Verstärkeranlage). Sei es, dass all die Begehrlichkeiten, die nun, da die Konferenz definitiv stattfindet, zum Vorschein kommen, aus der Konferenz herausgehalten oder richtig platziert werden können.

4.2.2. Die Konferenz

Und dann kommt der große Tag. Die Teilnehmenden treffen zum Teil mit Vorfreude und Neugier, aber oft auch mit viel Skepsis ein. Die Skepsis ist nicht unbegründet. Sie haben erlebt, dass schon viel angekündigt worden ist, was nachher nicht gehalten wurde. Die Großgruppe hat, rein von ihrer Dimension her, einen Ausnahmecharakter, der die Vorsicht und Skepsis stärkt. Die meisten können sich auch ganz einfach nicht vorstellen, wie ein vernünftiges Gespräch, ein vernünftiges Arbeiten in dieser großen Gruppe möglich sein soll.

Die Systemspitze eröffnet, zeigt ihre Wertschätzung für das bisher Erreichte und übernimmt symbolisch das Patronat für den partizipativen Prozess. Sie zeigt auf, was gegeben ist und wo der Handlungsspielraum ist. Sie zeigt auf, wie das Follow-up aussehen wird, und gibt die Zusicherung, dass das, was hier erarbeitet wird, in die Umsetzungsplanung aufgenommen wird.

Danach passiert, was passieren muss. Zum Schluss ist wichtig, dass die Systemspitze die Ergebnisse erst einmal entgegennimmt und noch nicht wertet. Noch einmal wird aufzeigt, wie der Folgeprozess gestaltet wird.

4.2.3. Das Follow-up

Das Wichtigste vorne weg:
- Das Follow-up wird in den Grundzügen schon vor der Großgruppenkonferenz festgelegt und kommuniziert, was die Verbindlichkeit massiv erhöht.
- Das Follow-up fängt schon in der Großgruppenkonferenz an. Bei allen Großgruppenformaten sind die ersten Umsetzungsschritte Teil der Großgruppenkonferenz.
- Das Follow-up muss genauso partizipativ gestaltet sein wie die Hauptkonferenz. Die Transparenz des Prozesses und die konsequente Einhaltung des partizipativen Moments über die Hauptkonferenz hinaus, sind wesentlich für die Nachhaltigkeit der Ergebnisse. Schon die Zusammensetzung der Arbeitsgruppen und deren Arbeit verläuft weiterhin partizipativ. In aller Regel findet darüber hinaus zwei bis sechs Monate nach der Hauptkonferenz eine Ergebniskonferenz statt, bei der in der gleichen Art – also auch wieder im Großgruppenformat – an den Zwischenergebnissen weitergearbeitet wird. Sehr oft ist es diese Lernschlaufe, die zu den guten Ergebnissen führt – und zu einem Lerneffekt, der auch für kommende Vorhaben nützlich ist.

Die Schritte des Follow-up im Einzelnen:

Konsolidierung und Ressourcenzuweisung
Zeitnah zur Großgruppenkonferenz findet eine Sitzung mit der Systemspitze und den Projektverantwortlichen statt. Die wichtigsten Ergebnisse der Konferenz liegen vor. Das sind insbesondere die priorisierten Listen aus den einzelnen Arbeitsschritten und der komplette letzte Arbeitsschritt, in dem für die

priorisierten Handlungsfelder konkrete Empfehlungen abgegeben wurden – Empfehlungen bezüglich Ziel, Inhalt und personeller Besetzung eventueller Arbeitsgruppen. Die Führung entscheidet aufgrund der Empfehlungen, aber durchaus auch in begründeter Abweichung von diesen, welche neuen Projekte angestoßen, welche Inhalte in bestehende Projekte integriert oder durch bestimmte Linienfunktionen bearbeitet werden. Sie gibt die dafür notwendigen finanziellen, zeitlichen und personellen Ressourcen frei. Wichtig ist hier die gute Kopplung mit bestehenden wichtigen Prozeduren (Controlling, Zielvereinbarungsprozess etc.) und Funktionen. Die Prozessbegleitung hat hier weiterhin keine inhaltliche Aufgabe, sondern ist Hüterin der richtigen Gefäße, damit sich das weiterentwickeln kann, was während der Konferenz empfohlen und von der Führung zur Weiterentwicklung freigegeben worden ist.

Kick-off-Sitzung der Arbeitsgruppen
Zum Schluss der Großgruppenkonferenz wurden alle Teilnehmenden ermuntert, sich bei einem oder mehreren Themen bzw. Handlungsfeldern einzuschreiben. Viele machen davon Gebrauch. Der Termin des Kick-off – möglichst zeitnah zur Konferenz – ist bereits bekannt gegeben worden, so dass diejenigen, die am Kick-off teilnehmen könnten, bereits namentlich bekannt sind. In der Konsolidierungssitzung der Geschäftsleitung sind diese Listen der »Freiwilligen« gesichtet und die Arbeitsgruppen sinnvoll zusammengesetzt worden. Die betroffenen Personen und Abteilungen kommen zur Kick-off-Sitzung. Hier wird noch einmal Bezug genommen zur Konferenz. Die Leitung schlägt vor, wie die Handlungsfelder angegangen werden sollen. Die Arbeitsgruppen sichten die Entscheidungen der Geschäftsleitung, klären, was noch unklar ist und vertiefen dann in Arbeitsgruppen ihre Themen.

1. Mögliche Fragen für die Kick-off-Sitzung:
   - Rückblick auf die Großgruppenkonferenz
   - Welches ist das Ziel für unser Thema?
   - Welches sind die Subziele?
   - Welches sind die geplanten Meilensteine?
   - Was war die Empfehlung der Großgruppenkonferenz und was ist der Auftrag der Führung
2. Einbettung
   - Welche Rahmenbedingungen sind zu beachten?
   - Gibt es bereits laufende Projekte, bereits in diesem Themenfeld gemachte Erfahrungen, eine entsprechende Kultur etc.?
   - Gibt es No-gos?
3. Ressourcen
   - Zeit: Was ist bis wann zu erreichen?
   - Finanzen: Welche Mittel stehen zur Verfügung?
   - Wissen: Wer müsste wann in welcher Form hinzugezogen werden?
   - Personen: sind die richtigen Personen in der Arbeitsgruppe?

Zum Abschluss des Kick-offs findet eine Abstimmung mit dem Auftraggeber statt. Die nächsten Schritte werden fixiert, auch die zwei wichtigsten Meilensteine »Boxenstopp« und »Ergebniskonferenz«. Oft erhalten die einzelnen Arbeitsgruppen auch einen Paten aus der Geschäftsleitung zur Seite gestellt, einerseits um die Wichtigkeit der Arbeit zu betonen, andererseits, damit die laufend erarbeiteten Ergebnisse gut in der Geschäftsleitung abgesichert sind und intern koordiniert werden können.

Kommunikation der Resultate und des Follow-up
Nach dem Kick-off sind die wichtigsten Parameter für das Follow-up gesetzt. Nun werden die Resultate der Großgruppenkonferenz, an die ganze Organisation beziehungsweise in der Öffentlichkeit kommuniziert. Es wird aufgezeigt, was empfohlen worden ist und wie das die Arbeitsgruppen jeweils in Abstimmung mit der Geschäftsleitung weiter vertiefen werden. Die Ansprechpartner in den Arbeitsgruppen werden bekannt gegeben. Das Datum der Ergebniskonferenz wird in Erinnerung gerufen. Manchmal werden bereits erste konkrete Ergebnisse kommuniziert.

Die Großgruppenkonferenz hat Erwartungen geweckt. Die Großgruppenkonferenz hat neue Hinweise gegeben, Empfehlungen gemacht: Die Auswertung wird oft zum ersten Lackmustest, ob es mit der Beteiligung ernst gemeint ist. Wir empfehlen deshalb, Fotos oder Abschriften der priorisierten Listen und damit eine Zusammenfassung zu erstellen. Größtmögliche Transparenz ist gefragt, damit klar wird, hier wird nicht hinterrücks noch etwas umgebogen. Die Zusammenfassung ist insbesondere bei sehr großen Organisationen wichtig, weil in diesen oft nur ein repräsentativer Ausschnitt des Systems an der Konferenz teilgenommen hat. Die Zusammenfassung dient so zur Information der Nicht-Teilnehmer und ermöglicht es diesen, sich in die Projekte einzuklinken. Manchmal werden den Teilnehmenden der Großgruppenkonferenz die wichtigsten Ergebnisse in einem kleinen Flyer bereits am Ende der Konferenz mitgegeben, damit die Teilnehmenden »back home« zeigen können, was da passiert ist. Auch diese Protokolle lassen wir uns zum Gegenlesen geben: Wir sind prozessverantwortlich. Wir prüfen, ob die Inhalte das beinhalten, was die Großgruppe empfohlen hat und ob das weitere Vorgehen dem entspricht, was vereinbart worden ist.

Der Boxenstopp
Als Prozessbegleiter begleiten wir die Arbeitsgruppe nur sehr rudimentär, wenn überhaupt. In Konfliktklärungsprozessen kann es sein, dass eine einzelne Arbeitsgruppe eine durchgehende Prozessbegleitung wünscht, das ist aber eher die Ausnahme. Wir treffen die Verantwortlichen der Arbeitsgruppen wieder im Boxenstopp, rund zwei Monate nach dem Kick-off. Die verschiedenen Arbeitsgruppen klären in dieser moderierten Sitzung, zusammen mit ihren Auftraggebern, den Projektstand und bereiten die Präsentationen für die Ergebniskonferenz vor.

Mögliche Fragen für den Boxenstopp:
1. Übersicht
   - Welches ist das Ziel für unser Thema?
   - Welches sind die Subziele?
   - Welches sind die geplanten Meilensteine?
   - Was war die Empfehlung der Großgruppenkonferenz und was der Auftrag aus dem Kick-off der Arbeitsgruppen?
2. Standortbestimmung
   - Was haben wir bisher erreicht?
   - Wo schlagen wir eine veränderte Zielsetzung vor?
   - Wo sind wir im Plan und wo dahinter?
   - Was sind die nächsten Meilensteine?
   - Wo brauchen wir eine Entscheidung?
   - Wo brauchen wir andere Ressourcen?
3. Vorbereitung der Ergebniskonferenz
   - Was können wir dem Plenum auf der Ergebniskonferenz präsentieren?
   - Wieviel Zeit? Welche Form?
   - Welche Frage soll die Ergebniskonferenz allenfalls beantworten?

Es wird ein Termin kurz vor der Ergebniskonferenz fixiert, bis zu dem die verschiedenen Präsentationen abgegeben werden müssen. Der Prozessbegleiter bereitet mit einer kleinen Logistik-Crew die Ergebniskonferenz vor und klärt mit der Systemspitze die konkreten Inhalte.

Quick wins – Mittelfristige Maßnahmen
Manchmal werden Entscheidungen auf die Ergebniskonferenz »aufgespart«. Wir plädieren dafür, keine künstlichen Prozeduren einzubauen. Dort, wo Quick wins bereits erfolgt sind, dort, wo konkrete Maßnahmen bereits umgesetzt werden können, soll dies geschehen und kommuniziert werden. Dies hat einen konkreten Grund: Die Leitung, die Arbeitsgruppen und durchaus auch die Prozessbegleiter erliegen oft dem Irrglauben, dass ja jetzt alle involviert sind. Man arbeitet intensiv mit dem Material der Großgruppenkonferenz. Leitung und Arbeitsgruppen haben oft eine neue direktere Sprache gefunden. Leicht geht so vergessen, dass die Arbeitsgruppen nur einen kleinen Prozentsatz des Gesamtsystems ausmachen und dass für alle anderen, die an der Konferenz teilgenommen haben, die vier bis sechs Monate bis zur Ergebniskonferenz eine sehr lange Zeit sind. Die kontinuierliche Kommunikation über Zwischenergebnisse hält die Erinnerung an den Spirit der Großgruppenkonferenz wach.

Die Ergebniskonferenz
In der Ergebniskonferenz wird überprüft, in welcher Form die während der Großgruppenkonferenz empfohlenen Maßnahmen umgesetzt worden sind. Die Entscheidungen der Führung und die Arbeit der Arbeitsgruppen werden

kritisch reflektiert und wo nötig Korrekturvorschläge gemacht. Die Ergebnisse müssen dazu sorgfältig und transparent hergeleitet werden: Die Protokolle liegen vor und manchmal sind gar die Originaldokumente aus der Großgruppenkonferenz (Plakate oder Bilder davon) im Raum wieder aufgehängt. In der Regel nehmen wieder alle Teilnehmenden der Großgruppenkonferenz teil. Einzelne zusätzliche Personen kommen hinzu. Die Ergebniskonferenz wird als interaktive Großgruppenkonferenz durchgeführt. Es ist keine Informationsveranstaltung.

Üblicherweise läuft die Ergebniskonferenz nach folgendem Muster ab:
- Blick zurück (auf die Zwischenzeit zwischen Konferenz und Ergebniskonferenz)
- Präsentation des Zwischenstands
- Reflexion der Ergebnisse mit Feedback an die Arbeitsgruppen bzw. die Führung und anschließender Dialog
- Empfehlungen für den weiteren Verlauf
- Zusammenfassung und Ausblick durch die Führung

Bei sehr vielen Arbeitsgruppen erfolgt die Präsentation in zwei bis drei Paketen, die separat reflektiert werden. Für die Reflexion des bisher Erreichten können verschiedene Formate angewandt werden. Wenn viele Präsentationen separat beurteilt werden sollen, geschieht dies oft in der Form eines RTSC-Schrittes (gemischte Achtergruppen reflektieren das Gehörte, das Feedback wird eingesammelt und geclustert, die Inputgeber melden zurück, was bei ihnen angekommen ist und wie sie mit dieser Information umgehen).

Wenn der Zwischenstand als Ganzes diskutiert werden soll, empfiehlt sich ein World Café, welches herauskristallisiert, wo wichtige und wo heikle Punkte sind und wie die Empfehlungen für eine weitere Abklärung oder Vertiefung lauten.

Entscheidungen
Der Entscheidungsfindungsprozess erfolgt analog zum Gesamtprozess. Die Entscheidungsvorbereitung geschieht partizipativ. Entschieden wird von den dafür vorgesehenen Funktionen. Im Gegensatz zur Großgruppenkonferenz ist aber auf der Ergebniskonferenz ein Großteil dessen, was vorgestellt wird, praktisch schon entscheidungsreif. Die Arbeitsgruppen haben die Entscheidungen mit der Geschäftsleitung vorbreitet. Die Teilnehmenden der Ergebniskonferenz weisen aber immer wieder auf Elemente hin, die im Zwischenprozess verloren gegangen sind und die noch einmal aufgenommen werden müssen. Die Auswertung der Ergebniskonferenz geschieht entsprechend analog zur Auswertung der Großgruppenkonferenz: Die Resultate werden transparent kommuniziert. Bezugnehmend auf die Rückmeldungen der Ergebniskonferenz wird begründet dargelegt, wie nun was entschieden worden ist und wie es weitergeht.

Und danach? In der Regel endet unser Auftrag mit der Auswertung der Ergebniskonferenz, deren Kommunikation und der Einleitung der entsprechenden Maßnahmen. Wir haben die Erfahrung gemacht, dass das, was für das System wichtig und möglich ist, über diesen Gesamtprozess realisiert werden wird. Was trotzdem rausfällt, hat seine Zeit noch nicht gehabt.

4.3. Worauf es besonders ankommt

Folgende Punkte der Prozessarchitektur sind uns besonders wichtig: Das Ermöglichen von Lernschlaufen, die Kommunikation, das Erwartungsmanagement und die Umsetzungskultur.

4.3.1 Lernschlaufen

Unser Grundmodell (Vorprozess – Hauptkonferenz – Follow-up – Ergebniskonferenz) ermöglicht dem Klientensystem organisationales Lernen im besten Sinn. Chris Argyris hat in seinem schon erwähnten Klassiker »Organisationslernen« aus dem Jahr 1978 beschrieben, welchen Qualitätssprung eine Organisation machen kann, wenn sie sich nicht nur Ziele setzt und bei deren Erreichung oder Nicht-Erreichung nachbessert (Single-loop Lernen), sondern darüber hinaus reflektiert, *wie* sie diese Ziele gesetzt, angepackt und umgesetzt hat und entsprechend nicht nur die Ziele anpasst, sondern auch die Methode, wie diese erreicht werden können. Er nennt dies »Double-loop Lernen«. Kathleen Dannemiller hat wunderschön beschrieben, wie dieses Lernen aussieht. Sie schreibt, dass sechs Monate nach einer Großgruppen-Intervention viele Leute glauben, es sei eigentlich nichts passiert. Es sei dann immer wieder überraschend, dass dieselben Leute, wenn man sie wieder zusammenbringt und ihnen die sogenannten »Action Learning Questions« stellt (Fragen nach den Unterschieden, den Entwicklungen; dem, was passiert ist, den »Learnings« – in und neben den Maßnahmenlisten), dass diese Leute dann *gemeinsam* entdecken würden, dass Bedeutungsvolles passiert sei. Dass Dinge geschehen sind, die sie erst gar nicht bemerkt hatten. Dinge haben sich verändert, sie selber haben sich verändert und die Veränderungen, sind nicht die, die sie damals auf der Konferenz erwartet hatten.

> »Statt das zu tun, was sie vereinbart hatten, haben sie das gemacht, was gemacht werden musste.« (»Instead of doing what they had agreed to do, they did what needed doing.«; Dannemiller 2000, S. 17f.)

Diese Lernschlaufen passieren während der Ergebniskonferenz. In der Auftragsklärung bestehen wir deshalb auf die Durchführung einer wie auch immer gearteten Ergebniskonferenz. Und so ist auch unsere Erfahrung die, dass die Leute zuerst eher enttäuscht kommen, und das Gefühl haben, es habe sich in der Zwischenzeit noch nicht viel verändert. Wenn ihnen dann bewusst wird, welchen Weg sie bereits hinter sich gelegt haben, fangen sie intuitiv an zu verstehen, wie sie als Organisation lernen – ohne dass wir dies groß thematisieren.

4.3.2 Kommunikation

Entsprechend wichtig ist die Kommunikation. Der einzelne merkt kaum, was woanders umgesetzt wird. Und viele Maßnahmen, die getroffen werden, werden nicht mit der RTSC-Konferenz in Verbindung gebracht. Wieso sollten sie auch? Schließlich, so Matthias zur Bonsen

> »[...] ist an diese Maßnahmen kein Schild mit der Aufschrift ›Verursacht durch unsere RTSC-Konferenz‹ geheftet. [...] Daher ist es wichtig, den Umsetzungsfortschritt und auch schon die ersten kleinen Erfolge zu kommunizieren.« (zur Bonsen 2008, S. 189)

Wir selber sind keine Kommunikationsspezialisten. In vielen Fällen wird deshalb schon zu Beginn des Prozesses ein entsprechender Experte im Projektmanagement zugezogen.

4.3.3 Erwartungsmanagement und Umsetzungskultur

Wir treffen uns wie schon erwähnt jährlich mit Kollegen und Kolleginnen aus der Großgruppenszene aus Deutschland, Österreich und der Schweiz in der sogenannten »Expertenwerkstatt«. Dort haben wir in den letzten Jahren zwei Schlüsselbegriffe intensiv diskutiert: Das »Erwartungsmanagement« und die »Umsetzungskultur«. Beide hängen eng zusammen. Wenn wir nach der Auftragsklärung in die Spurgruppe kommen, werden wir ganz selten mit offenen Armen empfangen. In aller Regel empfängt uns eher Skepsis, Unmut und Wut bis hin zu offener Ablehnung. Fast in jedem System gibt es Geschichten gescheiterter Veränderungsprojekte. Warum sollte es diesmal anders sein? Oder wir kommen in ein System, das eh schon am Limit läuft. Großgruppen-Intervention klingt dann nach noch mehr »Aktionitis«, noch mehr Projekten und unerfüllbaren Versprechungen. Die Erwartungen zu Beginn sind meistens sehr niedrig. Wenn dann die Konferenz einmal geplant ist und wenn die Großgruppenkonferenz überraschend gut über die Bühne gegangen ist, schlägt das Pendel in die andere Richtung aus: Plötzlich sind die Erwartungen riesig, plötzlich sieht man all die Möglichkeiten! Wir haben uns angewöhnt, weder auf das eine noch das andere übermäßig zu reagieren. Wir reden aber über diese Erwartungsschwankungen mit der Systemspitze, mit der Spurgruppe, mit den Arbeitsgruppen. Sie alle müssen diese Achterbahn mittragen. Hilfreich ist es dabei die Umsetzungskultur des entsprechenden Systems zu berücksichtigen. Jedes System hat, als wichtigen Kulturbestandteil, seine eigene Umsetzungskultur. Wir waren in Organisationen, die akribisch alle Ergebnisse registrieren, Fortschritte dokumentieren und erledigte Punkte fein säuberlich archivieren. Andere Organisationen wiederum leben bestens mit einer sehr offenen Struktur, welche durchaus den Idealen der Open-Space-Organisation entspricht. Als Prozessbegleiter müssen wir hier doppelt gut aufpassen, dass wir dem System nicht unsere eigenen Vorstellungen von Umsetzungsformen und -tempi überstülpen und dass das System seine Erwartungen managt und seine Umsetzungskultur kritisch würdigt.

4.4. Beispiele für längere Großgruppenprozesse

Das Grundmodell (Vorprozess – Hauptkonferenz – Follow-up – Ergebniskonferenz) ist für uns zum Minimalstandard geworden. Viele Organisationen und Systeme sind aber nach der Durchführung einer Großgruppenkonferenz und vor allem nach dem Durchlaufen eines ganzen Prozesses so überzeugt von der Methode, dass sie sie auch für weitere Fragestellungen verwenden.

Großgruppen-Intervention als Teil des Führungszyklus
Nachdem ein Unternehmen seine strategische Neuausrichtung mit allen Führungskräften erfolgreich über die Bühne gebracht hatte, ist es dazu übergegangen, auch weitere große Themen zur Organisationsstruktur (Abläufe) und -kultur (Führung) im Großgruppenformat anzugehen. Jedes Jahr fand nun im Januar unter Einbeziehung aller Führungskräfte ein Rückblick auf das letzte Jahr statt. Das neue Hauptthema des Jahres wurde jeweils gemeinsam lanciert und in einem »Sommermeeting« von allen kritisch reflektiert, um ein Jahr darauf wieder begutachtet zu werden.

Von der großen Entwicklungskonferenz zu vielen Klärungs- und Impulsmeetings
Vor allem im öffentlichen Bereich erleben wir, dass eine eineinhalbtägige Großgruppen-Intervention bei den Teilnehmenden einen derart positiven Eindruck hinterlässt, dass Folgeschritte oder Einzelthemen in kurzen weiteren Meetings im Großgruppenformat angegangen werden. So hat eine Kleinstadt nach der Zukunftskonferenz ein »Turbo-Palaver« (World Café) zum Thema »Sicherheit« durchgeführt. Eine andere Gemeinde hat zwei konflikthafte Schlüsselthemen in je einem kurzen RTSC vertieft und zur Entscheidungsreife gebracht. Aber auch in Verwaltungen erleben wir das. Ein zentraler Informatikdienst einer großen Verwaltung hat nach dem RTSC (Neuausrichtung) seine Kunden und Lieferanten zu einer eintägigen Konferenz zum Thema »Kundenorientierung« eingeladen, einen Monat später zusammen mit externen Experten einen »Innovationstag« veranstaltet, noch einmal einen Monat später die Spannung zwischen Innovation und Standardisierung diskutiert, bevor man, erst ein Dreivierteljahr später, im Rahmen der Ergebniskonferenz, die Erfahrungen dieser »Reise« reflektiert hat.

Schön, wenn so ganze Prozessdesigns im Großgruppenformat gestaltet werden können. Unsere Modelle sind allesamt im Prozess entstanden aufgrund der Bedürfnisse unserer Kunden. Außer unserem Grundmodell gleicht dabei kein Modell dem anderen. In der Literatur finden sich aber zwei Musterprozesse, die wir erwähnenswert finden, weil sich daran einiges erlernen lässt. Das »Conference Model« von Dick und Emily Axelrod und der schon mehrfach erwähnte »Whole Scale Change« von Dannemiller Associates. Beiden Modellen ist gemeinsam, dass sie den Wechsel zwischen Großgruppenkonferenzen und Arbeiten in kleineren Arbeitsgruppen gezielt einsetzen. Die Großgruppenkonferenzen bauen zudem bei beiden Modellen thematisch aufeinander auf.

Conference Model
Dick und Emily Axelrod haben aus Großgruppenkonferenzen eine Prozesskette gemacht:

THE CONFERENCE MODEL®

Visioning/Customer Conference → Customer Supplier Conference → Technical Conference → Design Conference → Implementation

WALK-THRU PRESENTATIONS

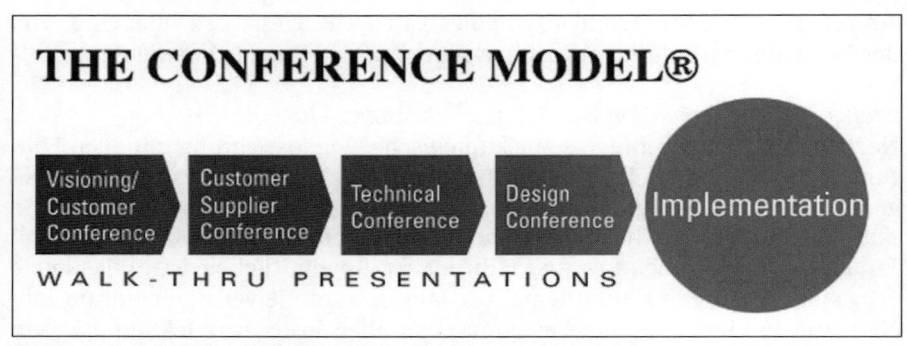

Abb. 31: Großgruppenkonferenzen als Prozesskette. (Quelle: Nach dem Titelbild zur Kursdokumentation »The Conference Model (1992–1997)« von Dick und Emily Axelrod; http://www.axelrodgroup.com/conference_model.html)

Die Axelrods bilden in der Organisation eigens ein sogenanntes »Data Assist Team«, welches nur die Aufgabe hat, die Daten der Konferenzen und der diesbezüglichen Entscheidungen der Leitung in die gesamte Organisation zu bringen (»Walk-Thru Presentations«). Besonders an ihrem Modell ist aber vor allem auch, dass sie das klassische RTSC oder auch die Zukunftskonferenz in eine Serie von mehreren Großgruppenkonferenzen herunterbrechen:
- die »Visioning Conference«, die stark der FSC gleicht, bei der die Axelrods aber bereits mit Kunden und Lieferanten arbeiten;
- die »Customer/Supplier Conference« (Kunden-/Lieferanten-Konferenz), welche ganz gezielt die Außensicht in einer eigenen Konferenz hereinholt;
- die »Technical Conference«, welche darauf aufbauend die bestehenden Tools und Abläufe prüft;
- die »Design Conference«, welche schlussendlich, das Ganze in eine neue Organisationsform gießt.

Dick und Emily Axelrod haben in diesen verschiedenen Konferenztypen zahlreiche spezifisch auf das jeweilige Konferenzthema abgestimmte Module eingebaut, welche eine wahre Fundgrube für RTSCs aller Art sind. Ein Beispiel, welches wir – wie schon kurz gezeigt – erfolgreich angewandt haben, ist das »Observing the Order Flow«. Die Großgruppe sitzt dazu in homogenen Kleingruppen verteilt im Raum. Die Vorbereitungsgruppe hat einen typischen Bestellprozess, wie er nach Handbuch ablaufen sollte, skizziert und als Flow-Chart an die Wand gehängt. Eine Person schreitet nun als »Sandwich-Man« (vorne und hinten ein großes Plakat geschultert) die Prozesskette ab. Die Frage ist: »Was genau passiert in diesem Prozess als Nächstes?« Schon beim ersten Schritt zeigt sich, dass die Bestellung nicht bei der dafür vorgesehenen Stelle hereinkommt, sondern dass der (interne) Kunde direkt in die Produktion telefoniert, um sicher zu gehen, dass die Kapazitäten zur Durchführung der Bestellung auch wirklich da sind. Der Sandwich-Man geht also zur Produktion und holt sich dort deren »Antwort« als ersten Prozessschritt auf einem Post-it ab, welches er auf sein Plakat klebt. So geht es durch die ganze Prozesskette. Am Schluss überträgt der Sanwich-Man die reale Prozesskette auf den Flow-Chart der Soll-Prozesskette an der Wand: Die Diskrepanzen sind gigantisch. Gemeinsam wird nun diese Diskrepanz analysiert und anschließend die Soll-Prozesskette neu modelliert.

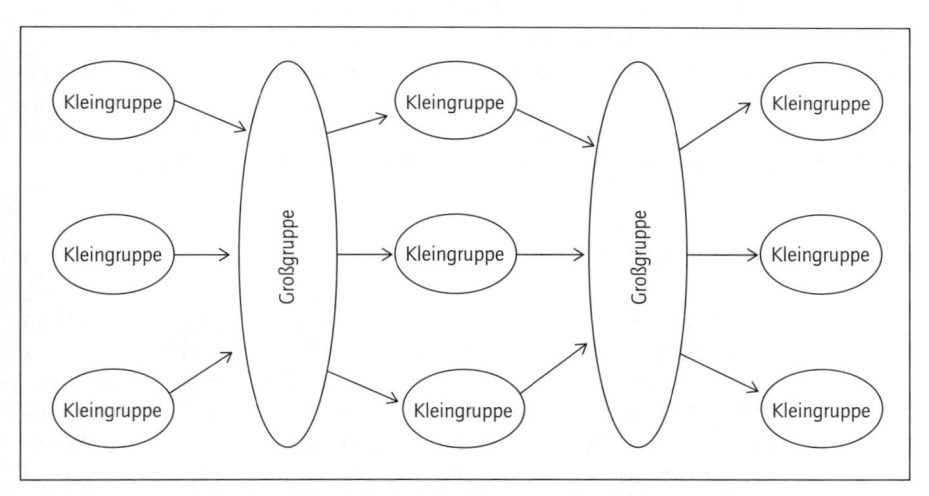

Abb. 32: Modell Converge/Diverge nach Dannemiller Tyson Associates (eigene Darstellung)

Whole-Scale Change
RTSC-Pionierin Kathleen Dannemiller hat die Großgruppenkonferenz zusammen mit den Kollegen und Kolleginnen ihrer Beratungsfirma, Dannemiller Tyson Associates, weitergebaut und mit dem bereits mehrfach erwähnten Handbuch »Whole-Scale Change« eine lesenswerte Grundlage für Gesamtprozesse erarbeitet (Dannemiller et al. 2000).

Nebst den Grundsätzen des Action Learnings und der Change-Formula nach Beckhard ($D \times V \times F > R$), welche ja mit Grundlage des RTSC ist, war es das Werk von Paul R. Lawrence und Jay W. Lorsch (»Organization and Environment: Managing Differentiation and Integration«, 1986), welches ihr den entscheidenden Anstoß für Whole Scale Change gab: Die Erkenntnis, dass Organisationen »atmen«. Organisationen müssen für ihre Entwicklung abwechselnd differenzieren und dann wieder integrieren. Dannemiller Tyson Associates haben dies in ihrem Modell als »Converge/Diverge« zusammengefasst und entsprechend einen Gesamtprozess entworfen, in dem ein Wechsel zwischen Großgruppen (Converge) und Kleingruppen (Diverge) stattfindet (vgl. Abbildung 32)

5. Veranstaltungsdesign

Worin liegt der markanteste Erfolgsfaktor der Prozessbegleitung? Nicht in der Prozessbegleitung der Veranstaltung, sondern in der Entwicklung, im Veranstaltungsdesign. Dies gilt nicht nur für eine einzelne Großgruppenkonferenz, sondern noch in einem weitaus höheren Maß für einen umfassenden und mehrstufigen Entwicklungs- oder Klärungsprozess. In diesem Kapitel beleuchten wir diese Zusammenhänge. Wir sprechen von der Bedeutung der Struktur und der Choreografie einer einzelnen Veranstaltung, der Gestaltung des Raums und davon, welche spezifische Wirkung die unterschiedliche Teilnehmerzahl hat. Zudem gehen wir ein auf das Thema der Verdichtungen und Priorisierungen und erklären Modelle von mehrstufigen Verfahren.

5.1. Bedeutung der Struktur

Die Teilnehmenden erleben die Moderation einer Großgruppenveranstaltung und beurteilen ihr Erlebnis aufgrund der Beobachtungen, die sie während der Veranstaltung selbst machen. Sie würdigen damit die Eisbergspitze. Die weitaus wesentlichere Leistung liegt unter dem bewussten Wahrnehmungshorizont der Teilnehmenden. Vergleichen wir dies mit einer Kleingruppe: Wenn in diesem Kontext ein vorher definierter Ablauf sich nicht als ganz passend erweist, kann der Trainer oder Kursleiter kurzfristig improvisieren, die Teilnehmenden fragen, was sie jetzt brauchen, sein Programm umstellen, sich auf etwas Unvorhergesehenes einlassen usw. Er kann seine Persönlichkeit einbringen, seinen Charme walten lassen und seine empathischen Fähigkeiten zum Tragen bringen. All dies ist bei einer Großgruppenkonferenz mit mehr als 30, 40 Teilnehmenden nur beschränkt oder nicht möglich. In der Großgruppe gelten andere Gesetze und Anforderungen als in Kleingruppen. Wir haben schon oft bewährte und hervorragende Trainerinnen und Trainer, Seminarleiterinnen und -leiter erlebt, die mit großem Erfolg Workshops und Seminare durchgeführt haben und dann bei den Veranstaltungen im Großgruppenformat nicht reüssiert haben oder gar abgestürzt sind. Worin liegen dann die Unterschiede?

Das Format der Großgruppe bedingt eine hochgradige Strukturierung. Jeder Arbeitsschritt muss im Voraus definiert sein und das Timing muss stimmen. Bei FSC- und RTSC-Veranstaltungen verteilen wir vor Beginn der Veranstaltung Arbeitsunterlagen auf die Stühle. Darin sind der zeitliche Ablauf, die Ziele, eine kurze Beschreibung der Methoden, die Spielregeln, die Sitzordnung sowie die ausformulierten Beschreibungen der einzelnen Arbeitsschritte enthalten. Diese aufwändige und präzise Vorbereitung hat verschiedene positive Wirkungen:

- vom ersten Moment an besteht über Ablauf und Organisation der Veranstaltung Transparenz;
- den Teilnehmenden wird vermittelt, dass es sich hier um eine professionelle Veranstaltung handelt und dass die Prozessbegleitung professionell ist;
- Befürchtungen der Teilnehmenden, ob eine interaktive Konferenz mit so vielen Leuten überhaupt funktionieren kann, werden abgebaut;
- die definierte Sitzordnung entlastet die Teilnehmenden, sich bei den einzelnen Arbeitsschritten einen neuen Platz zu suchen – er ist nach einem gesteuerten Zufallsprinzip zugeteilt;
- wenn die Prozessbegleitung einen Arbeitsschritt anmoderiert, können die Teilnehmenden die Arbeitsanleitungen mitlesen und wenn dann die Arbeitsgruppen in Aktion sind, müssen sie nicht fragen, was hat die Prozessbegleitung gesagt?, was müssen wir jetzt genau tun?, sie können bei Bedarf die Instruktion nachlesen – auch das gibt Sicherheit;
- aufgrund der Arbeitsunterlagen wird aber auch relativ rasch ersichtlich: hier handelt es nicht um eine Informations- oder Monologveranstaltung, sondern wirklich um einen interaktiven Prozess, an dem jede Teilnehmerin und jeder Teilnehmer sich einbringen kann;
- dank der Transparenz wird auch schnell klar, die Prozessbegleitung macht nur Anleitungen und Instruktionen zu strukturellen und organisatorischen Fragen und übernimmt keine Inhalts- und keine Ergebnisverantwortung.

So positiv diese minuziösen Vorbereitungen auch wirken und sind, es gibt konsequenterweise auch eine Schattenseite. Abänderungen des Ablaufs, Auftragserteilungen durch die Prozessbegleitung, welche nicht dem Text im Booklet entsprechen, verunsichern die Großgruppe blitzartig. Es ist schwierig, 100 oder mehr Leute zu besänftigen, und es ist nicht einfach, wieder eine Vertrauensbasis herzustellen.

Uns kommt eine Großveranstaltung im Idealfall wie ein Kreuzfahrtschiff auf Kurs vor. Keiner kümmert sich um die Zusammenhänge, Hintergründe oder technische Spezifikationen. Nur: Manöver, wie man sie bei einer Segelregatta kennt, schnelle Kursveränderungen, liegen nicht drin.

5.2. Bedeutung der Choreografie

Wir verwenden den Begriff der »Choreografie« ganz bewusst. Er umschreibt das Erfinden und Einstudieren von Bewegungen, meist in Zusammenhang mit Tanz. Ein Choreograf ist der kreative Gestalter einer Choreografie, gleichzeitig ist er Erfinder und Regisseur des Stücks und repräsentiert somit, zieht man den Vergleich zum Schauspiel, gleichermaßen die Rolle von Autor und Regisseur. Diese Metapher von Choreografie und Choreograf passt in vielen Punkten zu der Komposition einer Großgruppen-Intervention und zur Rolle der Prozessbegleitung. Unter »Choreografie« verstehen wir also die Komposition und Abfolge einzelner Arbeitsschritte, aber auch das Design eines mehrstufigen Entwicklungsprozesses.

Im Prinzip sind Großgruppen-Interventionen meistens auch Zeitreisen. Sie beginnen in der Vergangenheit und führen über die Gegenwart zur Zukunft und zu Maßnahmen. Gibt man der Vergangenheit zu wenig Raum, sind die Teilnehmenden nicht oder nur teilweise bereit, konstruktiv an der Zukunftsgestaltung mitzuwirken. Räumt man der Vergangenheit zu viel Raum ein, bleibt möglicherweise keine Zeit mehr für das Entwickeln und Vertiefen der die Zukunft prägenden Handlungsfelder. Schieben wir in der Zukunftsphase Arbeitsschritte ein, welche die Vergangenheit beleuchten, erleben dies die Teilnehmenden nicht als stimmig.

Wann ist ein Ablauf stimmig? Sicher einmal dann, wenn jeder Arbeitsschritt keine Wiederholung mit anderen Arbeitsschritten hat, und logisch an den vorherigen Arbeitsschritt anschließt.

Die nachfolgende Übersicht zeigt die Arbeitsschritte während einer klassischen RTSC-Veranstaltung:

Ziel des Arbeitsschritts	Art und Weise	Dauer in Minuten
Warm-up zu Beginn einer Veranstaltung	Soziometrische Aufstellung mit 2, max. 3 Fragen und 4 bis 8 Antwortmöglichkeiten	30 bis 45
Auseinandersetzung mit der Vergangenheit	Aufdecken der positiven und negativen Aspekte inkl. Schreiben und Vorstellen der auf Karten geschriebenen Statements sowie Priorisierung	60
Einbringen von Top-down	Input durch die Systemspitze als Rahmen, Richtung und Entwurf	30
Verstehen von Top-down	Reflexion durch Gruppen mit Entwickeln von Verständnisfragen sowie positiven und negativen Würdigungen. Anschließend kann die Systemspitze auf einzelne Aspekte eingehen.	60
Zukunftsorientierung	Visionsentwicklung durch Gruppen, indem zum Beispiel jede Gruppe ihre Zukunftsvorstellung auf das Flipchart malt, zeichnet oder/und beschreibt.	60
Entwickeln von Guidelines für die Umsetzung	Die Gruppen halten fest, was bei der Umsetzung unbedingt berücksichtigt werden muss, und definieren die Leitplanken für die Umsetzung.	60

Ziel des Arbeitsschritts	Art und Weise	Dauer in Minuten
Entwickeln der Umsetzungsthemen	Die Gruppen definieren die Handlungs- und Aktionsfelder, die bearbeitet werden sollen. Die Themen werden auf Karten geschrieben, vorgestellt, an die Pinnwand gehängt und priorisiert.	45
Vertiefen der Umsetzungsthemen	Die am stärksten priorisierten Themen werden auf Flipcharts verteilt und die Teilnehmenden wählen für sich das Thema, an dem sie weiterarbeiten möchten. Anschließend präsentieren die Gruppen ihre Erkenntnisse und je nach Situation können für die Weiterarbeit Arbeitsgruppen gebildet werden.	60 bis 90

Abb. 33: Arbeitsschritte bei einer klassischen RTSC-Veranstaltung

Dieses einfache Grundraster entspricht einer eineinhalbtägigen Großgruppenkonferenz. Das bewusste Setzen der Zäsur im Ablauf (die Nacht dazwischen) gehört also ebenso zur Choreografie.

5.3. Die Raumgestaltung und andere logistische Hürden

Wir halten dem Motto »alle in einem Raum« stets die Treue. Manchmal haben die Kunden bereits einen Raum reserviert, der für die Großgruppenarbeit zu klein ist. Die wenigsten Hotels kennen das Format »Großgruppenarbeit« mit seinen zahlreichen Stuhlkreisen und berechnen die mögliche Anzahl Teilnehmer für ihre Räume auf der Basis einer Konferenzbestuhlung. Es ist dann ein hartes Ringen umzubuchen und den geeigneten Raum zu finden. Für ein Gelingen des Prozesses ist es aber äußerst wichtig, dass effektiv alle Teilnehmenden im gleichen Raum sind, dass genügend Platz für die soziometrischen Aufstellungen, für schnelle Gruppenwechsel und vor allem für die Priorisierung auf genügend Pinnwänden vorhanden ist.

Wir haben die Erfahrung gemacht, dass, wenn der Platz vor den Pinnwänden knapp ist und die Pinnwände zu nahe beieinander stehen, schnell viel Zeit verloren gehen kann. Je nach Raumverhältnis kann die Zeit, die für eine Priorisierung gebraucht wird, schnell einmal zwischen zehn und zwanzig Minuten variieren. Es ist ärgerlich, wenn ich als Teilnehmer lange warten muss, bis ich in die vorderste Reihe vorgedrungen bin. Die ganze Stimmung kann kippen, wenn 150 Personen 20 Minuten für die Priorisierung brauchen, statt wie geplant in die Kaffeepause gehen zu können.

Der Raumeinteilung kommt also große Bedeutung zu. Abbildung 34 zeigt skizzenhaft, wie eine sinnvolle Raumgestaltung aussehen kann.

Bei World-Café-Veranstaltungen werden die Stuhlkreise mit Flipchart durch Tische mit 4 bis 6 Stühlen ersetzt.

Ebenso wichtig ist es in den Pausen genügend Verpflegungsstände zu haben. Wir kümmern uns um Mikrofone, gute Beamer und weitere logistische Fragen, weil wir wissen, dass die beste Konferenz an solchen vermeintlichen Kleinigkeiten böse leiden kann.

Mind. 1,5 m Abstand zu den ersten Stuhlreihen

○ = 9 Stuhlkreise à 8 Stühle

☐ = 1 Flipchart pro Stuhlkreis (in Stuhlkreis integriert, wie 9. Stuhl)

▬ = Mineral-/Früchteinsel

▬ = Tische mit total 4 Stühlen für Moderation

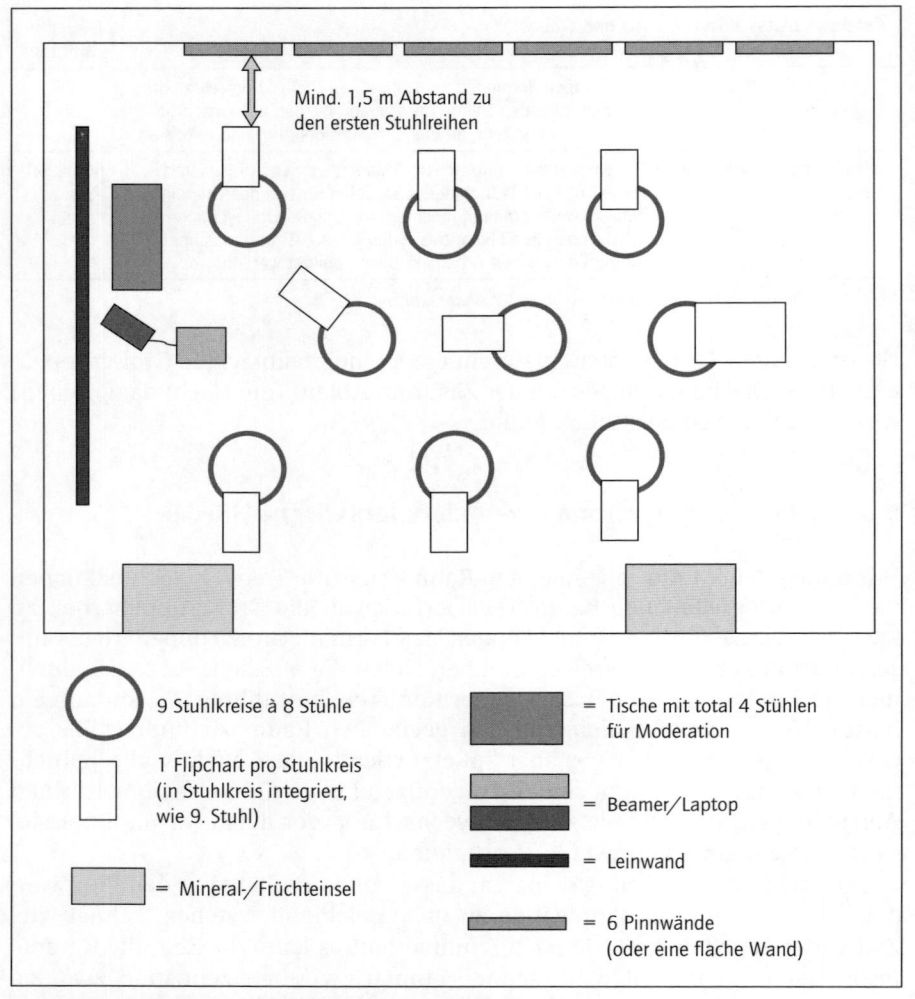

▬ = Beamer/Laptop

▬ = Leinwand

▬ = 6 Pinnwände (oder eine flache Wand)

Abb. 34: Beispiel für eine sinnvolle Raumeinteilung während einer Großgruppen-Veranstaltung (eigene Darstellung)

5.4. Veranstaltungsdesigns nach Anzahl der Teilnehmenden

Wir werden immer wieder gefragt, wann ist eine Großgruppe eine Großgruppe. Unsere Standardantwort: Großgruppen-Interventionen haben wir bis heute mit drei bis 3.000 Personen durchgeführt. Wir gehen dabei zielorientiert vor und adaptieren die Instrumente, die Verfahren und die Philosophie auf die Bedürfnisse von kleinen, mittleren, großen und sehr großen Gruppen. Nicht bei allen Größen ist alles möglich und auch nicht immer angebracht.

Jede Großgruppen-Intervention basiert auf den im Voraus definierten Prozess- und Arbeitsschritten und den Gruppenarbeiten in wechselnder Zusammensetzung. Für die Bestimmung der Gruppengrößen halten wir uns an zwei Regeln:
- Keine Gruppe sollte mehr Teilnehmende umfassen als 8 Personen. Erhöht man die Teilnehmerzahl, besteht die Gefahr, dass sich die Gruppen aufteilen oder sich unliebsame Plenumseffekte wie dominantes Verhalten Einzelner etc. einstellen. Von einer positiven Gruppendynamik aus gesehen, erachten wir 8 Teilnehmende als ideal. Auch bei Maxi-Veranstaltungen versuchen wir diese Regel, wenn immer möglich, einzuhalten.
- Bei kleineren Formaten bedienen wir uns einer einfachen Formel: Wir teilen die Anzahl der Teilnehmenden durch ihre Wurzel. Beispiel: Bei 25 Teilnehmenden installieren wir 5er-Stuhlkreise, bei 36 Teilnehmenden 6er-Stuhlkreise und bei 42 Teilnehmenden entscheiden wir uns zwischen 7 × 6er-Stuhlkreisen oder 6 × 7er-Stuhlkreisen.

Da das Verdichten und das Gewichten in einer Großgruppen-Intervention von großer Bedeutung ist, bauen wir entsprechende Priorisierungsschritte ein. Bei bis 150 Teilnehmenden ist dies unproblematisch mit Klebepunkten durchführbar, ab 150 bis 250 Teilnehmenden muss man auf den Zeitfaktor Rücksicht nehmen und ab 250 Teilnehmenden wird das Priorisieren mit Klebepunkten schwierig.
Aus der Praxis heraus unterscheiden wir deswegen fünf Kategorien:
- weniger als 30 Teilnehmende
- 30 bis 100 Teilnehmende
- 100 bis 250 Teilnehmende
- 250 bis 750 Teilnehmende
- über 750 Teilnehmende

Weniger als 30 Teilnehmende:
Kleine Großgruppen unterscheiden sich von größeren Formaten eher wenig. Wir bereiten uns bei einer Gruppengröße von 12 Teilnehmenden genauso vor, wie wir das tun, wenn wir mit 100 Leuten in einem Raum arbeiten. Wir entwickeln ein Drehbuch mit einzelnen Arbeitsschritten und erstellen entsprechende Arbeitsunterlagen. Anstatt eine Spurgruppe zu bilden, führen wir drei, vier Einzelgespräche durch. Auch bei sehr kleinen Gruppen arbeiten wir oft mit Teilgruppen, auch wenn dann in einer Gruppe nur drei oder vier Teilnehmende um ein Flipchart herum sitzen. Spannend ist, dass wir in dieser Gruppengröße viel mehr auf die Einhaltung der Zeiten achten müssen als bei den größeren Formaten.

30 bis 100 Teilnehmende:
Diese Größen sind für alle Methoden ideal. Vielleicht haben diese Größen auch die ursprünglichen Methoden geprägt. Marvin Weisbord hielt eine ge-

wisse Zeit lang 64 Teilnehmende als beste Voraussetzung für eine erfolgreiche Zukunftskonferenz. Bis 60, 70 Teilnehmende arbeiten wir in der Regel mit einer Einzelprozessbegleitung und empfehlen unseren Auftraggebern ab dieser Größenordnung eine Co-Prozessbegleitung. Ab 60 Teilnehmenden empfiehlt sich in der Regel der Einsatz einer Verstärkungsanlage. Dazu wird für jeden Moderierenden ein kabelloses Kopf- oder Knopfmikrofon sowie ein kabelloses Handmikrofon für die Präsentationen am Ende eines Arbeitsschritts benötigt.

100 bis 250 Teilnehmende:
Ab 100 Teilnehmenden wird eine Großgruppen-Intervention anspruchsvoller, jedoch nicht unbedingt in der Prozessbegleitung selbst, sondern in der Vorbereitung und der Logistik. Besonders herausfordernd kann die Suche nach einem geeigneten Veranstaltungsort sein. Wir rechnen pro Person mit einem ungefähren Platzbedarf von 2,5 m^2 pro Person, das heißt, dass wir bei 200 Teilnehmenden einen Raum von rund 500 m^2 benötigen. Hinzu kommt bei mehrtägigen externen Veranstaltungen die Übernachtungs- und Verpflegungsproblematik. Nicht jeder Tagungsort verfügt über ausreichend Gästezimmer und die Verpflegung von mehr als 100 Menschen, besonders in einer einstündigen Mittagspause, ist qualitativ und logistisch anspruchsvoll. Schlangenbildungen, und sei es auch nur vor dem Kaffeeautomaten, sind wenn immer möglich zu vermeiden.

250 bis 750 Teilnehmende:
In dieser Größenordnung verändert sich nicht unbedingt das Drehbuch, also der eigentliche Ablauf, aber die technischen, logistischen und organisatorischen Aspekte. Weil wir nicht genügend Miet-Flipcharts auftreiben konnten, mussten wir schon mehrmals in Behindertenwerkstätten Einweg-Flipcharts in Auftrag geben. Priorisieren mit Klebepunkten ist praktisch nicht mehr möglich. Statt dessen ist hier Electronic-Voting angesagt (Details siehe S. 171). Diese Methode kann nicht nur für die Priorisierung eingesetzt werden, sondern auch für die Durchführung von soziometrischen Aufstellungen. Die Teilnehmenden gehen dann nicht mehr zu einer Antwortmöglichkeit hin, sondern tippen ihr bevorzugtes Statement in das bereitgestellte Handgerät.

Über 750 Teilnehmende:
Was sich schon bei 250 Teilnehmenden abzeichnet, nimmt in dieser Größenklasse markante Formen an, besonders wenn die Veranstaltung nicht nur einen Tag, sondern zwei oder gar mehr Tage dauert. Wichtig ist, dass die Veranstaltung minuziös vorbereitet wird und für Bereiche wie Technik, Akustik, Verpflegung, E-Voting etc. professionelle Spezialisten eingesetzt werden können.

5.5 Verdichtungen und Priorisierungen

An dieser Stelle platzieren wir ein Plädoyer für die Metaplantechnik! Bei vielen der einzelnen Prozessschritte einigt sich jede Achtergruppe im Raum auf drei, vier Hauptaussagen und schreibt diese auf dafür verteilte Karten oder lange Papierstreifen. Der Sprecher oder die Sprecherin der Gruppe kommt mit den Karten zu den mit Sprayleim präparierten Pinnwänden. Die Hauptaussagen werden präsentiert, auf der Pinnwand werden fortlaufend Cluster gebildet. Alle Teilnehmenden haben danach vier Klebepunkte, mit welchen sie, in der Regel in der Pause, ihre persönlichen Favoriten markieren können.

In der Technik des Priorisierens haben wir, wie in einigen Beispielen schon gezeigt wurde, Varianten entwickelt. Meistens sind es vier Punkte, die jede/r Teilnehmende zur Verfügung hat. Manchmal, wenn die Vorbereitung zeigt, dass dies wichtig ist, lassen wir mit grün die Aussagen gewichten, welche weiter verfolgt werden müssen, und mit roten Punkten, die Aussagen auszeichnen, welche in eine Sackgasse führen oder zur Zeit nicht so wichtig sind. Dieses »rote Bepunkten« muss allerdings sehr sauber anmoderiert werden, damit es nicht zu einem Entwerten von einzelnen Ideen führt. Was wir beispielsweise aber nicht machen, ist eine Empfehlung, die sich in der Literatur zum Open Space immer wieder findet. Dort ist die Empfehlung, dass die Teilnehmenden der Idee, die sie am besten, finden zehn Punkte geben, der nächsten neun etc. Wir haben erlebt, dass dies schon bei einer Teilnehmerzahl von 30 äußerst aufwändig und unübersichtlich wird. Die Priorisierung über die Anzahl Leute, die für eine Idee stimmen, ist völlig ausreichend und funktioniert bestens!

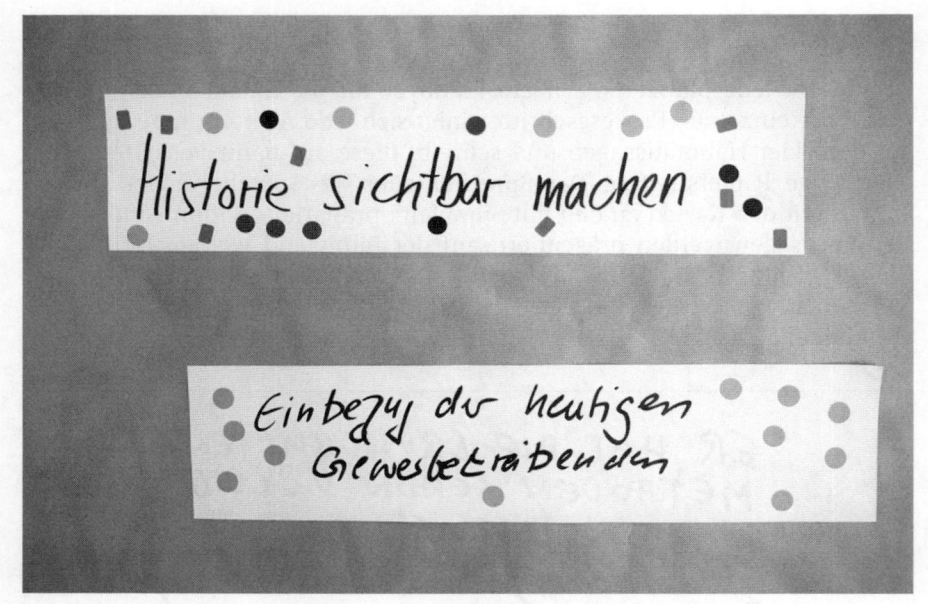

Abb. 35: Priorisieren – oben: Thema ist für verschiedene Stakeholder wichtig; unten: Thema ist nur für einen Stakeholder wichtig

Eine andere Technik des Priorisierens macht allerdings in gewissen Fällen sehr wohl Sinn: Das Priorisieren nach Stakeholder-Zugehörigkeit. Gerade in konfliktbehafteten Fällen oder in Fällen, in denen sich verschiedene Systeme zusammenfinden müssen, macht es Sinn, dass ersichtlich wird, ob gewisse Ideen von allen Stakeholdern gleichermaßen getragen werden. Für diesen Fall weisen wir den verschiedenen Stakeholdern verschiedenfarbige Punkte zu. Damit wird sofort ersichtlich, ob eine Idee von allen mitgetragen wird oder nur von einer Stakeholder-Gruppe.

Noch besser lässt sich das mit Electronic-Voting machen. Wir arbeiten eng mit einer Firma zusammen, die sich auf Abstimmungsverfahren in großen Gruppen spezialisiert hat, in der Regel für Generalversammlungen von Firmen und Verbänden sowie internationalen Organisationen. Wir setzen Electronic-Voting wie folgt ein: Alle Teilnehmenden verfügen über ein Abstimmungsgerät, welches zuvor mit soziografischen Fragen »kalibriert« wird. Die Teilnehmenden geben dazu an, welchem Bereich, welcher Abteilung, welcher Hierarchiestufe sie angehören etc. – ganz nach dem Bedarf der Differenzierung. Analog zum üblichen Verfahren werden zunächst die wichtigsten Hinweise und Anmerkungen gesammelt und Cluster gebildet. Diese Cluster werden z. B. in der Pause in eine Liste gebracht und den Teilnehmenden dann via Beamer und Leinwand zur Abstimmung präsentiert. Abstimmung und Auswertung sind sofort möglich. Wenn also eine Liste vorgelegt wird, haben die Teilnehmenden eine halbe Minute Zeit auszuwählen und gleich anschließend kann das Resultat gezeigt werden (dies auch bei 2.000 oder 3.000 Teilnehmenden gleichzeitig).

Beispiel:
Ein Versicherer mit zwei großen Geschäftsfeldern (Sach- und Lebensversicherung) reflektierte gemeinsam mit der ganzen Führung die künftigen Herausforderungen.

Eine Kalibrierungsfrage betraf den Arbeitsort, da der eine Hauptsitz vor allem das Sachversicherungsgeschäft betrieb, der andere überwiegend das Lebensversicherungsgeschäft, die Außenstellen (Generalagenturen) beides.

Nachdem die Teilnehmenden für die Bereiche Struktur, Strategie und Kultur die größten Herausforderungen diskutiert hatten, wurden die Aussagen gesammelt und Cluster gebildet. Im Bereich Strategie ergab die Abstimmung (270 Personen) folgendes Resultat (siehe Abbildung 36).

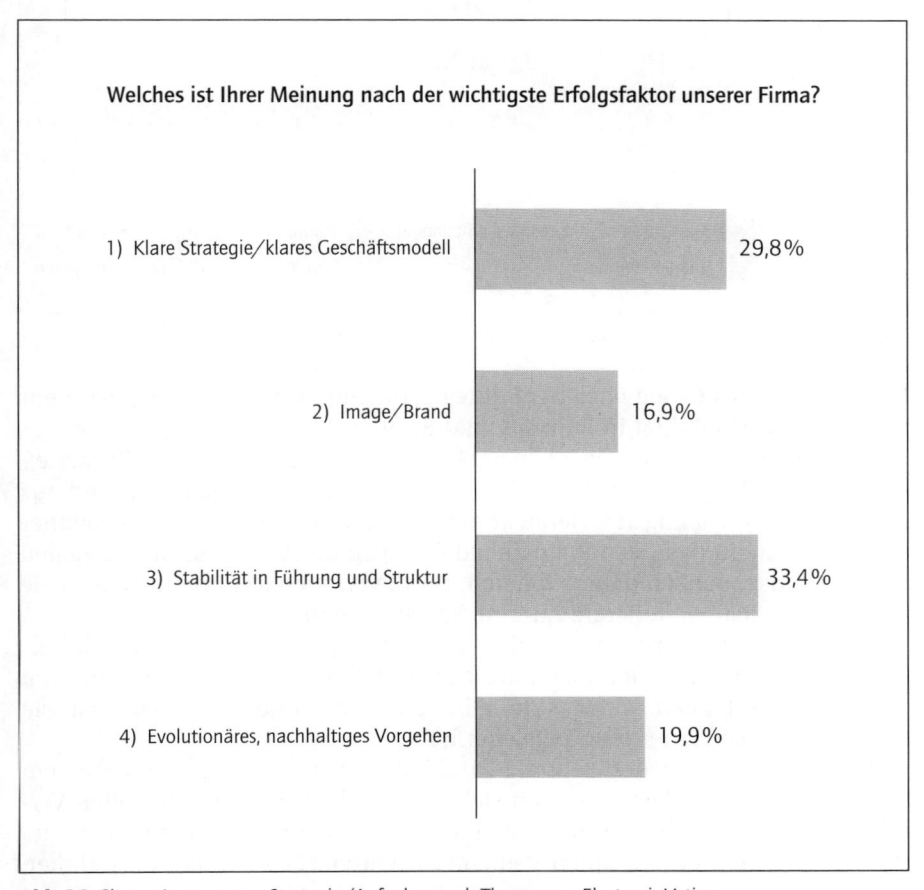

Welches ist Ihrer Meinung nach der wichtigste Erfolgsfaktor unserer Firma?

Faktor	Prozent
1) Klare Strategie/klares Geschäftsmodell	29,8%
2) Image/Brand	16,9%
3) Stabilität in Führung und Struktur	33,4%
4) Evolutionäres, nachhaltiges Vorgehen	19,9%

Abb. 36: Cluster-Auswertung »Strategie/Aufgabe« nach Themen per Electronic-Voting

Nun wollten wir wissen, wie diese Einschätzung nach Arbeitsort gemacht wurde. In zehn Sekunden, sahen die Teilnehmenden folgendes Bild (vgl. Abbildung 37):

Welches ist ihrer Meinung nach der wichtigste Erfolgsfaktor unserer Firma?

Hauptsitz Sachversicherung:
- 37,4%
- 15,2%
- 18,2%
- 29,3%

Hauptsitz Lebensversicherung:
- 30,3%
- 14,6%
- 31,5%
- 23,6%

Außenstellen:
- 23,3%
- 19,5%
- 47,4%
- 9,8%

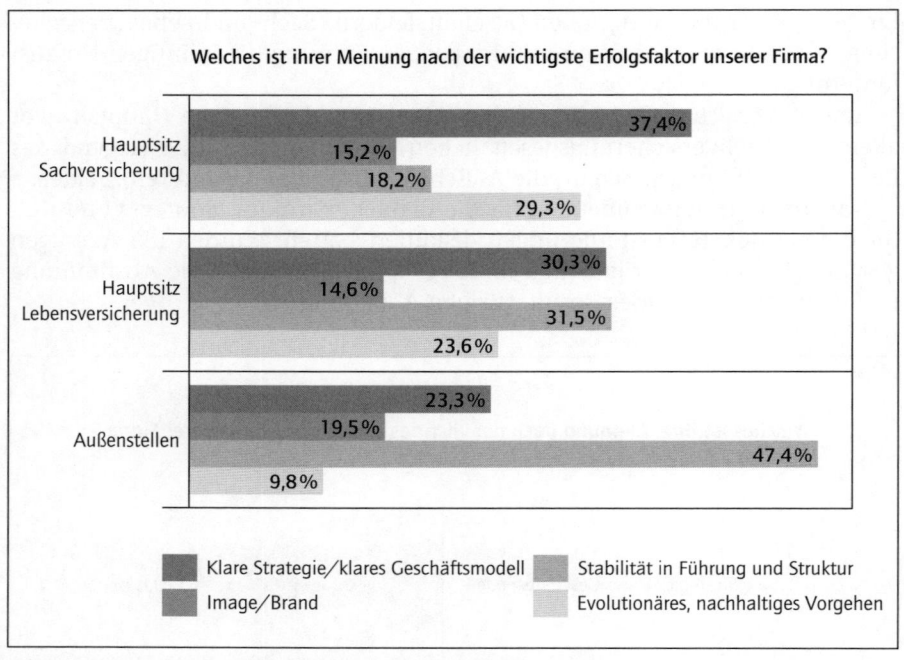

Legende:
- Klare Strategie/klares Geschäftsmodell
- Stabilität in Führung und Struktur
- Image/Brand
- Evolutionäres, nachhaltiges Vorgehen

Abb. 37: Cluster-Auswertung »Strategie/Aufgabe« nach Arbeitsort per Electronic-Voting

Die »Zentralen« suchten nach der Strategie, die Außenstellen auch, aber mehr noch nach der Stabilität in Führung und Struktur.

Dies ist notabene nur ein kleiner Moment, ein kleiner Ausschnitt aus einem ganzen Tag, in welchem die Führungskräfte zuerst gemeinsam und aus ihrer Warte die wichtigsten Herausforderungen formulierten, um sie nachher mit den Vorstellungen, den Rahmenbedingungen des Vorstands abzugleichen und die Konsequenzen daraus für sich, für die eigenen Mitarbeitenden sowie für die bereichsübergreifende Zusammenarbeit abzuleiten.

Electronic-Voting ermöglichte, dass die fast 300 Führungskräfte in kürzester Zeit ein klares und dennoch differenziertes Bild von sich und der ganzen Organisation erhielten, welches sie selber entwickelt und auf dessen Basis sie den Handlungsbedarf selber angeleitet haben.

Auch hier ist also der zentrale Punkt der, dass eine Organisation, ein System schnell ein klares Bild von sich selber erhält. Dass sie, bei allen Verschiedenheiten und bei all den Projekten, die laufen und anstehen, eine gemeinsame Orientierung, einen gemeinsam entwickelten Handlungsrahmen erhalten.

Das gilt uneingeschränkt für alle Systeme, seien sie aus dem privatwirtschaftlichen Bereich, aus der Verwaltung, aus dem öffentlichen Bereich oder aus dem NGO-Bereich. In besonderem Maße trifft dies immer auf Systeme zu, die sich temporär für eine bestimmte Aufgabe finden müssen.

Beispiel:
Drei große Verbände im Gesundheitsbereich standen vor der Aufgabe, die neuen Berufsfelder im Gesundheitsbereich aufeinander abzustimmen. Die Verbände hatten von der Herkunft her unterschiedliche Bezugsgruppen (Pflege im Heimbereich und Behindertenbereich, Pflege Zuhause und Krankenhauspflege). Die Herausforderung bestand darin, gemeinsame Grundsätze und Module in der Aus- und Weiterbildung zu definieren, um damit auch durchgehende Berufslaufbahnen mit Fachhochschule und Universität zu ermöglichen. Jeder Verband hatte ein akribisch ausdifferenziertes System, welches seine Bedürfnisse gut abdeckte. Jeder Verband hatte den Horror davon, dies nun mit den anderen beiden abstimmen zu müssen. Eine exzellente Vorbereitungsgruppe hat den Rahmen sauber herausgearbeitet. Über die Prozessschritte »Was uns wichtig ist« (Gruppeneinteilung nach Verbandszugehörigkeit), »Trends«, »Input und Überlegungen dazu«, »Vision 2020 – Die wichtigsten Themen oder Kompetenzen«, hatten sich die drei Verbände innerhalb eines Tages gefunden: nebst all den großen Kleinigkeiten, die auch wichtig waren, gelang die Fokussierung auf ein paar Hauptpunkte und damit das Commitment für die nächsten Schritte.

Analoge Erfahrungen haben wir gemacht im Bereich der Drogenpolitik in der Stadt Zürich, in der gemeinsamen Fokussierung zur Wohnpolitik des Kantons Basel, in der Aktion »Mehr Kunst in der Bildung« unter dem Patronat der UNESCO-Kulturkommission oder in der Bündelung der Maßnahmen im Zusammenhang mit einer großen Straßentunnelsanierung in einem Ballungsraum oder gar in der regionalen Zusammenarbeit über verschiedene horizontale (Kantone) und vertikale (Gemeinde, Stadt, Kanton) Bereiche sowie Entscheidungsträger (gewählte Exekutive, Verwaltungspersonal, Verbände) hinweg. Gerade in Systemen, welche keine eindeutige oder eine nur temporäre Entscheidungsspitze haben, schaffen Großgruppen-Interventionen einfach und pragmatisch eine gemeinsame Basis: Sie bringen die Dinge auf den Punkt.

Großgruppen-Interventionen bringen übrigens auch in umgekehrter Richtung die Dinge auf den Punkt. Sie helfen auch dann, wenn es darum geht, alte Geschichten und heilige Kühe zu verabschieden.

Beispiel:
In einem Industriebetrieb sollten aus Gründen der Arbeitssicherheit alle eine Schutzbrille tragen. Nachdem sich die Betriebskommission dagegen gewehrt hatte, diese Regelung durchgängig einzuführen, gab es ein längeres Hin und

Her. Abklärungen zeigten aber, dass die Bestimmungen aus rechtlicher Sicht eindeutig waren. Die Betriebskommission bezweifelte dies und gab ein Gegengutachten in Auftrag. Als in dem Betrieb aufgrund neuer Aufgaben eine neue berufsübergreifende Kultur der Zusammenarbeit lanciert wurde, die mehr Autonomie und Selbständigkeit verlangte, nahmen einzelne Mitglieder der Betriebskommission dies zum Anlass, um das Schutzbrillen-Obligatorium noch einmal unter Beschuss zu nehmen. Zu Beginn der Konferenz, im Arbeitsschritt »Was uns ärgert«, konnten sie einen kleinen Teilerfolg verbuchen, in dem das »Schutzbrillenobligatorium« in der Abstimmung doch einige Punkte erhielt. So wenige Punkte aber, dass die Leitung nicht motiviert war, ihre eigene Haltung dazu noch einmal zu bekräftigen. Als dann am Schluss die Schutzbrille sogar als eines der wichtigsten Themen auf die Pinnwand kam, erfolgte die überraschende Wendung. Im individuellen Voting, in dem die Teilnehmenden wichtige Themen mit einem grünen Punkt und Themen, die in eine Sachgasse führen, mit einem roten Punkt versehen konnten, erhielt die Schutzbrille ganz viele rote Punkte. Die Leute haben sich zwar über die Schutzbrillen geärgert, sich aber damit abgefunden. Das Thema war ein für alle Mal vom Tisch.

5.6 Shuttle-Versionen

Im Laufe unserer Tätigkeit haben wir, um den Mandaten gerecht zu werden, weiterführende Formen erfunden – wir nennen sie Shuttle-Großgruppen-Interventionen. Gemeint sind damit umfassende und zum Teil auch mehrphasige Entwicklungsprozesse unter Einbeziehung unterschiedlicher Anspruchsgruppen.

5.6.1 Modell A

Sollen in einer Organisation möglichst viele oder sogar alle Mitarbeitenden in einen Entwicklungsprozess einbezogen werden, ist dies vor allem dann nicht möglich, wenn es sich um Produktions- und Dienstleistungsunternehmen handelt. Für diese Konstellation haben wir Modell A entwickelt (vgl. auch Abbildung 38).

Beispiel:
In einem öffentlichen Verkehrsunternehmen mit 750 Mitarbeitenden, unter ihnen ein großer Anteil an Straßenbahn- und Busfahrern, war es beispielsweise wichtig, möglichst alle in den Prozess einzubeziehen, aber nicht zur gleichen Zeit. Vorgabe war, dass der Straßenbahn- und Busbetrieb ohne Angebotsreduktion funktionieren konnte.

Wie bei einer normalen RTSC-Konferenz gliederten wir den Entwicklungsprozess in zwei Tage. Am ersten Tag wurden die Themen Frust und Lust,

```
         Tag 1  Tag 1  Tag 1  Tag 1  Tag 1  Tag 1  Tag 1  Tag 1
           ↓      ↓      ↓      ↓      ↓      ↓      ↓      ↓
```

Tag 2 – Weiterarbeit mit gewählten Vertretern der
Veranstaltungen von Tag 1 und Bestimmen von Arbeitsgruppen
zu ausgewählten Themen

Information über die Ergebnisse von Tag 2 an die Teilnehmenden von Tag 1

Vertiefung der wichtigsten Themen in Arbeitsgruppen

Ergebniskonferenz mit Bereinigung der Erkenntnisse aus den Arbeitsgruppen
und Formulieren der Anträge an die Geschäftsleitung

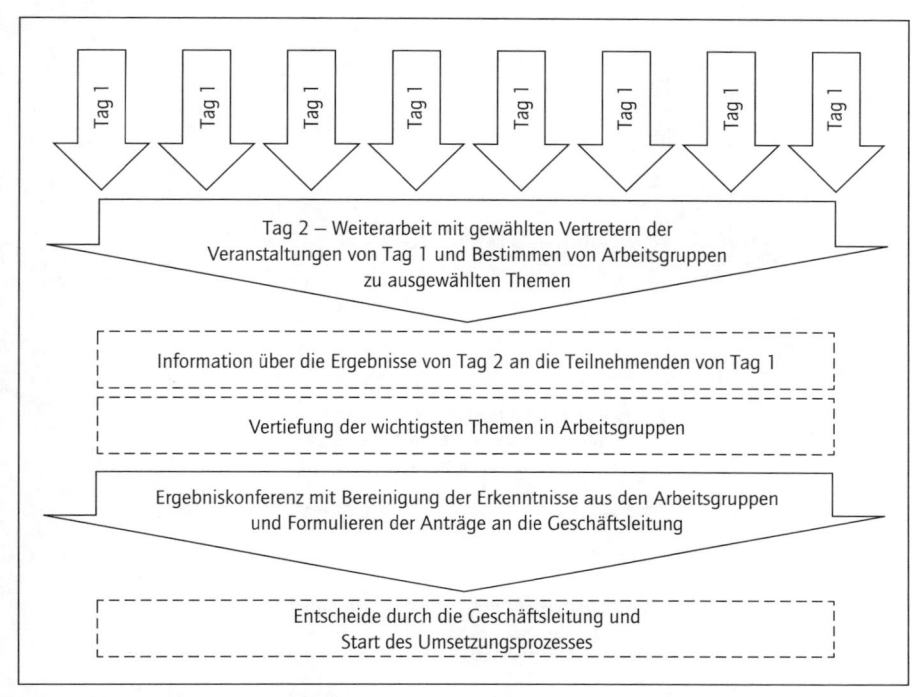

Entscheide durch die Geschäftsleitung und
Start des Umsetzungsprozesses

Abb. 38: Überblick Prozessablauf Modell A (eigene Darstellung)

Auseinandersetzung mit der Vorgabe der Geschäftsleitung, Vision und erste Lösungsansätze bearbeitet. Dieser 1. Tag wurde 10 x mit jeweils 75 Teilnehmenden durchgeführt. Am Ende des Tages bestimmten die Teilnehmenden aus ihrer Runde acht »Thementreiber«.

Der 2. Tag wurde mit den 80 gewählten Thementreibern durchgeführt. Damit diese weiter arbeiten konnten, führte die Personalabteilung zuvor die Ergebnisse der 1.-Tag-Veranstaltungen zusammen, die die Basis für die Weiterarbeit bildeten. Die Thementreiber bestimmten am Ende ihrer Konferenz die Arbeitsgruppen, welche in der Folge an den wichtigsten Themen weiterarbeiteten, die schließlich auf der Ergebniskonferenz, an der wiederum nur die Thementreiber teilnahmen, präsentiert und von der Geschäftsleitung verabschiedet wurden. Abbildung 38 zeigt den Prozessverlauf im Überblick.

5.6.2 Modell B

Modell B ist anwendbar für alle Methoden wie Zukunftskonferenz, RTSC, Open Space, World Café und auch AI Summit. Die Abweichung zum Grundmodell besteht darin, dass die Teilnehmerschaft halbiert wird und die Erkenntnisse an einem Folgetag mit allen Teilnehmenden bearbeitet und weiterentwickelt werden (vgl. Abbildung 39).

```
         ┌─────────────┐           ┌─────────────┐
         │Open Space   │           │Open Space   │
         │mit Teil A   │           │mit Teil B   │
         └──────┬──────┘           └──────┬──────┘
                ▼                         ▼
        ┌──────────────────────────────────────┐
        │   Präsentation der Ergebnisse        │
        │   Fusion gleicher oder ähnlicher Themen │
        │   Priorisierung der wichtigsten Themen  │
        │   Bilden von Arbeitsgruppen          │
        └──────────────────────────────────────┘
        ┌──────────────────────────────────────┐
        │  Ergebniskonferenz nach einem halben Jahr │
        └──────────────────────────────────────┘
```

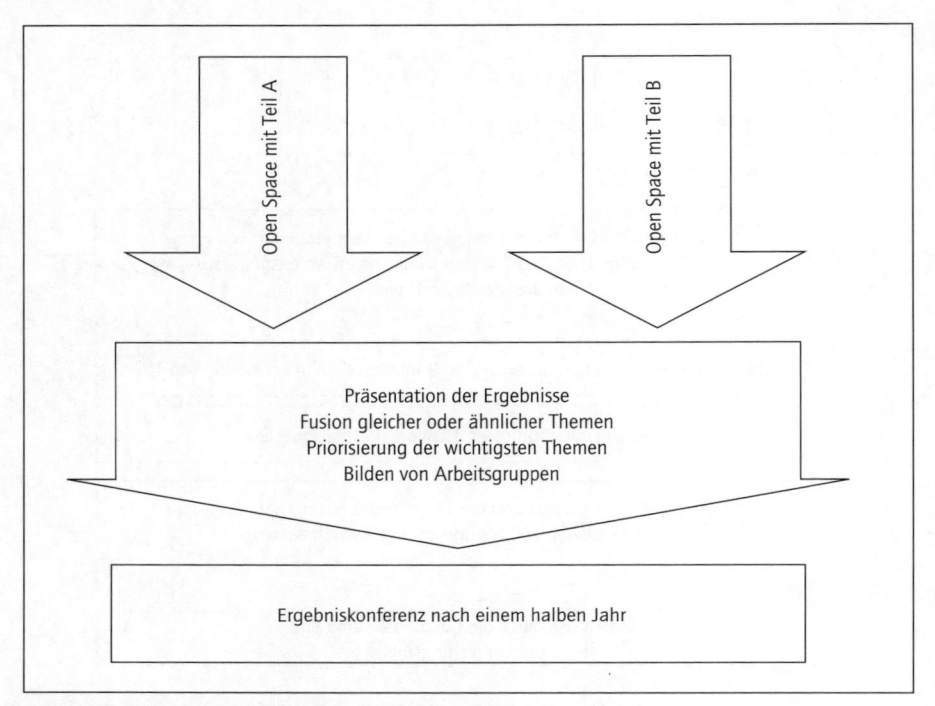

Abb. 39: Überblick Prozessablauf Modell B (eigene Darstellung)

Beispiel:
Bei einer Führungskonferenz eines bedeutenden regionalen Medienunternehmens mit Teilnehmenden aller Sparten wie Zeitungs-, Zeitschriften- und Buchverlag, Druck und elektronische Medien manifestierte sich die Erkenntnis, dass das Hauptprodukt des Unternehmens, die Tageszeitung, ein eher langweiliges Blatt sei. Die Chefredaktion wollte dies nicht auf sich sitzen lassen und startete einen Entwicklungsprozess unter Einbeziehung aller 150 redaktionellen Mitarbeitenden. In Verlauf einer Woche wurden drei eintägige Veranstaltungen durchgeführt. Am ersten Tag, einem Dienstag, entwickelte die eine Hälfte der Mitarbeitenden im Open-Space-Format Ideen und Vorschläge, wie die Zeitung attraktiver, lebendiger und engagierter gestaltet werden könnte. Am zweiten Tag, ein Donnerstag, arbeitete die zweite Hälfte der Mitarbeitenden in der gleichen Art und Weise. Am dritten Tag, ein Samstag, konnten alle Mitarbeitenden zusammengenommen werden, da am Samstag für den Sonntag keine Zeitungsausgabe zu produzieren war. Alle Workshop-Gruppen präsentierten in kurzer Form ihre Ergebnisse, welche auch auf einem Flipchart zusammengefasst werden mussten. Die Flipchart-Blätter wurden wie in einer Galerie aufgehängt – ähnliche oder gleiche Themen zueinander – und dann von allen Mitarbeitenden priorisiert. Die sieben meistpriorisierten Themen wurden auf die Flipcharts verteilt und die Mitar-

beitenden hatten die Möglichkeit – nun im RTSC-Format – die Themen zu vertiefen. Anschließend wurden Arbeitsgruppen installiert und ein halbes Jahr später eine Ergebniskonferenz durchgeführt.

5.6.3 Modell C

Die Abweichung dieses Modells zu den Modellen A und B besteht darin, dass die beiden Hälften der Teilnehmenden nicht am gleichen Thema arbeiten, sondern dass die Erkenntnisse der ersten Gruppe als Input für die zweite Gruppe gelten. Die zweite Gruppe arbeitet dann – im Wissen der Erkenntnisse der ersten Gruppe – an einem weiterführenden Thema.

Beispiel:
Eine Versicherung involvierte alle ihre 1.500 Mitarbeitenden in einen zweitägigen Entwicklungsprozess. Das Besondere daran war, dass am Dienstag 750

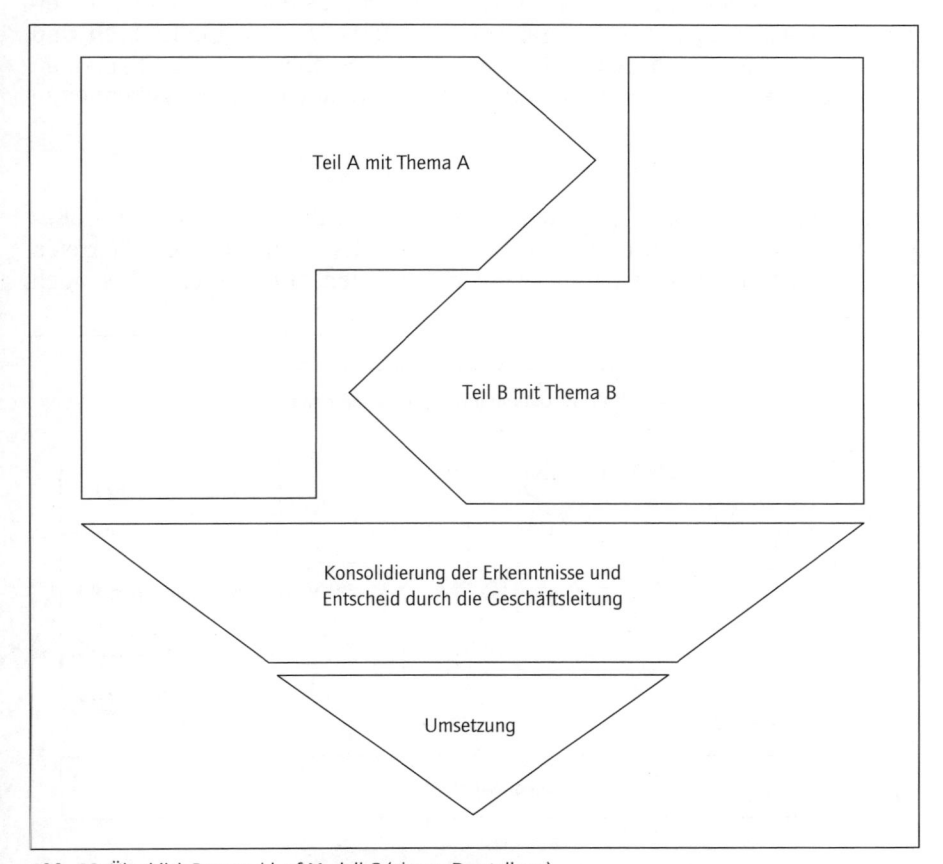

Abb. 40: Überblick Prozessablauf Modell C (eigene Darstellung)

Mitarbeitende und am darauffolgenden Mittwoch die weiteren 750 Mitarbeitenden an der Großgruppen-Intervention teilnahmen. Die erste Hälfte befasste sich mit dem Thema, wie man die Kundenfokussierung und auch Kundenbindung erhöhen könnte, die zweite Hälfte entwickelte Lösungsansätze, wie trotz erhöhter Kundenfokussierung die administrativen Abläufe vereinfacht werden könnten. Der Transfer vom ersten zum zweiten Tag erfolgte mittels eines professionellen Videomitschnitts der Konferenz des ersten Tages, welcher am zweiten Tag den weiteren Mitarbeitenden vorgeführt wurde. Der Transfer der Erkenntnisse von der zweiten zur ersten Gruppe erfolgte via Intranet.

5.6.3 Modell D

Große Systeme, die aus mehreren, bis zu einem gewissen Grad autonomen Teilsystemen bestehen, brauchen entsprechende komplexe Prozess- und Veranstaltungsdesigns. Modell D (vgl. Abbildung 41) geht davon aus, dass geeignete Leute aus den Subsystemen in einem im Voraus definierten Rahmen eigenständige lokalspezifische Großgruppen-Interventionen durchführen und speziell für diese auch ausgebildet werden, dass aber Querschnittsthemen zusätzlich Themen betreffen, die nur indirekt mit den lokalen Gegebenheiten etwas zu tun haben.

Beispiel:
Die Katholische Kirche Zürich feierte, als Teil des Bistums Chur, ein großes Jubiläum und wollte in diesem Kontext einerseits möglichst viele Pfarreien auf selbstaktivierende Art und Weise einbeziehen, andererseits aber auch

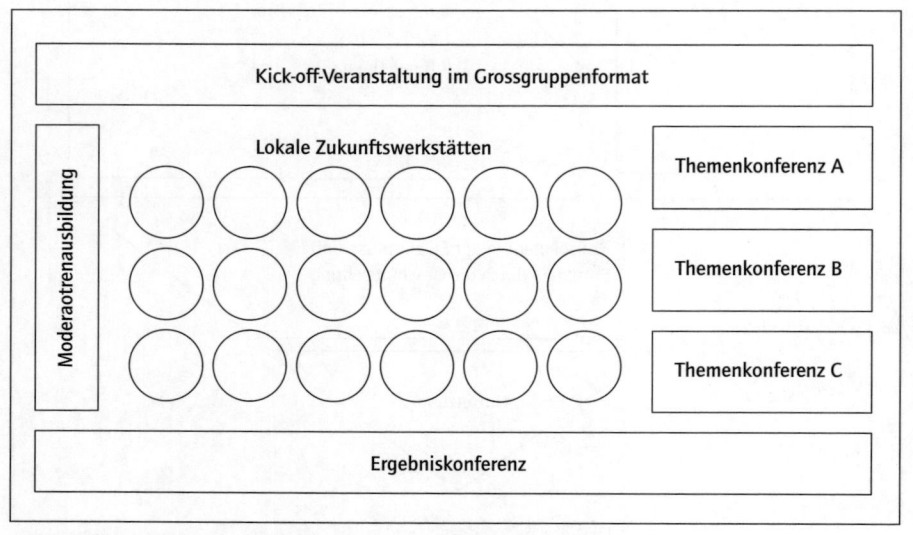

Abb. 41: Überblick Prozessablauf Modell D (eigene Darstellung)

zentrale und pfarreiübergreifende Themen wie Diakonie, Ökumene, Spiritualität und Einbeziehung der Jugend bearbeiten. Während einer eintägigen Kick-off-Veranstaltung im Großgruppenformat mit 350 Teilnehmenden aus den 101 katholischen Pfarreien wurden der Rahmen für den Gesamtprozess definiert und die zentralen Themen lokalisiert. Interessierte Mitarbeitende aus den Pfarreien (Pfarrpersonen, Pastoralassistenten, Gemeindeleitende, Katechetinnen) konnten sich melden und wurden in zwei zweitägigen Seminaren mit je 50 Teilnehmenden für die Durchführung von Großgruppen-Interventionen in ihren Pfarreien an drei zur Auswahl stehenden Modellen ausgebildet. Die Modelle waren nach den zur Verfügung stehenden Zeitfenstern ausgerichtet. Eine Mischung aus Zukunftskonferenz und RTSC für ein Zeitfenster von einem Tag, ein World-Café-Format für ein Zeitfenster von 2 bis 3 Stunden und ein Open-Space-Format für ein Zeitfenster von einem halben Tag. Innerhalb von einem Jahr wurden über 60 Großgruppen-Interventionen durchgeführt und die lokalen Erkenntnisse bei einer eintägigen Ergebniskonferenz zusammengefasst.

5.6.4 Modell E

Eine große Organisation mit mehreren tausend Mitarbeitenden, wenn möglich noch verstreut über die ganze Welt, muss ein Veranstaltungsdesign entwickeln, das ihrer Struktur entspricht und auch von der Kostenseite her vertretbar ist. Modell E (vgl. Abbildung 42) arbeitet mit verschiedenen Ebenen und mit dem Delegationsprinzip ähnlich wie bei Modell A. Wesentlich aber ist, dass in einem global definierten Rahmen die einzelnen Geschäftsbereiche sowie einzelne Abteilungen oder Teams sich am gesamten Entwicklungsprozess beteiligen und Antworten auf Fragen entwickeln, die für das eigene Team, für den eigenen Geschäftsbereich sowie für die gesamte Organisation Gültigkeit haben. Die Ambassadoren-Konferenzen sind die Partizipations-Drehscheiben zwischen den Teams, den Geschäftsbereichen und der Unternehmensleitung. Hier findet die Verzahnung von Bottom-up und Top-down statt.

Beispiel:
Eine große Marketingorganisation mit 8.000 Mitarbeitenden und 1.000 Führungskräften stellte sich einem tiefgreifenden Kulturwandel. Ziel war es, von einer autoritativen zu einer partizipativen Führungskultur zu gelangen. Anstelle einer Weisungskultur sollte eine Verantwortungskultur treten und als Orientierungshilfe ein umfassendes Wertegerüst entwickelt werden, das Rücksicht nimmt auf die gesamte Organisation, jedoch auch auf die einzelnen Geschäftsbereiche und die sehr unterschiedlichen Abteilungen und Teams. Als Ergebnis entstanden die Abteilungs-, die Geschäftsbereichs- und die Organisationswerte. Auf der Abteilungsebene wurden 60 Workshops im Großgruppenformat nach einem definierten Modell durchgeführt, dazu kamen vier Ambassadorenkonferenzen und zwei Workshops mit der Unterneh-

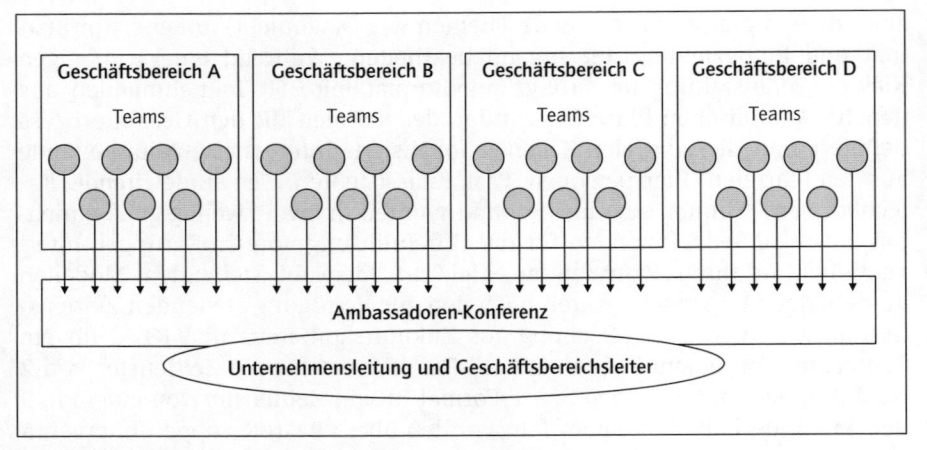

Abb. 42: Überblick Prozessablauf Modell E (eigene Darstellung)

mensleitung und den Geschäftsbereichsleitungen. Das Besondere an diesem Beispiel ist, dass die Abteilungskonferenzen von betriebsinternen Leuten durchgeführt wurden, die für diese Aufgabe geschult wurden. Der Output des Entwicklungsprozesses war der Input für ein umfassendes Befähigungskonzept. Ebenfalls wurden Standards für die Rekrutierung von Führungspersonen entwickelt sowie Grundlagen für die Zielvereinbarungsgespräche mit den Führungspersonen geschaffen.

6. Repräsentanz und Rollen

»Das ganze System in einem Raum« ist zu einem Schlüsselbegriff für die Großgruppenarbeit geworden. Wie aber kommt nun das ganze erforderliche Wissen angemessen repräsentiert in den Raum? Zunächst ist noch einmal wichtig zu sehen, was mit diesem Wissen gemeint ist. Dazu gehört das Wissen aller Hierarchiestufen und aller betroffenen Bereiche. Das Umfeld (Kunden, Lieferanten, Konkurrenz, Politik etc.) gehört dazu, aber auch das Wissen auf der zeitlichen Achse, die Geschichte und die mögliche Zukunft des Systems. Dieses Wissen kommt manchmal über Keynotes, Inputs, Filme, Expertisen und Umfragen in den Raum, immer aber in Verbindung mit dem Wissen aller anwesenden Betroffenen des Systems gleichzeitig im gleichen Raum.

6.1. Die verschiedenen Rollen in der Vorbereitung

Die nachfolgende schematische Darstellung zeigt, welche Rollen insbesondere in der Vorbereitungsphase wichtig sind (vgl. Abbildung 43). In diesem

Abschnitt erläutern wir ausführlich, welche Funktionen der Projektleitung, der Systemspitze und der Spurgruppe jeweils zukommen und welche weiteren Support-Funktionen darüber hinaus bedacht sein wollen.

6.1.1. Projektleitung

Die Projektleitung ist für die Inhalte verantwortlich. In der Vorbereitung ist sie die Treiberin für das Thema, in der Konferenz Inputgeberin, nach der Konferenz arbeitet sie die Empfehlungen der Konferenz ins Projekt ein. Das sind ihre wichtigsten Funktionen. Unser Eingangstor in Großgruppenprozesse sind sehr oft irgendwelche Projekte, repräsentiert von Entscheidungsträgern aus der Personalentwicklung, aus der internen Kommunikation oder von Stabsstellen, die uns um Unterstützung anfragen. Diese Leute haben ein Thema, ein Mandat, für welches sie Unterstützung suchen. Oft wollen sie mit der Großgruppe eine neue Projektkultur lancieren, haben ein gescheitertes Change-Projekt oder sie wollen das Leitbild, die Führungsleitlinien mit allen entwerfen. Wenn wir dazu kommen, verfügt die Projektleitung meistens bereits über sehr viel akkumuliertes Wissen. Dies ist oft ein Segen, aber manchmal auch ein Fluch. Ein Fluch vor allem dann, wenn die Projektleitung schon im Vornherein zu wissen meint, was funktionieren wird und was nicht. Wenn sie glaubt, genau zu wissen, was zu ihrem Mandat gehört und was nicht. Dieses Wissen will sie uns weitergeben und uns vor vermeintlichen Fallen bewahren. Nun ist es aber immer so, dass die Projektleitung selber schon Partei ist. Sie will bestimmten Themen und Konflikten aus dem Weg gehen, was sich aber in der Großgruppe unweiger-

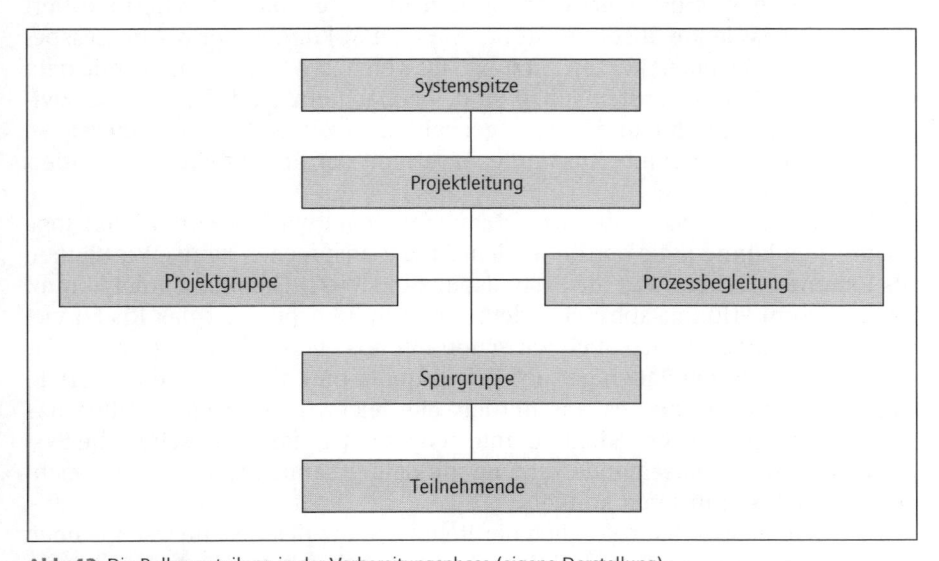

Abb. 43: Die Rollenverteilung in der Vorbereitungsphase (eigene Darstellung)

lich rächen würde. Oder aber die Projektleitung erhofft sich, dass die Großgruppe Druck auf die Führungsspitze machen wird, weil die Führungsspitze die einzige ist, die es noch nicht begriffen hat. Beides funktioniert nicht. Deshalb müssen wir früh einen direkten Zugang zur Systemspitze haben. Zudem verlangen wir die Einsetzung eines Soundingboards aus dem Gesamtsystem, welches wir, um Verwechslungen und alte Muster zu vermeiden, »Spurgruppe« nennen. Die Projektleitung bleibt aber inhaltlich unser erster Ansprechpartner.

6.1.2. Systemspitze

Die Systemspitze ist für die prinzipielle Ausrichtung des Entwicklungsprozesses sowie für die personellen und finanziellen Ressourcen verantwortlich. Wenn wir nicht schon von Beginn an mit der Systemspitze direkt zusammenarbeiten, verlangen wir in der Auftragsklärung das direkte Gespräch. Es ist für uns immer wieder erstaunlich, dass, egal, wo wir davon reden, allen klar ist, dass die meisten heiklen Projekte in Abhängigkeit von der Systemspitze gelingen oder eben scheitern. Umso erstaunlicher ist es, dass viele große Projekte dennoch über längere Zeit begleitet werden können, während der Kontakt mit der Systemspitze eher gering bleibt. Die Fragen, auf die es uns im Kontakt mit der Führung ankommt, sind simpel. Wir wollen erfahren, ob die Systemspitze die verfolgte Richtung mitträgt und gar befördert. Ist sie offen genug? Ist sie bereit in die Umsetzung zu investieren? Wir lassen uns hier durch Peter Block leiten, der in seinem Buch »Erfolgreiches Consulting« richtig festgestellt hat, dass die Wichtigkeit des Themas mit der Zeit übereinstimmen muss, die eine Systemspitze für das Projekt investiert (2003). Das ist keine absolute Größe. Manchmal können wir als Prozessbegleiter schon in einer kurzen Sitzung, in welcher wir zusammen mit dem Projektleiter bei der Systemspitze sind, beobachten, dass die Chemie zwischen den beiden gut und eine gegenseitige Akzeptanz vorhanden ist, so dass eine funktionierende Zusammenarbeit mit der Projektleitung garantiert werden kann.

Wir können Brückenbauer sein. Manchmal sind wir Hofnarren, die Dinge ansprechen können, die der Projektleiter nicht ansprechen kann. Wir können als Externe ausloten, was die Systemspitze blockiert. Und manchmal kommt es dann zum »Übungsabbruch«, denn ohne Systemspitze ist das Risiko viel zu groß. Natürlich haben auch wir schon mit unsicheren Systemspitzen gearbeitet. Die in diesen Fällen geringe Erfolgsquote und die Mühsale im Vorfeld und Nachgang machen es uns mittlerweile leicht, in kritischen Fällen das Mandat zurückzugeben. Nicht zu unterschätzen ist, dass eher schwache Systemspitzen in der Auseinandersetzung mit dem gesamten System auch wachsen und sich stabilisieren können.

Die Systemspitze hat bezüglich der Repräsentanz des Gesamtsystems noch eine weitere sehr wichtige Funktion: Sie kennt sehr oft die Zusammenhänge, in welchem ein Projekt steht. Wir erleben, dass die Systemspitze sehr zugänglich dafür ist, diesen Kontext einzubeziehen. Das entspricht auch ihrer Funktion. Sie ermöglicht dank ihrer Vernetzung Zugänge zu Schlüsselpersonen, zu Kunden, Lieferanten oder zu prominenten Keynote-Speakern – was auch finanzielle Folgen hat, welche wiederum meist nur die Systemspitze entscheiden kann.

6.1.3. Die Spurgruppe

Die Spurgruppe hat für uns ebenfalls eine große Bedeutung. Sehr oft sind Projekte bereits gut mit Vertretern aller Bereiche bestückt, so dass wir, wenn wir eine Spurgruppe verlangen, oft die Antwort kriegen, die Spurgruppe sei bereits durch die Projektgruppe abgedeckt. Wir brauchen aber andere Leute in der Spurgruppe. Die Mitglieder einer Projektgruppe sind nach anderen Kriterien ausgewählt worden: Sie haben Sachverstand für das Thema des Projekts. Sie sind in der Projektgruppe, weil sie Schlüsselfunktionen in ihren Abteilungen und Bereichen einnehmen, um dem Projekt zum Durchbruch zu verhelfen. Kurz: sie sind schon stark mit dem Thema »verheiratet«. Wir werden ja oft dann geholt, wenn das Projekt fortgeschritten ist und es darum geht, den Stand zu prüfen und/oder die Umsetzung einzuleiten. Mitarbeitende, die zu tief in ein Projekt involviert sind, haben nach einer gewissen Zeit blinde Flecken. Sie wollen den Erfolg des Projekts. Sehen bereits das, was möglich sein wird, und sind bereit dafür Opfer zu bringen – sind dem Restsystem voraus. All das ist gut für das Projekt – aber gefährlich für die Großgruppen-Intervention. Wenn wir dies erklären, wird das meistens verstanden und wir erhalten eine Spurgruppe nach unseren Kriterien:

Kriterien für die Zusammensetzung der Spurgruppe:
- Die Spurgruppe ist repräsentativ für die am Prozess Teilnehmenden (vertikal und horizontal),
- besteht aus mindestens 5 bis 7 Mitgliedern (manchmal bis 25),
- hat kein Mitglied aus der Systemspitze,
- nimmt an der Konferenz teil, wie alle anderen auch (keine besondere Funktion),
- besteht nicht nur aus Freunden der Systemspitze,
- deckt der Prozessbegleitung die Hintergründe und Zusammenhänge auf,
- steht für die Interessen des gesamten Systems ein,
- hilft die Teilnehmerschaft (Schnittstellen) zu bestimmen,
- liefert Impulse für den Prozessverlauf,
- überprüft und bereinigt das durch die Prozessbegleitung erarbeitete Konzept sowie das Drehbuch,
- braucht dafür in der Regeln etwa zwei Sitzungen à eineinhalb bis zwei Stunden,
- sorgt für die organisatorische und logistische Umsetzung.

Wir stoßen oftmals auf Widerstand, wenn wir eine Spurgruppe wollen, denn manchmal scheint es schwierig, in kurzer Zeit eine repräsentative Gruppe für zwei Termine zusammenzubringen. Wir brauchen aber eben nicht die Schlüsselpersonen, die sonst immer dabei sind. Wir brauchen Herrn Normalo und Frau Querdenkerin. Wenn X nicht kann, ist das kein Problem, dann soll halt Y oder Z kommen. Sehr oft machen wir sogar die Erfahrung, dass die Systemspitze und die Projektleiter überrascht sind, zu welch klaren Aussagen die Spurgruppe kommt, wenn nicht immer die Gleichen dabei sind.

6.1.4. Weitere Support-Funktionen

Sehr oft kommen in der Vorbereitungsphase einer Großgruppen-Veranstaltung bereits die Kommunikationsverantwortlichen hinzu, welche den Prozess im Vorfeld und im Nachgang zur Konferenz nach Innen und, wo sinnvoll, nach Außen vertreten.

Weitere Rollen, die im Umfeld einer Großgruppen-Intervention häufig ins Spiel kommen, sind:
- Human Resources (HR) – inklusive der Personal-, Organisations- und Führungsentwicklung,
- das Projektportfolio-Management,
- die Controlling-Instanzen (Balanced-Scorecard-Verantwortliche),
- das KVP sowie
- das Qualitätsmanagement.

Dies hat durchaus seine Berechtigung. Wir wollen das System durch eine Großgruppen-Intervention ja irritieren, anstoßen. Gleichzeitig wissen wir aber, dass das System nur mitmacht, was ihm kompatibel mit dem eigenen Funktionieren erscheint. Bei der Einbeziehung dieser Supportfunktionen zeigt sich zudem auch schnell, wie die Organisation tickt. Solche Rollen sind nämlich oft mehr Fiktion als Funktion. Wir erhalten so – ganz nebenbei – weitere wichtige Informationen über das Gesamtsystem.

6.2. Die Zusammensetzung der Teilnehmerschaft

Marvin Weisbord hat die wichtigsten Kriterien für die Zusammensetzung der Teilnehmerschaft auf die Kurzformel ARE IN (die, welche dabei sind) gebracht (Weisbord/Janoff 2001, S. 48). Hinter dem griffigen Akronym stehen folgende Auswahlkriterien:
- **A**uthority to act on their own (die, welche die Autorität haben, für sich zu sprechen und zu handeln);
- **R**esources of time, money, access and influence (die, welche über zeitliche und finanzielle Ressourcen verfügen und Zugänge/Vernetzung und Einfluss haben);

- **E**xpertise – social, economic, technical – in the topic (die, welche über soziales, ökonomisches oder technisches Expertenwissen zum Thema verfügen);
- **I**nformation that others need (die, welche über Informationen verfügen, die die anderen brauchen)
- **N**eed – people who will be affected by the outcome (die, welche von den Ergebnissen betroffen sein werden).

Wir unterteilen diese Gruppen zusätzlich. Um später das »ganze System in einem Raum« zu haben, werden einerseits die Gruppen A bis I gezielt gesucht und zusammengestellt. Andererseits ist ohne das »N«, ohne die direkt Betroffenen, die durchaus auch große Anteile von A bis I enthalten, die Großgruppe nur eine große Projektgruppe. Beide müssen einbezogen sein. Das ganze Wissen muss im Raum sein und alle, die von einer Entscheidung betroffen sind, müssen effektiv mitmachen und den Prozess mittragen.

Im Folgenden legen wir das an je einem Beispiel aus dem öffentlichen Bereich und dem privatwirtschaftlichen Bereich dar.

6.2.1 Teilnehmerschaft am Beispiel Gemeindeentwicklung

Im öffentlichen Bereich, bei schwierigen Stadtteilprojekten, bei Gemeindeentwicklungen, bei regionalen Kooperationen und ähnlichen Projekten ist die Anfrage oft die, dass der Auftraggeber mit »der Bevölkerung« eine Großgruppenkonferenz durchführen will. Analog zu verschiedenen Befragungsinstrumenten, die der Auftraggeber aus seiner eigenen Erfahrung kennt, will er eine Art Beobachtungskasten: Innen sitzt »die Bevölkerung« und entwickelt Ideen und Empfehlungen und außen der Auftraggeber, die gewählte Behörde, die Verwaltungsspitze, die beobachtet, was dabei herauskommt. So funktioniert das nicht. Das »ganze System« heißt eben wirklich, alle arbeiten zusammen im gemeinsamen Raum. Wir bauen die politischen Instanzen und die Verwaltung gezielt mit ein. Es macht sehr viel Sinn, dass möglichst viele Leute aus der Verwaltung teilnehmen. Zum einen haben sie eine ganz bestimmte Sicht auf »den Elefanten«, die niemand in dieser Form sonst hat, und zum anderen sind sie es aber auch, die den ganzen »Mist« nachher umsetzen müssen. Sie bringen also das ganze ARE IN mit in den Raum. Zum anderen ist der Begriff »die Bevölkerung« wenig nützlich. »Die Bevölkerung« gibt es nicht. Es sind immer Menschen mit ganz bestimmten Interessen. Wir suchen also diese Interessen: Familien, Verbände, Wirtschaft und Gewerbe, Neuzuzügler etc. Abbildung 44 zeigt schematisch, wie vielfältig die Zusammensetzung bei einer Gemeindeentwicklung aussehen kann.

Manchmal kommen hier noch Nachbargemeinden hinzu. Weitere Gruppen sind denkbar.

Neben dieser gezielten Suche nach Stakeholdern (in der Regel ist das die Aufgabe der Spurgruppe) wird nun ergänzt durch das »N«, alle Betroffenen.

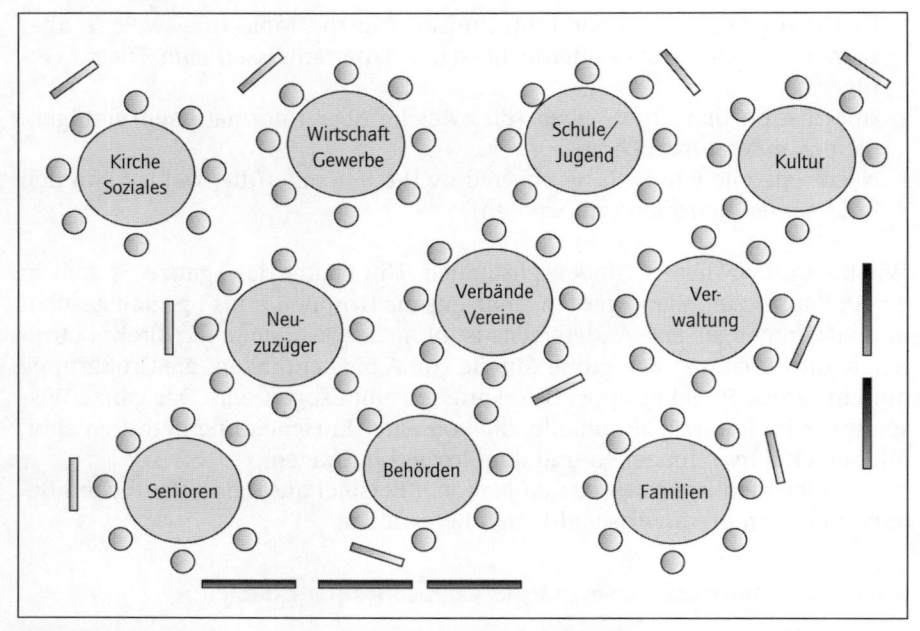

Abb. 44: Beispiel Gemeindeentwicklung – Teilnehmende (eigene Darstellung)

Das ist in unserem Beispiel jetzt tatsächlich die ganze Bevölkerung.

Die Abbildung 45 zeigt das Anmeldeprozedere, welches wir mit dem Auftraggeber abmachen.

Die Spurgruppe hilft uns also dabei, die wichtigsten Stakeholder ins Boot zu bringen. Durch die allgemeine Einladung via Medien wird dieser Grundstock an Teilnehmenden ergänzt. In der zweiten Spurgruppensitzung – nach offiziellem Anmeldeschluss – wird gemeinsam die Zusammensetzung geprüft. Werden noch mehr Leute vom Gewerbe gebraucht (Ladenbesitzer müssen am Samstag arbeiten und so melden sich oft nur wenige auf die erste Anfrage!)? Wie sieht der Frauenanteil aus? Wie steht es um die Mütter? Muss eine Kinderbetreuung organisiert werden? Sind ausreichend Migrantinnen und Migranten vertreten? Lücken werden unter Mithilfe der Spurgruppe gezielt angegangen und es werden zusätzlich Leute eingeladen – bis wir wissen, dass wir das ganze System im Raum haben.

6.2.2 Teilnehmerschaft bei Projekten im Wirtschaftsbereich

Im Wirtschaftsbereich sehen die Hürden, durch eine entsprechende Teilnehmerschaft das ganze System in den Raum zu bringen, durchaus ähnlich aus. So bedarf es einer gewissen Überzeugungskraft, dass die Systemspitze und die Führungskräfte teilnehmen, in gemischten Gruppen, unter zeitweiliger »Ausschaltung« der Hierarchie. Bedenken kommen auf, auch in der Spurgrup-

Einladungsprozedere und Information der Öffentlichkeit	

Spurgruppe	– Definiert Anspruchsgruppen und deren Vertretung
	– Fragt Schlüsselpersonen an:
	  –> generell: Alte, Junge, ganzes Dorf, Männer, Frauen, alle politischen Couleurs
	  –> Werden als Interessierte gemeldet, mit Name Adresse, Tel. und E-Mail, sowie Zuordnung (Wirtschaft, Soziales, Schule usw.)
	– Gemeindeschreiber/bzw. Delegierte/r koordiniert

Medien	Artikel und Anmeldeabschnitt mit Anmeldefrist
Spurgruppe 2	– Übersicht über Anmeldungen – feststellen und beheben von Lücken – allenfalls erneuter Aufruf via Medien
Gemeinde	– definitive Einladung an ZK/Anmeldebestätigung an alle Gemeldeten – Einladung der Medien

Für die Ergebniskonferenz ist analoger Prozess rechtzeitig zu planen.

Abb. 45: Beispiel Gemeindeentwicklung – Einladungsprozedere und Information der Öffentlichkeit (eigene Darstellung)

pe, dass die Mitarbeitenden nicht reden werden, wenn der Chef mit in der Runde sitzt. Diese Bedenken sind durchaus ernst zu nehmen und werden vor der Konferenz und zu Beginn der Konferenz offen gelegt. Fakt ist aber, dass bei sehr großen Gruppen bei all den gemischten Gruppenzusammensetzungen das »Organigramm« dermaßen durchmischt ist, dass die Hierarchie natürlicherweise in den Hintergrund tritt. Mitarbeitende von der Basis sitzen nur ausnahmsweise mit einem Chef zusammen. Kommt hinzu, dass die Ergebnisse, die aus den einzelnen Achtergruppen präsentiert werden, das Label »Gruppenergebnis« haben, also nicht auf Einzelmeinungen zurückgeführt werden – auch wenn man gewissen Aussagen anmerkt, dass sie von Herrn X stammen müssen. Wir prophezeien der Spurgruppe und dem Auftraggeber jeweils, dass die hierarchische Hürde nach spätestens zwei Prozessschritten in den Hintergrund tritt – und erhalten meistens recht.

6.2.3 Schnittstellen

Eine weitere wichtige Hürde bei der Zusammenstellung der Teilnehmerschaft sind die Systemgrenzen. Das gilt für den Öffentlichen Bereich genauso wie für den Wirtschaftsbereich. Zum einen handelt es sich meist um Schnittstellen verschiedenster Art, was allein schon entsprechende Fragen aufwirft. Welche Schnittstellen müssten allenfalls eingeladen werden? Gehört die Nachbarabteilung dazu? Will man den Schnittstellen Einblick in die eigene »schmutzige Wäsche« oder in eigene Pläne gewähren? Wie steht es um die zentralen Abteilungen? Wird die Finanzabteilung, das Controlling, die Personalabteilung eingeladen? Bei all diesen Fragen steht immer das Ziel, das ganze System in einem Raum zu haben, im Zentrum. Manchmal reicht es, wenn die Schnittstellen mit Videobotschaften in den Raum kommen, mit Umfragen die vorher gemacht werden. Wir plädieren immer für größtmögliche Offenheit, im Wissen um die Würze, die diese Schnittstellen in den Gesamtprozess bringen.

Beispiel:
Für die protestantische Landeskirche Zürich durften wir mit 370 Pfarrpersonen in einem Raum ihr gemeinsames Selbstverständnis entwickeln. Es war kein einfacher Großgruppenprozess. Protestantische Pfarrpersonen sind es nicht gewohnt, wenn ihnen Nichttheologen in einem strukturierten Ablauf vorschreiben, mit wem sie wie lange über ein vorgegebenes Thema zu sprechen haben. Hinzu kommt, dass das Selbstverständnis dieser Pfarrpersonen sehr individuell ist und eine kontinuierliche Auseinandersetzung mit dem Fremdbild eher selten. Deshalb war es uns wichtig, an dieser Konferenz auch Außensichten einzubringen. Da wir nur einen Tag zur Verfügung hatten, wollten wir die Prozesszeit nicht mit vielen Referaten kürzen und schickten ein Filmteam (ausgeliehen vom Schweizer Fernsehen) zu führenden Persönlichkeiten aus Politik, Wirtschaft und Wissenschaft, die ihre Ansichten zum Selbstverständnis der Pfarrpersonen einbrachten. Dank der Möglichkeit, Videosequenzen auf die wesentlichsten Botschaften zu verdichten, kam eine rund 15-minütige Außensicht zustande, die eine hohe Wirkung erzeugte.

6.3. Kunden und Lieferanten

Ganz ähnlich gelagert ist die Frage nach der Einbindung der Kunden und Lieferanten. Wir haben sehr gute Erfahrungen damit gemacht, Kunden und Lieferanten mit in den Raum zu holen. Im öffentlichen Bereich sind dies kantonale Stellen bzw. Vertreter der Bundesländer oder Nachbargemeinden. Diese sind entweder vollumfänglich dabei oder als Inputgeber und Keynote-Speaker.

Es kann sehr anregend sein, wenn Externe, seien es Lieferanten oder Kunden, am ganzen Prozess teilnehmen. Wir haben dazu eine Faustregel: diese halbexternen Leute sollten nicht mehr als ein Achtel der Teilnehmerschaft ausmachen. Wenn quasi in jeder Achtergruppe eine halbexterne Person ist, kann das den Prozess sehr bereichern. Die Irritation (Was will der hier?) weicht schnell, und es ist immer wieder erstaunlich, wie gerne Kunden und

Lieferanten diese Rolle wahrnehmen. Sie fühlen sich geehrt und gehen wie Gäste mit dieser Ehre um: sorgfältig und zurückhaltend.

Sehr hilfreich ist es, Kunden und Lieferanten als Inputgeber einzuladen. Es ist jedoch wichtig, sie – wie alle Inputgeber in einer Großgruppenkonferenz – sehr genau zu briefen. Zu beachten ist dabei, dass die Kunden und Lieferanten nicht polarisieren und nicht zu einseitig sind. Wenn die Teilnehmenden finden, der Input betreffe nicht die Sicht der Mehrheit der Kunden oder Lieferanten, wenn schnell Erklärungen die Runde machen, warum gerade dieser Kunde halt ein spezieller ist, dann ist der Input bestenfalls unnütz. Im schlechten Fall kann ein solcher Input den weiteren Verlauf empfindlich stören. Wir achten deshalb immer darauf, dass wir Vorgaben machen für den Input (Was läuft gut? Was läuft schlecht? Komplimente und Wünsche) oder mehrere Kunden einladen.

Je nach Prozess erfolgt der Auftritt der Kunden und Lieferanten an verschiedenen Stellen im Prozess. Im World Café und im Open Space haben sich Inputs zu Beginn der Veranstaltung bewährt, im RTSC im ersten Teil der Veranstaltung in der Sensibilisierungsphase.

6.4. Experten

Primär sind alle Anwesenden Experten. Wir decken dies auf, indem wir die Teilnehmenden zu Beginn der Veranstaltung bitten, uns per Handzeichen zu sagen, wie lange sie schon bei diesem Betrieb arbeiten. Eine andere Möglichkeit ist, die Teilnehmenden an einem langen Seil nach Dienstalterszugehörigkeit aufzustellen. Bei 150 Teilnehmenden mit durchschnittlich zehn Jahren Betriebszugehörigkeit macht dies 1.500 Jahre Erfahrung aus. Dieses Expertenwissen wird durch die Gruppenarbeiten abgeholt.

Eine wichtige Rolle spielen aber auch die Experten im herkömmlichen Sinn: Die Fachexperten. In der Regel kommen sie in der Rolle der Inputgeber zum Einsatz. Auch hier macht es Sinn, mehrere einzuladen, um Polarisierungen und Einseitigkeiten zu vermeiden. Die Schwierigkeit ist dann oft die, dass man sich nicht getraut, diese Externen für einen bloß 20 bis maximal 30 Minuten dauernden Input einzuladen (bei mehreren Experten beschränken wir den Input sogar auf 10 bis 15 Minuten). Die Erfahrung zeigt aber, dass sie in diesen 10 Minuten viel präziser das sagen, was wirklich wichtig ist. Die Experten sind zudem nicht nur diese 10 bis 15 Minuten im Einsatz. Die Teilnehmenden diskutieren ja nachher diese Inputs in ihren Achtergruppen und präsentieren im Anschluss, welche Botschaften bei ihnen angekommen sind. Die Experten können danach angeben, inwiefern sie sich richtig verstanden fühlen, und korrigieren, was offensichtlich falsch angekommen ist. Sehr oft erweitern wir ihre Rolle aber auch zu der eines Konferenzbegleiters, eines Advocatus diaboli, eines Zwischenrufers. Das sieht dann so aus, dass wir, vor allem während der Sensibilisierungsphase, nach wichtigen Prozessschritten die Experten Fragen, was sie von den Ergebnissen halten. Was ihnen beispielsweise bei den priorisierten Trends auffällt, ob das entstandene Bild ihren Erwartungen entspricht, ob die Großgruppe aus ihrer Sicht einen blinden Fleck hat etc.

Auch hier zeigt sich, wie bei anderen Schritten, dass bei guter Vorbereitung der Prozessbegleitung sehr viele Möglichkeiten offen stehen, das »ganze System« auf eine hilfreiche und prozessunterstützende Art und Weise in den Raum zu bringen.

Teil D: Standhalten

1. Einführung

Wir haben in den vorangegangenen Kapiteln viel über die Hintergründe und Zusammenhänge von Großgruppen-Interventionen geschrieben, auch über theoretische Aspekte weit über die Thematik der Großgruppenmethoden hinaus. Wir haben versucht, unsere praktischen Erfahrungen und Erlebnisse aus über 500 Großgruppen-Interventionen einfließen zu lassen. Unsere wichtigste Botschaft in diesem Buch bringen wir zum Schluss: Über das Gelingen entscheidet letztendlich die Haltung der Prozessbegleitung. Spürt und achtet sie die Grenzen? Verstehen sich die Prozessbegleitenden als Flipchart-Gurus oder als Dienende eines jeweiligen Systems? Und ebenso wesentlich: Zeichnet sich ihre Haltung und ihr Verhalten durch Vertrauen aus?

Diesen Fragestellungen widmen wir unser letztes Kapitel und tun dies gerne mit großem Nachdruck.

2. Grenzen

Wo liegen die Grenzen der Großgruppen-Intervention? Wir wollen in diesem Kapitel in Erinnerung rufen, welche Bedingungen gegeben sein müssen, damit sich das Potenzial großer Gruppen entfalten kann.

In aller Kürze: Die Großgruppen-Intervention ist sinnvoll,
- wenn ein echter Veränderungs- oder Klärungsbedarf besteht;
- wenn die Beteiligten von dem in Frage stehenden Entwicklungs- oder Klärungsprozess direkt betroffen sind;
- wenn die Fragestellung komplex und das Wissen aller gefragt ist;
- wenn die Führung hinter dem Prozess steht;
- wenn der Gesamtprozess partizipativ geführt werden kann.

Eine Großgruppenkonferenz macht keinen Sinn,
- wenn die Führung zu schwach ist, um den Gesamtprozess zu halten;
- wenn keine Spurgruppe zur Verfügung steht;
- wenn Tabus nicht angesprochen werden dürfen;
- wenn der Handlungsspielraum zu klein ist;
- wenn die an der Lösungsentwicklung Beteiligten nicht frei agieren können, beispielsweise wegen bevorstehendem Personalabbau oder anderen ähnlich gravierenden Gründen.

Ein paar Beispiele für solche Grenzerfahrungen im Prozess:

Wenn kein echter Veränderungs- oder Klärungsbedarf besteht
Wenn kein echter Veränderungs- oder Klärungsbedarf besteht, fehlt das U aus der in Teil C eingeführten Change-Formel von Beckhard, die Unzufriedenheit (vgl. Seite 86). Ein typischer Fall: Eine Schule, die von unserer Arbeit hörte, wollte für sich eine Zukunftskonferenz durchführen. Die Signale der Schulleitung und der Lehrervertretung waren klar: Es besteht kein akuter Handlungsbedarf, wir wollen einfach gemeinsam in die Zukunft schauen. Die Zusammenarbeit mit Schulpflege (Aufsichtsbehörde), Eltern, mit dem Lehrergremium: alles bestens. Eigentlich war alles es gut so, wie es war. Durch die Vorschusslorbeeren gebauchpinselt, nahmen wir den Auftrag an. Ein Kunde, der uns mag, ein einfacher Job, keine Konflikte weit und breit: In der Schweiz nennen wir das »Schokoladen-Job«. Die Zukunftskonferenz verlief entsprechend schlaff: Alles, was nach Veränderung aussah, wurde abgewürgt: »Schon probiert«, »Geht nicht, zu aufwändig«. Nun wurde klar: die Einigkeit bestand nicht in einer gemeinsamen Vision, sondern bei den meisten darin, dass nichts geändert werden sollte. Nach einer ausgesprochen kindhaften (nicht kindgerechten), abgehobenen und realitätsfremden Vision hatten wir einen gewaltigen Frust im Raum, das System war paralysiert. Das änderte sich auch am zweiten Tag nicht mehr. Es konnte sich ja nicht einmal eine kleine Revolte entzünden. Kleine Maßnahmen, Nachbesserung waren das klägliche Ergebnis – und wir waren um eine Erfahrung reicher: Es läuft nichts ohne Veränderungsbedarf!

Wenn die Beteiligten nicht direkt betroffen sind
Eine Auftraggeberin rief uns bereits zum zweiten Mal. Sie war in einem Medienunternehmen verantwortlich für die Onlinebereiche. In einem ersten Prozess wurde zusammen mit den Kollegen, die horizontal zu ihr in den Print-Bereichen arbeiteten, mit den Vorgesetzten und dem engen Mitarbeiterstab ein höchst wirkungsvoller RTSC durchgeführt. Als eines der Ergebnisse dieses Prozesses wurden der Auftraggeberin alle Online-Bereiche verschiedener großer und bekannter Blätter fachverantwortlich unterstellt. In diesem ersten Schritt haben wir sie als gewinnend, klar und durchsetzungsstark erlebt. Es kam die zweite Anfrage. Nun ging es darum, all die verschiedenen Online-Verantwortlichen der verschiedenen Blätter sowie von Radio und TV zusammenzuführen und Potenziale für das Cross-Selling etc. auszuloten. Gemeinsam mit der Auftraggeberin entschieden wir uns für einen Open Space. Wir sahen keinen Bedarf für eine Spurgruppe. Der Open Space sollte ja hervorbringen, was immer wichtig ist. Die Spurgruppe wäre aber bitter notwendig gewesen. Dann hätten wir gemerkt, dass die Teilnehmenden kaum eine Ahnung von einander hatten. All die potenziellen Vernetzungen waren erst im Kopf der Auftraggeberin vorhanden. Während der Open-Space-Konferenz wurde klar, dass sich die Teilnehmenden kaum kannten und auch kaum

wussten, was die jeweils anderen machen. Das war uns nicht bewusst. Als wir dazu aufriefen, Workshops zu eröffnen – kam niemand: unendlich lange fünf Minuten nicht! Auch nach zehn Minuten: kein Thema!! Wer schon einmal einen Open Space eröffnet hat, weiß, wie wir litten! Die Auftraggeberin ergriff das Wort. In einem längeren Referat erklärte sie das, was in ihrem Kopf war, und langsam, langsam, begann es den Teilnehmenden klar zu werden, was man von ihnen wollte. Gut, dass das alles freundliche und geduldige Menschen waren ...

Wenn die Fragestellung zu wenig komplex ist, kein gemeinsames Wissen erforderlich ist oder keine Wir-Frage vorliegt
In einem Stadtviertel sollten die Gasleitungen und andere Leitungen ersetzt werden. Die für Tiefbauten verantwortliche Behörde wollte zusammen mit den Anwohnern die Gestaltung des Straßenraums diskutieren. Es waren keine großen Änderungen vorgesehen. Hier eine Einbahnstraße, dort ein zusätzlicher Fahrradstreifen. Alles kleine Punkte, die jeweils unterschiedliche Personen betraf. Die Anwohner aus unterschiedlichen Straßen kamen – und jeder schaute vor allem auf seine eigenen Bedürfnisse und Interessen. Wir hatten ein World Café angesetzt und hatten kaum vernetzte Ergebnisse. Ganz ähnlich der Fall in einer Wohn- und Baugenossenschaft, wo es um einen Umbau der Wohnungen ging, der entlang aktueller demografischer Entwicklungen in den nächsten zehn Jahren erfolgen sollte. Die Genossenschafterinnen und Genossenschafter interessierten sich dafür, wann ihre Wohnung betroffen sein würde, ob kurzfristig eine Mieterhöhung zu erwarten sei, und wollten viel lieber das leidige Problem mit dem kalten Boden im Erdgeschoss diskutiert haben, als die Entwicklung von hundert Wohnungen. In beiden Fällen konnte in der Spurgruppe das Interesse an übergeordneten Fragen geweckt werden, der Funke sprang aber nicht in die Veranstaltung über. Das Thema war zu »kalt« und zu wenig komplex.

Wenn die Führung nicht hinter dem Prozess steht
In einem Großunternehmen sollten neue Führungsleitlinien implementiert werden. Die Leitlinien waren das Produkt der Personalabteilung. Die Geschäftsleitung hatte die Leitlinien locker durchgewinkt. Der neue Personalchef genoss einen guten Rückhalt und man plante, eine eintägige Konferenz zur Implementierung der Leitlinien durchzuführen, an der die 150 obersten Führungskräfte teilnahmen. Die Geschäftsleitungsmitglieder bekamen den Auftrag, bei der Konferenz auf die Führungsleitlinien Bezug zu nehmen und zu sagen, was ihnen davon besonders wichtig sei. Die Direktunterstellten sollten so den Steilpass für die Umsetzung in ihre Bereiche direkt von ihrem Vorgesetzten erhalten. Die Geschäftsleiter traten auf – und es wurde schlagartig klar, dass sie von ganz verschiedenen Dingen sprachen, nur nicht von den Führungsleitlinien, die vorlagen. Der CEO zitierte die Benediktinerregel, sein Stellvertreter und Leiter einer der größten Einheiten, legte den Satz auf:

»Rechne jeden Tag damit, dass du gefeuert werden kannst«. Und so ging es weiter. Die Orientierungsfunktion der Führungsleitlinien war pulverisiert. Die Konferenz war allenfalls eine wortreiche, durchaus unterhaltsame Unterredung über Führung im Allgemeinen …

Wenn der Gesamtprozess nicht partizipativ geführt werden kann
In einer Schweizer Gemeinde hatten wir es mit einer Hidden Agenda zu tun. Der Gemeindepräsident hatte klar Pläne und diese auch schon vorgespurt. Er war überzeugt, dass die Bürger und Bürgerinnen in die gleiche Richtung wollten. Als die Zukunftskonferenz nicht das gewünschte Ergebnis brachte, war es aus mit der Partizipation. Die Leute waren konsterniert, weil plötzlich klar wurde, dass, entgegen ihren Empfehlungen, Dinge aufgegleist waren, die nun unverblümt und machtbasiert weitergezogen wurden. Noch Jahre später, als wir im geografischen Umfeld dieser Gemeinde wieder eine Zukunftskonferenz durchführten, war den Verantwortlichen wichtig zu betonen, dass sie keine Hidden Agenda hätten und dass der ganze Prozess ergebnisoffen und partizipativ geplant sei.

Wenn die Führung zu schwach ist, um den Gesamtprozess zu halten
Eine Stiftung im Forschungsbereich hatte einen großen Wachstumsschritt hinter sich. Die von einer verschworenen kleinen Gruppe geprägte Pionierphase und auch eine gewisse familiäre Atmosphäre gehörten der Vergangenheit an. Der Wandel zeigte sich vor allem im Bereich der »Besucherpflege«.

War es früher selbstverständlich, dass die Besucher (fast durchweg Personen aus der Reihe der Spender und Vereinsmitglieder), von den Forschern persönlich betreut wurden, wollten sich die Forscher nun zunehmend auf ihre Forschungsarbeit konzentrieren. Sie empfanden die Besucherbetreuung als lästige Unterbrechung ihrer eigentlichen Arbeit. Die PR und Kommunikationsverantwortlichen sahen aber in der persönlichen Betreuung der Besucher durch die Forscher einen der großen Assets. Es war für die Besucher ein besonderes Erlebnis, von den Forschern direkt betreut zu werden. Wir wurden angefragt, eine Veranstaltung mit der gesamten rund 60 Personen umfassenden Mitarbeiterschaft durchzuführen, bei welcher der Veränderungsbedarf aufgezeigt und die Umsetzungsmaßnahmen gemeinsam erarbeitet werden sollten. Die Arbeit mit einer Vorbereitungsgruppe zeigte schnell, dass es eine Bruchlinie bis in die Institutsleitung gab. Eine Gruppe war für eine Spezialisierung, das heißt wenige Mitarbeitende kümmern sich nur um die Besucher. Die andere Gruppe wollte, dass alle Forschenden sich in einem zu diskutierenden Ausmaß ebenfalls um die Besucher kümmern. Als erstes musste sich deshalb die Institutsleitung hinter gemeinsame Grundsätze stellen können. Die Vorbereitungsgruppe unterbreitete der Institutsleitung einen Entwurf mit Grundsätzen, welche von der Leitung verabschiedet wurde und in der Konferenz als verbindlicher Rahmen vorgegeben werden sollte. Das Modell sah eine Beteiligung aller Forschenden an der Besucherbetreuung vor, das Ausmaß der Beteiligung konnte aber jeweils abteilungsintern geregelt werden. Eine Spurgruppe von 8 Personen aus der Mitarbeiterschaft half bei der Vorbereitung des Workshops. Diese Spurgruppe zeigte sich erleichtert, dass die Leitung nun klar Position bezogen hatte. Als Berater hatten wir bei der Leitung eine Entscheidung forciert, die offenbar noch nicht reif war. Das zeigte sich auf der Konferenz. Nachdem bei der Konferenz der Veränderungsbedarf aufgezeigt worden war, aus Sicht der Besucher, aber auch aus der Sicht der Mitarbeitenden, die die Stagnation der internen Entwicklung als lähmend empfanden, wurde von der Leitung das neue Modell vorgestellt. Es reichten ein paar kritische Voten von gestandenen und verdienten Mitarbeitenden und der Institutsleiter kippte im laufenden Prozess: Plötzlich handelte es sich wieder nur um einen Entwurf, man könne den noch einmal überarbeiten. Konsternation bei der Spurgruppe. Nachdem die Prozessbegleitung die Situation spiegelte, wurde klar, dass sich die Patt-Situation, die vorher schon bestand, in dieser Konferenz nicht würde lösen können. Der weitere Verlauf der Konferenz wurde so modifiziert, dass mögliche Umsetzungsschritte für zwei Szenarien entwickelt wurden. Das rettete zwar den Prozess. Die Luft war aber raus. Das Feedback des Kunden nach ein paar Monaten lautete: »Wir waren noch nicht reif für diesen Change.«

Wenn keine Spurgruppe zur Verfügung steht
In einem Problemviertel in einer Großstadt sollte gemeinsam mit dem ansässigen Gewerbe erkundet werden, wie das Gewerbe einen Beitrag zur Stabilisierung des Viertels beitragen könnte und was allenfalls der Beitrag der Stadt

sein könnte, dieses zu unterstützen. Statt einer Spurgruppe hatten wir den Ausschuss, in dem das Gewerbe mit einem Vertreter des Gewerbeverbands vertreten war. Das hat uns genügt – fälschlicherweise, wie sich sehr schnell herausstellte. Der Gewerbeverband repräsentierte das Gewerbe in keinster Weise. Neben dem »horizontalen« Gewerbe gab es viele kleine Läden, Kneipen und alternative Lokale, die alle nicht im Gewerbeverband vertreten waren. In der Veranstaltung blies uns ein komplett anderer Wind entgegen, als der, den wir aufgrund der Vorbereitungen erwartet hatten. Wir mussten in der laufenden Konferenz das Programm ziemlich umstellen – bei Großgruppen einer der kritischsten Momente.

Wenn Tabus nicht angesprochen werden dürfen
Hier haben wir kein Beispiel eines »erfolgreichen Scheiterns«, darum einmal das einer gelingenden Intervention. Eine mittelgroße Privatbahn erhielt eine neue Führung. Im Gegensatz zu seinem Vorgänger war »der Neue« alles andere als konfliktscheu. Er zeigte die Missstände auf und reagierte schnell und entschlossen. Er bezeichnete sich selber als ungeduldigen Menschen. Wir erhielten den Auftrag für einen Kulturentwicklungsprozess – hin zu mehr Eigenverantwortung und Commitment für einen harten, aber notwendigen Change-Prozess. Die Spurgruppe zeigte uns unverhohlen auf, dass sie diesem Holzkopf nicht trauten. Sie erzählten uns Beispiele, wie Leute in Informationsveranstaltungen »gemaßregelt« wurden. Sie erklärten uns, dass mit diesem Herrn kein Change zu machen sei – alle würden schweigen, um nicht ins Visier zu geraten. Wir spiegelten dem Leiter das Bild der Spurgruppe. Er konnte sehr viel damit anfangen. Es war ihm bewusst, dass er manchmal über die Stränge schlug – er konnte aber auch genau begründen, wann dies passierte. Wir konnten mit der Zusicherung in die Spurgruppe zurückgehen, dass er sich bei der Großgruppenkonferenz für allfällige Verletzungen, die er verursacht hatte, entschuldigen werde. Das ging wie ein Lauffeuer durch das Unternehmen. Als er während der Großgruppenkonferenz den Handlungsspielraum und dieses vermeintliche Tabu offen ansprach, sich ernsthaft und glaubwürdig dafür entschuldigte, sagte, dass er manchmal ein Rüpel sei und dass ihm das leid tue, dass es ihm aber immer um die Sache gehe; dass er manchmal einfach fast zu viel Feuer für das Unternehmen habe – man hätte die berühmte Nadel im Raum fallen hören. Der CEO hatte die volle Glaubwürdigkeit zurück – die Leute hinter sich.

Wenn der Handlungsspielraum zu klein ist.
Bei einem weiteren Projekt im öffentlichen Bereich ging es um die Linienführung einer Straße in einem bestimmten Stadtviertel. Im Verlauf der Vorbereitung wurde deutlich, dass die Rahmenbedingungen zu restriktiv waren: Faktisch war nur noch möglich, die letzten Blumenkästen zu platzieren, der Rest war gegeben. Wir verzichteten auf den Auftrag und die Veranstaltung wurde als »normale« Informationsveranstaltung ohne unser Beisein durchgeführt.

Wenn die an der Lösungsentwicklung Beteiligten nicht frei agieren können
Dieser Umstand ist anzutreffen, wenn der Prozess beispielsweise von einem bevorstehenden Personalabbau oder anderen ähnlich gravierenden Ereignissen überschattet ist. Auch hier haben wir kein Beispiel eines durchgeführten Prozesses, wohl aber haben wir die Erfahrung von vielen abgesagten Prozessen. Manchmal sind die Entwicklungs- und Klärungsprozesse sinnvoll, gerade weil eine gravierende Veränderung bevorsteht. Bei einem großen IT-Dienstleister im Bankensektor war es noch nicht klar, ob es, auf Druck des Hauptkunden, zu einer Fusion mit einem ungeliebten Partner kommen würde. Klar war, dass die »Hausaufgaben« sowieso gemacht werden mussten. Stand zu Beginn des Prozesses die Unsicherheit über die drohende Fusion im Raum, so gelang es gerade durch die Einbeziehung aller, den geplanten Reorganisationsprozess trotzdem durchzuziehen und damit die eigene Position in den bevorstehenden Fusionsverhandlungen zu stärken. Eine stolze Braut wurde zum Traualtar geschleppt.

Ganz ähnlich das Beispiel einer kleinen Kommune, welche ebenfalls unsicher war, ob künftig eine Fusion mit Nachbargemeinden sinnvoll sei. Die Planer konnten deutlich aufzeigen, dass die anstehende Ortsplanungsrevision klug und im Sinne der Bevölkerung durchgeführt, die Gemeinde für die Fusion stärken würde. Bei beiden Beispielen war wichtig, dass der jeweiligen Systemspitze bewusst war, dass sie – bei aller Stärkung nach innen – immer mit dem Szenario »Fusion« arbeiten musste, um das System nicht in eine Sackgasse zu manövrieren.

Grenzen des Begleiters
»Wir haben keine Ergebnis- und keine Inhaltsverantwortung« – diese These provoziert regelmäßig in unserer jährlich wiederkehrenden Lernwerkstatt. Und doch meinen wir das nicht etwa provokativ, sondern höchst professionell.

In jedem Prozess spiegelt sich das System. Wenn im Follow-up einer Großgruppe kaum Energie da ist, um das gemeinsam Erreichte weiterzuführen (das zeichnet sich in der Regel schon während der Konferenz ab), dann puschen wir nicht. Wir fragen uns zunächst, ob wir in der Prozessführung etwas hätten anders machen sollen, ob wir dieser Energielosigkeit schon früher hätten auf die Spur kommen müssen. Wir akzeptieren aber, dass wir das System mit unserer Prozessgestaltung immer nur anstoßen können und sollen.

Ein weiterer Aspekt stärkt die Hypothese, dass wir nicht für die Inhalte verantwortlich sind: die sogenannte »Feldkompetenz«, von der bereits an einer Stelle die Rede war. Wir werden oft gefragt, wie es uns gelinge, in derart unterschiedlichen Bereichen zu arbeiten. Ein Verband tickt komplett anders als eine Schule, als eine Bank, als ein Industrieunternehmen, als eine internationale Organisation etc. Für die Gestaltung eines Veränderungsprozesses braucht der Prozessbegleiter nur äußerst wenig konkrete Kenntnisse von der jeweiligen Branche. Die inhaltliche Kompetenz, die Branchenkompetenz hilft uns vor allem bei der Auftragsklärung. Natürlich ist es auch unserem Kunden wichtig zu wissen, dass wir in seiner Branche schon Großgruppenkonferenzen durchgeführt haben, dass das auch in seiner Branche funktioniert. Unsere Feldkompetenz ist aber die der Gestaltung von Veränderungs- und Klärungsprozessen, und gerade weil wir in dermaßen vielen Settings gearbeitet haben, nehmen wir schneller wahr, wie eine Organisation tickt. Mehr noch: Wir haben bald gemerkt, dass wir gerade in den Bereichen, in denen wir uns von unserer Herkunft her am besten auskannten, am meisten Fehler gemacht haben. Unsere Grenzen sind wir selber.

Die Grenze des Machbaren
Wir werden oft gefragt, wie wir den Erfolg unserer Prozesse messen. Unsere Antwort ist klar: am Prozess und nicht am Inhalt. Wir wollen keine Organisation, kein System, keine Leute verändern. Wir verändern mit unseren Großgruppenkonferenzen die Bedingungen, unter welchen die Leute miteinander arbeiten, unter welchen ein System sich selber beobachten, sich für Impulse öffnen und entwickeln kann. Und das führt manchmal zu eindrücklichen Veränderungen.

Und ein letztes: Gerade dadurch, dass Großgruppenkonferenzen eben keine »gruppendynamischen« Veranstaltungen sind (obwohl sehr wohl sehr viel Gruppendynamik im Spiel ist!), gibt das den einzelnen Beteiligten die Freiheit zu entscheiden, in welchem Grad sie sich persönlich in diesen Prozess eingeben wollen. Das ist in einer Zeit, in der Loyalität zum Unternehmen fairerweise oft nur noch bedingt eingefordert werden kann, auch keine schlechte Sache.

3. Demut

Als wir an der Leibnitz Universität Hannover im Rahmen einer Weiterbildung für Beraterinnen und Berater über »Prozessbegleitung zwischen Dienen und Steuern« dozierten, ernteten wir zu Beginn vieles, von hoch gezogenen Augenbrauen über irritiert lächelnde Gesichter bis zu eindeutigem Kopfnicken. Prozessbegleitung als dienende Funktion? Eine ausgebildete Krankenschwester auf dem Weg zur Prozessberaterin brachte es auf den Punkt: »Ich werde Prozessberaterin, weil ich vom dienenden Beruf der Krankenschwester weg will«.

Wir sehen »Dienen« und »Demut« in diesem Kontext etwas anders, nicht als Handlung, sondern primär als Haltung. Selbstverständlich steuern wir als Prozessbegleiter in den Großgruppen-Interventionen in verschiedenster Hinsicht. Wir legen die Strukturen fest, sagen wer mit wem worüber wie lange sprechen soll. Wir sind Herr und Meister des Prozesses – aber wir übernehmen keine Inhalts- und auch keine Ergebnisverantwortung. Wir beißen uns eher die Zunge ab, bevor wir einen Lösungsansatz einbringen. Gerade in diesem Zusammenhang sehen wir den großen Unterschied zwischen Kleingruppen- und Großgruppen-Interventionen. In der Großgruppenkonferenz sind wir Prozessbegleitenden keine Flipchart-Zampanos, keine Lehrende, keine Hauptdarsteller, nicht einmal Darsteller. Und, eng gesehen, auch nicht Beraterinnen und Berater.

Versuchen wir es mit einer Allegorie. Wem dient der Schafhirt? Logisch, er dient den Schafen. Damit sie nicht von wilden Tieren gerissen werden, sich verlaufen, auf abgegrasten Wiesen weiden müssen und nicht erfrieren. Dann dient der Hirt aber auch dem Herdenbesitzer. Er wacht über Quantität und Qualität der Herde, der Wirtschaftlichkeit zum Nutzen. Die Herde als Investitionsgut zum Wohle des Besitzers. Der Hirt dient auch dem Schlachter. Je besser die Qualität des Fleisches desto größer der Ertrag und die Zufriedenheit des Fleischverkäufers. Dann dient der Hirt auch den Landbesitzern, indem er dafür sorgt, dass die Schafe keine Schäden an den Landkulturen anrichten. Und er dient den Konsumenten, die ein schmackhaftes Lammkotelett, einen zarten Lammbraten oder einen würzigen Schafskäse zu schätzen wissen. Und nicht zuletzt dient der Hirt sich selbst und zwar seinen intrinsischen wie auch extrinsischen Motiven; das heißt, dass Anerkennung, Lob und materielle Entschädigung einerseits, aber auch seine Verbundenheit mit der Natur und die Sinnhaftigkeit seiner Arbeit ihm berufliche Zufriedenheit vermitteln.

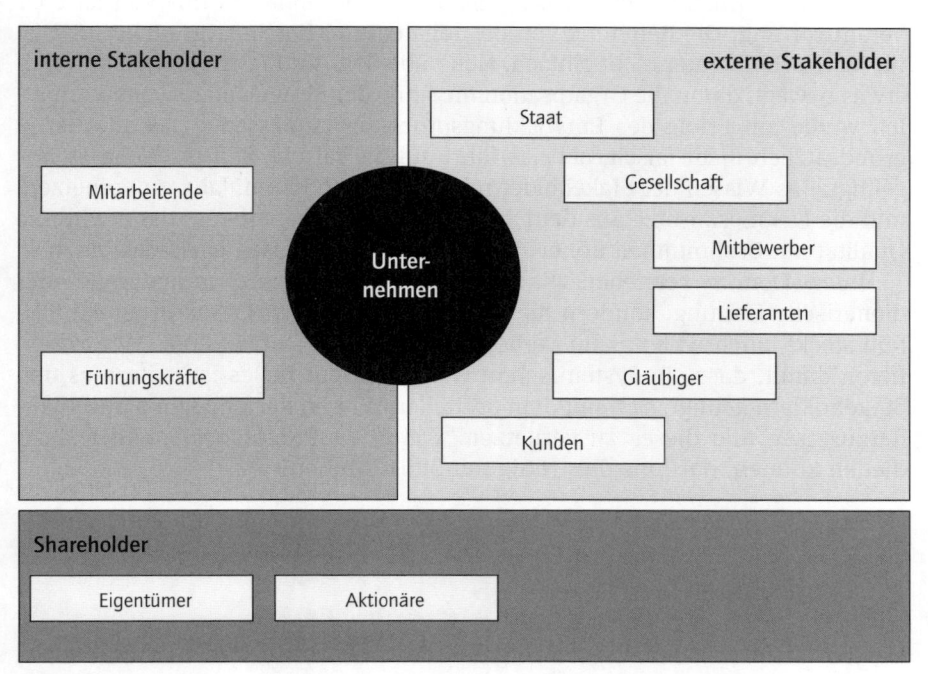

Abb. 46: Die Prozessbegleitung dient immer dem ganzen System, mit allen seinen Subsystemen (eigene Darstellung)

Wem dient die Prozessbegleitung? Ebenso dem ganzen System, bestehend aus Shareholdern – und internen wie externen Stakeholdern. Aber wie können wir Subsystemen dienen, die wir nicht kennen, mit denen wir nicht einmal in Kontakt stehen? In der Praxis sitzen wir bei der Auftragsklärung dem Auftraggeber gegenüber. Er berichtet uns über seine Ziele und über seine Erwartungen an uns und an den Prozess. In der Zusammenarbeit mit der Spurgruppe erweitern wir unser Stakeholder-Bild – aber das gesamte System können wir höchstens erahnen. Genau darum geht es. Mit dem Bemühen nach ganzheitlicher Sichtweise und nach Überblick entfernen wir uns von der Fokussierung von Teilaspekten. Mental ist der Unterschied ein wesentlicher: An Stelle von »Was will der Kunde?« tritt »Was braucht das System?«.

In der Mediation wird von der »Allparteilichkeit« des Mediators gesprochen. Dabei wird nicht davon ausgegangen, dass der Mediator alle Hintergründe und Zusammenhänge der Medianten kennt. Im Gegenteil. Da er sich keine Meinung über Recht oder Unrecht zu bilden hat, kann er Raum für die Positionen und Interessen der Medianten schaffen, ohne diese zu bewerten oder zu interpretieren. Der Fokus liegt also auf dem Prozess und nicht auf den Inhalten oder den Ergebnissen. Das Ziel einer Mediation kann auch nicht Friede sein, sondern einvernehmliche Klärung.

Mit diesem Perspektivenwechsel schützen wir uns bei Großgruppen-Interventionen vor Instrumentalisierung einerseits und entlasten uns von falscher Verantwortung. Die Befreiung von der Inhalts- und Ergebnisverantwortung ist für klassische Berater nicht einfach. »Ich habe den Auftrag erhalten, damit sich etwas bewegt, damit die Organisation im Sinne der Systemspitze weiterkommt. Ich werde am Erfolg des Entwicklungsprozesses gemessen.« Das alles ist ja grundsätzlich nicht falsch, aber es führt auf die falsche Fährte. Wenn es uns gelingt, das Wissen der Stakeholder miteinander und kumulativ zu vernetzen, und die Lösungsansätze aus dem System heraus zu generieren, dann wird die Qualität mit Bestimmtheit höher sein als das Beraterwissen eines Einzelnen.

Unter »Demut« verstehen wir also nicht eine gebückte, anbiedernde oder dienerische Haltung, sondern die Bereitschaft dafür, das, was in einem System steckt, auch wenn es im Verborgenen liegt, zu respektieren. Wir akzeptieren damit, dass ein System schon weiß, was gut für es ist, sofern es den Stakeholdern gelingt, sich mit dem partiellen Wissen der Einzelnen auseinanderzusetzen und dieses zu vernetzen. Wenn wir Prozessbegleitenden dazu dienen können, darf uns dies ruhig mit Stolz erfüllen.

4. Vertrauen

Das Loslassen von Inhalts- und Ergebnisverantwortung durch die Prozessbegleitung schafft Raum für die Übernahme von Verantwortung für die Struktur, die Zeiten und den Prozess als Gesamtes. Diese »Arbeitsteilung« vermittelt den

Teilnehmenden in kurzer Zeit Vertrauen in den Prozess, aber auch das Vertrauen in sie als Gruppe. Das vielleicht nicht einmal bewusst wahrgenommene Gefühl, »Wir sind die Experten«, »Wir können das«, ermöglicht das Freisetzen und Ausbreiten von Energien. Im Grunde stehen sich zwei interaktiv wirkende Vertrauenskomplexe gegenüber: Das Vertrauen der Prozessbegleitung gegenüber sich, dem Prozess, der Methodik, den anwesenden Teilnehmenden, dem System und die Selbstorganisation sowie das Vertrauen der Teilnehmenden in sich als Gruppe, in die eigene Energie; in die Fähigkeit, die Zukunft selbst und aktiv mitgestalten zu können; die Sinnhaftigkeit ihrer Anstrengungen und natürlich auch das Vertrauen in die Prozessbegleitung. Dieses Vertrauen verleiht einem Klärungs- oder Entwicklungsprozess Stabilität und Kraft. Beides sind Ressourcen, die auch nach der Großgruppenkonferenz dem positiven Prozess bis zu einem gewissen Grad Schutz verleihen und ihm dienlich sind.

Natürlich, Vertrauen kann man weder sich noch anderen befehlen, aber man kann es bis zu einem gewissen Grad auch bewusst entstehen lassen. Zum Beispiel auch mit gezielter mentaler Vorbereitung und Selbstreflexion. Folgende Affirmationen können hierbei dienlich sein:
- Ich glaube an die Teilnehmenden im Raum, an das System, an die Selbstorganisation, an den Prozess und an mich selbst.
- Ich bin Diener des gesamten, umfassenden Systems, auch wenn ich die Systemteile und Subsysteme nicht im Detail kenne.
- Ich überlasse die Inhalts- und Ergebnisverantwortung dem System und übernehme die Prozessverantwortung.

Diese mentale Steuerung verhindert mögliche Überreaktionen in kritischen Situationen. Sich selbst nicht allzu ernst zu nehmen, macht weniger anfällig für direkte Angriffe. Den Fokus auf den Rahmen, die Zeiten, die Strukturen und generell auf den Prozess zu richten, schafft Raum für Beobachtungen, die weder zu interpretieren noch zu werten sind. Die eigene Entwicklungsorientierung anstelle von Defizitorientierung fördert eine positive Grundstimmung. Der Glaube an die Richtigkeit der Teilnehmenden verhindert das Abkanzeln von Querdenkern und Störenfrieden.

Die so beschriebene umfassende Vertrauensbasis ist ein Idealzustand, der nicht immer, aber erstaunlich oft eintritt – nicht in jedem Fall nachhaltig, aber dank des positiven Erlebnisses oft langfristig stabil.

Anhang

Modelldrehbücher

Jede Großgruppenkonferenz muss neu entwickelt werden. Die Grundmodelle bilden zwar meistens einen sehr guten Ausgangspunkt, die auftragsspezifische Ausgestaltung der Konferenz ist dennoch jedes Mal wieder anders. Das macht den besonderen Reiz aus und ist – für uns zumindest – eine der schönsten Teile unserer Arbeit. Aber auch das Austüfteln der einzelnen Prozessschritte, die Gesamtchoreografie des Anlasses, das Abschätzen, wie viele Schritte eine Phase braucht, damit der gewünschte Effekt erzielt werden kann, all dies fließt zusammen im Schreiben der Drehbücher und ist ein ausgesprochen kreativer Akt.

In diesem Sinne sind die nachfolgenden Modelldrehbücher als zusätzliche Anregung zu einem kreativen Umgang mit den Großgruppenmethoden zu verstehen.

Mit der vorliegenden Auswahl haben wir versucht sowohl die Bandbreite der Methoden als auch die Anwendungsbereiche und die unterschiedlichen Kundengruppen abzudecken.

Großgruppen-Interventionen sind fast immer Mischungen aus verschiedenen Methoden und methodischen Ansätzen. Wir haben sie im Folgenden nach der Methode gegliedert, welche dominierend ist.
1. Zukunftskonferenzen
2. Real Time Strategic-Konferenzen
3. Appreciative Inquiry Summit
4. Open Space Technology
5. World Café
6. Spezialfälle

Im Haupttext des Buches finden sich zudem folgende, durchgängig beschriebene Musterbeispiele:

unter 1.1.4.	Die Zukunftskonferenz von Horw, welche als DVD dem Buch beiliegt (1½ Tage)
unter 1.2.4.	Eine zweitägige RTSC-Konferenz zur Umsetzung einer neuen Strategie im Bahnlogistikbereich (2 Tage)
unter 1.3.4.	Ein Open Space inklusive World Café für eine konfliktive Schnittstellenklärung in einem Industriebetrieb (2 Tage)
unter 1.4.4.	Ein World Café als Kick-off für eine Zentrumsentwicklung (1 Abend)
unter 1.5.4.	Ein Appreciative-Inquiry als Einstieg in ein Reorganisation des Informatikbereichs einer Großbank (½ Tag)

Alle Beispiele können frei kopiert, modifiziert und verwendet werden.

Bei den Methoden Zukunftskonferenz und RTSC findet sich in der Spalte neben dem Zeitbedarf eine zusätzliche Spalte, welche mit den Buchstaben A, B etc. auf die wechselnde Sitzordnung hinweist.

1. Zukunftskonferenzen

1.1. Zukunftskonferenz mit Experteninput – Burn-out in der Verwaltung (2 Tage)

Bild der Sache

Eine Verwaltung sieht sich mit dem Problem konfrontiert, dass es in ihren Reihen zunehmend zu Fällen von Burn-out kommt. Die Gründe sind vielfältig. Das Leistungsvolumen, das diese Verwaltung national und regional zu erfüllen hat, schwankt konjunkturbedingt erheblich. Entsprechend müssen immer wieder viele neue Mitarbeiter eingestellt werden – manchmal auch auf Kosten der eigentlich erforderlichen Grundkompetenzen, oder aber die Mitarbeiterzahl muss wieder reduziert werden. Beides ist im Verwaltungsbereich nur sehr träge möglich.

Ablauf

Alle rund 80 Führungskräfte der nationalen und regionalen Einheiten ergänzt mit rund 20 Sachbearbeitern und Sachbearbeiterinnen werden zu einer zweitägigen Konferenz eingeladen, um die Hintergründe des festgestellten Trends zu diskutieren und gemeinsame Maßnahmen dagegen einzuleiten.
- Die Erfahrungen im Umgang mit Belastungsspitzen und Burn-out werden ausgetauscht.
- Die aktuellen Faktoren, die zu Belastungen führen, werden ermittelt.
- Ein Experteninput zeigt auf, welches die aktuellen Kenntnisse zu Burn-out sind und wie sich die eben eruierten Faktoren darin verorten lassen.
- In einem Visionsschritt werden Lösungsansätze ausprobiert.
- Die wichtigsten Ansätze werden gesammelt und vertieft.
- Die regionalen Zentren sowie die nationalen Einheiten definieren, welche der Ansätze sie bei sich weiterverfolgen werden.
- Die regionalen Zentren vertiefen im Nachgang zur Konferenz ihre Ansätze, beginnen die Umsetzung und berichten in einer gemeinsamen Ergebniskonferenz die Erfahrungen, die sie damit gemacht haben.

Drehbuch der Hauptkonferenz

Erster Tag

10.00	Eintreffen, Kaffee/Croissants		
10.30	**Begrüßung durch den Verwaltungsdirektor** Ziel der Veranstaltung und des Gesamtprozesses.	10	A
10.40	**Einstimmung durch die Moderation** Arbeitsweise, Spielregeln	10	A
10.50	**Soziometrische Aufstellung** Wer im Raum ist und welche Meinungen.	30	A
11.20	**Rückblick: Der Umgang mit Stress und Burn-out in den letzten Jahren.** Die Teilnehmenden sitzen in regionalen Achtergruppen fassen ihre Erfahrungen regional zusammen, berichten plenar darüber und schaffen so eine erste gemeinsame Basis.	50	Stake A
12.10	**Mittagessen** (inkl. Zimmerbezug)	110	
14.00	**Standortbestimmung: Welche Faktoren beeinflussen heute die Belastung in unserer Verwaltung?** Diskussion in gemischten Achtergruppen. Auswahl der drei wichtigsten Faktoren. Gemeinsames Zusammentragen und anschließend Priorisierung.	50 (prio 10)	Mixed B
15.00	**Standortbestimmung/Auswertung der Ergebnisse:** Was fällt auf? Gemeinsamkeiten? Diskussion der Ausgangslage in gemischten Gruppen.	45	Mixed C
15.45	**Pause**	30	
16.15	**Experteninput zum Thema** Ein anerkannter Experte mit sehr guter Kenntnis der spezifischen Situation in der Verwaltung zeigt auf, wie Burn-out entstehen kann und wie nebst individuellen Ansätzen vor allem Ansätze im Bereich der Organisationsentwicklung und Führung Hebelwirkung entfalten.	30	Mixed D
16.45	**Reflektion der Experteninputs** Die Teilnehmer diskutieren den Input und halten fest, was sie besonders hilfreich fanden und welche Botschaften bei ihnen angekommen sind. Im Austausch mit den Experten werden Fragen geklärt.	45	Mixed D
17.30	**Hoffnungen und Erwartungen** Zum Abschluss des Tages diskutieren die Teilnehmer in gemischten Gruppen welches ihre größten Hoffnungen und Erwartungen bezüglich des weiteren Prozesses sind. Auswahl der drei wichtigsten Punkte. Gemeinsames Zusammentragen und anschließend Priorisierung.	45 (prio 10)	Mixed E
18.25	**Abschluss des ersten Tages durch den Verwaltungsdirektor**	5	
18.30	**Abendessen**		

Zweiter Tag

08.30	**Einstimmung** Die wichtigsten Schritte des Vortages werden noch einmal durchgegangen.	15	Stake A
08.45	**Stolz und Bedauern** In der regionalen Zusammensetzung halten die Teilnehmer fest, worauf sie stolz sind (was sie als Gesamtverwaltung eigentlich schon ganz gut machen) und was sie bedauern (was sie bis anhin noch zu wenig berücksichtigt haben).	45	Stake A

09.30	Unser Verwaltung und Burn-out im Jahr +10 In neugemischten Gruppen diskutieren die Teilnehmer wie Ihre Verwaltung aussehen wird, wenn das Thema effektiv richtig angepackt und angegangen wird. Sie versetzen sich dafür ins Jahr 10 nach diesem Anlass und bereiten eine Präsentation vor, in welcher sie berichten, was alles gemacht worden ist.	45	Mixed F
10.15	Pause	30	
10.45	Präsentation (à je max. 3')	30	Mixed F
11.15	Die wichtigsten Themen Die Gruppen diskutieren, welches die wichtigsten Themen sind, die nun angepackt werden müssen. Jede Gruppe wählt die drei wichtigsten aus. Diese werden zusammengetragen und vor dem Mittagessen individuell priorisiert.	45 (prio 10)	Mixed E
12.10	Mittagessen	75	
13.15	Bearbeitung der Themen Die am höchsten priorisierten Themen sind auf die verschiedenen Sitzgruppen verteilt und den Teilnehmer steht es frei, bei welchem Thema sie in die Tiefe gehen sollen. Für jedes Thema werden Zielsetzung, Rahmenbedingungen und mögliche Maßnahmen skizziert.	45	frei
14.00	Galerie Die Teilnehmer haben die Möglichkeit, die anderen Themen zu besuchen und deren Ergebnisse mit persönlichen Kommentaren zu ergänzen.	20	frei
14.20	Was wir bei uns machen wollen In ihren regionalen Einheiten skizzieren die Teilnehmenden, welche Ansätze sie in ihrer Region vertiefen wollen. Zum Teil sind es Maßnahmen, welche sie »zu Hause« zuerst noch mit weiteren Instanzen abstimmen müssen.	45	Stake A
15.05	Zusammenfassung: Wie weiter? Mit einem Hinweis auf die regionalen Konferenzen und die Ergebniskonferenz wird die Konferenz durch den Verwaltungsdirektor geschlossen.	10	Stake A
15.15	Schluss		

1.2. Zukunftskonferenz mit Schülern in einer Oberstufenschule mit anschließenden Arbeitsgruppen und Ergebniskonferenz sowie Vorprozess

Bild der Sache

Die mehrere Kommunen umfassende Oberstufenschule feierte ihr 175-Jahre Jubiläum. Behörde und Lehrerschaft haben beschlossen, sich anstelle eines Jubiläumsbuches oder Jubiläumsfestes eine Zukunftskonferenz zu schenken.

Vorgehen

- Im Vorfeld der 2-tägigen Zukunftskonferenz wurde mit rund 50 Schülerinnen und Schülern als Delegierte ihrer Klassen ein 2-stündiger Vorprozess im World-Café-Format durchgeführt. Die Ergebnisse wurden durch 6 von

den Teilnehmern des World Cafés gewählten Schülerinnen und Schülern in der Zukunftskonferenz eingebracht.
- Ziele und Absichten des gesamten Prozesses waren das Erstellen einer Standortbestimmung, das Definieren eines Selbstverständnisses der Schule und das Entwickeln von gewichteten Aktions- und Handlungsfeldern.
- Die Zukunftskonferenz wurde durch den Cartoonisten Pfuschi begleitet.
- 6 Monate nach der Zukunftskonferenz wurde eine ½-tägige Ergebniskonferenz durchgeführt.

Drehbuchentwurf Zukunftskonferenz

Erster Tag

Zeit	Thema	Dauer	
13.30	Eintreffen, Begrüßungskaffee		
14.00	**Begrüßung durch den Präsidenten der Oberstufenschule** Ziel und Zweck der Zukunftskonferenz, persönliche Erwartungen.	10	A
14.10	**Einführen in den Workshop durch den Prozessbegleiter** Ablauf, Spielregeln und Arbeitsweise und Vorstellung Cartoonist	10	A
14.20	**Standort** Die Teilnehmer stellen sich im Raum auf, indem sie zu jenen Antwortmöglichkeiten gehen, die für sie am ehesten zutreffen. Mögliche Fragen sind: • was mir besonders wichtig ist? • wie ich die Sekundarschule erlebe (Bilder)? • was von mir aus gesehen die größten Herausforderungen der Oberstufenschule an diesem Ort sind? • Wie lange ich schon für die Schule tätig bin (Dienstalterskette)?	40	Plenum
15.00	**Stärken und Schwächen** Die Teilnehmer diskutieren in 8er-Gruppen, wie sie die Oberstufenschule erleben, was sie gut und was sie weniger gut finden. Die Erkenntnisse werden brainstormingmäßig in zwei Spalten auf dem Flipchart erfasst. Dann einigen sich die Gruppen auf maximal 4 Aspekte, welche auf Karten geschrieben werden, die negativen Feststellungen auf rote und die positiven auf grüne Karten. Die Karten werden dann vorgestellt, abgeglichen, an die Pinnwand gehängt und priorisiert.	50	A
15.50	**Input der SchülerInnen** Vertreterinnen und Vertreter der Schulklassen präsentieren die Ergebnisse des Workshops mit den Jugendlichen.	10	
16.00	Kaffeepause	30	
16.30	**Gute Erlebnisse** Immer zwei Personen interviewen sich gegenseitig anhand eines einfachen Fragenrasters. Die erste Frage bezieht sich auf die persönliche Situation, die zweite Frage auf ein ausschließlich positives Erlebnis im Zusammenhang mit der Oberstufenschule und die dritte Frage auf die Gründe, die zu diesem positiven Erlebnis geführt haben. Dann tauschen sich die Teilnehmer in 8er-Gruppen aus und halten die Gründe auf Flipchart fest. Die Gruppen einigen sich auf vier Aspekte, welche auf Karten geschrieben, präsentiert, an die Pinnwand gehängt und priorisiert werden und zwar anhand der Frage »Was möchten wir mehr erleben?«.	60	B
17.30	**Cartoonistische Intervention** Pfuschi spiegelt, was die Teilnehmer bewegt.	15	B

17.45	**Der Rahmen, in dem wir uns bewegen** Der Schulleiter zeigt den Rahmen auf, indem sich die Oberstufenschule bewegt und bewegen kann.	15	C
18.00	**Chancen und Gefahren** Die 8er-Gruppen diskutieren, welches die Trends und Entwicklungen in der Gesellschaft, Politik, Wirtschaft und im Bildungsbereich sind, welche die Oberstufenschule prägen und künftig vielleicht noch mehr prägen werden. Die Stichworte werden brainstormingmäßig auf dem Flipchart erfasst. Dann einigen sich die Gruppen auf die für sie wichtigsten Trends und schreiben diese auf Karten. Dann werden die Karten präsentiert, abgeglichen, an die Pinnwand gehängt und mit grünen und roten Punkten nach Chancen und Gefahren priorisiert.	45	C
18.45	**Musikalische und cartoonistische Intervention**	15	
19.00	Ende erster Tag		

Zweiter Tag

08.00	Begrüßungskaffee		
08.30	**Meine Schule** 5 sehr unterschiedliche Teilnehmer (Lehrpersonen, Eltern, Schüler, Behördenmitglieder) beleuchten subjektiv »ihre« Oberstufenschule in etwa 2-minütigen Statements.	15	D
08.45	**Die Werte der Oberstufenschule** Die Teilnehmer diskutieren in 8er-Gruppen, was von ihnen aus gesehen die Oberstufenschule auf keinen Fall ausstrahlen soll. Die Adjektive werden in einer Spalte des Flipcharts erfasst. Dann werden die negativen Aspekte ins Positive gedreht. In einem weiteren Schritt wählen die Gruppen max. vier positive Adjektive und schreiben diese auf Karten. Die Karten werden vorgestellt, abgeglichen und priorisiert. Dann beurteilen die Gruppen, welcher Handlungsbedarf bei welchen Werten besteht und übertragen ihre Beurteilung auf einen Raster an der Pinnwand.	75	D
10.00	Kaffeepause	30	
10.30	**Wie es wäre, wenn es gut wäre** Die Teilnehmer sollen sich vorstellen: Wir schreiben heute das Jahr 2015 und wir sind immer noch mit der Oberstufenschule verbunden. Weiter stellen sie sich vor, dass alles gut ist. Die Oberstufenschule gilt als Glücksfall und als Vorzeigemodell für andere Schulen in der Region. Die Vorstellungen und Zielsetzungen sind bei weitem übertroffen. Die Gruppen diskutieren, was denn so gut ist und halten ihre Erkenntnisse auf Flipchart fest, indem sie ihre Vorstellungen malen oder in Stichworte fassen. Anschließend präsentieren die Gruppen ihre Vorstellungen.	70	E
11.40	**Cartoonistische Intervention** Pfuschi reflektiert die Zukunftsvorstellungen der Teilnehmer.	10	
11.50	**Kurze Pause**	10	
12.00	**Leitideen und Schwerpunkte** Die Teilnehmer diskutieren in ihren Gruppen, was die Leitideen für die Sekundarschule Weinfelden sind. Was ist wichtig, was soll in Zukunft im Vordergrund stehen? Die Gruppen erarbeiten 3 bis 5 Aspekte, welche in der Form von ganzen Sätzen auf Karten geschrieben werden. Dann werden die Karten vorgestellt und an der Pinnwand gruppiert. Eine kleine »Reaktionskommission« wird aufgrund dieses Inputs in den nächsten drei, vier Wochen eine redigierte Fassung erarbeiten.	60	F

13.00	Mittagspause	60	
14.00	Handlungsfelder In einem ersten Schritt werden die Handlungsfelder aufgelistet, die als Konsequenz angegangen werden müssen. Jede Gruppe schreibt max. 4 Handlungsfelder auf Karten, die an die Pinnwand gehängt und priorisiert werden.	40	G
14.40	Kurze Pause	10	
14.50	Vertiefen der Handlungsfelder und bilden von Arbeitsgruppen Die »heißen« Themen sind in der Pause auf die Flipcharts verteilt worden und die Teilnehmer gehen dorthin, wo sie mitarbeiten möchten. Dann diskutieren die Gruppen das gewählte Thema und entwickeln Lösungsansätze und Maßnahmenideen, um die Themen umsetzen zu können. Die Erkenntnisse werden auf dem Flipchart festgehalten.	70	Themengruppen
16.00	Präsentationen Die Gruppen präsentieren in Kurzform ihre Lösungsansätze. Dann gehen die Teilnehmer zu den einzelnen Flipcharts und können mittels Post-it-Zetteln ihre Bemerkungen dazuhängen und sich eintragen, wenn sie in einer Arbeitsgruppe mitarbeiten möchten. Anschließend einigen sich die Arbeitsgruppen auf eine Person, die an der Startsitzung für die Arbeitsgruppen teilnimmt.	30	
16.30	Schlussbetrachtung durch Pfuschi, die Schulleitung und den Schulpräsidenten	30	
17.00	Verabschiedung		

Drehbuch Ergebniskonferenz (ein halbes Jahr später)

13.00	Eintreffen, Kaffee	
13.30	Begrüßung und Einführung Der Schulpräsident begrüßt und gibt einen kurzen Rückblick auf die Zukunftskonferenz und die Zeit dazwischen. Der Prozessbegleiter stellt Ablauf, Spielregeln und Arbeitsweise vor.	10
13.40	Präsentationen der Arbeitsgruppen – Teil I Die Sprecherinnen und Sprecher präsentieren die in ihren Arbeitsgruppen entwickelten Erkenntnisse und Vorschläge. 1. Redaktionsgruppe Leitideen 2. Schülerparlament 3. Gestaltung Abschlussklasse 4. Zeitmanagement und Ressourcenthematik	30
14.10	Reflexion – Teil 1 Die Teilnehmer diskutieren und würdigen die Präsentationen, wobei die Gruppen mit den ungeraden Nummern mit der Reflexion der 1. Präsentation und die Gruppen mit den geraden Nummern bei der 3. Präsentation beginnen. Wie stellen sich die Teilnehmer zu den Vorstellungen und Inhalten der AG's und was sind allfällige Abänderungs- und/oder Ergänzungsvorschläge? Die Erkenntnisse werden auf Flipcharts geschrieben und präsentiert.	40
14.50	Kaffeepause	20
15.10	Präsentationen der Arbeitsgruppen – Teil 2 1. Kompetenzenraster 2. Umgang mit kontaktheftresistenten Störenfrieden 3. Elternmitwirkung	30
15.40	Reflexion – Teil 2 Gleich wie Reflexion Teil 1 nur Arbeitsgruppen 4 bis 6	40

16.20	Mit guten Wünschen begleiten Die Arbeitsgruppen haben aufgrund des Inputs durch die Reflexion die Möglichkeit, Änderungen und Anregungen aufzunehmen und in einen Schlussbericht einfließen zu lassen, der zusammen mit konkreten Anträgen an die Schulpflege geht. Die Teilnehmer erhalten zudem die Möglichkeit, ihre Wünsche und Hoffnungen betreffend des Umsetzungsprozesses zu diskutieren und auf Flipcharts zu schreiben.	30
16.50	Schlussbetrachtung durch den Schulpräsidenten	10
17.00	Apéro	

2. RTSC-Konferenz

2.1. RTSC für die verbandsübergreifende Entwicklung einer neuen Fachausbildung (1 Tag)

Bild der Sache

Drei große Verbände im Gesundheitsbereich wollen sich auf die Leitplanken für eine »Höhere Berufsbildung im stationären und ambulanten Langzeitbereich« einigen. Dazu bringen rund achtzig Beschäftigte aus allen betroffenen Bereichen ihre Erfahrung und ihr Wissen ein. Ziel ist es, praxisorientierte und breit unterstützte Schwerpunkte für eine künftige höhere Berufsbildung aufzuzeigen.

Vorgehen

Alle achtzig Teilnehmer kristallisieren in einem eintägigen RTSC-Prozess die verbandsübergreifenden Gemeinsamkeiten heraus, die für eine künftige Pflege und Betreuung im stationären und ambulanten Langzeitbereich von Bedeutung sind. Auf dieser Basis sind die wichtigsten inhaltlichen Leitplanken für die zukünftige Berufs- und höheren Fachprüfungen gelegt. Die Teilnehmer kennen die Rahmenbedingungen und den Weg, der zu den zukünftigen Berufs- und Fachprüfungen führt.
- In insgesamt sechs Arbeitsschritten, in jedes Mal neu zusammengesetzten Arbeitsgruppen, lernen die Teilnehmer die unterschiedlichen Ansprüche und Bedürfnisse der vertretenen Verbände (Spitalverband, Verband der Pfleger und Pflegerinnen, Verband der Sozialstationen/Spitex) kennen.
- Die verbandsübergreifende Projekt- und Vorbereitungsgruppe präsentiert die Rahmenbedingungen der Regierung und zeigt den Prozess zur anerkannten höheren Fachausbildung auf.
- Die Teilnehmer definieren innerhalb des gesetzten Rahmens und auf der Basis der von ihnen festgestellten Herausforderungen die Leitplanken für die künftige Ausbildung.

Drehbuch der Konferenz

Zeit	Programm	Dauer	Ort
08.45	Eintreffen, Kaffee/Croissants		
09.15	**Kurze Begrüßung durch die Projektleitung** Ziel der Veranstaltung und des Gesamtprozesses.	5	A
09.20	**Einstimmung durch die Moderation** Arbeitsweise, Spielregeln	5	A
09.25	**Was uns wichtig ist** Gemischte Achtergruppen diskutieren ihre unterschiedlichen Erfahrungen und einigen sich darauf, was ihnen allen wichtig ist (inhaltlich und den Gesamtprozess betreffend): Die wichtigsten drei Punkte werden auf Papierstreifen geschrieben, zusammengetragen und von allen priorisiert.	50	A
10.15	**Trends, die wir in der Pflege und Betreuung im stationären und ambulanten Langzeitbereich feststellen** In neu gemischten Achtergruppen werden aktuelle und künftige Herausforderungen, die auf dieses spezifische Feld einwirken, zusammengetragen. Die wichtigsten werden auf Streifen übertragen, gesammelt und priorisiert.	55	B
11.10	**Input der Projektleitung und Überlegungen dazu** Die verbandsübergreifende Projekt- und Vorbereitungsgruppe präsentiert die Rahmenbedingungen für eine staatliche Anerkennung und zeigt den Prozess zur anerkannten höheren Fachausbildung auf. Die Rahmenbedingungen werden in neu gemischten Achtergruppen diskutiert und Verständnisfragen gesammelt.	50	C
12.00	**Mittagessen (Projektleitung sichtet die Verständnisfragen)**	60	
13.00	**Diskussion der Verständnisfragen** Die Rahmenbedingungen werden gemeinsam kritisch reflektiert und Spielräume ausgelotet	20	C plenar
13.20	**Vision 2020** In neu gemischten Achtergruppen entwerfen die Teilnehmer ein Zukunftsbild: »Stellen Sie sich vor, wir schreiben das Jahr 2020. Wir treffen uns wieder alle. Was damals, 2009, die größten Optimisten und Optimistinnen nicht zu wagen hofften, ist eingetreten: Dank einer guten Vorbereitung haben die Berufsprüfung und die Höhere Fachprüfung ein Profil, welches tatsächlich die wichtigsten Themen und nötigen Kompetenzen abdeckt – sowohl fachliche Themen als auch Führungsthemen und organisatorische Themen. Beschreiben Sie, wie die Menschen in der Pflege und Betreuung im stationären und ambulanten Langzeitbereich nun arbeiten und welche Kompetenzen sie dabei in der Vorbereitung auf die Berufs- und die Höhere Fachprüfung erworben haben. Steigen Sie dazu in die Schuhe der Pflegebedürftigen, aber auch der Spitalleitung, der Angehörigen, von Migranten etc. Diskutieren Sie zunächst ihre positiven Bilder der Zukunft. Bereiten Sie danach eine kurze Präsentation vor. Versuchen Sie in Ihrer Präsentation eine gute Ebene zu finden, welche visionär aber trotzdem nicht unrealistisch abgehoben ist. Dies kann in der Form eines Fernseh-, Radiointerviews sein, dies kann als Führung einer externen Besucherdelegation geschehen. Wählen Sie sich Ihre Präsentationsform frei.« Den Teilnehmern stehen dreißig Minuten zur Vorbereitung zur Verfügung. Die Präsentation sind auf maximal je drei Minuten beschränkt.	60	D
14.20	**Die wichtigsten Themen und Kompetenzen** In neu gemischten Achtergruppen listen die Teilnehmer die Themen und Kompetenzen auf, die sich im Verlauf des Tages als die wichtigsten herauskristallisiert haben. Die drei wichtigsten pro Gruppe werden im Plenum gesammelt und individuell priorisiert.	50	E
15.10	Pause	20	

15.30	Vertiefung	30	frei
	Die Liste wird in der Pause ausgezählt und die als wichtigste priorisierten Themen sind auf die verschiedenen Flipcharts verteilt. Die Teilnehmer setzen sich aus der Pause zurückkommend zum Thema ihrer Wahl. Sie vertiefen das Thema, indem sie eine kleine Projektskizze erstellen. Ziele und Zwischenziele werden definiert, wichtige Informationen aufgeführt, erste Lösungsskizzen oder Herangehensweisen skizziert. Keine Präsentation im Plenum.		
16.00	Austausch	20	frei
	Eine Person pro Thema bleibt beim Flipchart. Alle anderen besuchen die anderen Themen, lassen sich die gemachten Überlegungen erklären und ergänzen diese mit eigenen Kommentaren, welche sie via Post-it direkt auf die Themen-Flipchartblätter kleben.		
16.20	Die Projektleitung würdigt das Erreichte und fasst noch einmal zusammen, wie es nun weitergeht und wie die Teilnehmer künftig einbezogen werden.	10	
16.30	Schluss		

2.2. RTSC für eine Ablaufoptimierung in einem Industriewerk (2 Tage) – angereichert mit Elementen aus Axelrods Conference Model

Bild der Sache

Im Rahmen eines Kulturentwicklungsprojekts in einem Industriewerk kritisieren die Mitarbeiter die aktuellen Ablaufprozesse als ineffizient. Die Prozessverantwortlichen beklagen eine mangelnde Prozessdisziplin. Das Thema wird als Schlüsselthema identifiziert und zu dessen Klärung eine eigene Konferenz einberufen.

Ablauf

Unter Beteiligung aller betroffenen Abteilungen (rund 80 Personen) und des firmeninternen Leistungsbestellers wird eine zweitägige RTSC-Konferenz mit dem Ziel durchgeführt, die größten Schwachpunkte in den bestehenden Prozessen festzustellen und zu beheben.
- Die Ergebnisse des Kulturentwicklungsprozesses bezüglich der Ablaufprozesse werden verifiziert.
- Die formalen und informellen internen Vernetzungen werden sichtbar gemacht.
- Die idealtypischen Abläufe werden der täglichen Praxis gegenübergestellt, die größten Diskrepanzen festgestellt und fixiert.
- Am zweiten Tag wird das Commitment für eine gemeinsame Lösungssuche gestärkt
- Zu den festgestellten Diskrepanzen werden die größten Hebel für eine wirkungsvolle Prozessoptimierung gesucht und konkrete Umsetzungsschritte erarbeitet.

- Zur Festigung der vereinbarten Umsetzungsschritte geben sich die Stakeholder Feedback dazu, was sie für eine erfolgreiche Umsetzung von einander brauchen.

Drehbuch

Erster Tag

Zeit	Programm	Min	Gruppe
07.30	Eintreffen, Kaffee/Gipfeli		
08.00	**Begrüßung durch die Leitung** Wertschätzung den einzelnen Bereichen gegenüber.	10	
08.10	**Programm und »Was die Konferenz erfolgreich macht«** Die Moderation stellt den Konferenzablauf vor und stellt die Konferenz in den Kontext des Gesamtprozesses. Die wichtigsten Schlüssel zu einem erfolgreichen Verlauf der Konferenz werden vorgestellt.	20	
08.30	**Wie wir zu dem Thema gekommen sind: der Blick zurück** Die Moderation stellt die wichtigsten Ergebnisse der Workshops der Kulturentwicklung vor und zeigt auf, wie das Thema Ablaufoptimierung darin seine Wichtigkeit erhalten hat. Die Teilnehmer diskutieren in gemischten Achtergruppen, was sie in den letzten Jahren selbst erlebt haben. Nach dreißig Minuten präsentieren die Gruppen die wichtigsten Erkenntnisse im Plenum.	50	Mixed A
09.20	Kaffeepause	30	
09.50	**Wo wir stehen: Entwicklungen im Umfeld der Abläufe** Die Teilnehmer diskutieren in neu zusammengesetzten gemischten Achtergruppen, welche Entwicklungen sie wahrnehmen, welche direkt oder indirekt auf das Konferenzthema einwirken. Sie erstellen eine Liste der aus ihrer Sicht wichtigsten Entwicklungen. Diese werden auf einem gemeinsamen Mindmap zusammengetragen. Anschließend werden die wichtigsten Entwicklungen priorisiert. Die verschiedenen Stakeholder erhalten je eine andere Farbe zur Priorisierung. (Analog des Moduls Trends/Mindmap aus der Zukunftskonferenz)	50	Mixed B
10.40	**Wo wir stehen: Auswertung der Ergebnisse inkl. Perspektive des Leistungsempfängers.** Die Gruppen werten die Ergebnisse aus und kommentieren sie. Ein Leistungsempfänger (Gast) beschreibt, welche Entwicklungen er sieht und was für ihn bezüglich der Abläufe im Industriewerk wichtig ist. Die Leitung des Industriewerks kommentiert diesen Input.	45	Mixed B
11.25	Mittagessen	70	
12.35	**Wie wir miteinander vernetzt sind: die wichtigsten Verbindungsstellen** Die Teilnehmer sitzen gruppiert nach Teams und haben die Aufgabe, ihre wichtigsten Verbindungen zu den anderen Teams mittels dicken Schnüren sichtbar zu machen. Jedes Team erhält eine andere Schnurfarbe. Die Abhängigkeiten zwischen den einzelnen Abteilungen werden mittels Seile erkennbar und erlebbar gemacht. Es wird auch schnell ersichtlich, wo viele Fäden zusammenlaufen – und wo die Wichtigkeit der Verbindung nur einseitig gesehen wird.	55	Stake C

13.30	**Theorie und Realität der Abläufe** Die Moderation hat für diesen Schritt mit einer Spurgruppe einen Standardprozess vorbereitet. Groß im Raum sind auf Packpapier Platz für einen Ablaufprozess und vertikal die verschiedenen Teams aufgezeichnet. Ein Auftrag kommt in den Saal und gemeinsam wird diskutiert, zu welchem Team er zuerst kommt. Der Moderator geht mit einem leeren Plakat umgehängt dem realen Verlauf des Prozesses entlang von Team zu Team und sammelt dabei auf Post-it's die einzelnen Handlungen ein. Der Co-Moderator notiert den Verlauf des Prozess auf dem Plakat mittels der entsprechenden Nummer und eines roten Fadens. Nach Abschluss des Auftrags werden die gesammelten Post-it zu den entsprechenden Nummern gehängt.	90	Stake C
15.00	**Pause**		
15.20	**Theorie und Realität der Abläufe (Forts.)** In gemischten Gruppen wird eine erste Auswertung gemacht: Was war überraschend? Was ist nun endlich einmal offen gelegt? Was stellen wir fest?	60	Mixed D
16.20	**Tagesauswertung**	10	
16.30	**Schluss Tag 1**		

Zweiter Tag

08.00	**Reste von gestern** Zum Einstieg wird zusammengetragen, was zum gestrigen Tag und zu heute gesagt werden muss. Die Plakate hängen unverändert im Raum.	10	
08.10	**Worauf wir stolz sind – was wir bedauern** Der Einstieg erfolgt in den Teams. Jedes Team hält zwei drei Punkte fest, worauf es angesichts der gestern gemachten Erkenntnisse stolz ist und zwei bis drei Punkte, die es bedauert. Das Bedauern bezieht sich dabei auf eigene Unterlassungen oder Fehleinschätzungen und nicht auf solche der Leitung oder anderer Teams.	50	Stake C
09.00	**Wo wir den Hebel ansetzen können** In gemischten Gruppen wird eine Liste erstellt, wo die Hebel für eine wirkungsvolle Prozessoptimierung angesetzt werden können. Anschließend werden aus jeder Gruppe die drei wirkungsvollsten Hebel eingesammelt und gemeinsam priorisiert.	50	Mixed D
09.50	**Pause**	20	
10.10	**Wie die Zukunft aussehen könnte: erste Themenbearbeitung** Die Teilnehmer setzen sich zum Thema ihrer Wahl und formulieren Empfehlungen, wie diese Hebel in konkrete Umsetzungsschritte überführt werden können.	70	frei
11.20	**Mittagessen**	70	
12.30	**Wie die Zukunft aussehen könnte (Forts.) Präsentation der Ergebnisse** Die wichtigsten Erkenntnisse werden im Plenum präsentiert.	40	Mixed E

13.10	Ergänzungen und breite Abstützung Die Teilnehmer machen einen Rundgang durch die Themen und geben Kommentare und Hinweise ab. Der Themenverantwortliche fasst anschließend zusammen.	50	frei
14.00	Wie wir künftig zusammen arbeiten wollen Ein letztes Mal treffen sich die Teilnehmer in ihren Teams. Sie geben allen anderen Teams ein Feedback und geben an, was sie sich von den anderen wünschen, damit die Umsetzung gelingt. Selber erhalten sie schriftlich die Feedbacks aller anderen Teams.	45	Stake C
14.45	Pause		
15.05	Selbsterkenntnisse und Konsequenzen Die Teams sichten die Feedbacks die sie erhalten haben und geben im Plenum an, wie das bei ihnen ankommt und was sie künftig berücksichtigen können. Die anderen quittieren die erhaltene Antwort.	45	Stake C
15.50	Wie es weitergeht	10	
16.00	Schlusswort		

2.3. RTSC für die Umsetzung der neuen IT-Organisation einer Großbank (2 Tage)

Bild der Sache

Der Bereich IT einer Großbank ist auf Grund neuer regulatorischer staatlicher Bestimmungen neu organisiert. Die Neuorganisation verlangt von den Mitarbeitern und Vorgesetzten ein hohes Maß an Veränderungsbereitschaft, da sie gewisse Aufgaben entweder neu, anders oder gar nicht mehr machen müssen. Insbesondere müssen einst gut funktionierende Abläufe durch neue ersetzt werden. Durch eine Beteiligung der Betroffenen soll die Veränderungsbereitschaft gestärkt und gleichzeitig die neue Ablauf- und Aufbauorganisation optimiert werden.

Vorgehen

Unter dem Stichwort »Let's Do IT Together« sind Sinn und Zweck der Neuorganisation zu vermitteln. Sämtliche Bereiche und Stufen sollen gemeinsam allfällige Schwachstellen der neuen Organisation sowie die zentralen Themen für eine möglichst schnelle und reibungsarme Umsetzung herausarbeiten.

130 Personen nehmen an der RTSC-Konferenz teil und durchlaufen folgende Arbeitsschritte:
- Persönliche Standpunkte mittels einer soziometrischen Aufstellung.
- Festhalten, wie die Reorganisation bis anhin verlaufen ist.
- Input der Leitung zu Ziel und Zweck der Reorganisation und wie sie das in die neue Struktur der neuen Organisation übersetzt haben. Reflektion dazu durch die Teilnehmerschaft.

- Erste Sichtung möglicher Ansatzpunkte für eine Optimierung.
- Playbacktheater als Spiegel der aktuellen Befindlichkeit
- Vom Ende her denken: Wie sieht es aus, wenn alles gut ist.
- Wichtigste Themen eruieren und vertiefen.
- Committment.

Drehbuch

Erster Tag

13.00	Eintreffen		
13.15	Begrüßung	15	A
13.30	Wer im Raum ist und welchen Meinungen (soziometrische Aufstellung)	30	A
	1. Wo steht die Umsetzung der IT-Organisation? a) noch im Hangar b) auf der Startpiste c) am Abheben d) auf Reisehöhe		
	2. Wo sehen Sie die größten Herausforderungen für die Umsetzung? a) Führung b) dass das Netz nicht reißt c) Ressourcen d) Doppelspurigkeiten		
	3. Wo sehen Sie die größten Schwächen? a) zu wenig Zusammenarbeit b) keine klaren Ziele c) die alten Königreiche d) zu viele temporäre Lösungen		
	4. Konsequenz aus dem Abbruch der Zusammenarbeit mit der Schwesterbank? a) gar keine b) gewisse Dinge neu bedenken c) zurück auf Feld 1 d) ich blicke da nicht mehr durch		
14.00	Wie wir die Reorganisation bisher erlebt haben In gemischten Arbeitsgruppen diskutieren die Teilnehmer, wie sie die Reorganisation bisher erlebt haben. Sie erstellen eine Liste der positiven und eine Liste der negativen Punkte, wählen je drei davon aus und übertragen sie auf Papierstreifen. Diese Punkte werden im Plenum zusammengetragen und anschließend individuell priorisiert.	60	Mixed A
15.00	Pause	30	
15.30	Input – Sicht der Leitung Die Leitung nimmt Bezug auf die priorisierte Liste der positiven und negativen Punkte und zeigt auf, was Sache ist. Anschließend diskutieren die Teilnehmer in neu gemischten Achtergruppen den Input, halten fest welche Botschaften bei ihnen angekommen sind, was sie begrüßen und was sie kritisch finden. Die Leitung gibt Antwort. Dialog im Plenum.	60	Mixed B
16.30	Die Punkte an welchen die Hebel angesetzt werden können Die Teilnehmer halten in einem ersten Prototyp fest, wo aus dem bisher Gesagten der Hebel angesetzt werden sollte. Sie wählen aus ihrer Liste die drei wichtigsten aus. Im Plenum werden die wichtigsten Hebel zusammengetragen und individuell priorisiert	50	Mixed C

17.20	Umbau	10	
17.30	**Playback – Theater Zürich** Das Playback-Theater nimmt die Emotionen im Raum auf und spiegelt sie durch ihr Spiel. Es werden aber auch organisatorische Fehlläufe und alternative Lösungsvarianten durchgespielt.	–	Theater
19.00	Schluss		

Zweiter Tag

08.00	Eintreffen		
08.15	**Die Hebel ansetzen: Erste Lösungsskizzen** In neu gemischten Gruppen werden zu den wichtigsten Hebeln des Vortages erste Lösungsskizzen vorgestellt und diskutiert.	60	Mixed D
09.15	**Zu Ende denken: So tun als ob** In wiederum neu gemischten Gruppen wird so getan als wäre innerhalb des vereinbarten Rahmens alles optimal verlaufen und die Organisation funktioniere nun so, wie es besser nicht sein könnte. Für diese Zukunftsszenarien werden kurze Präsentationen vorbereitet.	45	Mixed E
10.00	Pause	20	
10.20	Präsentation	30	E
10.50	**Die wichtigsten Themen** In neuen Achtergruppen werden die Themen zusammengetragen, welche quer durch alle oder viele Präsentationen immer wieder erwähnt worden sind. Die drei wichtigsten davon werden pro Gruppe auf Papierstreifen geschrieben, im Plenum präsentiert und individuell priorisiert.	45	Mixed F
11.35	Mittag	70	
12.45	**Vertiefen der Themen** Die am höchsten priorisierten Themen werden auf die Flipcharts verteilt und Teilnehmer wählen sich das Thema aus, zu welchem sie den besten Beitrag leisten können. Sie skizzieren Ziele, Rahmenbedingungen, mögliche Maßnahmen und halten fest, wer nach der Konferenz dieses Thema weiter behandeln sollte.	90	frei
14.15	**Pause** (inkl. Bildung der Arbeitsgruppen. D. h. die Teilnehmer platzieren ihre Namen beim Thema, bei welchem sie in einer Arbeitsgruppe Einsitz nehmen würden).		
14.45	**Kommentar der Leitung Diskussion** Die Leitung zeigt auf, wie sie diese Empfehlungen nun sichtet und nach welchen Kriterien neue Arbeitsgruppen gebildet werden oder bestehende Projekte zusätzliche Aufgaben erhalten.	30	frei
15.15	**Commitment** In ihren neuen Teams tragen die Teilnehmer zusammen, was ihre Beiträge sein können. Sie präsentieren dies dem Plenum, erhalten Feedback und quittieren dieses.	60	Stake G
16.15	**Würdigung und Follow up** Die Leitung würdigt das Geleistete und weist insbesondere auf die Ergebniskonferenz hin.	15	
16.30	Schluss		

2.4. RTSC mit 1750 Personen im Verwaltungsbereich – Antworten auf eine gemeinsame Herausforderung

Bild der Sache

Eine tiefgreifende strategische Neuausrichtung im Sozialversicherungsbereich stellt die rund 2000 Mitarbeiter und Vorgesetzen beim Bund und in den Kantonen vor zum Teil komplett neue Herausforderungen. In einer gemeinsamen Kick-off-Veranstaltung soll das Bewusstsein für diese Herausforderungen geschärft werden, vor allem aber sollte durch einen intensiven und breiten Dialog erreicht werden, dass die Teilnehmer merken, welche dieser Herausforderungen in allen Regionen gleich gesehen werden und welche offenbar spezifisch sind für ihren Bereich, ihre Region.

Vorgehen

Von den 2000 Mitarbeitern können 1750 an der Konferenz teilnehmen. Der zuständige Bundesrat (schweizerischer Gesundheitsminister) hält die Grußworte und ist zusammen mit der Verwaltungsspitze den ganzen Prozess über anwesend. Die Gruppenergebnisse werden von einem 10-köpfigen Team geclustert und mittels Electronic-Voting priorisiert. Die 1750 Teilnehmer durchlaufen in immer wieder wechselnden Achtergruppen (220 Gruppen!) einen abgekürzten RTSC-Prozess. Kritisch reflektiert wird der Prozess durch einen Live-Cartoonisten.

- Austausch persönlicher Befindlichkeiten zur strategischen Neuausrichtung.
- In neu gemischten Gruppen die wichtigsten Herausforderungen diskutieren und einsammeln vor dem Mittag.
- Priorisieren der geclusterten Herausforderungen nach dem Mittag via Electronic Voting.
- In neu gemischten Gruppen bestehende und neue Ansätze diskutieren, mit denen den eben priorisierten Herausforderungen begegnet werden kann.
- Kreative Intervention: Percussion mit allen Anwesenden.
- Die geclusterten Ansätze werden priorisiert.
- Die Verwaltungsspitze würdigt die Ergebnisse und zeigt die nächsten Schritte auf.
- In neu gemischten Gruppen (Heimteams) werden die priorisierten Ansätze als Basis genommen, um Maßnahmen zu skizzieren und ein Committment abzugeben, welches auf Karten geschrieben und auf einer gemeinsamen Wand zusammengetragen wird. Als Summe aller Karten entsteht als Bild das Tagungsmotto.

Drehbuch

Zeit	Programm	Dauer	Ort
09.00	Eintreffen, Kaffee und Croissants		
09.45	Begrüßung durch den Bundesrat und den Auftraggeber	25	A
10.10	**Einführung durch die Moderation** Ziel, Ablauf, Spielregeln	5	A
10.15	**Was bedeutet die strategische Neuausrichtung für uns?** Die Teilnehmer diskutieren anhand mitgebrachter Gegenstände, was die strategische Neuausrichtung für sie bedeutet. Ungefähr ein halbes Dutzend dieser Gegenstände werden dem Plenum vorgestellt. Eine Kamera begleitet die Moderatoren.	55	A
11.10	Pause	30	
11.40	**Der Live-Cartoonist** setzt das Gehörte in Cartoons um.	5	B
11.45	**Die Herausforderungen der strategischen Neuausrichtung** In neu gemischten Achtergruppen (fixe Sitzordnung) diskutieren die Teilnehmer, wo sie die größten Herausforderungen sehen. Sie einigen sich auf die zwei größten und bringen diese zur Redaktion. Einzelne Rückmeldungen werden wiederum von den Moderatoren entgegengenommen und von der Kamera auf die großen Screens übertragen.	45	B
12.30	Mittag	75	
13.45	**Der Live-Cartoonist** setzt das Gehörte in Cartoons um.	5	C
13.50	**Die größten Herausforderungen** Über Mittag sind die über 400 Rückmeldungen gesammelt und geclustert worden. Den Teilnehmer sehen auf den Screens die wichtigsten Rückmeldungen als Listen. Via Electronic-Voting stimmen sie ab, welche Herausforderung aus diesen Listen sie als besonders wichtig ansehen. Die Ergebnisse dieser »Abstimmung« können sofort angezeigt werden.	15	C
14.05	**Wie meistern wir die Herausforderung?** Das eben ermittelte Ergebnis der größten Herausforderungen bleibt eingeblendet. In neu zusammengesetzten Achtergruppen diskutieren die Teilnehmer nun, mit welchen Ansätze sie diesen Herausforderungen begegnen und welche Ansätze zusätzlich angebracht wären. Die zwei wichtigsten Ansätze werden wieder auf Papierstreifen geschrieben und zum Redaktionsteam gebracht. Auch hier werden von den Moderatoren einzelne Teilnehmer interviewt.	45	C
14.50	**Percussion** Professionelle Top-Percussionisten geben ein kurzes Konzert. In allen Gruppen liegen Schlagstöcke bereit. Alle Teilnehmer werden in ein gemeinsames Percussions-Konzert eingebunden.	35	frei
15.25	**Der Live-Cartoonist** setzt das Gehörte (inklusive Konzert!) in Cartoons um.	5	D (Team)
15.30	**So meistern wir die Herausforderungen** In der Zwischenzeit sind die Ansätze gesammelt und geclustert worden. Die Teilnehmer sehen auf den Screens die wichtigsten Rückmeldungen als Listen. Via Electronic-Voting stimmen sie ab, welche Ansätze aus diesen Listen sie als besonders wichtig ansehen. Die Ergebnisse dieser »Abstimmung« können sofort angezeigt werden.	15	D (Team)
15.45	**Interview mit der Verwaltungsspitze** Die Verwaltungsspitze nimmt direkt Bezug auf die Ergebnisse. In einem Interview mit den Moderatoren zeigt sie auf, welche Ansätze bereits geplant oder angedacht sind. Sie nimmt neue Ansätze auf und erklärt, welches auf nationaler und kantonaler Ebene Maßnahmen sind, die zur Stützung der Strategieumsetzung eingeleitet worden sind.	15	D (Team)

16.00	Der Live-Cartoonist setzt das Gehörte in Cartoons um.	10	
16.10	**Commitment** Die Teilnehmer sitzen in Achtergruppen die in etwa ihren täglichen Arbeitsteams entsprechen. Sie lassen den Tag Revue passieren und schreiben auf eine Karte ihr Commitment zur Umsetzung der Strategie. Pro Gruppe wird eine Karte zur zentralen Wand auf der Bühne gebracht. Als Summe aller Karten entsteht vor den Augen der Teilnehmer das Tagungsmotto.	20	D (Team)
16.30	**Schlussbetrachtung** Zusammenfassung durch die Verwaltungsspitze.	10	
16.40	Apéro Schluss		

2.5. RTSC und Soziometrie zur Standortevaluation für ein neues Alterszentrum (1 Tag) – Großgruppenmediation mit Soziometrischer Aufstellung und Teilen der RTSC-Methode

Bild der Sache

Eine Kleinstadt verfügt über zwei Alterszentren, die jedoch nicht mehr den heutigen Anforderungen entsprechen. Alle Vorarbeiten für die Projektierung eines neuen Alterszentrums scheitern am jeweiligen partikulären Widerstand. Eine neue Studie, erstellt durch Planungsexperten, zeigte auf, dass von 25 geprüften Standorten 5 als machbar beurteilt werden.

Die Gemeindebehörde war sich bewusst, dass bei der Weiterverfolgung eines Standortes gleich welcher Art die Zahl der Gegner immer größer sein wird als die Zahl der Befürworter. Zudem war sich auch die Gemeindebehörde bei der Standortevaluation uneinig.

Ablauf

Zusammen mit einer von der Gemeindebehörde ausgewählten Spurgruppe wird der Prozessverlauf entwickelt. Zudem schlägt die Spurgruppe Personen vor, die zum eintägigen Workshop eingeladen werden.

130 Personen nahmen an der Planungswerkstatt im Großgruppenformat teil und durchliefen folgende Arbeitsschritte:
- Persönliche Standpunkte betreffend Altersthematik und der Verwendung von Landreserven als soziometrische Aufstellung.
- Auslegeordnung betreffend Wohnen und Pflege im Alter, das bestehende Alterskonzept der Kommune, der Kriterien für die Standortauswahl sowie des IST-Zustandes der bestehenden Zentren.
- Entwicklung der Kriterien unter Berücksichtigung der Alters- und der Siedlungsthematik in 8er-Gruppen.
- Präsentation der 5 möglichen Standorte und Entwickeln der Vor- und Nachteile in neu gemischten 8er-Gruppen.
- Evaluation mittels soziometrischer Aufstellung.

Drehbuch

Zeit	Programm	Min
08.30	**Eintreffen, Kaffee und Gipfeli**	
09.00	**Einstimmung** • Begrüßung durch die Behörde • Geschichte, Hintergründe und Zusammenhänge im Kontext mit der Gemeindeentwicklung sowie Risiken und Konsequenzen der Planungswerkstatt.	15
09.15	**Einführung in die Planungswerkstatt** Ziel, Ablauf, Spielregeln	5
09.20	**Persönliche Standpunkte** Die Teilnehmer gehen anhand von drei Fragen zu jeweils einer von 8 im Raum platzierten Antwortmöglichkeiten. Themen können sein • Motivation hier zu sein • Einstellungen zur Altersthematik • Einstellungen zur Verwendung der Landreserven • Bei den jeweiligen Aufstellungsbildern werden Kurzinterviews gemacht.	40
10.00	**Auslegeordnung** Inputs • Trends zu Wohnen und Pflege im hohen Alter durch Universitätsprofessor für Geriatrie • Grundsätzliche Überlegungen für die Standortevaluation von Fachexperte für Raumentwicklung • Situationsanalyse durch die Verantwortliche der Gemeindebehörde • Fotoreportage und Ist-Zustand durch die Leiterin der Alterszentren	60
11.00	**Kaffeepause**	20
11.20	**Reflexion der Themen und Entwickeln der Kriterien** Die Teilnehmer diskutieren in gemischten 8er-Gruppen die Inputs und entwickeln die für sie wichtigen Konsequenzen. Was soll in ihrer Kommune betreffend Altersthematik und Siedlungsentwicklung – unabhängig von Standorten – von Bedeutung sein? Welche Kriterien sind wichtig? In einem ersten Schritt werden die Vorstellungen brainstormingmäßig auf dem Flipchart aufgelistet. Dann einigen sich die Gruppen auf max. 4 Statements und schreiben diese auf Karten. Die Karten werden vorgestellt, an die Pinnwand gehängt und priorisiert.	60
12.20	**Lunch mit musikalischer Intervention**	60
13.20	**Präsentation der machbaren Standorte** durch Fachexperte • 5 aus 25	20
13.40	**Vorteile und Nachteile** Die Teilnehmer diskutieren in gemischten 8er-Gruppen die Vor- und Nachteile der einzelnen Standorte. In einem ersten Schritt listen sie die Vor- und Nachteile auf dem Flipchart auf, dann einigen sie sich in einem zweiten Schritt auf je max. 3 Vorteile und 3 Nachteile je Standort und schreiben diese auf Karten. Die Karten werden vorgestellt, abgeglichen, an die Pinnwand gehängt und priorisiert.	60
14.40	**Kurze Pause**	10

14.50	**Evaluation**
	1. Die fünf Standorte werden negativ bewertet, das heißt, dass wenn möglich 2 oder 3 Standorte auf die Seite gestellt werden.
	2. Mittels soziometrischer Aufstellung können die Teilnehmer ihrer persönlichen Ansicht Ausdruck geben. Zur Wahl stehen
	  a. Standort 1
	  b. Standort 2
	  c. Keiner von beiden
	  d. egal ob 1 oder 2
		40

15.30	Schlussbetrachtung Zusammenfassung und weiteres Vorgehen durch die Gemeindebehörde.	15
15.45	Umtrunk	

2.6. Großgruppenmediation im RTSC-Format mit soziometrischer Aufstellung – Konflikt zwischen Bergbahn und Bevölkerung

Bild der Sache

Die Kommunen einer österreichischen Tourismusdestination sind in hohem Masse vom Tourismus abhängig. Der größten Bergbahn geht es mehr schlecht als recht und der bisherige Besitzer verkauft an einen neuen, in der Region wenig verwurzelten Besitzer, welcher mit eisernem Besen gegen die alten Privilegien und Usanzen vorgeht und sich mit hohen Zukunftsversprechen zum Retter der Region hochspielt. Nach rund einem Jahr spürt die Bergbahn den Widerstand an allen Fronten: im Kontext mit der Belegschaft, aber auch in der Zusammenarbeit mit einzelnen Grundstückbesitzern und Gemeindebehörden.

Vorgehen

- Entwicklung einer Analyse aufgrund von 9 Einzelgesprächen mit Exponenten der unterschiedlichen Interessengruppen.
- Installierung einer Spurgruppe mit 20 InteressenvertreterInnen, welche die Analyse bereinigt und über das Vorgehenskonzept befindet. Zudem schlägt die Spurgruppe Personen für die Teilnahme an der Großgruppenmediation vor.
- An einer eintägigen Mediation im Großgruppenformat entwickeln 70 Teilnehmende ihre Zukunftsvorstellungen und gleichen diese ab mit den Zukunftsvorstellungen des Bergbahnmanagements. Gemeinsam werden die Leitplanken für die Entwicklung der weiteren Zusammenarbeit definiert. Die Bergbahn offeriert die Funktion eines Beirates und die Teilnehmer definieren dessen Aufgabe und wählen aus ihren Gruppen die Mitglieder des Beirates.

Drehbuch

ab 08.00	Eintreffen und Kaffee		
08.30	Begrüßung Vorstand Bergbahn Ausgangslage, Ziel und Zweck der Zukunftskonferenz.	10	A
08.40	Einführen in den Workshop Die Moderation führt ein in Methode, Spielregeln, Arbeitsweise.	10	A

08.50	**Standortbestimmung** Die Teilnehmer stellen sich als Antwort auf bestimmte Fragen im Raum auf, d.h. sie gehen zu vorgegeben Antwortmöglichkeiten. Fragen: • Wo kommt ihr her (geografisch)? • Wo kommt ihr her (interessenspezifisch)? • Wie erlebt ihr die Bergbahnunternehmung? • Welche Erwartungen habt ihr für diesen Anlass?	45	Plenum
09.35	**Was uns stinkt und was uns freut** Die Teilnehmer diskutieren in 8er-Gruppen in einem ersten Schritt diejenigen Dinge, die ihnen stinken, die sie bedauern. Das können Dinge sein betreffend Tourismus generell, der Bergbahnunternehmung oder weiteren grundsätzlichen Aspekten. In einem zweiten Schritt werden in gleicher Art und Weise diejenigen Dinge erfasst, welche als Aufsteller erlebt werden. Die Statements werden brainstormingmäßig in zwei Spalten auf das Flipchart geschrieben. Die Gruppen einigen sich auf maximal je 4 Statements, die auf breite Karten geschrieben werden, die »Stinker« auf rote Karten und die »Freuden« auf grüne Karten. Die Karten werden im Plenum abgeglichen, an die Pinnwand gehängt und priorisiert.	60	A
10.35	**Kaffeepause**	25	
11.00	**Die Sicht der Bergbahnunternehmung** Die Geschäftsleitung der Bergbahn informiert über ihre konkreten Vorhaben in den nächsten 12, 24 und 36 Monaten.	30	B
11.30	**Reflexion des Inputs** Die Gruppen hinterfragen das Gehörte und halten auf Flipchart fest: a) was sind die zentralen Botschaften und b) was sind die Konsequenzen. Die Gruppenergebnisse werden präsentiert und die Geschäftsleitung kann auf einzelne Aspekte eingehen.	60	B
12.30	**Lunch**	60	
13.30	**Wie es ist, wenn es gut ist** Die Teilnehmer stellen sich vor, es wäre heute ein Tag in zehn Jahren. Erstaunlicherweise ist alles so geworden, wie man sich dies damals wünschte. Die Probleme von damals gehören der Vergangenheit an und der Tourismus im Tal floriert zugunsten aller Interessengruppen. In Gruppen diskutieren die Teilnehmenden, was denn eigentlich so gut geworden ist und warum es so ausgezeichnet funktioniert. Die Gruppen halten ihre Vorstellungen stichwortartig auf dem Flipchart fest und teilen die wichtigsten Aspekte dem Plenum mit.	60	C
14.30	**Kurze Pause**	15	
14.45	**Leitplanken** Was muss angegangen werden, damit die Vision wahr wird, und zwar durch die Bevölkerung, die Interessengruppen, die Gemeinden und durch die Bergbahnunternehmung? Die Teilnehmenden diskutieren in einem ersten Schritt brainstormingmäßig welche Leitplanken gesetzt werden müssten und einigen sich dann auf 3, 4 Leitplanken die auf Karten geschrieben, präsentiert, an die Pinnwand gehängt und priorisiert werden.	45	D
15.30	**Kurze Pause** (mit Priorisierung)	15	
15.45	**Aufgabe des Beirates** Nach einem kurzen Input betreffend dem Beirat aus Sicht des Vorstandes der Bergbahnunternehmung erarbeiten die Gruppen ihre Ideen. Was sind die Vorstellungen betreffend des Beirates? Was soll er tun, wie soll er es tun und welche Interessengruppen sollen im Beirat vertreten sein? Die Gruppen halten ihre Erkenntnisse auf dem Flipchart fest. Anschließend Präsentation.	45	E

16.30	**Wahl des Beirates** Die Leute sitzen in Interessengruppen. A: 4-Sternebetriebe, B: 3-Sternebetriebe, C: Privatzimmervermieter, D: Handelsbetriebe, E: Gewerbebetriebe, F: Grundstückseigentümer und Dienstbarkeitsgeber, E: Weitere Meinungsbildner. Dann wählen sie aus ihrer Mitte einen (bei größeren Gruppen ev. zwei) Vertreter als Mitglied des Beitrages. Die Gruppen präsentieren ihre Wahl.	30	F Interessengruppen
17.00	Schlussbetrachtung und weiteres Vorgehen	15	
17.15	Schluss der Veranstaltung		

3. Appreciative Inquiry

3.1. Ein Appreciative-Inquiry als Einstieg in einen Ablauf-Optimierungsprozess und Stärkung der abteilungsübergreifenden Zusammenarbeit in einem Großunternehmen

Bild der Sache

Eine Firma ist nach einer strategischen Neuausrichtung von Grund auf neu organisiert worden. Bewährte Zusammenarbeitsmuster funktionieren nicht mehr. Ein großer Wechsel in der Führungscrew hat zu einer starken Innen-Orientierung geführt. In der Vorbereitung ist klar geworden, dass das Thema Zusammenarbeit als Schlüsselthema angegangen werden muss.

Die Spurgruppe hat uns sehr absolute und resignierte Botschaften vermittelt: »Nichts geht mehr!«, »Niemand fühlt sich mehr zuständig«, »Alle sind nur mit sich selbst beschäftigt«, und dergleichen.

Vorgehen

- Der Vorschlag, die Konferenz mit einem Appreciative Inquiry zu beginnen, erntete zunächst Skepsis. Statt endlich aufzuzeigen, was alles nicht funktionierte, sollte das gesucht werden, was funktionierte? Die Spurgruppe bestätigte sich aber wechselseitig, dass eigentlich allen klar war, was nicht funktionierte und dass man sich damit nicht mehr zu lange aufhalten sollte.
- Als Unsicherheit blieb, ob sich die Teilnehmer an der Konferenz würden darauf konzentrieren können, auf die Suche nach guten Beispielen für die Zusammenarbeit zu gehen. Als »Ventil« wurde im Konferenzraum ein großer offizieller Briefkasten der Post aufgestellt, in welchen auch »negative« Geschichten geworfen werden konnten. Die Leitung sicherte zu, auf diese Geschichten direkt in der Konferenz einzugehen.
- Die rund 150 Teilnehmer trafen sich in abteilungsgemischten Achtergruppen, suchten sich zunächst einen Gesprächspartner aus, interviewten sich

- gegenseitig, stellten in der Achtergruppe die Interviews vor und präsentierten die Quintessenzen der Achtergruppen im Plenum.
- Nach zwei Stunden war der Raum gefüllt mit guten Geschichten und mit verdichteten Erkenntnissen, wo der Hebel für eine gute Zusammenarbeit angesetzt werden konnte.
- Im Briefkasten landete ein einziger Brief.

Drehbuch

Zeit	Thema	Dauer	Ort
08.00	Eintreffen und Kaffee		
08.30	**Begrüßung durch die Unternehmensleitung** Die Unternehmensleitung spricht das Thema direkt an. Sie macht dies vorwurfsfrei und ermuntert alle, die zwei Tage zu nutzen, um konkrete Veränderungen einzuleiten.	10	A
08.40	**Einführen in den Workshop** Die Moderation führt in Methode ein und zeigt auf, dass es bei AI nicht um »positive thinking« geht«, sondern darum, dort anzusetzen, wo Ressourcen vorhanden sind.	10	A
08.50	**Start des AI-Prozesses mit Zweier-Interviews** Die Teilnehmer sitzen in abteilungsübergreifenden Achtergruppen. Jede Achtergruppe bildet vier Paare, welche sich möglichst nicht so gut kennen. Sie finden in den Unterlagen einen Interviewbogen, mit dem sie sich wechselseitig interviewen: Wer bist Du? Was machst Du in unserer Firma? Warum arbeitest Du gerne in unserer Firma? Was machst Du gut? Was kannst Du gut? Erinnere Dich bitte an ein Beispiel, bei dem die abteilungsübergreifende Zusammenarbeit gut geklappt hat. Das kann ein ganz kleines Beispiel sein, ein Telefonat zum Beispiel. Es kann aber auch ein großes Beispiel sein, ein gemeinsames erfolgreiches Projekt etwa. Beschreibe dieses Beispiel möglichst genau. Wieso war hier die Zusammenarbeit erfolgreich? Schreibe die wichtigsten Stichworte auf, die zur erfolgreichen Zusammenarbeit geführt haben!	2 mal 20	A 2er-Gruppen
09.30	**Austausch in der Achtergruppe** In der Achtergruppen erzählen die Interviewer die Geschichten ihres Gegenübers. Die Erfolgsfaktoren werden systematisch gesammelt. Die Achtergruppen werden gebeten, quer aus allen Geschichten eine auszuwählen, die sie dem Plenum vorstellen wollen. Ebenso sollen sie quer aus allen Geschichten drei besonders wichtige Erfolgsfaktoren auswählen und diese auf Papierstreifen schreiben.	45	A
10.15	**Zusammentragen im Plenum** Die 19 Gruppen präsentierten je kurz ihre Geschichte. Die Erfolgsfaktoren werden gesammelt und geclustert.	35	Plenum
10.50	**Kaffeepause** Die Kaffepause wird genutzt, um mittels Klebepunkten diejenigen Erfolgsfaktoren zu bezeichnen, welche als Hebel für eine Verbesserung der Zusammenarbeit besonders berücksichtigt werden können.	30	
11.20	Nach der Pause treffen sich die Teilnehmer in neu gemischten Achtergruppen und gehen in einen RTSC-Prozess über, in welchem auf der Basis der eben herauskristallisierten Hebel die Ablauforganisation optimiert wird.	60	B

4. Open Space

4.1. Open Space schafft kreative Impulse für Auswege aus einem finanziellen Engpass im Sozialbereich

Bild der Sache

Aus dem Einladungstext:
»Ist der Sozialhilfe noch zu helfen?«
Visionen für die Sozialhilfe angesichts roter Zahlen und leerer Staatskassen

Die Sozialhilfe hat sich in der Krise der 90er-Jahre profiliert: Von der Fürsorge weg zur Integrationshilfe. Nun stehen in ganz Europa wesentliche Errungenschaften des Sozialstaates zur Diskussion. Kann sich die Sozialhilfe in diesem Umfeld behaupten? Wir stehen vor neuen, großen Herausforderungen: leere Staatskassen, Arbeitslosigkeit, soziale und wirtschaftliche Ausgrenzung, gesellschaftliche Veränderungen, Entsolidarisierung, Missbrauchsdiskussion, Anforderungen an die Zusammenarbeit mit anderen Leistungsträgern, Professionalität sind nur einige Stichworte zu diesem Thema.

Die Veranstaltung will dieses heiße Eisen anpacken: Anstelle des Monologes soll den Teilnehmer die Möglichkeit des Dialoges und des Gedankenaustausches geboten werden.

Vorgehen

Rund 250 Personen, welche im Bereich der Sozialhilfe arbeiten, treffen sich für einen eintägigen Open Space, um neue Ansätze und Ideen für die Sozialhilfe zu diskutieren, festzuhalten, selbst weiterzuentwickeln und/oder für eine Vertiefung zu empfehlen.
- Begrüßung durch den Gastgeber, der Leiter der obersten nationalen Koordinationsstelle der Sozialhilfe.
- Die Vorbereitungsgruppe organisiert zwei namhafte Referenten, die aus unterschiedlichen Perspektiven Möglichkeitsfelder für die künftige Sozialarbeit aufspannen.
- Angeregt durch die eigenen Erfahrungen und die Kick-off-Speaker werden über 50 Themen vorgeschlagen.
- Die Teilnehmer schreiben sich für die zwei Workshoprunden ein.
- Die Workshops werden abgehalten, die wichtigsten Ergebnisse in einem Redaktionsbüro eingetippt und mit Hochleistungs-Kopierer für alle Teilnehmer vervielfältigt.
- Die Themen werden kritisch gesichtet, priorisiert.
- Für einzelne Themen bilden sich spontan Arbeitsgruppen, andere werden von der Koordinationsstelle zur weiteren Bearbeitung entgegengenommen.

Drehbuch

09.00	**Eintreffen, Kaffee/Croissants** Die Teilnehmer nehmen in großen konzentrischen Kreisen Platz. In der Mitte befinden sich Tische mit leeren Workshopblättern und Stiften. Hinter den Stuhlkreisen die Pinnwände mit Platz für 2 mal 30 Workshopvorschläge	
09.30	Begrüßung durch den Leiter der nationalen Koordinationsstelle für Sozialhilfe	10
09.40	Kick-off-Speaker	35
10.15	Einführung in den Open Space: Ist der Sozialhilfe noch zu helfen?	10
10.25	**Themengenerierung** Die Teilnehmer kommen in die Mitte, füllen ein Themenblatt aus und stellen dem Publikum ihr Thema vor. Sie gehen damit zu den Pinnwänden und hängen das Blatt an einen freien Platz, der Zeit und Ort definiert.	35
11.00	**Marktplatz / Workshoporganisation** Die Teilnehmer orientieren sich an der eben entstandenen Agendawand und gehen zum Thema ihrer Wahl – oder zum Kaffee.	15
11.15	**Workshoprunde 1** Die Themengeber stellen sicher, dass die wichtigsten Ergebnisse ihres Workshops zentral erfasst werden. Dazu steht ein Redaktionsraum mit rund 20 Arbeitsplätzen zur Verfügung. Die Berichte werden laufend für alle Teilnehmer gedruckt und gesammelt.	75
12.30	Stehbuffet	
13.15	**Workshoprunde 2** Die Themengeber stellen sicher, dass die wichtigsten Ergebnisse ihres Workshops zentral erfasst werden. Dazu steht ein Redaktionsraum mit rund 20 Arbeitsplätzen zur Verfügung. Die Berichte werden laufend für alle Teilnehmer gedruckt, gesammelt und schließlich geheftet.	75
14.30	Pause	
15.00	**Perlenlese (offene Diskussion)** Die Teilnehmer treffen sich frei in Achtergruppen. In einem offenen Forum werden die persönlichen Erkenntnisse diskutiert.	15
15.15	**Die wichtigsten Themen RTSC-Schritt** Nachdem alle Teilnehmer ein Exemplar aller Workshop-Ergebnisse erhalten haben, sichten sie diese. Zum Teil sind es Gedankensplitter, zum Teil konkrete Projekte. Die Teilnehmer werden gebeten, Muster herauszulesen, die sich verstärkt in all diesen Dokumenten abzeichnen, und daraus drei Empfehlungen zu Händen der Koordinationsstelle zu formulieren. Diese werden im Plenum gesammelt und geclustert.	15 25 15
16.10	**Priorisierung** Alle Teilnehmer erhalten die Möglichkeit, aus der gemeinsamen Liste die vier Empfehlungen zu priorisieren, die ihnen am wichtigsten erscheinen.	10
16.20	**Entgegennahme der wichtigsten Empfehlungen und Schlussbetrachtungen** durch den Leiter der nationalen Koordinationsstelle für Sozialhilfe.	10
16.30	Schluss	

4.2. Open Space mit soziometrischer Aufstellung in einer fusionierten Hochschule

Bild der Sache

Im Rahmen einer gesamtschweizerischen Reorganisation der Fachhochschulen wurden drei Hochschulen für Wirtschaft an drei verschiedenen Standorten miteinander fusioniert. Unter dem Motto »Auf dem Weg in die Zukunft« wurden Ideen und Maßnahmen gesucht, um die verschiedenen Standorte einander näher zu bringen und um mögliche Synergien besser zu nutzen.

Vorgehen

Die Schulleitung schildert ihre persönliche Betrachtungsweise und deklariert den Rahmen, in welchem sich die Teilnehmer inhaltlich bewegen können.
- Nachdem nur Dozierende und Mitarbeitende in den Workshop einbezogen wurden, regte die Spurgruppe an, durch Studierende einen Video zu erstellen und diesen an der Großgruppen-Intervention einzuspielen.
- Als Warm-up diente eine soziometrische Aufstellung.
- Anschließend an die beiden Workshop-Runden wurden die Erkenntnisse der Workshops in Kurzpräsentationen vorgestellt und gewichtet. Die sechs meistpriorisierten Themen wurden im Anschluss an die Großgruppenintervention weiterverfolgt.

Drehbuch

08.00	Ankommen und Begrüßungskaffee	
08.30	Einstimmen in die Veranstaltung durch die Schulleitung • Der Rahmen, in dem wir uns bewegen • Ziel, Zweck und Erwartungen	20
08.50	Einführung in den Workshop durch die Prozessbegleitung Ablauf, Spielregeln und Rollen	10
09.00	Außensicht Einspielung eines Videos mit Aussagen von Studierenden.	10
09.10	Innensicht Die Teilnehmer stellen sich anhand von 3 Fragen und jeweils 6 Antwortmöglichkeiten im Raum auf. In kurzen Interviews werden die Ansichten der Teilnehmer aufgedeckt. Fragen sind: • Für welchen Bereich wenden Sie den größten Teil Ihrer Arbeit auf? • Wie erleben Sie die Hochschule? • Welche Gesamtnote geben Sie der Hochschule für Wirtschaft?	30
09.40	Einführung ins Open Space Einstimmen ins Thema, Erklären der Methode, Sammeln der Themen.	35
10.15	Kaffeepause	30
10.45	Workshoprunde I	90

12.15	Lunch	60
13.15	Workshoprunde II	75
14.30	Kaffeepause	30
15.00	**Kurzpräsentationen (max. 2 Minuten je Gruppe)** Die Workshopgruppen hängen ihre auf Easy-Flip festgehaltenen Erkenntnisse an die Pinnwände. Zusätzlich zu den Kurzpräsentationen schreiben die Workshop-Gruppen ihre Ergebnisse und Erkenntnisse in die bereit stehenden Laptops.	75
16.15	**Priorisierung und Bildung von Arbeitsgruppen** Die Teilnehmer gehen zu den einzelnen Ergebnis-Blättern und gewichten diejenigen Themen, die sie gerne weiter bearbeitet haben möchten. Dafür stehen ihnen max. 4 Punkte zur Verfügung. Anschließend haben die Teilnehmer die Möglichkeit, mittels Post-it-Zetteln festzuhalten, wer an einer Weiterarbeit bei einem priorisierten Projekt interessiert ist und wer bereit ist, für die entsprechende Arbeitsgruppe die erste Koordinationsfunktion zu übernehmen und an der Startsitzung für die Arbeitsgruppen (in ca. 2 Wochen) teilzunehmen.	25
16.40	**Schlussbetrachtung und nächste Schritte**	5
16.45	Verabschiedung	

5. World Café

5.1 World Café zur Klärung der internen Kommunikation unter den Lehrern einer Schule (½ Tag)

Bild der Sache

Bei der Themensuche für die Ausgestaltung eines sogenannten pädagogischen Halbtages (obligatorische interne Weiterbildung einer Oberstufenschule mit fast fünfzig Lehrkräften) kommt das Thema interne Kommunikation auf. Die Schulleitung, mit der das Erstgespräch stattfindet, stellt fest, dass an den Lehrerkonferenzen immer dieselben Leute sprechen, und dass unkonventionelle Wortbeiträge schnell attackiert oder lächerlich gemacht werden. Die Spurgruppe findet, das komme nicht oft vor, aber man habe oft das Gefühl, dass die älteren Lehrpersonen einen fixen Standpunkt einnähmen (»Das geht eh nicht«, »Das haben wir auch schon probiert«). Viele junge und alte Lehrkräfte verhalten sich passiv.

»Für eine offene, lösungs- und ressourcenorientierte Kommunikation in Konferenzen und Teams« wird als gemeinsames Thema gewählt.

Vorgehen

- Die Schulleitung zeigt auf, welche Umstände sie dazu bewogen haben, das Thema »interne Kommunikation« in diesen Halbtag zu bringen, wo aus ihrer Sicht die Knackpunkte liegen.

- In drei Diskussionsrunden zu je zwanzig Minuten erarbeiten die rund fünfzig Lehrkräfte, wie die interne Kommunikation aussähe, wenn alles gut wäre.
- Vor der Pause werden diese Punkte gesammelt und priorisiert.
- Nach der Pause werden die Hauptpunkte vertieft.
- Ohne dass dies abgesprochen war, werden fast ausschließlich Haltungsfragen thematisiert und keine direkten Maßnahmen beschlossen.

Drehbuch

13.30	Eintreffen		
13.45	Begrüßung und Intro Schulleitung	15	
14.00	Denkstube »für eine offene, lösungs- und ressourcenorientierte Kommunikation in Konferenzen und Teams«	5	
14.05	World Café: 1. Wie erleben wir die Kommunikation in unserer Schule? 2. Was hindert uns? Wovon müssen wir uns verabschieden? 3. Wie wäre es, wenn alles gut wäre?	60	3 Wechsel
15.05	Präsentation der drei Perlen pro Tisch Jeder Tisch präsentiert drei Perlen der Diskussion. Diese werden zusammengetragen und in der Pause priorisiert.	25	plenar
15.30	Kaffeepause	30	
16.00	Vertiefung der wichtigsten Themen Die Anliegen, die am meisten Zuspruch gefunden haben, werden in der Pause auf die Tische verteilt. Die Teilnehmer setzen sich zum Thema ihrer Wahl und vertiefen das Thema, indem sie weitere wichtige Hintergrundinformationen dazu fügen.	30	frei
16.30	Galerie Eine Person bleibt beim Tisch. Die anderen gehen zu den Themen, die sie interessieren, lassen sich erzählen, welche weiteren Informationen dazu gekommen sind. Es steht allen frei, diese Informationen ihrerseits zu ergänzen, indem sie ihre Anmerkungen auf Post-it hinzufügen.	15	frei
16.45	Schlussworte Die Schulleitung bedankt sich für das Engagement und zeigt sich erfreut, dass viele Vorurteile, aber auch viele Blockaden geklärt werden konnten.	5	
16.50	Schluss		

5.2 World Café als Kick-off eines Mitwirkungsprozesses zum Thema Verkehr (½ Tag)

Bild der Sache

Im Rahmen eines städtischen Schwerpunkts Quartierentwicklung sind in einem stark verkehrsbelasteten Stadtteil einer Großstadt eine Reihe von Maßnahmen zur Verkehrsentlastung vorgesehen. Die Quartierkoordination, eine

Koordinationsstelle von Vereinen und Initiativen im Stadtteil, will vor der Diskussion mit den städtischen Behörden erkunden, welches die wichtigsten Anliegen der Stadtteilbevölkerung sind. Unter dem Patronat der Stadtverwaltung und einer großen Stiftung lädt sie zu einem öffentlichen Workshop ein: »Welchen Verkehr wollen wir in unserem Stadtteil?«.

Eine Spurgruppe, bestehend aus Vertretern der unterschiedlichen im Stadtteil aktiven Anspruchsgruppen, stellt sicher, dass die Zusammensetzung der Teilnehmerschaft der Heterogenität des Stadtteils entspricht. Zusätzlich wird über die viel gelesene Quartierzeitung auf die Veranstaltung aufmerksam gemacht.

Vorgehen

Die Quartierkoordination lädt eine im Stadtteil ansässige Planungsgruppe ein, am Workshop die aktuelle Verkehrssituation zu schildern und aufzuzeigen, welche Pläne im Bereich der Verkehrs- und Quartierentwicklung von städtischer Seite her schon vorliegen. Die Präsentation wird vorab von der Spurgruppe geprüft und für gut befunden. Die Präsentation soll bei der Veranstaltung die Diskussion anregen.

- Die Planungsgruppe spannt in einem kurzen zwanzigminütigen Vortrag das Handlungsfeld auf und weist auf die wichtigsten Parameter hin.
- In drei Diskussionsrunden zu je zwanzig Minuten erarbeiten die rund 100 Teilnehmer die wichtigsten Punkte, welche für eine künftige Diskussion geklärt werden müssten.
- Vor der Pause werden diese Punkte gesammelt und priorisiert.
- Nach der Pause werden die Hauptpunkte vertieft.
- Der Input wird von der Quartierkoordination entgegen genommen und für die folgenden (öffentlichen) Podiumsgespräche und Diskussionen mit der Stadtverwaltung zu einer Liste von Argumenten der Stadtteilbevölkerung ausgearbeitet.

Drehbuch

08.30	Eintreffen, Kaffee, Croissants		
09.00	Begrüßung durch die Quartierkoordination und die Moderation	5	
09.05	Input durch die Planungsgruppe	20	
09.25	World Café: Welchen Verkehr wollen wir in unserem Stadtteil? 1. Was sind unsere Hauptanliegen? Was ist uns bei allem Drum und Dran am wichtigsten? 2. Was ist uns besonders wichtig? 3. Welches sind unsere drei Hauptanliegen zum künftigen Verkehr in unserem Stadtteil?	60	3 Wechsel
10.25	Präsentation der drei Hauptanliegen pro Tisch anschl. Priorisierung mit je unterschiedlichen Klebepunkten pro Anspruchsgruppe (Stadtverwaltung, Gewerbe, Vereine, Bevölkerung).	25	plenar

10.50	Kaffeepause	20	
11.10	**Vertiefung der wichtigsten Themen** Die Anliegen, die am meisten Zuspruch gefunden haben, werden in der Pause auf die Tische verteilt. Die Teilnehmer setzen sich zum Thema ihrer Wahl und vertiefen das Thema, indem sie weitere wichtige Hintergrundinformationen dazu fügen.	30	frei
11.40	**Galerie** Eine Person bleibt beim Tisch. Die anderen gehen zu den Themen, die sie interessieren, lassen sich erzählen, welche weiteren Informationen dazu gekommen sind. Es steht allen frei, diese Informationen ihrerseits zu ergänzen, indem sie ihre Anmerkungen auf Post-it hinzufügen.	15	
11.55	**Wie weiter?** Die Quartierkoordination bedankt sich für das hohe Engagement und zeigt auf, wie der weitere Verlauf und die weiteren Möglichkeiten der Mitwirkung aussehen.	5	
12.00	Schluss		

5.3. World Café für die Klärung der Bedeutung von Weiterbildung an einer großen staatlichen Weiterbildungsinstitution

Bild der Sache

Das Diktat des Sparens betrifft auch Bildungsinstitutionen, besonders jene Institutionen, welche sich im Rahmen der beruflichen Weiterbildung für Erwachsene engagieren. Neben den »klassischen« Bildungsinstitutionen wie Universitäten, Fachhochschulen und Berufsschulen führen die Weiterbildungsinstitutionen eher ein Schattendasein. Dem Rektorat war es wichtig, einen interaktiven Prozess zu initiieren, zu dem Bildungspolitiker, Bildungsfachleute aus den unterschiedlichsten Bereichen und an der Bildung Interessierte eingeladen wurden. Ziel war es, die Bildungsinstitution einer breiteren Bevölkerung bekannter zu machen und die Interessen und das Engagement für die Weiterbildung für Erwachsene besser zu verankern.

Ablauf

Rund 100 Personen treffen sich zu einer eintägigen Open-Space-Konferenz, um sich mit dem Thema Weiterbildung auseinander zu setzen.
- Die Vorbereitungsgruppe erarbeitete zusammen mit der Prozessbegleitung ein Veranstaltungsdesign mit unterschiedlichen Rollen
    - Gastgeber
    - Rektor der Bildungsinstitution
    - Professor und Leiter der Koordinationsstelle für Bildung der Uni Bern als Reflektor
    - Cartoonist

- Thesengeberinnen und Thesengeber
  - Professorin und Direktorin am Institut für Führung und Personalmanagement an der Uni St. Gallen
  - Ausbildungsverantwortlicher eines großen Industriebetriebes
  - Kulturexperte und Kulturunternehmer
  - Dozent für Soziologie ETH Zürich

  Die Aufgabe der Thesengeber war, innerhalb von drei, vier Minuten die für sie wichtigsten Thesen im Kontext mit der Weiterbildung vorzustellen. Der Reflektor und der Cartoonist reflektierten die Inputs.
- Anschließend erfolgte der Austausch unter den Teilnehmern im World Café-Format mit drei Fragen.

Drehbuch

13.30	**Begrüßung durch den Rektor** Ziel und Zweck der Veranstaltung, persönlicher Standpunkt und Erwartungen. Vorstellung der Rollen und der Personen a) Prozessbeleiter, b) Thesengeber/-innen, c) Cartoonist sowie d) Reflektor.	15
13.45	**Einstimmung ins Thema** Die Thesengeber/-innen stellen ihre Thesen vor. Der Reflektor reflektiert und der Cartoonist zeichnet. Anschließend übernimmt der Prozessbegleiter und erklärt, wie es nach der Pause weitergeht (Verteilen an Tischen etc.).	45
14.30	**Kaffeepause**	30
15.00	**Workshop 1. Runde** Anmoderation des Workshops (Ablauf, Rollen) und der ersten Workshoprunde. Frage: Woran erkenne ich Bildung? Anschließend Aufforderung zum Sitzplatzwechsel.	20
15.20	**Workshop 2. Runde** Anmoderation der zweiten Workshoprunde. Frage: Welchen Zweck hat Weiterbildung? Anschließend Aufforderung zum Sitzplatzwechsel.	20
15.40	**Workshop 3. Runde** Anmoderation der dritten Workshoprunde. Frage: Welchen Rahmen braucht Weiterbildung?	20
16.00	**Perlenlese** Die »Gastgeberinnen und Gastgeber« stellen die Perlen vor, die an ihren Tischen entstanden sind.	20
16.20	**Fazit der Thesengeber/-innen** Die Thesengeber/-innen nehmen kurz Stellung zu dem, was sie gehört und erlebt haben.	20
16.40	**Reflexion des Reflektors**	10
16.50	**Reflexion des Cartoonisten**	10
17.00	**Zusammenfassung und Schlussbetrachtung** Der Rektor fasst die Resultate zusammen und beschließt die Veranstaltung.	15
17.15	**Apéro**	

6. Spezialfälle

6.1. Internationale Konferenz als Großgruppenprozess mit World-Café, RTSC und Openspace

Bild der Sache

Verschiedene internationale Organisationen sahen sich mit dem Problem konfrontiert, dass es ihnen wohl gelang, im formalen Sektor der Wirtschaft Themen wie Arbeitssicherheit und Ökologie zu etablieren, dass gleichzeitig aber der informelle Bereich der Wirtschaft in vielen Schwellen- und Entwicklungsländern schneller wuchs und von diesen Programmen gar nicht erreicht wurden. Im Jahr 2010 fand deshalb in Kapstadt, Südafrika, eine internationale Konferenz zum Thema statt. Eingeladen hatte eine Komitee mit Vertretern von UNO, ILO, Weltbank und weiteren internationalen Organisationen. Die Konferenz stand unter dem Titel »Aus unseren Erfahrungen lernen«. Sie sollte den Austausch der Teilnehmer fördern und zu konkreten Maßnahmen führen, welche in den verschiedenen Organisationen verwendet werden konnten. Das in Kapstadt ansässige Beratungsbüro »IngeniousPeoplesKnowledge« wurde beauftragt, zusammen mit uns die viertägige Konferenz vorzubereiten und zu moderieren.

Vorgehen

- Die größte Herausforderung bestand darin, die Muster-Erwartungen »Konferenz« aufzunehmen und in einen partizipativen Prozess zu überführen. Die Gastgeber wollten einerseits ihre von ihnen finanzierten Projekte vorstellen können und waren zudem unsicher, ob sie befreundete Organisationen an einen Workshop einladen konnten, für den sie zahlen mussten, an dem sie aber selber »arbeiten« mussten.
- Entstanden ist ein äußerst anregender Mix.
- Die Resultate waren erstaunlich.

Drehbuch

Montag	Einführung und Study-Tour auf einem »informellen« Markt in Kapstadt
Dienstag	**Discovering.** Der erste Workshop-Tag, ist ganz dem Erkunden gewidmet. Mit verschiedenen Formaten wird es den Teilnehmern ermöglicht, einen Überblick darüber zu erhalten, welches Wissen, welche Erfahrungen im Raum sind. Wir starten mit einem World Café (Welche Erfahrungen haben wir mit dem Thema? – Perlen: Was verbindet uns?). Anschließend werden die zahlreichen vorab eingegebenen Projekte und Präsentationen in zwei Formaten diskutiert. In »Fishbowls« in welchen jeweils drei Expertinnen miteinander

	einen bestimmten Issue diskutieren und in den sich die Teilnehmer aus dem Zuhörerkreis einmischen können, indem sie im inneren Kreis Platz nehmen. Das zweite Format ist ein »Speed Geeking« (auch Round Robins genannt), bei welchem kleine Teilnehmergruppen in einem eng getakteten Rhythmus durch verschiedene Präsentationen wandern und ihre Anmerkungen zu den Präsentationen zurücklassen, so dass der Präsentator abschließend aufzeigen kann, was die Teilnehmerschaft offensichtlich besonders wichtig findet. Zum Abschluss des Tages gibt es eine kurze Podiumsdiskussion (mit Live-Chat). Die Auswertung des Tages erfolgt mit einem Playback-Theater.
Mittwoch	**Creating.** Am zweiten Workshoptag werden auf Grund der Erfahrungen des Vortages und im Rahmen eines vom Komitee vor der Konferenz erarbeiteten Konsenses sogenannte »Guiding Principles« entwickelt. Alle Teilnehmer durchlaufen dazu einen eintägigen RTSC-Prozess. Der so entstandene Entwurf der »Guiding Principles« wird über Nacht redaktionell überarbeitet.
Donnerstag	**Exploring** Der überarbeitete Entwurf der »Guiding Principles« wird vorgestellt und als in den Grundzügen richtig befunden. In einem Open Space haben die Teilnehmer die Möglichkeit, ihre Ideen zur Anwendung und Umsetzung dieser Prinzipien mit anderen zu diskutieren und auch mögliche Allianzen auszuloten. Gleichzeitig stellt eine Arbeitsgruppe die »Guiding Principles« fertig. Abschluss mit Verabschiedung der Guiding Principles.

6.2. Schulleiterausbildung im Großgruppenformat

Bild der Sache

Der Kanton Zürich führte in allen Volksschulen die bis dahin noch nicht existierende Funktion der Schulleitungen ein. Vor der gesetzlichen Einführung wurden bereits Versuche auf freiwilliger Basis im Kontext mit der Einführung der Schulleitungen gemacht und in diesem Zusammenhang durch die kantonalen Schulbehörden auch Schulleitungsausbildungen mit rund 20 bis 25 Teilnehmern pro Studienklasse durchgeführt.

Im Zusammenhang mit der gesetzlichen Einführung musste eine Schulleitungsausbildung entwickelt werden, die im Großgruppenformat mit 60 bis 80 Teilnehmern pro Studienklasse durchgeführt werden konnte. Wir hatten den Auftrag, diese Ausbildung aufgrund der bereits bewährten Lerninhalte ins Großgruppenformat zu transferieren und den Prototypen zu moderieren.

Ein wesentlicher Grundsatz für die Entwicklung der sechs zwei- bis dreitägigen Ausbildungsblocks war die konsequente Trennung von Lerninputs und Prozesssequenzen. Jeder Block wurde durch die Kursleitung in Zusammenarbeit mit der Prozessbegleitung konzipiert.

Zur Illustration findet sich hier das Drehbuch des ersten Blocks.

Drehbuch

Erster Tag

08.30	Begrüßung Durch die Kursleitung	30	A
09.00	Soziometrische Aufstellung a) Geografische Herkunft b) Stufe c) Motivation für Schulleitung d) Know-how-Kette	45	A
09.45	Überblick Administratives und Organisation der Ausbildung Input Kursleitung	30	A
10.15	Kaffeepause	30	
10.45	Spielregeln Die Teilnehmer erarbeiten in Gruppen die Spielregeln, die für sie wichtig sind, und schreiben diese auf breite Karten. Die Gruppenvorschläge werden präsentiert, abgeglichen und an die Pinnwand gehängt. Aufgrund dieses Ergebnisses bereinigt die Ausbildungsleitung die Spielregeln. Der Entwurf wird dann am nächsten Morgen geklärt.	60	A
11.45	Kurze Pause		
12.00	Grundsätze der Zusammenarbeit und Arbeitsweise Input Kursleitung	30	B
12.30	Mittagessen	75	
13.45	Prägungen und Glaubenssätze Input Kursleitung. Die Teilnehmer haben die Möglichkeit, Verständnisfragen zu stellen.	30	B
14.15	Persönliche Einführung ins Thema Prägungen Die Mitglieder der Ausbildungsleitung stimmen mit eigenen Beispielen in das Thema an. Was sind meine Schlüsselerlebnisse und wie kann ich das, was ich heute tue und was mir wichtig ist an meinen persönlichen Prägungen festmachen.	15	B
14.30	Aufdecken von prägenden Schlüsselerlebnissen Nach einem kurzen Input durch die Kursleitung über die Regeln bei Feedbackgesprächen interviewen sich jeweils 2 Teilnehmer.	30	B
15.00	Bedeutung Schlüsselerlebnisse auf das Führungsverhalten In der Gruppe wird die Bedeutung von Schlüsselerlebnissen diskutiert, vor allem auch im Zusammenhang mit dem Thema Führung. Worin liegen die größten Probleme und Irritationen? Was sind die Erkenntnisse im Zusammenhang mit den eigenen Prägungen?	45	B
15.45	Pause		
16.15	Führungsgrundsätze Die Teilnehmer diskutieren in ihrer Gruppe ihre »10 Gebote« für die Führungsaufgabe an Schulen. Was sind die für sie wichtigen Führungsgrundsätze? Diese werden auf Karten geschrieben und an die Pinnwand gehängt.	45	C
17.00	Reduit Aufgrund des vorhergehenden Arbeitsschrittes macht sich jede teilnehmende Person die eigenen Gedanken über die eigenen, persönlichen Führungsgrundsätze.	15	Reduit
17.15	Tageszusammenfassung	15	C
17.30	Ende des ersten Tages		

Zweiter Tag

Zeit	Thema	Dauer	
08.30	**Einstimmen in den Tag** und Klären der Spielregeln durch Ausbildungsleitung.	15	D
08.45	**Schulleitung ein neuer Beruf** Input Kursleitung	15	D
09.00	**Erlebnisberichte** Zwei Erlebnisberichte von Schulleitungen. Was braucht es, damit es funktioniert oder was sind die Rahmenbedingungen, damit es nicht funktioniert? Anschließend an die Berichte können Klärungsfragen gestellt und beantwortet werden.	45	D
09.45	**Kaffeepause**	30	
10.15	**Ungewissheiten und Befürchtungen betreffend Schulleitungen** In Gruppen werden die Ungewissheiten und Befürchtungen aufgedeckt, diskutiert und Flipchart geschrieben. Dann einigt sich die Gruppe auf die für sie wichtigsten 4 Statements, die auf Karten geschrieben, an die Pinnwand gehängt und mit 4 roten Punkten pro Person priorisiert werden.	60	D
11.15	**Selbstverständnis Schulleitung** Auch aufgrund der Ungewissheiten und Befürchtungen erarbeiten die Gruppen erste Entwürfe einer Schulleitungsdefinition, die auch präsentiert werden.	45	E
12.00	**Mittagessen**	75	
13.15	**Umgang mit Macht I** Immer 4 Personen visualisieren mit Lehm, was sie unter Macht verstehen. Gemeinsam gestalten sie eine entsprechende Skulptur, welche dann galeriemäßig auf einem Sideboard ausgestellt wird.	45	F
14.00	**Kurze Pause**	15	
14.15	**Umgang mit Macht II** Input Kursleitung	15	F
14.30	**»Reduit«** Die Teilnehmer haben die Möglichkeit zur persönlichen Konklusion. Fragen können sein: »Was bedeutet Macht für mich?« »Wie gehe ich selbst mit Macht um?« »Was macht mich ohnmächtig?«	30	Reduit
15.00	**Typologie »Riemann«** Nach einem kurzen Input durch die Kursleitung teilen sich die Teilnehmer anhand der Riemann-Typologie in die vier Grundtypen »Dauer«, »Wandel«, »Distanz« und »Nähe« ein. Anschließend diskutieren die Gruppen untereinander, was ihren Typ auszeichnet und wie die einzelnen Typen mit Veränderungen umgehen. Die Kursleitung kommentiert anschließend an die Präsentationen die einzelnen Fazits.	60	F Typen-Gruppen
16.00	**Kurze Pause**	15	
16.15	**Wandel kultureller Werte** Input Kursleitung	15	G
16.30	**Wandel kultureller Werte** Die Teilnehmer diskutieren in Gruppen die Thematik des gesellschaftlichen Wertewandels und dessen Auswirkungen auf die Schule, schreiben ihre Erkenntnisse auf Flipcharts und präsentieren diese.	45	G
17.15	**Auftrag Bildung Kleingruppen und Tageszusammenfassung** Kriterien Gruppenbildung durch Kursleitung	15	G
17.30	**Ende des zweiten Tages**		

Dritter Tag

08.30	Einstimmen in den Tag	15	H
08.45	**Wovon wollen wir mehr** Immer zwei Teilnehmende interviewen sich anhand eines einfachen Fragerasters über positive Erlebnisse im Zusammenhang mit ihrem Alltag. Die Erlebnisse werden in der Gruppe diskutiert und die jeweiligen Gründe für die positiven Erlebnisse werden auf Flipcharts geschrieben, präsentiert, auf einer zentralen Liste erfasst und priorisiert aufgrund der Fragestellung: »Wovon wollen wir mehr«.	60	H
09.45	Kaffeepause	30	
10.15	**Schule woher – wohin, Input** Input Kursleitung	30	I
10.45	**Schule woher – wohin, Reflexion** Die Teilnehmer diskutieren aufgrund des Referates ihre persönlichen Ansichten betreffend diesem Thema und ziehen ihre Quintessenzen und Konsequenzen. Diese werden auf Flipchart geschrieben und präsentiert.	45	I
11.30	**Schule als gestaltbares System verstehen** Input Kursleitung	15	I
11.45	Die stille Revolution (Film)	45	I
12.30	Mittagessen	75	
13.45	**Open Space – Runde** Die Teilnehmer bringen ihre Themen in den Raum, die ihnen unter den »Nägeln« brennen. Aufgrund dieser Themen bilden sich Workshops.	90	Plenum Kreis
15.15	**Präsentationen** Die Workshops präsentieren in Kurzform ihre Ergebnisse.	30	
15.45	**Seminarzusammenfassung und Kurzevaluation** Kursleitung	30	
16.15	Ende des ersten Blocks		

Literatur

Real Time Strategic Change (RTSC)
Beckhard, Richard/Harris, Reuben: Organizational Transitions. Reading, MA 1987.
Dannemiller Tyson Associates (Hrsg.): Whole-Scale Change. Unleashing the Magic in Organizations. San Francisco 2000.
Dannemiller, Kathleen: Consultant guide. 1990.
Dannemiller, Kathleen/Jacobs, Robert W.: »Changing the way organizations change: A revolution in Common sense.« In: Journal of Applied Behavioral Sciences, 28/1992, S. 480-98.
Jacobs, Robert W.: Real Time Strategic Change. Ann Arbor 1994.
Sullivan, Roland: The Essential Handbook: Behind the Scenes of Large Group Interactive Events. Direkt zu beziehen bei The Sullivan Publishing Group, PO Box 115, Navarre, MN 55392, USA.
Zur Bonsen, Matthias: Real Time Strategic Change. Schneller Wandel mit großen Gruppen. Stuttgart 2003.

Future Search Conference (FSC)/Zukunftskonferenzen
Emery, Merrelyn/Purser, Ronald: Search Conference in Action. Learning and Planning for a Desirable Future. San Francisco/London 1996.
Weisbord, Marvin R.: Discovering Common Ground. San Francisco 1993.
Weisbord, Marvin R. Organizational Diagnosis: A Workbook of Theory and Practice. Addison-Wesely 1978.
Weisbord, Marvin R.: Productive Workpaces. San Francisco/London 1987.
Weisbord, Marvin R./Janoff, Sandra: Future Search. 3. Auflage, San Francisco 2010.
Weisbord, Marvin R./Janoff, Sandra/Christoph Trunk: Future Search – Die Zukunftskonferenz. Stuttgart 2001.

Open Space Technology (OST)
Maleh, Carole: Open Space. Effektiv arbeiten mit großen Gruppen. Weinheim 2000.
Maleh, Carole: Open Space in der Praxis. Weinheim 2002.
Owen, Harrison: Expanding our Now. San Francisco 1997.
Owen, Harrison: Erweiterung des Möglichen. Stuttgart 2001.
Owen, Harrison: Open Space Technology. Ein Leitfaden für die Praxis. 2. dt. Auflage, Stuttgart 2011.
Owen, Harrison: The Spirit of Leadership. Führen heißt Freiräume schaffen. Heidelberg 2001.

World Café
Brown, Juanita/Isaacs, David: Das World Café. Kreative Zukunftsgestaltung in Organisationen und Gesellschaft. Heidelberg 2007.

Appreciative Inquiry (AI)
Cooperrider, David L./Sorensen, Peter F./Whitney, Diane (Hrsg.): Appreciative Inquiry. Rethinking Human Organization Toward a Positive Theory of Change. Champaign, Illinois 2000.
Cooperrider, David L./Srivastave, Suresh: Appreciative Inquiry in Organizational Life. In: Pasmore, W./Woodman, R. (Hrsg.): Research in Organization Change and Development (vol 1). Greenwich, Connecticut 1987, S. 129-169.
Cooperrider, David L. & Whitney, Diana: Appreciative Inquiry. San Francisco 1999.
Elliott, Charles: Locating the Energy for Change. An Introduction to Appreciative Inquiry. International Institute for Sustainable Development. Canada 1999.
Mohr, Bernard J./Watkins, Jane M.: AI. Change at the Speed of Imagination. Pfeiffer & Co. 2001.
Whitney, Diane/Cooperrider, David L.: The Appreciative Inquiry Summit: An emerging methodology for whole system positive change. OD Practitioner: Journal of the Organization Development Network, 32(2)/2000, S. 13-26.

Zur Bonsen, Matthias/Maleh, Carole: Appreciative Inquiry. Der Weg zu Spitzenleistungen. Weinheim 2001.

Grundsätzliches zu Großgruppen

Alban, Billie T./Bunker, Barbara B.: Large Group Interventions. Engaging the Whole System for Rapid Change. San Francisco/London 1996.
Dittrich-Brauner, Karin et al.: Großgruppenverfahren. Lebendig lernen – Veränderung gestalten. Berlin/Heidelberg 2008.
Holman, Peggy/Devane, Tom: The Change Handbook. Group Methods for Shaping the Future. San Francisco 1999.
Holman, Peggy/Devane, Tom: Change Handbook. Zukunftsorientierte Großgruppenmethoden. Heidelberg 2002.
Königswieser, Roswita/Keil, Marion (Hrsg.): Das Feuer großer Gruppen. Konzepte, Designs, Praxisbeispiele für Großveranstaltungen. Stuttgart 2000.
Rohm, Armin (Hrsg.): Change-Tools. Erfahrene Prozessberater präsentieren wirksame Workshop-Interventionen. Bonn 2006.
Seliger, Ruth: Einführung in Großgruppenmethoden. Heidelberg 2008.
Wimmer, Rudolf: OE am Scheideweg. Hat die Organisationsentwicklung ihre Zukunft bereits hinter sich? In: Zeitschrift für Organisationsentwicklung, 1/2004, S. 26–39.
Zur Bonsen, Matthias: Simultaneous Change. Schneller Wandel mit großen Gruppen. In: Zeitschrift für Organisationsentwicklung, 4/1995, S. 30–43

Weiterführende Literatur

Argyris, Chris/Schön, Donald A.: Die lernende Organisation, 2. Auflage, Stuttgart 2002.
Fritz, Robert: Den Weg des geringsten Widerstands managen. Stuttgart 2000.
Glasl, Friedrich: Konfliktmanagement. Ein Handbuch für Führungskräfte, Beraterinnen und Berater. 10. Auflage, Bern 2011.
Haas, Esther/Wirz, Toni: Mediation. Konflikte lösen im Dialog. Zürich 2003.
Inglehart, Ronald: The Silent Revolution: Changing Values and Political Styles among Western Publics. Princeton 1977.
Jungk, Rober/Müllert, Norbert R.: Zukunftswerkstätten. Mit Phantasie gegen Routine und Resignation. München 1994.
Knill, Paolo J.: Kunstorientiertes Handeln in der Begleitung von Veränderungsprozessen. Gesammelte Aufsätze zu Methodik, Ästhetik und Theorie. Zürich 2005.
König, Eckhard/Volmer, Gerda: Handbuch Systemische Organisationsberatung. Weinheim 2008.
Königswieser, Roswita/BGN/Cichy, Uwe/Jochum, Gerhard: SIMsalabim. Veränderung ist keine Zauberei, Stuttgart 2001.
Lawrence, Paul R./Lorsch, Jay W.: Organization and Environment: Managing Differentiation and Integration. Reihe: Harvard Business School Classics. 1986.
Lewin, Kurt: Field Theory in Social Sciences. New York 1951.
Ley, Astrid et al.: Praxis Bürgerbeteiligung. Ein Methodenhandbuch. Stiftung Mitarbeit 2003.
Lippitt, Lawrence L.: Preffered Futuring. Envision the Future you Want and Unleash the Energy to Get There. San Francisco 1998.
Luft, Joseph. Einführung in die Gruppendynamik. Stuttgart 1971.
Luft, Joseph/Ingham, Harry: The Johari Window. A graphic model for interpersonal relations. Western Training Laboratory in Group Development. University of California at Los Angeles, Extension Office. August 1955.
Luhmann, Niklas: Organisation und Entscheidung. Wiesbaden 2000.
Meuer, Dirk/Troja, Markus: Mediation im öffentlichen Bereich – Status und Erfahrungen in Deutschland 1996–2002. Abschlussbericht eines Forschungsprojektes im Rahmen des DFG-Schwerpunktprogramms »Mensch und globale Umweltveränderungen«. Oldenburg 2004.
Moreno, Jacob L.: Die Grundlagen der Soziometrie. Wege zur Neuordnung der Gesellschaft. Nachdruck der 3. Auflage von 1974. Opladen 1996.
Parker, Marjorie: Creating Shared Vision. The Story of a Pioneering Approach to Organizational Revitalization. Clarendon Hills, Illinois 1990.
Reader mit 24 Fachartikeln zu Großgruppenmethoden. Zu beziehen bei www.all-in-on-spirit.de
Rogers, Carl: Die nicht-direktive Beratung. München 1972.

Schein, Edgar H.: Process Consultation: Its Role in Organization Development. Reading, MA 1969.
Sellnow, Reinhard: Das Wiener Platz Forum – Mediation im öffentlich-rechtlichen Bereich. In: Zeitschrift für Konfliktmanagement, 6/2002, S. 264–267.
Srivastva, Suresh/Cooperrider, David L.: Appriciative Management and Leadership. The Power of Positive Thought and Action in Organization. Euclid, Ohio 1999.
Surowiecki, James: Die Weisheit der Vielen. Gütersloh 2005.
Thomann, C./Schulz von Thun, F.: Klärungshilfe 1. Handbuch für Therapeuten, Gesprächshelfer und Moderatoren in schwierigen Gesprächen. Reinbek bei Hamburg 2011.
Thomann, C.: Klärungshilfe 2: Konflikte im Beruf. Reinbek bei Hamburg 2004.
Zur Bonsen, Matthias: Führen mit Visionen. Wiesbaden 1994.

Stichwortregister

A
Ablauforganisation 143
Achterbahn 22, 69, 160
Achter-Stuhlkreis 20, 44
Action Learning 45 ff., 86, 150, 159, 163, 167 ff.
Action Planning 88
Advocatus diaboli 192
Agenda 99
AI-Konferenz (Appreciative Inquiry Summit) 73, 75, 118 ff.
AI-Summit 119
– Grundmodell 120
– Herkunft 118
Aktionitis 87, 160
Aktionsplan 88, 92
Aktions- und Handlungsfelder 9
Alban, Billie T. 40, 86
Alibiübung 57
Allparteilichkeit 47, 202
Ameisen 101
Anspruchsgruppen 4, 41, 78, 80, 94
Anwendungsbereiche 135
AI (Appreciative Inquiry) 24, 41, 86
Arbeitsgruppen 17, 156
Arbeitsklima 2
ARE IN 186
Argyris, Chris 118, 159
Aufstellung, soziometrisch 30, 34, 51, 68, 73, 116, 125
Auftraggeber IX, 1, 38, 46 f., 57, 114, 117, 144, 150, 152, 156, 187, 202
Auftragserteilung 7
Auftragsklärung 11, 46, 55, 135, 144, 151, 159 f., 184, 200, 202
Auseinandersetzungen 63
Ausnahmezustand 1
Autonomie 29
Axelrod, Dick und Emily 162

B
Back-Home-Planning 88, 92, 156
Balanced-Scorecard 186
Basisdemokratie 54
Beckhard, Richard 86
Bedarf 17, 27, 60, 96, 105, 124, 135, 174, 193 f., 197
Bedürfnisse 16 f., 37, 58 f., 65, 74, 76, 95, 161, 168, 175, 195
Beharrungsvermögen 87
Benchmark 15
Beratergruppe Neuwaldegg 136
Bereichsentwicklung 7
Bertalanffy, Ludwig 86
Betroffene 38
Bevölkerung 187
Bevölkerungsmitwirkung 58, 60
Bewegung
– emanzipatorische 39
– humanistische 39
Big Five 73
Blinder 64
Blinden Flecken 14
Block, Peter 184
Bollwerk-Strategie 10
Bösterling, Burkard X
Bottom-up 55 ff., 62, 86, 88, 92 f., 140, 181
Boxenstopp 151, 156 f.
Brainstorming 90, 92, 96, 108, 141
Bremser 70
Briefing 7
Brown, Juanita 108, 111, 114, 148 ff.

Bruck, Walter 122
Brünjes, Iris X
Bunker, Barbara 40, 86

C
Café-Etikette 111 ff.
Cartoons und Karikaturen 133
CEO 7, 13, 24, 64, 71, 195
Change Formula 86 f., 92, 163, 194
Change-Projekt 126, 183
Choreografie 73, 98, 164, 166 f.
Cluster 62, 171 ff.
Coach-Funktion 8
Commitment 13, 92, 123, 139, 142, 144, 175, 198
Common Ground 44, 66, 79, 80, 87
Conference Model 162
Contracting 7
Controlling-Instanzen 186
Converge/Diverge 164
Cooperrider, David 118, 149
Customer/Supplier Conference 162

D
Dannemiller, Kathleen VIII, 43, 86, 159, 162 ff.
Demut 200
Deeskalationsspirale 33
Design 122
Design Conference 162
Destiny 122
Dezentrieren 130
Dezentrierende Interventionen 134
Diagnose 43, 88
Dialog 4, 7, 36, 49 f., 91 f., 95, 108, 111, 132, 148 f., 158
Dialogprozess 17
Dienen 200
Discovery 121
Divergenz 104

Diversity 88
Doppeln 47
Double-loop Lernen 159
Dream 121
Drucker, Peter F. 86
Durchmischung 4
Dynamik 150

E
Ebeling, Ingrid VIII
Echogruppen 4
Eigenverantwortung 53, 198
Einzelkämpfertum 18
Eisbergspitze 164
Electronic-Voting 30, 170, 172 ff.
Elefant 5, 64 f., 68, 78, 114, 118, 125, 187
Emery, Fred 41, 75, 86
Emery, Merrelyn 41, 75
Emotionalität 68
Emotionen 70
Empfehlungen 156
Energie 6, 8, 33, 35, 66, 78, 96, 98 f., 104 f., 137, 144 f., 148, 199, 203
Entscheidungen 2, 7, 10 f., 31 f., 39, 48 f., 54, 58, 64, 66, 93, 146, 187, 197
Entscheidungsfindung VIII, 39, 57, 64, 122
Entscheidungsfindungsprozess 21, 34, 48, 55 f, 116, 149, 158
Entscheidungsträger 10, 55, 152, 175, 183
Entscheidungsvorbereitung 48, 93
Entwickeln von Lösungsansätzen 80
Erfolgreiches Consulting 184
Erfolgs-DNA 120
Ergebniskonferenz 7, 19, 38, 51, 56, 82, 93, 97, 139, 144, 156 ff., 161, 177 f.
Ergebnisoffenheit 19, 38, 46 f., 196
Ergebnisverantwortung 199

Erste konkrete Schritte 86
Erwartungen 1, 5, 9, 16, 29, 37, 54, 69, 83, 89, 95, 131, 156, 192, 202
Erwartungsmanagement 144, 159, 160
Eskalationen 20, 32, 70
Eskalationsspirale 33
Existenzängste 70
Experten 8, 10, 13, 18, 34, 42, 57, 63, 83, 95, 104, 134, 136, 160f., 191
Experten-Input 92
Expertisen 5, 18, 56, 182, 187
Expressive Arts Therapy 130
Externe Trends 78

F
Facebook 65
Fachberater 135
Fachberatungen 46
Fachexperten 192
Fachinputs 34
Familien 187
Farce 57
Feedback 88, 90, 148, 158, 197
Feedbackrunde 91
Feldkompetenz 199
Feuermachen 134
Filme 182
Fisher, Roger 45
Flops 27, 94
Flow-Teams 98
Flughafenmediation 49
Flughöhe 29
Follow-up 51, 55, 144ff., 149, 154, 199
Follow-up-Prozess 145
Fox, Jonathan 132
Freiheit 14, 19f., 98, 100, 106, 115, 200
Führung 11, 25, 173, 184, 193, 195, 198
Führungsgrundsätze 2

Führungskräfte 7, 10, 137, 181, 188
Führungsleitlinien 183, 195, 198
Führungsverhalten, autoritäres VIII, 54
Führungsentwicklung 186
Führungszyklus 161
Future Search 76
Future Search Conference (FSC) 21, 41, 43f., 51, 73ff., 91, 137, 145
Futuring 76

G
Galerie 117
Galtung, Johan 27
Ganze System 182, 192
Gastgeber 85, 113ff.
Gemeindeentwicklungen 82, 187
Gemeindeversammlungen 20
Gemeinsame Datenbasis 88
Geologische Tiefenlagerung radioaktiver Abfälle 58
Gerber, Martin 98
Gerechtigkeit, prozedurale 12
Gesamtprozess 45, 52, 73, 93, 130, 144, 150ff., 158, 163f., 181, 190, 193, 196
Geschichten, gute 119
Gesichtsverlust 21
Glasl, Friedrich 32, 45
Gleicher, David 86
Großgruppenmediation VIII, 39, 48ff., 143
Gruppe 44
Gruppendynamik 86, 169, 200
Gruppengedächtnis 65
Gruppen, interdisziplinäre 62
Gruppenpsychotherapie 125
Gruppenzusammensetzungen 20

H
Haar in der Suppe 10, 139
Haas, Esther 49

Haltung 65, 142, 149, 193, 200
Handlungsfelder 79, 166
Handlungsraum 5
Handlungsspielraum 11, 12, 151, 198
Harris, Reuben 86
Harvard-Konzept 45
Hauptprozess 143
Heilige Kühe 15
Hidden Agenda 196
Hierarchie 4, 8, 57, 188 f.
Hierarchiestufen 5 f., 71, 77, 172, 182
Hinnen, Hanna VIII, X
Hitliste 28
Human Resources (HR) 186
Hummeln 100
Hype 103

I
ICH 115
Identifikation 15, 58, 89, 131, 139
Improvisationstheater 70, 131
Informationsveranstaltungen 21
Ingham, Harry 13
Inglehart, Ronald 53
Inhaltsverantwortung 20, 165, 199
Initiationszeremonie 99
Innovation 120, 161
Input 5, 182
Intelligenz, kollektiv 65
Interessenklärung 52
Interventionen
 – kreativ 73
 – rhythmische 134
Interview, wertschätzend 123
Isaac, David 108

J
Jacobs, Robert 87, 92, 146
Janoff, Sandra 21, 41, 66, 76, 144
Jansen, Claes 22

Jekami 65
Johari-Fenster 13
Jungk, Robert 41

K
Kaffeepausen 98, 167
Kalibrierung 173
Keynotes 5, 182
Keynote-Speaker 185
Kick-off 3, 56, 71, 97, 104 f., 151, 155 ff., 180 ff.
Klärungsbedarf 193
Klärungsprozess 30, 144
Kleingruppen 164
Knill, Paolo 130
Kommunikation 6, 32, 34, 40, 44 ff., 50, 70, 99, 135, 144, 156 f., 159 f.
Kommunikationsstrategie 10
Komplexität 6, 49, 51, 69, 78, 137
Kompromisse 17, 39, 65 ff.
Konferenzbegleiter 192
Konflikt 6, 15, 17, 27, 32 f., 49 ff., 57, 105, 139, 141, 183
Konfliktklärung 29, 33, 45 ff., 51 ff., 156
Konfusion 6, 22 f., 35, 65, 70, 78
König, Eckhard 41
Konkurrenz 11, 182
Konsens 15 ff., 29 f., 39, 61, 65 ff., 77, 138
Kontext 111
Kontextklärungen 41
Kontinuierlicher Verbesserungsprozesses (KVP) 57, 186
Kontrollaufwand 54
Konvergenz 104
Kotzen, strukturiert 28
Kotzkübel 28
Kreative Interventionen 130 ff.
Kreativität 17, 115
Krieg, Walter 136
Krise 18, 21 ff., 36, 69, 123, 125
Kropfleerung 28

Kultur
- Anspruchskultur 4
- Betriebskultur 12
- Führungskultur 61, 53, 57, 181
- Teamkultur 132
- Top-down-Kultur 54

Kulturentwicklung 135, 141, 198
Kulturthematiken 142 f.,
Kunden 5, 88, 91, 182, 185, 190
Kundenorientierung 151
Kursleiter 164

L

Laien 5
Leidensdruck 2, 21, 27
Leitbild 183
Leitbildentwicklung 10, 135, 137 ff.
Leitplanken, strategische 58
Lernende Organisation VIII
Lernprozesse 142
Lernschlaufen 144, 159
Lewin, Kurt 39, 42 f., 47, 86
Lieferanten 5, 182, 185, 190
Lindaman, Edward 76
Lippitt, Lawrence L. 40
Lippitt, Ronald 40, 76, 86
Logistik 170
Loopen 47
Lösungsoption 16
Lösungs- und Zukunftsorientierung 47
Lösungsvielfalt 16
Luft, Joseph 13
Luhmann, Niklas 32, 66
Lutz, Rüdiger 41

M

Machtfrage 24, 132, 143
Mainstream 18
Mainstreaming 67
Maleh, Carole 119
Management by Objectives 60
Management, partizipativ 42
Manager 71

Märchen 133
Mediation VIII, XI, 16, 39, 45
Mediatoren VIII
Mehrheitsdiktatur 39
Metaplantechnik 171
Methodenfreiheit 29
Mind-Map 78
Mission-Statement 89
MIT 40, 86
Mitarbeiterzufriedenheitsstudie 2
Mitbestimmung/mitbestimmen 54, 59
Mitbringen von Gegenständen 133
Mitsprache/mitsprechen 10, 54, 58 f.
Mitwirkung/mitwirken 50, 54, 58 ff., 93, 116
Moderationskarte 31
Moderationswand 102
Monologveranstaltung 165
Moreno, Jacob Levy 125
Motive, extrinsische 201
Motive, intrinsische 201
Müllert, Robert R. 41
Myers-Briggs-Typindikator (MBTI) 90
Mystifizierung 103, 124

N

Nachhaltigkeit VIII, 34
Nebengeräusche 26
Neff, Petra X
News-Runden 103
NTL 40, 86

O

OE-Prozess 3
Open Space 41, 74, 98 ff., 122, 147, 194
Open Space, Grundmodell 101
Open Space, Herkunft 98
Open Space Technology (OST) 73, 98
Open-System-Ansatz 41

Optionen 65
Organisation 120
Organisationsberatung 40
Organisationsdiagnose 41, 90
Organisationsentwickler VIII
Organisationsentwicklung XI, 39
Organisationslernen 118, 159 f.
OST 98
Owen, Harrison VIII, 98 ff., 144

P
Paradigma 43
Paradigmenwechsel 42, 44
  – partizipativ 61
Paraphrasieren 47
Partikular- zum Gesamtinteresse 31
Partizipation/partizipativ 9, 11 f., 29, 31, 39 f., 42, 45, 53 ff., 74, 93, 118, 142, 144, 151 f., 154, 158, 181, 193, 196
Partizipierende 54
Personal-, Organisations- und Führungsentwicklung 186
Pfister, Heinz (Pfuschi) X, 133
Phasenmodell 52
Pinnwand 31
Planungsworkshop 147
Plattformen 15
Platzhirsche 21
Playback-Theater 25, 70
Plenumskrankheit 21
Popularisierung 103
Position 16
Preferred Futuring 40, 86, 91
Priorisierte Listen 18
Priorisierung 30, 82, 124
Productive Workplaces 76
Projektkultur 183
Projektleiter 4, 10
Projektleitung 1, 183
Projektportfolio-Management 186
prouds and sorries 78

Provokation 21
Prozess
  – Prozessarbeit XI
  – Prozessarchitektur XI, 55, 73, 140, 144 ff.
  – Prozessbegleiter VIII, 1, 8, 12, 21, 26, 46 f., 50, 62, 69, 135, 193, 200, 203
  – Prozessbegleitung 1, 9, 20 f., 28, 32, 44 f., 46 f., 59, 70, 165, 203
  – Prozessbegriff 149
  – Prozessberatung 40, 86
  – Prozessdesign 144
  – Prozessgerüst 150
  – Prozessoptimierung 105, 135
  – Prozess, partizipativ VIII, 1 f., 5, 11, 53, 60, 151
  – Prozessverantwortung 31, 46 f., 203
Psychodrama 125
Psychologie, humanistisch 45
Punkte 31
Punkte kleben 30

Q
Qualität 142, 159, 186, 201 f.
Quick wins 157

R
Rahmenvorgaben 89
Real Time Strategic Change (RTSC) 11, 38, 41, 51, 73 f., 86 ff., 146, 166
  – Grundmodell 88
  – Herkunft 86
Rechthaber 15
Redaktionsraum 103
Ressourcen 6
Ressourcen- und Prozessorientierung 41
ripple effect 146
Roger, Carl 45
Rollen 74, 182

Rollenkonflikte 142
Rollenverständnis 143
Runder Tisch 48 f.

S
Sachebene 71
Sachplan 58
Schein, Edgar 40, 86
Schindler-Rainman, Eva 40, 76
Schjold, Inger X
Schmetterlinge 100
Schneller Wandel 45
Schreihälse 15
Schwarmintelligenz 65
Scientific Management 42
Search Conference 41, 76
Selbstorganisation/selbstorganisiert 16, 20, 41, 70, 104, 144 ff., 147, 203
Selbstreflexion 40
Selbststeuerungsgrads 150
Selbstverantwortung 100
Selbstverwirklichung 53
Seliger, Ruth 6, 44
Sellnow, Reinhard 49
Sensibilisierungsphase 89
Shuttle-Versionen 176
SIM-Modell 136
Single-loop Lernen 159
Sinnlichkeit 68
Sitzgruppen 6
Sitzordnung 165
Soundingboards 4
Soziogramm 125
soziometrische Aufstellung 30, 34, 37, 51, 68, 73, 75, 116, 125 ff., 153, 167, 170
Spiegeln 47
Spurgruppe 1, 25 f., 33, 37, 51, 71, 80 f., 127, 147, 152 f., 160, 169, 183 ff., 193 f.,
Srivastra, Suresh 118
Stakeholder 29, 53, 138, 172, 187

Standhalten 193
St. Galler-Management-Modell 136
Stolz 202
Stolz und Bedauern 78
Strategic Planning 86
Strategie/strategisch 8, 10, 13, 67 f., 74, 88 f., 91, 93 ff., 136 f., 173 f.
Strategieentwicklung 135, 140, 143
Strategischer Wandel in Echtzeit 88
Streithähne 20
Surowiecki, James 62
SWOT 92, 94 f., 140 f.
Symbolik 133
Systemansatz, soziotechnisch 40, 86
System
– autoritäres 54
– basisdemokratisches 20
– das ganze System im Raum 5
– soziotechnisches 41
Systemisch 41
– Ansatz 42
– Beratung 41, 46
– OE 41
– Sicht 44
– Therapie 45
Systemspitze 7, 184
Systemtheorie 86

T
Tabus 15, 198
Tagesordnung 102
Tavistock Institute 40, 41, 75
Taylor, Frederik 42
Technical Conference 162
Thementreiber 177
Timelines 77
Top-down 4, 25, 46, 88
Top-down-Kultur 54
Trainer 164

Transcend-Methodik 27
Transformation 15
Trauerarbeit 71
Trends 88, 90
Trist 86
Trist, Eric 75
Turbo-Palaver 114
Twitter 65

U
Überraschungseffekte 63
Übertölpelungs-Strategie 10
Ulrich, Hans 136
Umfeld 5, 182
Umsetzungskultur 144, 159 ff.
Uni St. Gallen 136
Unterhaltung 130
Unternehmenskultur 36, 74
Unzufriedenheit 2, 86, 87
Ury, William 45

V
Valentines 91
Veränderungen, gesellschaftliche 53
Veränderungsbedarf 193, 194
Veränderungsprozess 73
Veranstaltungsdesign 164
Verantwortungskonflikte 142
Verbände 187
Verdichtung 103, 117
Verhaltensmuster 24, 40
Verhaltensnormen 15
Verhinderer 70
Vernehmlassung 4, 10
Verstärkungsanlage 170
Vertrauensbasis 165
Vetorecht 58
Videobotschaften 190
Vier-Zimmer-Wohnung 22
Vision 27, 29, 86, 87, 194
Visioning Conference 162
Visionsschritt 22, 29, 79, 82, 91
Volmer, Gerda 41

Von Wurstemberger, Britta X
Vorprozess 51, 144, 151

W
Weibergewäsch 71
Weisbord, Marvin VIII, 5 f., 21, 41, 66, 76, 86, 114, 118, 144
Weisheit der Vielen 11, 23, 39, 62 ff.
Weisungskultur 61
Werteentwicklungsprozess 61
Werte 2, 43, 60 ff., 79
Wertegerüst 61, 142, 181
Wertewandel 53 f.
Whitney, Diane 118, 149
Widerstand 10
Wimmer, Rudi 40
WIR 115
Wir-Gefühl 15, 36, 38, 53
Wirkung, präventiv 139
Wirtschaft und Gewerbe 187
Wirz, Toni 49
Wissen 12
Wissenstransfer 58
World Café (WC) 51, 73 f., 116, 149
– Grundmodell 112
– Herkunft 108
Worst-Case 21

Z
Zäsur 167
Zeitlinien 77
Zeitreisen 166
Zerrbild 64
Zukunftskonferenz 22, 74 ff., 114
Zukunftsorientierung 138
Zukunftswerkstatt 41
Zur Bonsen, Matthias VIII, 43, 119, 146, 160
Zusammenarbeit 12, 24, 26, 29, 52, 96, 105, 120, 122 ff., 127, 132, 135, 141, 174 ff.
Zwischenrufer 192

Die Autoren

Hannes Hinnen, geboren 1948 in Zürich, ist Diplom-Kaufmann mit Zusatzausbildungen in den Bereichen Marketing, Kommunikation und Unternehmensführung. In den 1970er-Jahren arbeitete er als Werbeberater und später als Marketingleiter in Werbeagenturen und Handelsunternehmen. 1980 übernahm er die Geschäftsleitung eines größeren Zeitschriftenverlages, ab 1992 folgten Geschäftsleitungtätigkeiten in einer größeren Werbeagentur und in einem Musikhaus. 1996 führte er zusammen mit Matthias zur Bonsen eine der ersten Zukunftskonferenzen im deutschsprachigen Raum durch. 1998 machte sich Hannes Hinnen als Organisationsentwickler selbständig und gründete zusammen mit Hanna Hinnen und Paul Krummenacher 2000 das Beratungsunternehmen frischer wind, AG für Organisationsentwicklungen. In diese Zeit fallen auch Weiterbildungen in den Bereichen Großgruppenmethoden, Coaching und Mediation im Wirtschafts- und Umweltbereich. Hannes Hinnen ist verheiratet, hat zwei erwachsene Kinder, einen Enkel und lebt in Regensberg bei Zürich.

Paul Krummenacher, geboren 1961 in Luzern, studierte Sozialpsychologie und Politikwissenschaften an der Universität Zürich, der Freien Universität Berlin und der Universität Potsdam. 1997/1998 arbeitete er als Gastdozent an der University of California Berkeley, USA, und bildete sich dort auch in den wichtigsten Großgruppenmethoden bei Marvin Weisbord und Sandra Janoff, bei Harrison Owen, Kathleen Dannemiller und Dick Axelrod weiter. 1992 bis 2002 arbeitete er als interner Berater eines schweizerischen Großunternehmens, zuletzt als Leiter der konzernweiten Management- und Organisationsentwicklung. Paul Krummenacher gründete 2000 zusammen mit Hanna und Hannes Hinnen das Beratungsunternehmen frischer wind, AG für Organisationsentwicklung, und bildete sich im Bereich der Wirtschafts- und Umweltmediation weiter. Paul Krummenacher ist verheiratet, hat zwei Kinder und lebt in Binningen bei Basel.